RESOLUCIÓN DE CONFLICTOS EN EL METAVERSO

ANA MERCEDES LÓPEZ RODRÍGUEZ
Ph. D. (Universidad de Aarhus)
Profesora titular de Derecho internacional privado
en la Universidad Loyola Andalucía
Árbitro independiente

RESOLUCIÓN DE CONFLICTOS EN EL METAVERSO

NUEVAS REGLAS PARA MERCADOS, PROPIEDAD, CONSUMIDORES Y TRABAJADORES EN LAS NUEVAS REALIDADES VIRTUALES

tecnos

COLECCIÓN: «TECNOS LEGAL TECH»

Director:
Antonio Serrano Acitores
Profesor Titular de Derecho Mercantil en la Universidad Rey Juan Carlos. Abogado

Diseño de cubierta: Anaí Miguel

1.ª edición, 2025

Editorial Tecnos se compromete con el medio ambiente reduciendo la huella de carbono de sus libros.

PAPEL DE FIBRA CERTIFICADA

Valentín Beato, 21 - 28037 Madrid

ISBN: 978-84-309-9217-1
Depósito legal: M-148-2025

Printed in Spain

A mi familia

ANA

El único verdadero viaje de descubrimiento
consiste no en buscar nuevos paisajes,
sino en mirar con nuevos ojos.

MARCEL PROUST (1871-1922)

ÍNDICE

Capítulo I. LOS MUNDOS VIRTUALES .... *Pág.* 17

1. Introducción 17
2. Definición, tipología y características de los mundos virtuales 19
   2.1. *Mundos Virtuales Sociales* 20
   2.2. *Mundos Virtuales Educativos* 22
   2.3. *Mundos Virtuales de Simulación* 22
   2.4. *Mundos Virtuales Comerciales* 23
   2.5. *Características* 23
3. Riesgos potenciales y regulación 24
4. Derecho internacional privado y mundos virtuales... 27
   4.1. *Hipótesis de trabajo* 28
   4.2. *Objetivo y justificación de la obra* 30
   4.3. *Metodología* 31
5. Delimitación de la presente obra 32

Capítulo II. EL METAVERSO 33

1. Concepto 33
2. Características y diferencias con otros conceptos similares 36
   2.1. *Diferencias con otros mundos virtuales* 38

2.2. *Diferencias con la Realidad Aumentada y la Realidad Virtual* 39
2.3. *Diferencias con la Web 3.0 y la Web 4.0* 39
3. Tecnologías y componentes clave en el desarrollo del metaverso 40
4. Tipos de metaversos 42
5. Oportunidades y desafíos 46
5.1. *Oportunidades y desafíos económicos, medioambientales y tecnológicos* 47
5.2. *Retos sociales y jurídicos* 48
6. Marco jurídico aplicable 50
6.1. *Enfoque no excepcionalista* 50
6.1.1. Marco normativo europeo 51
6.1.2. Normas de Derecho internacional privado 54
6.2. *Perspectiva excepcionalista* 55
7. Conclusión 56

Capítulo III. LA DESCENTRALIZACIÓN COMO ELEMENTO CARACTERÍSTICO DEL METAVERSO. LA TECNOLOGÍA *BLOCKCHAIN* Y LAS *DAOS* 57

1. La tecnología *blockchain* 59
2. Los contratos inteligentes o *smart contracts* 62
3. Aplicaciones de la tecnología *blockchain* en el metaverso e implicaciones legales 66
3.1. *Propiedad virtual y Tokens No Fungibles (NFTs)* 66
3.2. *Economía descentralizada y criptodivisas* 67
3.3. *Identidad digital y privacidad* 68
3.4. *Gobernanza descentralizada* 69
4. Las DAOs y su funcionamiento 69
4.1. *Definición y características* 69
4.2. *Tipos de DAOs* 71
4.3. *Régimen jurídico* 72
5. DAOs y Derecho internacional privado 75
5.1. *Foro societario* 76
5.1.1. DAOs no reguladas 77
5.1.2. DAOs reguladas 78
5.2. *Ley aplicable a las DAOs* 79
5.3. *Otros litigios societarios* 81
5.3.1. Competencia judicial internacional 82
5.3.2. Ley aplicable 83
6. Conclusiones 83

Capítulo IV. LOS AVATARES Y SU ESTATUTO PERSONAL ... 85

1. Concepto ... 86
2. Tipos de avatares ... 88
   2.1. *Avatares atendiendo a su morfología* ... 88
   2.2. *Avatares según su función y creación* ... 89
   2.3. *Avatares según su entidad controladora* ... 90
   2.4. *Avatares según sus propósitos y funcionalidades* ... 91
3. Avatares e identidad digital ... 92
   3.1. *Construcción de la identidad en el metaverso* ... 92
   3.2. *Diferencias entre identidad digital y real* ... 92
4. Privacidad, seguridad y protección de datos ... 96
   4.1. *Protección de la identidad* ... 97
   4.2. *Privacidad de los datos* ... 97
   4.3. *Problemas de Seguridad* ... 98
   4.4. *Protección de datos* ... 99
5. Derechos y obligaciones de los usuarios en la creación y personalización de avatares ... 103
   5.1. *Personalización y expresión en el metaverso* ... 103
   5.2. *Derechos de los usuarios respecto a sus avatares y otras cuestiones jurídicas* ... 104
6. Naturaleza, personalidad jurídica y responsabilidad de los avatares ... 106
   6.1. *Naturaleza* ... 106
      6.1.1. Avatares como «cosas» ... 107
      6.1.2. Avatares como «personas» ... 109
      6.1.3. Implicaciones y desafíos ... 110
   6.2. *Personalidad jurídica* ... 111
   6.3. *Responsabilidad* ... 114
   6.4. *Personalidad jurídica de los avatares controlados por agentes de IA* ... 115
7. El estatuto personal de los avatares ... 120
   7.1. *El estatuto personal* ... 120
   7.2. *Estatuto personal de los avatares dentro del marco jurídico actual* ... 122
   7.3. *Estatuto personal de los avatares en tanto que personas jurídicas* ... 124
   7.4. *Estatuto personal de los avatares en cuanto que personas electrónicas* ... 125
8. Conclusiones ... 127

Capítulo V. CONTRATOS EN EL METAVERSO. CONSUMIDORES Y TRABAJADORES 129

1. Introducción 129
2. Los *smart contracts* o contratos inteligentes 130
3. Naturaleza jurídica 134
   3.1. *Consentimiento* 136
   3.2. *Objeto* 137
   3.3. *Causa y* consideration 138
   3.4. *Forma* 138
   3.5. *Conclusión* 140
4. Competencia judicial y ley aplicable 141
   4.1. *Competencia judicial internacional en materia de contratos celebrados en el metaverso* 141
   4.2. *Ley aplicable* 145
   4.3. *Leyes de policía* 149
5. Contratos celebrados por consumidores en el metaverso 151
   5.1. *El* marketing *digital en el metaverso* 151
   5.2. *Riesgos para los consumidores* 152
   5.3. *Competencia judicial internacional y ley aplicable* 154
      5.3.1. Competencia judicial internacional 155
      5.3.2. Ley aplicable 158
6. La protección del trabajador en el metaverso 160
   6.1. *El trabajo en el metaverso* 161
   6.2. *Competencia judicial y ley aplicable* 163
      6.2.1. Competencia judicial internacional 164
      6.2.2. Ley aplicable 168
7. Conclusión 170

Capítulo VI. RESPONSABILIDAD EXTRACONTRACTUAL EN EL METAVERSO 173

1. Daños en el metaverso 174
   1.1. *Tipos de daños* 175
   1.2. *¿Daños en el mundo físico vs. daños virtuales?* 177
2. Víctimas y sujetos responsables 179
   2.1. *Víctimas* 180
   2.2. *Atribución del daño* 183
3. Régimen de responsabilidad 184
4. Competencia judicial y ley aplicable 187
   4.1. *Competencia judicial internacional* 187

4.2. *Ley aplicable* 193
5. Conclusiones 196

Capítulo VII. LOS BIENES VIRTUALES Y LA PROPIEDAD EN EL METAVERSO 199

1. NFTs (tokens no fungibles) 200
1.1. *Definición y funcionamiento* 201
1.2. *Naturaleza y marco regulador de los NFTs* 204
1.2.1. Naturaleza jurídica 205
1.2.2. Marco regulador 207
1.3. *Competencia judicial internacional* 209
1.3.1. Litigios sobre la propiedad de NFTs 209
1.3.2. Litigios contractuales 209
1.3.3. Foros de competencia en operaciones de NFTs con consumidores 216
1.3.4. Foros de competencia en reclamaciones por responsabilidad civil extracontractual relacionadas con NFTs 218
1.4. *Ley aplicable* 223
1.4.1. Cuestiones patrimoniales. NFTs en tanto que criptoactivos 223
1.4.2. Cuestiones contractuales 223
1.4.3. Problemas de localización 228
2. Inmuebles virtuales 229
2.1. *Introducción* 230
2.2. *Litigios relacionados con inmuebles virtuales* 232
2.3. *Naturaleza jurídica* 235
2.3.1. Bienes inmuebles 236
2.3.2. Bienes muebles intangibles 239
2.3.3. Licencias 240
3. Competencia judicial internacional 241
3.1. *Bienes raíces* 241
3.1.1. Litigios patrimoniales y arrendamientos de inmuebles virtuales 241
3.1.2. Litigios contractuales 244
3.2. *Bienes muebles intangibles* 248
3.2.1. Litigios patrimoniales 248
3.2.2. Litigios contractuales 249
3.3. *Contratos de licencia* 250
4. Ley aplicable 252
4.1. *Caracterización como bienes inmuebles* 253

4.2. *Caracterización como bienes muebles intangibles* 254
4.3. *Caracterización como contratos de licencia* 257
5. Conclusiones 257

Capítulo VIII. PROPIEDAD INTELECTUAL EN EL METAVERSO 259

1. Marcas en el metaverso 260
1.1. *Las marcas y su protección en la Unión Europea* 260
1.2. *El papel esencial de la marca y riesgos de su uso en el metaverso* 262
1.3. *El cumplimiento de la obligación de uso y el derecho de agotamiento de la marca en el metaverso* 265
2. Protección de la propiedad inmaterial en el metaverso 267
2.1. *Obras desarrolladas por los propietarios de las plataformas virtuales* 268
2.2. *Obras desarrolladas por los usuarios* 272
2.3. *Autoría y protección de obras creadas por IA* 275
3. Competencia judicial internacional y ley aplicable a las controversias sobre propiedad intelectual en el metaverso 278
3.1. *Competencia judicial internacional en litigios por infracciones de derechos de propiedad intelectual en el metaverso* 279
3.1.1. Foros de competencia 280
3.1.2. Alcance de las medidas judiciales en materia de infracciones de propiedad intelectual en el metaverso 284
3.2. *Ley aplicable a las infracciones de derechos de propiedad intelectual en el metaverso* 286
3.2.1. La *lex loci protectionis* 287
3.2.2. Leyes de policía 288
4. Conclusiones 289

Capítulo IX. RESOLUCIÓN, RECONOCIMIENTO Y EJECUCIÓN DE CONTROVERSIAS EN EL METAVERSO 291

1. Eficacia extraterritorial de resoluciones judiciales en el metaverso 292
1.1. *Reconocimiento y ejecución* 293
1.2. *Despacho de ejecución* 295
2. Mecanismos innovadores de resolución de conflictos 298

2.1. *El arbitraje en* blockchain *(BDR)* ... 300
2.1.1. Cómo funciona ... 304
2.2. *BDR: legitimidad y derecho a un proceso con todas las garantías* ... 305
2.3. *Reconocimiento y ejecución* offchain *de decisiones BDR* ... 307
2.4. *Búsqueda de activos y ejecución en el metaverso de decisiones* ... 312
3. Conclusiones ... 313

Capítulo X. EL FUTURO DEL DERECHO INTERNACIONAL PRIVADO EN EL METAVERSO ... 317

1. La influencia de Savigny y el principio de territorialidad en el Derecho internacional privado ... 319
2. Instrumentos y mecanismos innovadores de resolución de conflictos ... 323
3. ¿Hacia una *lex metaversi*? ... 325
4. Conclusiones ... 332

BIBLIOGRAFÍA ... 335

ÍNDICE DE CONCEPTOS ... 345

CAPÍTULO I

LOS MUNDOS VIRTUALES

1. INTRODUCCIÓN

Los mundos virtuales han emergido como espacios digitales tridimensionales que permiten a los usuarios interactuar entre sí y con el entorno virtual mediante avatares personalizados. Estos entornos, a menudo denominados metaversos, han ganado una popularidad creciente en las últimas décadas, ofreciendo a millones de personas en todo el mundo la posibilidad de explorar, socializar, crear y participar en diversas actividades dentro de entornos simulados.

El concepto de mundos virtuales se remonta a décadas atrás, con los primeros intentos de crear entornos simulados en ordenadores, si bien es verdad, que ha sido en los últimos años cuando los avances tecnológicos han permitido la creación de mundos virtuales cada vez más realistas y accesibles para una audiencia global. La diversidad de mundos virtuales es impresionante, desde plataformas de juegos masivos en línea como *World of Warcraft* y *Second Life*[1], hasta espacios de realidad virtual como *VRChat* y *Sansar*, donde se ofrece una experien-

---

[1] J. Crellin, Emma Duke-Williams, Jane Chandler y T. Collinson, «Virtual worlds in computing education», *Computer Science Education*, vol. 19, 2009, pp. 315-334, https://doi.org/10.1080/08993400903384950

cia única y atractiva. Estos entornos digitales no solo sirven como escaparate para el entretenimiento y la interacción social, sino que también se han convertido en plataformas para la educación, la formación, la colaboración profesional y el comercio virtual.

Los mundos virtuales están evolucionando considerablemente y presentan un amplio abanico de experiencias y funcionalidades para sus usuarios. La apuesta de *Facebook* por *Meta* y el metaverso es una muestra significativa de esta tendencia en el panorama tecnológico y empresarial. *Facebook*, una de las principales empresas de tecnología y redes sociales del mundo, anunció en octubre de 2021 su intención de cambiar su nombre corporativo a *Meta*, reflejando así su nueva visión centrada en el impulso y la expansión del metaverso. La decisión de *Meta* de incursionar en el metaverso ha ido acompañada del desarrollo de *hardware* y *software* específico para experiencias inmersivas, como los visores de realidad virtual *Oculus* y las plataformas sociales virtuales como *Horizon Worlds*. Por su parte, en 2023 Apple hizo su entrada en el mundo del metaverso al presentar *Vision Pro*, un auricular de realidad aumentada, en lo que representa su apuesta más ambiciosa y arriesgada desde la llegada del iPhone hace más de una década (2007).

La incursión en el metaverso tiene implicaciones profundas en términos económicos y sociales. Se espera que el metaverso genere nuevas oportunidades económicas en áreas como el comercio electrónico, la educación, el entretenimiento y la colaboración profesional. Al mismo tiempo, se plantean importantes desafíos relacionados con la privacidad, la seguridad, la regulación y la igualdad de acceso. A medida que estos espacios digitales se vuelven más integrados en la vida cotidiana de las personas y en la economía global, surgen cuestiones relacionadas con la privacidad, la propiedad intelectual, la seguridad, la responsabilidad legal y la protección del consumidor. En muchos países la regulación de los mundos virtuales es aún incipiente y está en constante evolución para abordar estos desafíos. Legisladores y reguladores se enfrentan al difícil equilibrio de fomentar la innovación y la creatividad en los mundos virtuales, al tiempo que protegen los derechos, la seguridad y el bienestar de los usuarios. En última instancia, el desarrollo de un marco regulatorio efectivo para los mundos virtuales requiere una comprensión profunda de la tecnología subyacente, así como un diálogo continuo entre los interesados, incluidos los desarrolladores de plataformas, los usuarios, los expertos legales y los organismos reguladores.

La apuesta por los mundos virtuales conlleva una transformación radical en la forma en que concebimos y experimentamos el mundo digital. Estamos ante un paso audaz hacia un futuro donde la frontera entre el mundo físico y el digital se desvanece, dando lugar a nuevas formas de interacción, creatividad y conexión humana en un espacio virtual compartido y en constante evolución. Los mundos virtuales ofrecen un vasto potencial para la innovación, la creatividad y la conexión humana, pero también plantean desafíos significativos en términos de regulación y gobernanza. A medida que estos entornos digitales continúan expandiéndose y evolucionando, es fundamental abordar estos desafíos para garantizar un entorno que garantice la seguridad jurídica y los derechos e intereses de todas las partes involucradas.

2. DEFINICIÓN, TIPOLOGÍA Y CARACTERÍSTICAS DE LOS MUNDOS VIRTUALES

Un mundo virtual es un entorno digital tridimensional generado por ordenador que simula la realidad de manera interactiva[2]. En estos entornos, los usuarios pueden crear avatares, explorar paisajes virtuales, interactuar con otros usuarios y objetos digitales, participar en actividades y experiencias diversas, y en algunos casos, incluso construir y personalizar su propio contenido[3]. Se trata de plataformas de comunicación multimodales, gráficas en 3D con raíces en MUDs (*multi-user domains/dungeons*, traducido como dominios multiusuarios

---

[2] W. Bainbridge, «The Scientific Research Potential of Virtual Worlds», *Science*, vol. 317, 2007, pp. 472-476, https://doi.org/10.1126/SCIENCE.1146930.

[3] K. J. L. Nevelsteen, «Virtual world, defined from a technological perspective and applied to video games, mixed reality, and the Metaverse», *Computer Animation and Virtual Worlds*, vol. 29, 2015, https://doi.org/10.1002/cav.1752; J. Müller, K. Hutter, J. Füller y K. Matzler, «Virtual worlds as knowledge management platform - a practice-perspective», *Information Systems Journal*, vol. 21, 2011, https://onlinelibrary.wiley.com/doi/10.1111/j.1365-2575.2010.00366.x

o mazmorras multiusuarios) y VR (realidad virtual) que se centran en la incorporación y la presencia a través del avatar[4].

La diversidad es la norma general en el vasto mundo de los mundos virtuales. Estos entornos digitales ofrecen una amplia gama de experiencias, desde la socialización hasta la educación, pasando por la simulación y el comercio[5]. Una forma de clasificar los mundos virtuales es por su función y propósito, lo que nos lleva a identificar varias categorías principales.

2.1. Mundos Virtuales Sociales

En primer lugar están los Mundos Virtuales Sociales, donde los usuarios pueden interactuar, socializar y participar en actividades recreativas[6]. Dentro de esta categoría encontramos los *Multi-User Dungeons* (MUDs), que son juegos multijugador en tiempo real basados en texto. En un MUD, los jugadores exploran un mundo virtual, interactúan con otros jugadores y completan objetivos en un entorno totalmente inmersivo[7]. Un MUD (inicialmente *Multi-User Dungeon*, con variantes posteriores *Multi-User Dimension* y *Multi-User Domain*) es un juego multijugador en tiempo real que se desarrolla en un mundo virtual, generalmente en formato de texto[8]. Los MUDs combinan

[4] U. Schultze, «Embodiment and presence in virtual worlds: a review», *Journal of Information Technology*, vol. 25, 2010, pp. 434-449, https://doi.org/10.1057/jit.2009.25

[5] R. Jain, S. Iyengar y A. Arora, «Virtual world for education and entertainment», *Fourth International Conference on Computing, Communications and Networking Technologies (ICCCNT)*, 2013, pp. 1-6, https://doi.org/10.1109/ICCCNT.2013.6726516

[6] A. Kaplan y M. Haenlein, «The fairyland of Second Life: Virtual social worlds and how to use them», *Business Horizons*, vol. 52, 2009, pp. 563-572, https://www.sciencedirect.com/science/article/abs/pii/S0007681309000895?via%3Dihub; A. Hendaoui, M. Limayem y C. Thompson, «3D Social Virtual Worlds: Research Issues and Challenges», *IEEE Internet Computing*, vol. 12, 2008, https://doi.org/10.1109/MIC.2008.1 ; L. Goel, N. Johnson, I. Junglas y B. Ives, «Predicting users' return to virtual worlds: a social perspective», *Information Systems Journal*, vol. 23, 2013, https://doi.org/10.1111/j.1365-2575.2011.00396.x

[7] J. Locke, «Conversation and community: Chat in a virtual world». Lynn Cherny, Stanford, CA: CSLI Publications, 1999, p. 369, *Applied Psycholinguistics*, vol. 21, 2000, pp. 152-155, https://doi.org/10.1017/S0142716400221073

[8] N. Ducheneaut y R. J. Moore, «The social side of gaming: a study of interaction patterns in a massively multiplayer online game», *Proceedings of the 2004 ACM conference on Computer supported cooperative work*, 2004, https://dl.acm.org/doi/10.1145/1031607.1031667; P. Curtis y D. Nichols, «MUDs grow up: social

elementos de juegos de rol, *hack and slash*, jugador contra jugador, ficción interactiva y chat. Los jugadores pueden leer, ver u oír (en algunos casos adaptados para personas con discapacidad visual) las descripciones de las habitaciones, objetos, otros jugadores, personajes no jugadores (PNJs) y acciones realizadas en el mundo virtual y suelen interactuar entre sí en el mundo escribiendo comandos similares al lenguaje natural[9].

Tradicionalmente, los MUDs implementan un juego de rol ambientado en un mundo de fantasía habitado por especies fantásticas, con jugadores que eligen diferentes clases u oficios para obtener poderes o habilidades específicas. El objetivo de estos juegos es combatir contra monstruos, explorar un mundo de fantasía, completar tareas, embarcarse en aventuras, crear una historia, jugar un papel (juego de rol) y hacer avanzar al personaje creado. Muchos MUDs se basan en las reglas de lanzamiento de dados de la serie de juegos de *Dungeons & Dragons* («Dragones y Mazmorras»)[10]. Aunque los contenidos de fantasía son comunes en los MUDs, muchos están basados en temas de ciencia ficción o en libros populares, películas, animaciones, períodos históricos, mundos poblados por animales antropomórficos y muchos otros. Pero no todos los MUDs son juegos; algunos están diseñados con fines educativos, mientras que otros son simplemente entornos de chat.

Además de los MUDs, otra forma popular de mundo virtual social son los MMORPGs (juegos multijugador masivos en línea). En un MMORPG, miles de jugadores pueden interactuar en un mundo virtual compartido, completar misiones, combatir contra monstruos y otros jugadores, y desarrollar a sus personajes a lo largo del tiempo[11].

---

virtual reality in the real world», *Proceedings of COMPCON'94*, 1994, pp. 193-200, https://doi.org/10.1109/CMPCON.1994.282924

[9] P. Curtis, «Mudding: Social phenomena in text-based virtual realities», en S. Kiesler (ed.), *Culture of the Internet*, 1997, pp. 121-142, https://doi.org/10.4324/9781315806389-14

[10] I. Tomek *et al.*, «Multi-user Object-Oriented Environments», *Conference: Object-Oriented Technology, ECOOP'99 Workshop Reader, ECOOP'99 Workshops, Panels, and Posters* (Lisboa, Portugal, 1999), pp. 80-96, https://doi.org/10.1007/3-540-46589-8_5

[11] H. Cole y M. Griffiths, «Social Interactions in Massively Multiplayer Online Role-Playing Gamers», *Cyberpsychology & behavior: the impact of the Internet, multimedia and virtual reality on behavior and society*, vol. 10, núm. 4, 2007, pp. 575-83, https://doi.org/10.1089/CPB.2007.9988

Uno de los MMORPGs más influyentes es *World of Warcraft*, que ha cautivado a millones de jugadores en todo el mundo con su vasto mundo, su jugabilidad adictiva y su comunidad activa[12].

2.2. Mundos Virtuales Educativos

Otra categoría importante son los Mundos Virtuales Educativos, diseñados específicamente para la enseñanza y el aprendizaje. Estos entornos digitales ofrecen oportunidades únicas para que los estudiantes participen en experiencias educativas interactivas y colaborativas[13]. Los entornos virtuales de aprendizaje (EVA) y las plataformas de simulación educativa permiten a los estudiantes explorar conceptos difíciles, realizar experimentos virtuales y colaborar con compañeros de clase en entornos digitales seguros y controlados[14].

2.3. Mundos Virtuales de Simulación

Los Mundos Virtuales de Simulación son otro tipo importante de mundo virtual, utilizados para simular situaciones del mundo real. Estos entornos digitales son especialmente útiles para el entrenamiento en habilidades técnicas, simulaciones médicas y ejercicios de entrenamiento militar[15]. Los simuladores de vuelo y los juegos de simulación empresarial en línea son ejemplos destacados de este tipo de

---

[12] J. Billieux *et al.*, «Why do you play World of Warcraft? An in-depth exploration of self-reported motivations to play online and in-game behaviours in the virtual world of Azeroth», *Computers in Human Behavior*, vol. 29, 2013, pp. 103-109, https://doi.org/10.1016/j.chb.2012.07.021

[13] I. Duncan, A. Miller y S. Jiang, «A taxonomy of virtual worlds usage in education», *British Journal of Educational Technology*, vol. 43, 2012, pp. 949-964, https://doi.org/10.1111/j.1467-8535.2011.01263.x; M. D. Dickey, «Three-dimensional virtual worlds and distance learning: two case studies of Active Worlds as a medium for distance education», *British Journal of Educational Technology*, vol. 36, 2005, pp. 439-451, https://doi.org/10.1111/j.1467-8535.2005.00477.x

[14] R. Nesson y Charles R. Nesson, «The Case for Education in Virtual Worlds», *Space and Culture*, vol. 11, 2008, pp. 273-284, https://doi.org/10.1177/1206331208319149

[15] H. Liu *et al.*, «Scaling virtual worlds: Simulation requirements and challenges», *Proceedings of the 2010 Winter Simulation Conference*, 2010, pp. 778-790, https://ieeexplore.ieee.org/document/5679112

mundos virtuales, donde los usuarios pueden participar en actividades realistas y prácticas en un entorno virtual controlado[16]. Asimismo, mediante la simulación de situaciones de emergencia y cirugías, o la posibilidad de interacción con el cuerpo humano en 3D, se puede capacitar a estudiantes y profesionales para escenarios médicos específicos, reducir los riesgos de complicaciones quirúrgicas e incrementar la precisión de los diagnósticos[17].

2.4. Mundos Virtuales Comerciales

Los Mundos Virtuales Comerciales son utilizados para actividades comerciales como el comercio electrónico, las reuniones virtuales de negocios y las exposiciones virtuales. Estos entornos digitales ofrecen a las empresas la oportunidad de presentar productos y servicios, realizar transacciones comerciales y colaborar con clientes y socios comerciales en un entorno virtual interactivo y envolvente.

2.5. Características

Los mundos virtuales ofrecen una amplia gama de experiencias y oportunidades, desde la socialización y la educación hasta la simulación y el comercio. Ya sea explorando mundos fantásticos en un MUD, combatiendo monstruos en un MMORPG, o participando en un entrenamiento simulado en un mundo virtual de simulación, hay un mundo virtual para cada interés y propósito. Pueden variar en su propósito y diseño, desde juegos de realidad virtual hasta plataformas sociales en línea, entornos de aprendizaje virtual, espacios de trabajo colaborativo y simulaciones de entre-

---

[16] M. L. Padgett y W. D. Padgett, «Simulation and Computational Intelligence in Real-World Applications», *Simulation*, vol. 65, 1995, pp. 5-9, https://journals.sagepub.com/doi/10.1177/003754979506500101

[17] M. Massetti y G. Chiariello, «The metaverse in medicine», *European Heart Journal Supplements: Journal of the European Society of Cardiology*, vol. 25, 2023, pp. B104-B107, https://doi.org/10.1093/eurheartjsupp/suad083; T.-C. Wu y C. Ho. «A scoping review of metaverse in emergency medicine», *Australasian Emergency Care*, 2022, https://doi.org/10.37766/inplasy2022.5.0159

namiento[18]. Pero la clave distintiva y común a todos estos entornos virtuales inmersivos es su capacidad para sumergir a los usuarios en una experiencia digitalmente simulada que se asemeja, en mayor o menor medida, a la realidad física.

A medida que la tecnología avanza y nuestra comprensión de estos entornos evoluciona, es probable que veamos un crecimiento aún mayor en la influencia y la importancia de los mundos virtuales en nuestras vidas cotidianas y en la sociedad en general. De ahí la importancia de proteger los derechos de los usuarios y la seguridad jurídica, de prevenir actividades ilícitas, y fomentar la estabilidad y confianza del mercado. En este sentido, es crucial establecer normas éticas y de conducta, respetar la propiedad intelectual, promover la interoperabilidad y los estándares técnicos y adaptar el marco jurídico aplicable a medida que el metaverso evoluciona[19]. En definitiva, garantizar un entorno virtual seguro, inclusivo y propicio para la innovación y el desarrollo económico.

3. RIESGOS POTENCIALES Y REGULACIÓN

Los mundos virtuales abren un panorama de grandes posibilidades, desde experiencias inmersivas hasta nuevas formas de interacción social y comercio digital. Sin embargo, esta expansión digital también supone retos significativos en términos de protección de la privacidad y la integridad de los usuarios. Estas plataformas pueden rastrear los comportamientos, reacciones e interacciones de los usuarios a niveles profundos, permitiendo la entrega de contenido altamente dirigido y la recolección de datos potencialmente invasiva[20]. Asimismo, existe el

[18] P. R. Messinger *et al.*, «Virtual worlds - past, present, and future: New directions in social computing», *Decision Support Systems*, vol. 47, 2009, pp. 204-228, https://doi.org/10.1016/j.dss.2009.02.014

[19] A. López-Tarruella Martínez (dir.), *Protección y gestión de la propiedad intelectual en el metaverso*, Madrid, Editorial Reus, 2023; L. I. Vicente del Olmo y J. L. Amat (coords.), *Aspectos jurídicos del metaverso*, Wolters Kluwer La Ley, Madrid, 2022; L. B. Rosenberg, «Regulation of the Metaverse: A Roadmap: The risks and regulatory solutions for largescale consumer platforms», *Proceedings of the 6th International Conference on Virtual and Augmented Reality Simulations*, 2022, pp. 263-271, https://dl.acm.org/doi/10.1145/3546607.3546611

[20] E. Burke y Tim Cook, *AR will pervade our entire lives*, Silicon Republic, January 2020.

riesgo de que estos medios inmersivos amplifiquen sesgos existentes, polaricen opiniones y difundan informaciones falsas, de forma similar a lo que ya está ocurriendo en las redes sociales[21]. Además, las capacidades de rastreo en tiempo real en los entornos virtuales, incluyendo el monitoreo de expresiones faciales, signos vitales e interacciones manuales, plantean preocupaciones sobre la privacidad y la seguridad de los datos[22]. De la misma manera, el contenido promocional inmersivo podría ir más allá de los objetos inanimados, incorporando avatares impulsados por inteligencia artificial que se verán y actuarán como cualquier otro usuario, pero que estarán programados para seguir una agenda persuasiva. Es lo que se han denominado *personas virtuales* o «Virtual People» (*Veeple*)[23]. A medida que grandes empresas invierten miles de millones en el desarrollo del metaverso, el potencial de estas plataformas para convertirse en puntos de acceso principales al contenido digital podría otorgarles un control significativo sobre las experiencias e interacciones diarias de los usuarios. Surgen así una serie de cuestiones en torno a la potencial invasión de la privacidad, la manipulación de la información personal y la explotación de los usuarios con fines comerciales o de otro tipo[24].

Para empresas y profesionales, la expansión hacia mundos inmersivos puede conllevar un mayor escrutinio y regulación en relación con la privacidad de los datos, la potencial manipulación de usuarios y posibles prácticas colusorias. Además, podría llevar a un aumento significativo de la competencia, lo que podría resultar en inversiones costosas y volatilidad del mercado[25]. Los mundos virtuales también

---

[21] P. Hirsch. «Adventures in the metaverse», *Journal of Business Strategy*, 2022), https://doi.org/10.1108/jbs-06-2022-0101; M. Cusumano, A. Gawer y D. Yoffie, «Social media companies should self-regulate. Now», *Harvard Business Review*, 2021.

[22] A. Strange, «Facebook planted the idea of the metaverse but Apple can actually populate it», *Quartz*, 29 de noviembre de 2021, https://qz.com/2095986/facebook-is-marketing-the-metaversebut-apple-can-make-it-real/

[23] L. B. Rosenberg, «Regulating the Metaverse, a Blueprint for the Future», en L. T. de Paolis *et al.* (eds.), *XR Salento 2022, LNCS* 13445, pp. 263-272; 2022, p. 267.

[24] L. B. Rosenberg, «Regulation of the Metaverse: A Roadmap: The risks and regulatory solutions for largescale consumer platforms», *op. cit.*, p. 266.

[25] L. B. Rosenberg, «Augmented reality: reflections at thirty years», en K. Arai (ed.), *FTC 2021. LNNS*, vol. 358, 2022, pp. 1-11, https://doi.org/10.1007/978-3-030-89906-6_1

presentan desafíos para la protección de las inversiones, la propiedad[26] y los derechos de propiedad intelectual e industrial, siendo esencial para estimular la innovación y garantizar que tanto creadores como empresas obtengan el reconocimiento y la compensación apropiada por sus aportaciones[27]. Sin olvidar que la interacción con avatares anónimos y el uso de inteligencia artificial puede dificultar la verificación de identidad, complicando la confianza y la rendición de cuentas en las transacciones comerciales y, en particular, las cuestiones relacionadas con la transparencia, el consentimiento informado y la privacidad. Anonimidad que también puede facilitar la comisión de actividades fraudulentas y ciberataques[28]. Asimismo, la dependencia de tecnologías impulsadas por inteligencia artificial puede exponer a empresas y profesionales a riesgos asociados con sesgos algorítmicos, la difusión de desinformación y preocupaciones éticas[29].

Ante este panorama, surge la necesidad de un marco regulatorio claro y eficaz para salvaguardar los intereses de los consumidores y de otras partes involucradas en los entornos virtuales. Este marco podría incluir medidas como la imposición de restricciones al monitoreo excesivo de usuarios, la aplicación de estándares éticos en el análisis de emociones y comportamientos, la regulación de la colocación de productos virtuales para evitar la publicidad engañosa o intrusiva, y la protección de la identidad y la autonomía de los usuarios frente a la creación y manipulación de personas virtuales[30]. Por otro lado, la protección de las empresas es esencial para fomentar la inversión y el desarrollo sostenible de los mundos virtuales. Esto incluye la protección de las inversiones y la propiedad, medidas contra la competencia desleal, la adopción de un marco normativo que proporcione seguri-

---

[26] J. Fairfield, «Tokenized: The Law of Non-Fungible Tokens and Unique Digital Property», *Indiana Law Journal, Indiana Law Journal (Bloomington)*, vol. 97, núm. 4, 2022, pp. 1261-1313.

[27] A. López-Tarruella Martínez (dir.), *Protección y gestión de la propiedad intelectual en el metaverso*, Madrid, Editorial Reus, 2023.

[28] N. Smaili y A. de Rancourt-Raymond, «Metaverse: welcome to the new fraud marketplace», *Journal of Financial Crime*, 2022, https://www.emerald.com/insight/content/doi/10.1108/JFC-06-2022-0124/full/html

[29] *Ibid.*; F. Letter y M. Zuckerberg, 28 de octubre de 2021, https://about.fb.com/news/2021/10/founders-letter/

[30] L. B. Rosenberg, «Regulating the Metaverse, a Blueprint for the Future», *op. cit.*, pp. 263-272.

dad jurídica y el establecimiento de mecanismos apropiados de resolución de conflictos que permitan a las empresas operar en un entorno de confianza y estabilidad. En resumen, un marco regulatorio que garantice entornos digitales seguros, justos y transparentes tanto para los usuarios como para las empresas.

Esta tarea requiere una colaboración estrecha entre los sectores público y privado, así como una atención cuidadosa a los principios de transparencia, responsabilidad y respeto por los derechos individuales[31]. En este sentido, la comunicación de la Comisión Europea sobre la Web 4.0 y los Mundos Virtuales muestra el claro interés de la Unión Europea por situarse en una posición favorable para capitalizar las oportunidades que ofrecen los entornos inmersivos[32].

En cualquier caso, la naturaleza transnacional y descentralizada de muchas plataformas de realidad virtual inmersiva puede complicar la aplicación efectiva de la normativa estatal o supranacional. Asimismo, la ausencia de un marco legal claro y de mecanismos eficaces de resolución de conflictos plantea desafíos adicionales, como se analizará a lo largo de la presente obra.

4. DERECHO INTERNACIONAL PRIVADO Y MUNDOS VIRTUALES

Dado que las plataformas virtuales pueden trascender las fronteras nacionales y permitir interacciones entre usuarios de diferentes países, surgen diversas cuestiones relacionadas con la competencia judicial internacional, la ley aplicable y el reconocimiento y ejecución de resoluciones judiciales. El Derecho internacional privado proporciona el marco legal para resolver estas cuestiones, determinando qué jurisdicción tiene competencia para conocer un caso, qué ley se aplicará para resolver posibles controversias y la eficacia extraterritorial de las decisiones judiciales que se dicten. En

[31] Id.

[32] Comunicación de 11 de julio de 2023 de la Comisión al Parlamento Europeo, al Consejo, al Comité Económico y Social Europeo y al Comité de las Regiones, «Iniciativa de la UE sobre la Web 4.0 y los mundos virtuales: en la vanguardia hacia la próxima transición tecnológica», COM(2023) 442 final.

cuestiones relacionadas con la protección de datos y la privacidad, la propiedad intelectual y la responsabilidad civil, por poner algunos ejemplos, el Derecho internacional privado es fundamental para asegurar que los derechos de los usuarios sean respetados independientemente de su ubicación geográfica y para garantizar la coherencia y la seguridad jurídica.

4.1. Hipótesis de trabajo

Un marco internacional iusprivatista claro no solo proporciona seguridad jurídica a los usuarios y operadores de estas plataformas, sino que también fomenta la confianza y la estabilidad en el desarrollo de los mundos virtuales. Ello es indispensable para asegurar que los derechos de los individuos y las entidades involucradas estén protegidos, y que las actividades económicas y sociales que se lleven a cabo en estos entornos cumplan con los estándares de seguridad, privacidad y ética. Además, una regulación bien definida facilita la innovación al ofrecer un entorno predecible en el que las empresas pueden desarrollar nuevas tecnologías y servicios sin temor a incertidumbres legales. Por otra parte, es fundamental disponer de una regulación de Derecho internacional privado que se ajuste a las particularidades de los nuevos entornos digitales, especialmente tomando en cuenta que muchas interacciones en los mundos virtuales tienen lugar en plataformas descentralizadas y con agentes anónimos o semianónimos. Unas características que plantean desafíos adicionales en términos de supervisión y cumplimiento normativo y respecto a la resolución de conflictos.

El primer desafío lo encontramos en la descentralización. La tecnología de registro distribuido (*Distributed Ledger Technology*, DLT por sus siglas en inglés)[33] o *blockchain* está destinada a desempeñar un papel clave en los mundos virtuales, facilitando la aparición de entornos digitales que operan en la cadena de bloques, donde la realidad virtual y la realidad aumentada ofrecen oportunidades comerciales y

[33] D. Tapscott y A. Tapscott, *Blockchain Revolution: How the Technology Behind Bitcoin is Changing Money, Business, and the World*, Portfolio/Penguin, 2016.

de interacción social ilimitadas[34]. Esta tecnología facilita transacciones e interacciones que no se limitan fácilmente a ubicaciones geográficas o jurisdicciones específicas, y que pueden llevarse a cabo sin intermediarios o autoridades centrales. Sin embargo, el Derecho internacional privado ha confiado tradicionalmente en puntos de conexión territoriales que podrían no abordar eficazmente las complejidades de los entornos virtuales descentralizados, donde las ubicaciones físicas de las partes o la localización de los activos virtuales pueden ser ambiguas o cambiar constantemente, lo que dificulta determinar la competencia judicial internacional o la ley aplicable. De la misma manera, la interacción con avatares y DAOs (*Decentralized Autonomous Organizations*), estructuras utilizada por algunas plataformas virtuales como forma de gobernanza[35], en los mundos virtuales proporciona un cierto grado de anonimato que podría dificultar el asociar de manera inequívoca las identidades de las partes con sus transacciones, complicando la prueba del consentimiento en el contexto legal, su capacidad, responsabilidad, etc., y generar inconsistencias con normas de Derecho internacional privado basadas en puntos de conexión como la nacionalidad, el establecimiento o el domicilio de las partes. Descentralización y anonimato que pueden obstaculizar, en último término, el reconocimiento y ejecución de las decisiones que se dicten en la resolución de conflictos originados en mundos virtuales, ya sean aquellas judiciales o arbitrales.

La presente obra parte de la hipótesis de que la normativa internacional iusprivatista y los mecanismos tradicionales de resolución de conflictos no están adecuadamente adaptados para abordar los desafíos emergentes de los mundos virtuales. Esto implicaría la necesidad imperativa de desarrollar una regulación de Derecho internacional privado y mecanismos de resolución de conflictos que

[34] M. F. N. Amirulloh *et al.*, «Know More Metaverse as The Technology of The Future», *International Journal of Research and Applied Technology*, vol. 2, núm. 1, 2022, pp. 174-177; S. E. Bibri y A. Zaheer, «The Metaverse as a Virtual Form of Data-Driven Smart Urbanism: On Post-Pandemic Governance through the Prism of the Logic of Surveillance Capitalism», *Smart Cities*, vol. 5, núm. 2, 2022, pp. 715-727; S. Mystakidis, «Metaverse», *Encyclopedia* (Basel, Switzerland), vol. 2, núm. 1, 2022, pp. 486-497.

[35] W. Kaal, «Decentralized Autonomous Organizations: Internal Governance and External Legal Design», *Now Publishers, Autonomous Organisations and the Law*, Cheltenham, Edward Elgar Publishing, 2019.

consideren las particularidades de los nuevos entornos digitales, con el fin de garantizar un marco legal eficaz y justo en la era de la virtualidad.

4.2. Objetivo y justificación de la obra

El objetivo principal de esta obra es demostrar la hipótesis de trabajo planteada a través de un estudio que permita validar o refutar las premisas establecidas, contribuyendo así al avance del conocimiento en la materia. En consecuencia, la investigación va dirigida a examinar la adaptabilidad de la normativa internacional iusprivatista a las peculiaridades de los mundos virtuales, a la vez que a explorar métodos sustantivos y mecanismos innovadores de resolución de controversias en estos entornos, como el denominado arbitraje en *blockchain* (*Blockchain Dispute Resolution*, BDR), que busca desempeñar un papel importante en la era del metaverso.

La relación entre Derecho internacional privado y *blockchain* ya ha sido abordada por la doctrina[36]. Sin embargo, es necesario examinar el papel del Derecho internacional privado con relación a las características específicas de los mundos virtuales y del metaverso, en particular. Como se expondrá en el siguiente capítulo, el metaverso ofrece un entorno virtual donde los usuarios pueden interactuar y poseer activos virtuales, yendo más allá del enfoque transaccional de los sistemas de registro distribuido y donde la ceración de avatares para representarse a sí mismos contrasta con la identidad vinculada a las claves criptográficas en la cadena de bloques[37]. A mayor abundamiento, las interacciones en el metaverso también pueden incluir la participación de agentes no humanos, lo que plantea la cuestión de reconocer su capacidad para ser sujetos de derechos y obligaciones, incluida la asignación de responsabilidad y la determinación de su estatuto personal.

---

[36] D. Kraus, T. Obrist y O. Hari (eds.), *Blockchain and Private International Law*, Cheltenham, Edward Elgar, 2022.

[37] Y. Yuan e Y. Yang, «Embracing the Metaverse: Mechanism and logic of a new digital economy», *Metaverse*, vol. 3, 2022, https://doi.org/10.54517/met.v3i2.1814

Existe, en definitiva, una creciente necesidad de marcos legales tecnológicamente neutrales que puedan adaptarse a las características únicas de los entornos virtuales descentralizados. Estos marcos deben considerar factores más allá de la ubicación física y adaptarse a la naturaleza dinámica, semi-anónima y sin fronteras de las transacciones digitales. Dado que muchas de las interacciones en el metaverso son transfronterizas, la necesidad imperativa de normas de Derecho internacional privado adaptadas a estos entornos es evidente.

4.3. Metodología

Los mundos virtuales se han convertido rápidamente en un medio popular para experimentar con diferentes tipos de interacciones humanas. Por sus características específicas pueden ser objeto de interés académico respecto al papel del ordenamiento jurídico en la regulación de la conducta de sus participantes. A este respecto, podríamos plantearnos si estamos ante espacios de creatividad sin límites y entornos «sin ley» donde los usuarios pueden ocultar sus identidades detrás de avatares para así llevar a cabo conductas y comportamientos que podrían no ser ni tolerados ni legales en el mundo físico. Esta hipótesis podría representar un área de interés relevante para disciplinas como la sociología del derecho o la antropología jurídica y estudiarse desde metodologías empíricas propias de estos campos del conocimiento[38].

La presente investigación se realizará, sin embargo, siguiendo la metodología tradicional en el área de las ciencias jurídicas, esto es, conforme al método hermenéutico. Este método es un enfoque interpretativo que se basa en comprender y dar significado a los textos legales mediante el análisis contextual, histórico y gramatical, centrándose en descubrir la intención del legislador y aplicarla de manera coherente y justa a las situaciones concretas. La metodología her-

[38] W. L. F. Felstiner, R. L. Abel y A. Sarat, «The Emergence and Transformation of Disputes: Naming, Blaming, Claiming...», *Law & Society Review*, vol. 15, núm. 3/4, Special Issue on Dispute Processing and Civil Litigation (1980-1981), pp. 631-654; Daria Bylieva y Tatiana Nam, *Social Norms in Virtual Worlds of Computer Games* (Atlantis Press, 2019); Paul Schiff Bermann, *Law and Society Approaches to Cyberspace* (Aldershot: Ashgate Publishing Limited, 2007).

menéutica en el ámbito jurídico implica no solo interpretar la normativa existente, sino también realizar un análisis crítico de la misma, evaluando su coherencia, eficacia y adecuación a los principios y valores jurídicos fundamentales. Además, se incluyen propuestas *de lege ferenda*, es decir, sugerencias para mejorar o reformar la legislación vigente con el objetivo de promover la justicia, la equidad y el bien común[39].

5. DELIMITACIÓN DE LA PRESENTE OBRA

La presente obra se enfoca en analizar la función del Derecho internacional privado con relación a las particularidades de los mundos virtuales y el metaverso, centrándose especialmente en el Derecho internacional privado de la Unión Europea (UE), aunque se realizarán referencias pertinentes a ordenamientos jurídicos de terceros Estados cuando sea necesario.

El estudio se estructura en torno a diversos puntos clave: la conceptualización y evolución del metaverso, los aspectos legales y jurídicos inherentes al mismo, la tecnología *blockchain* y su aplicación en entornos virtuales, el estatuto personal de los avatares y el debate sobre la personalidad jurídica de la Inteligencia Artificial desde una perspectiva internacional iusprivatista. Asimismo, la obra aborda la regulación de las transacciones en entornos virtuales, la responsabilidad extracontractual, los bienes virtuales y la propiedad intelectual en este contexto, así como la resolución de conflictos y las perspectivas futuras y las reflexiones sobre el futuro del Derecho internacional privado en el metaverso. Todo ello con el fin de analizar y debatir sobre los desafíos legales emergentes y las posibles soluciones, para ofrecer una visión comprehensiva y crítica que nos permita comprender y abordar adecuadamente estas complejas cuestiones de la era digital.

[39] B. Sherman *et al.* «Hermeneutics in Law», *Modern Law Review*, vol. 51, 1988, pp. 386-402, https://doi.org/10.1111/J.1468-2230.1988.TB01762.X

CAPÍTULO II

EL METAVERSO

El desarrollo reciente de la tecnología posibilita la creación de nuevos mundos virtuales y formas de interacción social en una variedad de contextos. El denominado *metaverso* ha surgido, en este sentido, como un entorno especial compuesto por mundos virtuales inmersivos donde los usuarios pueden interactuar entre sí.

Este Capítulo ofrece una introducción al concepto de *metaverso*, destacando las diferencias clave con otras nociones similares, como pueden ser la realidad virtual o la *Web 3.0.* Se explorarán sus características fundamentales para establecer un marco conceptual sólido que sirva de base para los capítulos siguientes, donde se profundizará en su regulación y los principales desafíos jurídicos que plantea.

1. CONCEPTO

El término *Metaverso* fue acuñado y utilizado por primera vez en el libro de ciencia ficción *Snow Crash* de Neal Stephenson, publicado en 1992[1]. La palabra deriva de la combinación de la palabra «universo» que significa «todo lo que existe», con el prefijo griego «meta»

[1] N. STEPHENSON, *Snow Crash*, Nueva York, Bantam Books, 1992.

(más allá). Esta y otras proyecciones literarias o cinematográficas como la novela de ciencia ficción *Ready Player One* de Ernest Cline[2], llevada a la gran pantalla por Steven Spilberg en 2018, donde sus protagonistas escapan del mundo real a la realidad virtual de «The OASIS», han tomado forma en el mundo real a través de las nuevas tecnologías, dando lugar a una realidad digital que opera en diversas plataformas[3]. Por un lado, existen metaversos que se presentan como videojuegos, tales como *Second Life*, *The Sandbox Game* y *Roblox*. También hay videojuegos que tienen el potencial de convertirse en metaversos, como *Activeworlds*, *The Palace*, *VRChat* y *Fortnite*. Por otro lado, han surgido recientemente metaversos que representan una versión virtual de la Tierra, como *Decentraland* y *Next Earth*. Esta evolución hacia entornos virtuales complejos sugiere la creación de un «Multiverso», un conjunto de universos virtuales que puede considerarse una adaptación de la teoría de los universos paralelos de la física cuántica, como señalan algunos expertos[4].

La expansión del *Metaverso* ha sido impulsada por tecnologías como la realidad aumentada, la Web 3.0 y la realidad virtual. En 2021, *Facebook* se transformó en *Meta Platforms* para enfocarse en el desarrollo del metaverso. *Microsoft*, tras adquirir *AltspaceVR* en 2017, ha integrado funciones de metaverso en sus plataformas, como *Microsoft Mesh*. En 2022, *HTC* lanzó *VIVERSE*, un metaverso que conecta dispositivos de realidad virtual y no virtual, incorporando control parental[5].

A pesar de su popularidad, sobre todo, en círculos *gamers* relacionados con la ciencia ficción y los videojuegos, no encontramos, sin embargo, una definición única y de consenso sobre el metaverso[6]. A

---

[2] E. Cline, *Ready Player One*, New York, Crown Publishing Group, 2011.

[3] M. Barrio Andrés, «El Metaverso y su impacto en el Estado y la soberanía», *Revista de Derecho Político*, vol. 117, 2023, pp. 197-220.

[4] G. F. R. Ellis, «Does the Multiverse Really Exist», *Scientific American*, vol. 305, núm. 2, 2011, pp. 38-43.

[5] Para una descripción más detallada, vid. C. Argelich Comelles, «El Derecho civil ante el Metaverso: hacia un *Metalaw* europeo y sus remedios en el Multiverso», *Derecho Digital e Innovación*, vol. 12, 2022.

[6] Tal como se indica en la Comunicación de la Comisión Europea de 11 de julio de 2023, Iniciativa de la UE sobre la Web 4.0 y los mundos virtuales: en la vanguardia hacia la próxima transición tecnológica, COM(2023) 442 final, y en la Resolución del Parlamento Europeo de 17 de enero de 2024, sobre los mundos virtuales: oportunidades, riesgos y repercusiones estratégicas para el mercado único, P9_TA(2024)0032.

menudo denominado como *Web 3.0*, el término metaverso parece abarcar una amalgama de tecnologías como IoT (Internet de las cosas), AR (realidad aumentada), VR (realidad virtual), XR (realidad extendida) y 3D[7]. Para algunos autores, el metaverso es una red conceptual 3D de dominios virtuales, concebida por sus desarrolladores como un ciberespacio duradero, simultáneo, trascendente e inmersivo, donde los individuos interactúan con elementos compartidos y establecen una conexión profunda con sus vidas reales, figuras físicas y facultades mentales usando avatares que representan diversas identidades y personalidades[8]. Por su parte, Mourtzis *et al.*, entienden el *Metaverso* o el *universo post-realidad* como «un entorno multiusuario perpetuo y persistente que combina la realidad física y la virtualidad digital. Se basa en la convergencia de tecnologías, como XR [*Realidad Virtual* (VR), *Realidad Mixta* (MR) y *Realidad Aumentada* (AR)], *Digital Twin* y *Blockchain*, que permiten interacciones multisensoriales con objetos digitales, entornos virtuales y personas»[9]. Otras definiciones de *Metaverso* lo describen como «un universo virtual donde los usuarios interactúan entre sí y con el entorno a través de tecnologías inmersivas como la realidad virtual (VR) y la realidad aumentada (AR), y que transforma la manera en que trabajamos, aprendemos y jugamos»[10], «un espacio virtual compartido, totalmente inmersivo, hiper espacio-temporal y autosuficiente, donde los seres humanos pueden jugar, trabajar y socializar»[11] o «un mundo virtual donde las personas pueden interactuar, conectarse y explorar, fundamentado en los valores sociales de la *Generación Z* (jóvenes nacidos a partir de 1994) y utilizando tecnologías como el

---

[7] P. Singh y D. K. Rajput, «Metaverse: Surging Need for Competent Laws with Increasing Metaverse Crimes», *International Journal of Law Management and Humanities*, vol. 5, 2022, pp. 712-724.

[8] S. E. Bibri y A. Zaheer, «The Metaverse as a Virtual Form of Data-Driven Smart Urbanism: On Post-Pandemic Governance through the Prism of the Logic of Surveillance Capitalism», *Smart Cities*, vol. 5, núm. 2, 2022, p. 715, https://www.mdpi.com/2624-6511/5/2/37

[9] D. Mourtzis *et al.*, «Human centric platforms for personalized value creation in metaverse». *Journal of Manufacturing Systems*, vol. 65, 2022, pp. 653-669.

[10] J. A. Arfa Khanum *et al.*, «Metaverse», *International Journal of Innovative Research in Information Security*, 2023, https://doi.org/10.26562/ijiris.2023.v0903.29

[11] Y. Wang *et al.*, «A Survey on Metaverse: Fundamentals, Security, and Privacy», *IEEE Communications Surveys & Tutorials*, vol. 25, 2022, pp. 319-352, https://ieeexplore.ieee.org/document/9880528

aprendizaje profundo y los métodos de redes neuronales»[12]. Finalmente, se ha señalado que «el metaverso aún no es un concepto completamente definido, sino que está solo al comienzo de su desarrollo y explicación»[13].

Estamos, por tanto, ante mundos virtuales interactivos, experiencias inmersivas y economías virtuales respaldadas por tecnologías como la realidad virtual y las criptomonedas. En ellos se facilita la comunicación, colaboración y transacciones económicas entre usuarios, así como la creación y compartición de contenido generado por los usuarios, formando una experiencia digital rica y multifacética. Se trata así de una fusión entre el mundo virtual y el físico, erigiéndose en una tecnología transformadora que puede llegar a modificar la percepción de la realidad de las personas, requiriendo, por ello, una aproximación integral que permita conocer todo su potencial[14].

2. CARACTERÍSTICAS Y DIFERENCIAS CON OTROS CONCEPTOS SIMILARES

El *metaverso* ha surgido como una extensión de la noción de mundos virtuales, denotando un universo virtual expansivo y conectado en el que los usuarios pueden interactuar entre sí y con contenido generado por ellos mismos en tiempo real. A diferencia de los mundos virtuales tradicionales, el *metaverso* busca integrar múltiples plataformas y experiencias digitales en un solo ecosistema coherente, donde los límites entre lo virtual y lo físico se desdibujan. Los usuarios pueden crear avatares personalizados, explorar entornos digitales variados, participar en actividades sociales y económicas, e incluso construir y comercializar sus propias creaciones digitales. El *metaverso* es, por tanto,

[12] S.-M. Park e Y.-G. Kim, «A Metaverse: Taxonomy, Components, Applications, and Open Challenges», *IEEE Access*, vol. 10, 2022, pp. 4209-4251, https://ieeexplore.ieee.org/document/9667507

[13] S. Bogatova *et al.*, «Representation of the Notional Component of the Concept "Metaverse" in the Journalistic Genre (Based on Corpus Data)», *Current Issues In Philology And Pedagogical Linguistics*, 2022, https://philjournal.ru/vypuski/arkhiv-nomerov/section.php?ELEMENT_ID=2282

[14] G. Riva y B. Wiederhold, «What the Metaverse Is (Really) and Why We Need to Know About It», *Cyberpsychology, behavior and social networking*, 25-6 (2022), pp. 355-359, https://doi.org/10.1089/cyber.2022.0124

una extensión del mundo digital que va más allá de las simples experiencias en pantalla y abarca múltiples plataformas y dispositivos, incluyendo la realidad virtual (VR) y la realidad aumentada (AR). Entre sus características destacan la *inmersividad* o fusión sin precedentes entre los mundos virtual y físico; la *interoperabilidad* o la aspiración a facilitar la movilidad sin restricciones a través de distintas plataformas y dominios temáticos; la *interactividad* o poder para ejercer influencia sobre objetos u otros usuarios; la *persistencia*, entendida como existencia independiente del tiempo y el lugar; la *sincronicidad*, al facilitar experiencias en tiempo real; la *accesibilidad* multidispositivo; su aspiración a convertirse en un *ecosistema abierto y colaborativo* o la *metaeconomía* o fusión entre la economía real y financiera y la economía digital[15].

Este espacio virtual tridimensional persistente y compartido, donde las personas pueden interactuar entre sí y con objetos digitales de manera inmersiva ha captado el interés de las empresas tecnológicas, inversores y creadores de contenido, quienes ven en el metaverso un nuevo paradigma para la interacción humana y la economía digital. El metaverso está expandiéndose rápidamente, como puede observarse, por ejemplo, en el caso de *Roblox*, plataforma que cuenta con 150 millones de usuarios activos mensuales (MAU) y solo en EE.UU. es utilizado por 2/3 de los niños de 9 a 12 años[16]. Aunque los entornos virtuales no son una novedad y ya se vivió con gran entusiasmo la aparición de *Second Life* hace décadas[17], el fenómeno del *Metaverso* es diferente. A diferencia de otros entornos virtuales, el *Metaverso* se caracteriza por una integración más profunda de tecnologías avanzadas como el aprendizaje profundo, la realidad aumentada y la realidad virtual. Además, está imbuido de los valores sociales de la *Generación Z*, donde la distinción entre la identidad en línea y fuera de línea está difuminada[18]. Esto, junto con la accesibilidad omnipresente propor-

---

15 A. Serrano Acitores, *Metaverso y Derecho*, Madrid, Tecnos, 2023, pp. 102-116.

16 P. Friess y A. Ruche, «The Metaverse, 2030: A Boring Virtual Future Averted by Inspired Entrepreneurs and Artists». *Leonardo*, 56 (2023), pp. 447-449, https://doi.org/10.1162/leon_a_02369

17 A. M. Kaplan y M. Haenlein, «The fairyland of second life: Virtual social worlds and how to use them», *Bus. Horizons*, vol. 52, núm. 6, pp. 563-572, nov. 2009.

18 H. Duan, J. Li, S. Fan, Z. Lin, X. Wu, y W. Cai, «Metaverse for social good: A university campus prototype», en Proc. 29th ACM Int. Conf. Multimedia, oct. 2021 pp. 153-161.

cionada por los dispositivos móviles y la creciente importancia de las interacciones y contenidos sociales, convierten al *metaverso* en una evolución significativa y distinta de sus predecesores virtuales.

2.1. Diferencias con otros mundos virtuales

Según S.-M. Park e Y.-G. Kim[19], el *metaverso* se diferencia de otros entornos virtuales en tres aspectos: la *tecnología avanzada*, la *accesibilidad* y la *integración económica*.

El aprendizaje profundo (*deep learning*) ha mejorado la precisión del reconocimiento visual y del lenguaje, mientras que los modelos generativos han creado entornos más inmersivos y movimientos naturales. Asimismo, en el *metaverso* se han optimizado los tiempos de procesamiento y la complejidad utilizando modelos multimodales, como las soluciones de extremo a extremo (E2E) con modelos preentrenados[20].

De otra parte, a diferencia de otros mundos virtuales, a los que tradicionalmente se ha accedido mediante un PC, el metaverso es ahora accesible en cualquier momento a través de dispositivos móviles con conexión continua a Internet. Por ejemplo, plataformas como *Roblox* albergan 50 millones de juegos y acumulan 3.000 millones de horas de uso mensual, superando el tiempo empleado en redes sociales como *TikTok* y *YouTube*. Este incremento de usuarios y tiempo de uso genera ingresos significativos para las empresas a través de la publicidad digital y la diversificación de contenidos[21].

Por último, el uso de criptomonedas facilita la conexión de los participantes con la vida real, permitiendo interacciones inmersivas en sectores como la moda, los juegos o el mundo laboral[22]. No hay duda de que el *metaverso* se ha convertido en una fuente significativa de generación de ingresos. Un ejemplo de esto es el evento «Gucci Garden Experience» que *Gucci* realizó en la plataforma *Roblox* en mayo de 2021. Durante el evento, los usuarios tuvieron la oportunidad

---

[19] S.-M. Park e Y.-G. Kim, *op. cit.*, pp. 4209-4251.
[20] *Ibid.*
[21] *Ibid.*
[22] *Ibid.*

de probar y adquirir accesorios de moda para sus avatares. Uno de los artículos destacados, el bolso digital «Queen Bee Dionysus», fue ofrecido inicialmente por 475 *Robux*, equivalentes a $5, pero finalmente se vendió por $4.115. Como se ha apuntado, la *metaeconomía* puede ser la siguiente etapa de la evolución económica. En un mundo dual que combina lo real y lo virtual, será habitual disponer tanto de saldos bancarios e inversiones en moneda fiduciaria como de recursos destinados a la adquisición de criptomonedas aceptadas en los metaversos[23].

2.2. Diferencias con la Realidad Aumentada y la Realidad Virtual

Se puede establecer una distinción entre el *metaverso*, por un lado, y la realidad aumentada (RA) y la realidad virtual (RV), por otro. Así, mientras que la RV se centra en cuestiones como la «renderización», es decir, el proceso de generar una imagen fotorrealista, o no, a partir de un modelo 2D o 3D, el *metaverso* se caracteriza por un contenido más sostenible y social. El *metaverso* puede no hacer uso de tecnologías de RA y RV y es, sin embargo, capaz de proporcionar un entorno escalable capaz de acomodar a un gran número de usuarios, lo cual es esencial para reforzar su significado social[24].

2.3. Diferencias con la Web 3.0 y la Web 4.0

También se puede diferenciar el *metaverso* de conceptos similares como la Web 3.0 y la Web 4.0. Los tres conceptos representan distintas etapas y enfoques en la evolución de la tecnología digital. El *metaverso* se centra en la creación de entornos virtuales inmersivos donde los usuarios pueden interactuar mediante avatares,

[23] R. Palomo Zurdo, «La vida en el metaverso: un nuevo horizonte para las relaciones sociales y la economía», *Revista Telos de Fundación Telefónica*, 11 de marzo de 2022, disponible en *The Conversation*, https://theconversation.com/la-vida-en-el-metaverso-un-nuevo-horizonte-para-las-relaciones-sociales-y-la-economia-178953

[24] S.-M. Park e Y.-G. Kim, *op. cit.*, pp. 4209-4251.

ofreciendo nuevas formas de socialización, entretenimiento y comercio. Por su parte, la Web 3.0 busca descentralizar la web, dando a los usuarios mayor control sobre sus datos y eliminando intermediarios mediante el uso de tecnologías como *blockchain* e inteligencia artificial[25]. La Web 4.0, aún más avanzada, se proyecta hacia una integración completa entre el mundo físico y digital, creando una red inteligente y omnipresente que anticipa las necesidades de los usuarios y permite una interacción fluida entre dispositivos y sistemas[26].

En conclusión, mientras todos los conceptos analizados representan avances significativos en la evolución de la tecnología digital, sus enfoques y aplicaciones son distintos, pero complementarios. El *metaverso*, en particular, se enfoca en la creación de mundos virtuales inmersivos para la interacción social y comercial y se caracteriza por cuatro elementos clave: inmersión, computación avanzada, socialización y descentralización[27].

3. TECNOLOGÍAS Y COMPONENTES CLAVE EN EL DESARROLLO DEL METAVERSO

El *metaverso* se configura como un espacio inmersivo de interacción y negocio que trasciende las limitaciones físicas y geográficas. Su implementación efectiva depende, así, de una serie de tecnologías clave que, al integrarse de manera coherente, pueden hacer realidad este ambicioso proyecto. Entre estas tecnologías fundamentales para el desarrollo del *metaverso* podemos mencionar la Realidad Virtual (RV) y la Realidad Aumentada (RA)[28], el Internet de las cosas

[25] G. D. Ritterbusch y M. Teichmann, «Defining the Metaverse: A Systematic Literature Review», *IEEE Access*, vol. 11, 2023, pp. 12368-12377, https://ieeexplore.ieee.org/document/10035386

[26] Iniciativa de la UE sobre la Web 4.0 y los mundos virtuales: en la vanguardia hacia la próxima transición tecnológica, COM(2023) 442 final, p. 2.

[27] D. Ng., «What is the metaverse? Definitions, technologies and the community of inquiry», *Australasian Journal of Educational Technology*, vol. 38, núm. 4, 2022, pp. 190-205.

[28] H. Huang *et al.*, «From *Blockchain* to Web3 & Metaverse», Springer Nature, Singapore, 2023, pp. 8-9.

(IoT)[29], el gemelo digital (DT)[30], los gráficos 3D y el renderizado en tiempo real[31], la Inteligencia Artificial (IA) y el Aprendizaje Automático (ML)[32], la tecnología *blockchain*[33] y aspectos importantes como la conectividad y la interoperabilidad[34]. En este sentido, recientemente se ha establecido el *Foro de Estándares del Metaverso* (MSF)[35], como una entidad de colaboración entre empresas y organismos de desarrollo de normativas lógicas, con el propósito de crear estándares de interoperabilidad que fomenten un *metaverso* abierto.

De otro lado, para posibilitar una interacción fluida y simultánea son necesarios una serie de componentes de *hardware, software* y contenidos.

En términos de *hardware*, los dispositivos de realidad virtual (VR) y realidad aumentada (AR), como gafas, cascos y controladores, son esenciales para permitir la inmersión y la interacción en entornos virtuales y aumentados. En este sentido, dispositivos como las *Oculus* de *Meta*, las *Hololens* de *Microsoft* o las *Vision Pro* de *Apple* ofrecen experiencias inmersivas, mientras que los trajes hápticos de cuerpo entero, como el *Teslasuit* o el *Holosuit*, pueden llevar esta inmersión al máximo nivel[36]. Estos trajes rastrean movimientos y proporcionan retroalimentación háptica y biométrica, permitiendo al usuario experimentar una sensación de inmersión total en el mundo virtual. Además, son necesarios ordenadores y servidores de alta capacidad para procesar gráficos y gestionar las interacciones en tiempo real, a la vez que redes de alta velocidad, como la conectividad 5G/6G, para facilitar la transmisión rápida de datos y la comunicación inmediata. Los sensores y dispositivos hápticos también juegan un papel crucial al proporcionar retroali-

---

[29] AEPD, «IoT (II): from the internet of things to the internet of bodies», 11 de enero de 2021, https://www.aepd.es/en/prensa-y-comunicacion/blog/iot-ii-from-iot-to-iob

[30] D. Jones *et al.*, «Characterising the Digital Twin: A systematic literature review», *CIRP Journal of Manufacturing Science and Technology*, 2020, https://www.sciencedirect.com/science/article/pii/S1755581720300110?via%3Dihub

[31] Id.

[32] H. Huang *et al.*, *op. cit.*

[33] T. Gadekallu *et al.* «*Blockchain* for the Metaverse: A Review», *op. cit.*

[34] Id.

[35] https://metaverse-standards.org

[36] M. Barrio Andrés, *op. cit.*, pp. 197-220.

mentación táctil y capturar movimientos para una experiencia más realista[37].

En cuanto al *software*, plataformas de desarrollo, como *Unity* y *Unreal Engine*, permiten la creación y personalización de mundos virtuales y contenidos interactivos a través de motores de gráficos que renderizan gráficos 2D y 3D en tiempo real. Por otro lado, la organización, publicación y actualización de contenidos en el *metaverso* se lleva a cabo mediante sistemas de gestión de contenido, mientras algoritmos de inteligencia artificial mejoran la interacción y la personalización de la experiencia del usuario, incluyendo el reconocimiento de voz y gestos, así como la generación de contenido procedimental[38].

Finalmente, los contenidos incluyen desde mundos abiertos y ciudades virtuales hasta espacios temáticos específicos. En estos entornos, las experiencias y juegos interactivos facilitan la participación y colaboración en tiempo real, mientras que los avatares personalizados proporcionan representaciones digitales de los usuarios que pueden ser ajustadas según sus preferencias[39]. Además, como veremos más adelante, las criptomonedas y los NFTs (tokens no fungibles) permiten a los usuarios comprar, vender e intercambiar bienes virtuales y servicios. Todos estos elementos, al funcionar en conjunto, crean una experiencia de metaverso inmersiva, interactiva y sostenible, donde los usuarios pueden involucrarse en una amplia variedad de actividades y entornos virtuales.

4. TIPOS DE METAVERSOS

Aunque para algunos autores el *Metaverso* constituye un «ecosistema» singular y único[40], el término *metaverso* es engañoso; no existe

[37] S.-M. Park e Y.-G. Kim, *op. cit.*, pp. 4219-4220.

[38] Unreal Engine, https://www.unrealengine.com/en-US/; G. Manfredi *et al.*, «Try It On: A Virtual Dressing Room with Motion Tracking and Physically Based Garment Simulation», en L. T. de Paolis *et al.* (eds.), *International Conference on Extended Reality*, Springer International Publishing, Cham, 2022, pp. 63-76.

[39] S. M. Park e Y.-G. Kim, *op. cit.*, pp. 4219-4220.

[40] L. Arismendy Mengual, «A legal status for Avatars in the Metaverse from a Private Law perspective», *InDret*, vol. 2, 2024, pp. 102-135, p. 105; M. van Rijmenam,

un solo metaverso, sino distintas plataformas o *metaversos* que reúnen algunas de las características anteriormente descritas. En consecuencia, a partir de este punto nos referiremos a este fenómeno con *minúscula*. Así, podemos encontrar *metaversos para consumidores* o espacios recreativos donde las personas participan en juegos de realidad virtual, interactúan socialmente y compran productos en tiendas virtuales mediante avatares y tecnologías como los NFTs; *metaversos empresariales* que facilitan proyectos colaborativos con clientes o *metaversos industriales*, que optimizan la fabricación de productos mediante gemelos digitales, mejorando el rendimiento y reduciendo costos[41].

Además, podemos distinguir entre metaversos *centralizados* y *descentralizados*, dependiendo de la estructura de gobernanza y control de estas plataformas[42].

Los metaversos centralizados son aquellos en los que la infraestructura subyacente y la gestión del entorno se encuentran bajo el control de una única entidad o empresa. En este modelo, los usuarios dependen de un servidor central para acceder al mundo virtual y todas las interacciones se llevan a cabo dentro de un marco establecido por el operador del metaverso. Ejemplos de esta arquitectura centralizada incluyen *Horizon Worlds*[43], *Immersed*[44], *Engagevr*[45], *VrChat*[46] y muchos juegos en línea masivos como *Fortnite*, *Roblox* o *Minecraft*, propiedad de Microsoft. En metaversos centralizados una entidad o empresa central tiene el control y la autoridad sobre las operaciones y decisiones clave. En *Horizon Worlds*, por ejemplo, *Meta* es la que gestiona la infraestructura, las reglas y las características del metaverso.

Por otro lado, los mundos virtuales descentralizados son aquellos en los que la infraestructura y la gobernanza se distribuyen entre

---

Step into the Metaverse: How the Immersive Internet Will Unlock a Trillion-Dollar Social Economy, Wiley, New Jersey, 2022, p. 12.

[41] E. Domínguez Pérez, «Marca en el metaverso: avances y cuestiones abiertas», *Revista La Propiedad Inmaterial*, Universidad Externado de Colombia, vol. 36, junio-diciembre de 2023, pp. 149-175.

[42] M. F. N. Amirulloh *et al.*, «Know More Metaverse as The Technology of The Future», *International Journal of Research and Applied Technology*, vol. 2, núm. 1, 2022, pp. 174-177.

[43] https://horizon.meta.com/?locale=en_US

[44] https://www.immersed.com

[45] https://engagevr.io

[46] https://hello.vrchat.com

múltiples participantes, a menudo utilizando tecnologías de *blockchain* y contratos inteligentes. En estos entornos, los usuarios tienen un mayor grado de autonomía y propiedad sobre sus activos virtuales y las interacciones se rigen por protocolos descentralizados en lugar de reglas impuestas por una sola entidad. Ejemplos de mundos virtuales descentralizados incluyen *Decentraland*[47], *Cryptovoxels*[48], *Sandbox.game*[49], *Somnium Space*[50], *Axie Infinity*[51] y *Webaverse*[52]. En metaversos descentralizados como *Decentraland*, la toma de decisiones y el control se distribuyen entre los participantes de la red mediante el uso de la tecnología *blockchain*, lo que permite descentralizar la propiedad, las transacciones y las decisiones de gobernanza[53].

La distinción entre metaversos centralizados y descentralizados tiene un impacto en tres niveles diferentes, cada uno de los cuales se superpone jerárquicamente al siguiente. Dichos niveles están relacionados con la propiedad, la moderación de contenidos y la visualización[54].

Como hemos apuntado, los usuarios del metaverso pueden poseer diversos activos, como criptomonedas, parcelas de terreno virtual, accesorios para sus avatares, nombres de usuario, e incluso los propios avatares. Estos activos, al ser de naturaleza virtual, generalmente están registrados en una base de datos, la cual puede ser gestionada por el operador de la plataforma o por la comunidad en caso de un sistema basado en un *blockchain* público. Si se trata de una plataforma centralizada, la confianza en el operador resulta esencial, aunque, incluso en este escenario, el operador puede tomar decisiones controvertidas, actuar de forma incompetente (por ejemplo, ser objeto de un hackeo) o, lo que es peor, llevar a cabo expropiaciones. Sin olvidar que el operador puede proceder al cierre temporal o permanente del servicio

---

47 https://decentraland.org

48 https://www.voxels.com

49 https://www.sandbox.game/en/

50 https://somniumspace.com

51 https://axieinfinity.com

52 https://github.com/webaverse-studios

53 T. Huynh-The *et al.* «*Blockchain* for the Metaverse: A Review», *Future Generation Computer Systems*, vol. 143, 2023, pp. 401-419.

54 M. Goldberg y F. Schär, «Metaverse governance: An empirical analysis of voting within Decentralized Autonomous Organizations», *Journal of Business Research*, vol. 160, 2023, 113764.

como resultado de la falta de incentivo económico para mantener el acceso a la base de datos[55]. Por otra parte, los metaversos descentralizados permiten a sus usuarios gestionar los activos digitales por sí mismos, a menudo en forma de tokens fungibles o no fungibles en una *blockchain* pública[56]. Esto proporciona una infraestructura más sólida y un entorno de intercambio sin confianza, pero conlleva una contrapartida: la autocustodia de los activos digitales también implica la responsabilidad exclusiva del usuario respecto al almacenamiento seguro de la clave privada[57].

El siguiente nivel en el que la distinción entre metaversos centralizados y descentralizados tiene un impacto significativo es en la moderación del contenido generado por los usuarios, donde determinar si un nombre de usuario es considerado ofensivo o cumple con las directrices del mundo virtual plantea interrogantes sobre quién lleva a cabo estas decisiones y cómo se les hace responsables. Algunas decisiones pueden ser controvertidas, dado el delicado equilibrio entre moderación y censura[58]; sin embargo, mientras que en los metaversos centralizados la toma de decisiones recae sobre el operador[59], en los metaversos descentralizados podrían adoptarse de manera más democrática mediante las DAOs, permitiendo que la comunidad vote sobre cada caso concreto (con los pros y contras que ello conlleva)[60].

Por último, la distinción entre metaversos centralizados y descentralizados influye en la visualización. Según qué plataforma sea, el metaverso puede ser accesible a través de diversos dispositivos como ordenadores, consolas de juegos, cascos de realidad virtual, teléfonos inteligentes o tabletas. En plataformas centralizadas, la

---

[55] F. Schär, «Decentralized finance: On *blockchain*-and smart contract-based financial markets», *FRB of St. Louis Review*, vol. 103, núm. 2, 2021, pp. 153-174.

[56] R. Belk *et al.*, «Money, possessions, and ownership in the Metaverse: NFTs, cryptocurrencies, Web3 and Wild Markets», *Journal of Business Research*, vol. 153, 2022, pp. 198-205.

[57] M. Goldberg y F. Schär, *op. cit.*

[58] S. Myers West, «Censored, suspended, shadowbanned: User interpretations of content moderation on social media platforms», 20(11) *New Media & Society*, 2018, 4366-4383.

[59] C. Mesa Sánchez, «Moderación de contenidos en el metaverso», en L. I. Vicente del Olmo y J. L. Amat (coords.), *Aspectos jurídicos del metaverso*, 2022, pp. 69-110.

[60] S. Hassan, y P. De Filippi, «Decentralized autonomous organization», *Internet Policy Review*, vol. 2, núm. 10, 2021, pp. 1-10.

plataforma puede imponer el uso de un dispositivo específico, lo que implica una considerable dependencia de los usuarios respecto al fabricante de dicho *hardware*. Es posible que el acceso solo pueda lograrse a través de una licencia de código cerrado. Pero si esta licencia deja de ser compatible, la información no podrá visualizarse y el metaverso centralizado también dejará de existir. A diferencia de estas últimas, las plataformas descentralizadas facilitan la inclusión de una amplia variedad de usuarios y dispositivos, como normalmente sucede en Internet con navegadores, ordenadores y teléfonos inteligentes[61].

Por tanto, la distinción entre estructuras centralizadas y descentralizadas tiene importantes implicaciones para la propiedad, la seguridad, la gobernanza y la economía en el metaverso. Mientras que los metaversos centralizados ofrecen una experiencia más controlada y predecible, los metaversos descentralizados promueven la descentralización y la participación comunitaria en la toma de decisiones. Sin embargo, estudios recientes apuntan a que estos últimos también se enfrentan a desafíos únicos en términos de escalabilidad o interoperabilidad[62], cuestión interesante que no podemos abordar en la presente obra por razones de espacio.

5. OPORTUNIDADES Y DESAFÍOS

El metaverso tiene un gran potencial para transformar múltiples áreas, desde la educación y el entretenimiento hasta el comercio y la interacción social. Sin embargo, junto con estas oportunidades innovadoras, surgen desafíos significativos, especialmente en el ámbito jurídico. Los problemas del mundo real pueden reproducirse y amplificarse en el entorno virtual. Además, la incorporación de avatares y de la inteligencia artificial introduce nuevas complejidades que pueden exigir una regulación novedosa y adaptada a estas particularidades.

[61] M. Goldberg y F. Schär, *op. cit.*
[62] Id.

5.1. Oportunidades y desafíos económicos, medioambientales y tecnológicos

El metaverso, con su amplio campo de aplicaciones y beneficios en diversas áreas, como la mejora de las interacciones sociales, la creación de entornos educativos más interactivos, experiencias de entretenimiento inmersivas, el impulso del comercio electrónico, la facilitación de la colaboración remota y el trabajo en equipo eficiente, el desarrollo de aplicaciones para la salud y el bienestar, así como la promoción de la expresión artística y la creatividad, promete abrir nuevas oportunidades en diferentes industrias[63]. Aunque nuestras interacciones con sitios web y plataformas digitales actuales no serán completamente reemplazadas por las experiencias del metaverso, sin duda alguna, este abrirá nuevas oportunidades para interacciones y modelos económicos innovadores. Entre las industrias donde se prevé un impacto significativo del metaverso se encuentran la industria bancaria, electrónica, telecomunicaciones y medios, comercio minorista, ingeniería, *marketing* y servicios[64].

Se estima que un 30 por 100 de las organizaciones globales habrá desarrollado bienes y servicios adecuados para su integración en el metaverso para el año 2026[65]. Sin embargo, es importante señalar que esta tecnología aún se encuentra en sus fases iniciales y su adopción generalizada requerirá un período considerable de tiempo. Actualmente, solo un reducido número de usuarios tiene acceso al metaverso y seguramente un uso más generalizado llevará varios años. Entre los desafíos que se han identificado en este proceso se incluyen un mejor acceso a Internet, el desarrollo de gafas de realidad virtual más ergonómicas y livianas o el lanzamiento de herramientas y equipos de realidad virtual avanzados[66].

Por otro lado, el desarrollo del metaverso incrementa el consumo de energía y plantea importantes desafíos medioambientales. No obstante, también ofrece oportunidades para optimizar procesos indus-

---

[63] Id.

[64] Id.

[65] ACM Comput Surveys (CSUR), vol. 45, núm. 1, 2013, https://dl.acm.org/doi/10.1145/2480741.2480751

[66] D. Mourtzis *et al.*, «Human centric platforms for personalized value creation in metaverse», *Journal of Manufacturing Systems*, vol. 65, 2022, p. 653.

triales, reducir el desperdicio y mejorar la eficiencia[67]. En esta misma línea, la UE ha señalado que el metaverso puede ofrecer una visión más precisa del cambio climático y permitir la anticipación de peligros naturales, lo que podría contribuir a desarrollar soluciones más sostenibles[68].

5.2. Retos sociales y jurídicos

El metaverso promete abrir nuevas oportunidades en diversas industrias y ámbitos, sin embargo, también enfrenta retos significativos, como la adaptación de los trabajadores a las nuevas tecnologías o la reproducción de problemas del mundo real, como el racismo, el sexismo, el discurso de odio, la propaganda o la violencia psicológica, que constituyen algunas de sus mayores amenazas, al igual que ocurre en Internet[69]. Como se verá a lo largo de la presente obra, se prevé que en el metaverso surjan conflictos de tipología variada[70], entre otros:

a) Litigios entre usuarios y plataformas sobre la propiedad de activos digitales, relativos a la conducta de usuarios, a la propiedad intelectual, relacionados con derechos de terceros, errores de programación, ciberseguridad, validez de los términos de uso, protección de datos, etc.

b) Litigios entre usuarios que impliquen cuestiones de naturaleza contractual o extracontractual.

c) Litigios regulatorios relativos a cuestiones fiscales, la protección de consumidores y usuarios, conductas anticompetitivas, prevención de blanqueo de capitales, conductas delictivas, etc.

La interacción mediante avatares introduce, además, un elemento adicional de complejidad a estos litigios, ya que las identidades virtuales pueden intensificar las tensiones y dificultar la resolución de

---

[67] J. Jauhiainen *et al.*, «Metaverse and Sustainability: Systematic Review of Scientific Publications until 2022 and Beyond», *Sustainability*, vol. 5, núm. 1, 2022, p. 346, https://doi.org/10.3390/su15010346

[68] COM(2023) 442 final, *op. cit.*, p. 3.

[69] D. Mourtzis *et al.*, *op. cit.*

[70] Id.

conflictos de manera efectiva. Aunque este concepto se desarrollará con más detalle en el Capítulo IV, un avatar es una representación digital de un usuario en un entorno virtual. Puede ser una figura tridimensional que representa al usuario y puede ser personalizada según las preferencias de este[71]. Cuando los usuarios interactúan mediante avatares en el metaverso, pueden surgir situaciones que, de suceder entre personas en el mundo real, serían consideradas como infracciones que derivan en responsabilidad extracontractual o son constitutivas de delito (como actividades ilícitas, agresiones, robos, abusos sexuales, etc.). Las tensiones y conflictos del mundo físico pueden incluso exacerbarse en el metaverso, dado que la interacción a través del amparo de un avatar puede facilitar comportamientos que no serían concebibles para los usuarios en el mundo físico, donde pueden distinguir entre quiénes son en realidad y cómo nunca se comportarían en la vida real. En este sentido, existen estudios que ya han explicado el efecto de la desinhibición en línea y por qué las personas pueden actuar más agresivamente en entornos digitales que en una situación cara a cara[72].

El usuario anónimo puede experimentar una sensación de desinhibición y ser más propenso a participar en comportamientos antisociales o ilícitos, especialmente cuando hay menos indicadores de nuestra humanidad y del sentido de responsabilidad[73]. Investigaciones empíricas en el ámbito de los videojuegos han demostrado, a este respecto, que algunos jugadores pueden sentirse atraídos por transgredir las normas sociales comúnmente aceptadas[74]. De hecho, en algunos casos, el objetivo de un juego puede ser la simulación o incluso la ejecución de actividades delictivas. Por ejemplo, *Grand Theft Auto: San Andreas*, una franquicia destacada en la industria de los

---

[71] B. C. Cheong, «Avatars in the metaverse: potential legal issues and remedies», *International Cybersecurity Law Review*, 2022, p. 1.

[72] J. Suler, «The Online Disinhibition Effect», *CyberPsychology & Behavior*, vol. 7, núm. 3, 2004, pp. 321-326.

[73] M. Lea y R. Spears, «Computer-mediated communication, de-individuation and group decision-making», *International Journal of Man-Machine Studies*, vol. 34, núm. 2, 1991, pp. 283-301.

[74] D. Bylieva y T. Nam, «Social Norms in Virtual Worlds of Computer Games», *Proceedings of the International Conference Communicative Strategies of Information Society (CSIS 2018)*, Atlantis Press, Springer, 2019, https://www.atlantis-press.com/proceedings/csis-18/55913852

videojuegos, ofrece una variedad de misiones que implican actividades criminales, como asesinatos, robos, secuestros y tráfico de drogas[75].

Finalmente, la irrupción de la inteligencia artificial y los avatares no humanos en el metaverso puede generar nuevos conflictos y desafíos regulatorios, como el caso de un avatar habilitado para IA que celebra autónomamente un contrato con otro avatar, que luego incumple o se involucra en actividades ilícitas como la venta de drogas y su entrega en el mundo físico en el lugar y momento convenidos. La problemática de los avatares y la regulación de su estatuto personal, como decimos, será analizada más adelante.

6. MARCO JURÍDICO APLICABLE

Existen varias formas de abordar los desafíos jurídicos como los mencionados en líneas anteriores. Desde un enfoque *no excepcionalista*[76], los conflictos que surgen de la interacción en el metaverso podrían resolverse dentro del marco legislativo existente. Por el contrario, desde una perspectiva *excepcionalista*[77], podría argumentarse que el propio metaverso crea problemas radicalmente nuevos que requieren un nuevo paradigma normativo.

6.1. ENFOQUE NO EXCEPCIONALISTA

Algún autor[78] e incluso la propia UE, se han posicionado desde un enfoque no excepcionalista. En este sentido, la UE ha afirmado

[75] Id.

[76] J. L. GOLDSMITH, «Against Cyberanarchy», *University of Chicago Law Review*, vol. 65, 1998, pp. 422-430; J. L. GOLDSMITH, «The Internet and the Abiding Significance of Territorial Sovereignty», *Indiana Journal of Global Legal Studies*, vol. 5, 1998, pp. 485-86; A. R. STEIN, «The Unexceptional Problem of Jurisdiction in Cyberspace», *International Lawyer*, vol. 32, 1998, pp. 1167-1191.

[77] D. L. BURK, «Federalism in Cyberspace», *Connecticut Law Review*, vol. 28, 1996, pp. 1095-1136; D. R. JOHNSON y D. G. POST, «Law and Borders - the Rise of Law in Cyberspace», *Stanford Law Review*, vol. 48, 1996, pp. 1367-1402; D. G. POST, «Against Cyberanarchy», *Berkeley Technology Law Journal*, vol. 17, 2002, pp. 1-23.

[78] B. ARRIBAS SÁNCHEZ, «Régimen jurídico del metaverso. Una aproximación europea», *Informática y Derecho: Revista Iberoamericana de Derecho Informático* (segunda época), núm. 12, 2022, pp. 151-162.

que «cuenta con un marco legislativo sólido y orientado al futuro que ya se aplica a varios aspectos del desarrollo del mundo virtual y de la Web 4.0»[79]. Así pues, los conflictos derivados de la interacción en el metaverso podrían resolverse dentro del marco normativo existente, de forma que se «[...] reflejen los valores y principios de la UE y los derechos fundamentales [...], y se respeten los derechos de las personas como usuarios, consumidores, trabajadores o creadores, y en los que las empresas europeas puedan desarrollar aplicaciones punteras a escala mundial»[80].

6.1.1. *Marco normativo europeo*

Siguiendo el mencionado enfoque no excepcionalista, en relación con el intercambio de información, así como el control y seguimiento de los datos generados por los dispositivos utilizados para conectarse a estas plataformas, la Comisión ha señalado la aplicabilidad del Reglamento de Gobernanza de Datos[81], además del Reglamento de Datos[82]. Asimismo, ha recordado que la recogida y tratamiento de datos personales están sujetos al Reglamento General de Protección de Datos (en adelante, RGPD), el cual se considera tecnológicamente neutro y, por ende, directamente aplicable a las plataformas del Metaverso[83]. En lo que respecta a la protección de los consumidores en estos nuevos entornos inmersivos remite al Reglamento relativo a

---

[79] COM(2023) 442 final, *op. cit.*, p. 5.

[80] Id.

[81] Reglamento (UE) 2022/868 del Parlamento Europeo y del Consejo, de 30 de mayo de 2022, relativo a la gobernanza europea de datos y por el que se modifica el Reglamento (UE) 2018/1724 (Reglamento de Gobernanza de Datos) PE/85/2021/REV/1 *DO* L 152 de 3.6.2022, pp. 1-44.

[82] Reglamento (UE) 2023/2854 del Parlamento Europeo y del Consejo, de 13 de diciembre de 2023, sobre normas armonizadas para un acceso justo a los datos y su utilización, y por el que se modifican el Reglamento (UE) 2017/2394 y la Directiva (UE) 2020/1828 (Reglamento de Datos) PE/49/2023/REV/1 *DO* L 2023/2854, de 22.12.2023.

[83] Reglamento (UE) 2016/679 del Parlamento Europeo y del Consejo, de 27 de abril de 2016, relativo a la protección de las personas físicas en lo que respecta al tratamiento de datos personales y a la libre circulación de estos datos y por el que se deroga la Directiva 95/46/CE (Reglamento General de Protección de Datos) *DO* L 119 de 4.5.2016, pp. 1-88.

la seguridad general de los productos[84] y a la Directiva relativa a las prácticas comerciales desleales de las empresas en sus relaciones con los consumidores[85].

Por otra parte, dada la relevancia que los activos digitales tendrán en los mundos virtuales, la Comisión ha hecho referencia expresa a la aplicabilidad del Reglamento MiCA (aplicable a los mercados de criptoactivos)[86] para garantizar niveles adecuados de transparencia respecto a los riesgos derivados del uso de tales activos. Considera, además, que los usuarios de estos entornos deberán poder controlar plenamente el uso de instrumentos de identidad digital mediante la cartera virtual conocida como Identidad Digital Europea, la cual se perfila como el estándar europeo de verificación de identidad en estas plataformas[87]. Resalta, de otro lado, que la protección de los derechos de propiedad intelectual e industrial en los entornos del metaverso está sujeta al marco normativo europeo en este ámbito[88], apuntando,

---

[84] Reglamento (UE) 2023/988 del Parlamento Europeo y del Consejo, de 10 de mayo de 2023, relativo a la seguridad general de los productos, por el que se modifican el Reglamento (UE) núm. 1025/2012 del Parlamento Europeo y del Consejo y la Directiva (UE) 2020/1828 del Parlamento Europeo y del Consejo, y se derogan la Directiva 2001/95/CE del Parlamento Europeo y del Consejo y la Directiva 87/357/CEE del Consejo (Texto pertinente a efectos del EEE) PE/79/2022/REV/1 *DO* L 135 de 23.5.2023, pp. 1-51.

[85] Directiva 2005/29/CE del Parlamento Europeo y del Consejo, de 11 de mayo de 2005, relativa a las prácticas comerciales desleales de las empresas en sus relaciones con los consumidores en el mercado interior, que modifica la Directiva 84/450/CEE del Consejo, las Directivas 97/7/CE, 98/27/CE y 2002/65/CE del Parlamento Europeo y del Consejo y el Reglamento (CE) núm. 2006/2004 del Parlamento Europeo y del Consejo (Directiva sobre las prácticas comerciales desleales), *DO* L 149 de 11.6.2005, pp. 22-39.

[86] Reglamento (UE) 2023/1114 del Parlamento Europeo y del Consejo, de 31 de mayo de 2023, relativo a los mercados de criptoactivos y por el que se modifican los Reglamentos (UE) núm. 1093/2010 y (UE) núm. 1095/2010 y las Directivas 2013/36/UE y (UE) 2019/1937 PE/54/2022/REV/1 *DO* L 150 de 9.6.2023, pp. 40-205.

[87] Propuesta de Reglamento del Parlamento Europeo y del Consejo por el que se modifica el Reglamento (UE) núm. 910/2014, en lo que respecta al establecimiento de un Marco para una Identidad Digital Europea COM/2021/281 final.

[88] Marco que incluye la Directiva (UE) 2019/790 del Parlamento Europeo y del Consejo, de 17 de abril de 2019, sobre los derechos de autor y derechos afines en el mercado único digital y por la que se modifican las Directivas 96/9/CE y 2001/29/CE PE/51/2019/REV/1 *DO* L 130 de 17.5.2019, pp. 92-125; el Reglamento (UE) 2017/1001 del Parlamento Europeo y del Consejo, de 14 de junio de 2017, sobre la marca de la Unión Europea (versión codificada), *DO* L 154 de 16.6.2017, pp. 1-99 y la Directiva (UE) 2016/943 del Parlamento Europeo y del Consejo, de 8 de junio de 2016, relativa a la protección de los conocimientos técnicos y la información empresa-

en este sentido, que el Reglamento de Inteligencia Artificial abordará los riesgos emergentes de la inteligencia artificial (IA) y promoverá la innovación en IA confiable[89].

En el ámbito social, insiste en la aplicabilidad a los entornos de metaverso de los estándares laborales de la UE, incluyendo las normas relativas a salud y seguridad en el trabajo, así como de seguridad social, con el objetivo de evitar que estas plataformas se conviertan en un refugio para el incumplimiento de la normativa laboral europea[90].

Finalmente, la Comisión considera que, en tanto que servicios de la Sociedad de la Información, el marco regulatorio principal que define los derechos y responsabilidades de los usuarios y las plataformas que operan en dichos entornos es el Reglamento de Servicios Digitales[91] y el Reglamento de Mercados Digitales[92]. Dentro del contexto de la UE, también se incluiría la Directiva sobre contratos de suministro de contenidos y servicios digitales, adoptada con el objetivo de facilitar las transacciones dentro del Mercado Único Digital y asegurar un alto nivel de protección para el consumidor[93].

Se trata, por tanto, de una normativa bastante amplia y en constante evolución, por lo que deberemos estar atentos a la implementa-

---

rial no divulgados (secretos comerciales) contra su obtención, utilización y revelación ilícitas, *DO* L 157 de 15.6.2016, pp. 1-18.

[89] Reglamento (UE) 2024/1689 del Parlamento Europeo y del Consejo, de 13 de junio de 2024, por el que se establecen normas armonizadas en materia de inteligencia artificial y por el que se modifican los Reglamentos (CE) núms. 300/2008, (UE) 167/2013, (UE) 168/2013, (UE) 2018/858, (UE) 2018/1139 y (UE) 2019/2144 y las Directivas 2014/90/UE, (UE) 2016/797 y (UE) 2020/1828 (Reglamento de Inteligencia Artificial), *DO* L 2024/1689, de 12.7.2024.

[90] COM(2023) 442 final, p. 5.

[91] Reglamento (UE) 2022/2065 del Parlamento Europeo y del Consejo, de 19 de octubre de 2022, relativo a un mercado único de servicios digitales y por el que se modifica la Directiva 2000/31/CE (Reglamento de Servicios Digitales) PE/30/2022/REV/1 *DO* L 277 de 27.10.2022, pp. 1-102.

[92] Reglamento (UE) 2022/1925 del Parlamento Europeo y del Consejo, de 14 de septiembre de 2022, sobre mercados disputables y equitativos en el sector digital y por el que se modifican las Directivas (UE) 2019/1937 y (UE) 2020/1828 (Reglamento de Mercados Digitales) PE/17/2022/REV/1 *DO* L 265 de 12.10.2022, pp. 1-66.

[93] Directiva (UE) 770/2019, de 20 de mayo de 2019, relativa a determinados aspectos de los contratos de suministro de contenidos y servicios digitales, *DOUE* L 136/1; J. Cruz Ángeles, «Las Obligaciones Jurídico-Comunitarias de las Grandes Plataformas Proveedoras de Servicios Digitales en la Era del Metaverso», *Cuadernos de Derecho Transnacional*, vol. 14, núm. 2, 2022, pp. 294-318.

ción de futuras modificaciones derivadas del desarrollo normativo en los ámbitos digitales en la UE[94].

6.1.2. *Normas de Derecho internacional privado*

Las interacciones en plataformas virtuales pueden trascender las fronteras nacionales y permitir interacciones entre usuarios de diferentes países, por lo que surgen una serie de cuestiones legales relacionadas con la competencia judicial internacional, la ley aplicable y el reconocimiento y ejecución de resoluciones judiciales. En este sentido, la Unión Europea cuenta con un sólido marco de normas de Derecho internacional privado, habiendo adoptado varios reglamentos que abordan aspectos como la competencia judicial, el reconocimiento y la ejecución de resoluciones judiciales o la ley aplicable a obligaciones contractuales y extracontractuales. Entre ellos se encuentran el Reglamento (UE) 1215/2012, sobre competencia judicial y reconocimiento y ejecución de resoluciones judiciales en materia civil y mercantil (Reglamento Bruselas I bis; en adelante, RB I-bis)[95] o los Reglamentos (CE) núm. 593/2008 (Roma I, en adelante, RR I)[96] y núm. 864/2007 (Roma II, en adelante, RR II)[97] sobre la ley aplicable a obligaciones contractuales y extracontractuales, respectivamente, los cuales establecen disposiciones fundamentales que garantizan la seguridad jurídica y los derechos de las personas en el ámbito de las relaciones transfronterizas dentro de la UE. El enfoque de esta obra se centrará específicamente en los instrumentos normativos mencionados.

---

[94] B. Arribas Sánchez, «Régimen jurídico del metaverso. Una aproximación europea», *Informática y Derecho: Revista Iberoamericana de Derecho Informático* (segunda época), núm. 12, 2022, pp. 151-162.

[95] Reglamento (UE) núm. 1215/2012 del Parlamento Europeo y del Consejo, de 12 de diciembre de 2012, relativo a la competencia judicial, el reconocimiento y la ejecución de resoluciones judiciales en materia civil y mercantil, *DO* L 351 de 20 de diciembre de 2012.

[96] Reglamento (CE) núm. 593/2008 del Parlamento Europeo y del Consejo, de 17 de junio de 2008, sobre la ley aplicable a las obligaciones contractuales (Roma I), *DOUE* L 177, de 4 de julio de 2008, p. 6.

[97] Reglamento (CE) núm. 864/2007 del Parlamento Europeo y del Consejo, de 11 de julio de 2007, relativo a la ley aplicable a las obligaciones extracontractuales (Roma II), *DO* L 199 de 31 de julio de 2007, pp. 40-49.

6.2. Perspectiva excepcionalista

Desde una perspectiva excepcionalista no se puede afirmar con certeza que surgirán nuevas cuestiones jurídicas en el metaverso, pero es razonable prever que aparecerán situaciones novedosas que requerirán respuestas normativas adaptadas y actualizadas. Como argumenta Bermann[98], los cambios culturales inducidos por las nuevas tecnologías son precisamente aquellos que con frecuencia van aparejados de reformas legislativas significativas.

Algunos de los conceptos y las problemáticas jurídicas surgidas en torno a la noción de mundos virtuales ya han sido abordadas en numerosos artículos científicos, e incluso por el legislador[99]. Sin embargo, como hemos señalado anteriormente, el metaverso se fundamenta en el valor social de la *Generación Z*, la cual percibe que el yo en línea y el yo fuera de línea son equiparables, a diferencia de lo observado en estudios previos sobre mundos virtuales. Para esta generación y quizá para las posteriores, la distinción entre el mundo físico y el virtual se volverá cada vez más difusa. Estas generaciones están destinadas a desenvolverse en entornos digitales e interactuar con representaciones virtuales de otros usuarios a través de avatares, lo que da lugar a una configuración social que difiere del funcionamiento de las sociedades contemporáneas. Ante este escenario, es posible que surja la necesidad de establecer un marco normativo nuevo[100].

De otro lado, a medida que las actividades y empleos se trasladen al metaverso, resultará crucial determinar quién ejercerá la potestad normativa y cómo se resolverán los conflictos[101]. En los entornos virtuales, y aún más, en las plataformas descentralizadas, las interacciones pueden abarcar múltiples ordenamientos de forma simultánea y tienen mucho más impacto transfronterizo que las situaciones

---

98 P. Schiff Bermann, *Law and Society Approaches to Cyberspace*, Ashgate Publishing Limited, Aldershot, 2007, p. xii.

99 T. Day, «Avatar Rights in a Constitutionless World», *Hastings Communications and Entertainment Law Journal*, vol. 32, núm. 1, 2009, p. 137; B. M. Chin, «Regulating Your Second Life: Defamation in Virtual Worlds», *Brooklyn Law Review*, vol. 72, núm. 4, 2007, p. 1303.

100 S. M. Park e Y.-G. Kim, *op. cit.*

101 *Ibid.*

offchain[102]. Esto representa un reto para la efectividad de los métodos tradicionales de resolución de conflictos[103] y, por tanto, algunos autores han sugerido la necesidad de implementar una gobernanza basada en *blockchain* para resolver las controversias que puedan surgir en el metaverso[104].

7. CONCLUSIÓN

La naturaleza global y diversa de las plataformas virtuales, junto con el uso de avatares y la interacción con agentes de IA, puede dar lugar a controversias complejas. Algunas de estas disputas podrán resolverse utilizando el marco normativo existente, mientras que otras podrían requerir soluciones adaptadas a las particularidades del metaverso. Por tanto, es crucial contar con mecanismos de resolución de conflictos eficientes y un marco internacional iusprivatista adecuado que aseguren un entorno virtual justo y equitativo. Estos temas son el núcleo de la presente obra, sin importar la perspectiva que se adopte, ya sea excepcionalista o no.

---

[102] F. Guillaume, «Aspects of private international law related to *blockchain* transactions», en D. Kraus *et al.* (eds.), *Blockchains, Smart Contracts, Decentralised Autonomous Organisations and the Law*, Springer, 2019, pp. 49-82.

[103] O. Tiamiyu, «The Impending Battle for the Soul of ODR: Evolving Technologies and Ethical Factors Influencing the Field», *Cardozo Journal of Conflict Resolution*, vol. 23, 2022, p. 75.

[104] F. Ghodoosi, «Contracting in the Age of *Smart Contracts*», *Washington Law Review*, vol. 96, 2021, p. 51; F. Ast y B. Deffains, «When Online Dispute Resolution Meets *Blockchain*: The Birth of Decentralized Justice», *Stanford Journal of Blockchain Law & Policy*, vol. 4, 2021, p. 241.

CAPÍTULO III

LA DESCENTRALIZACIÓN COMO ELEMENTO CARACTERÍSTICO DEL METAVERSO. LA TECNOLOGÍA *BLOCKCHAIN* Y LAS *DAOS*

La descentralización y la tecnología *blockchain* son componentes esenciales para el desarrollo y sostenibilidad del metaverso[1]. En particular, esta tecnología tiene el potencial de ampliar las posibilidades del metaverso al conectar el mundo real con el virtual, y esto se debe a varias razones:

La descentralización que proporciona la tecnología *blockchain* garantiza la gestión segura de activos digitales y facilita transacciones sin necesidad de intermediarios[2], con lo que se asegura la integridad y seguridad de las operaciones. Esta característica no solo protege las inversiones de los usuarios, sino que también fomenta una mayor participación y autonomía, al permitir que los individuos ejerzan un control directo sobre sus activos y decisiones dentro del metaverso[3].

---

[1] E. Karaarslan y S. Yazici Yilmaz, «Metaverse and Decentralization», en F. Sinan Esen, H. Tinmaz y M. Singh (eds.), *Metaverse. Technologies, Opportunities and Threats*, Springer Nature, Singapore, 2023, pp. 31-44.

[2] Informe «NTT DATA "Retos y oportunidades del metaverso en los servicios financieros"», 2023, https://es.nttdata.com/documents/metaverso-una-vision-de-banca-y-seguros.pdf

[3] H. Chen *et al.*, «Web3 Metaverse: State-of-the-Art and Vision». *ACM Transactions on Multimedia Computing Communications and Applications*, vol. 20, núm. 4, 2023, pp. 1-42, https://doi.org/10.1145/3630258

Asimismo, la tecnología *blockchain* desempeña un papel crucial al mantener la integridad, transparencia y seguridad de los datos mediante la distribución de información a través de una red de nodos independientes, aumentando, con ello, la fiabilidad y disponibilidad de la información. En este sentido, ofrece soluciones como la autenticación descentralizada y la trazabilidad de avatares y aborda problemas de seguridad críticos, como la suplantación de identidad, el *spoofing* (ataques por suplantación de identidad) de servidores, la interoperabilidad de identidades y los ataques de repetición[4]. Al implementar estas soluciones, el metaverso puede ofrecer una experiencia más segura y coherente para sus usuarios, al tiempo que protege tanto sus identidades virtuales como sus interacciones. Con ello se crea un entorno donde los usuarios pueden confiar plenamente en la información y las transacciones que realizan, lo cual es fundamental para construir un metaverso seguro y confiable[5].

Finalmente, la tecnología *blockchain* es vista como un pilar fundamental para que el metaverso se desarrolle como una sociedad virtual descentralizada y democrática, con su propio sistema económico y de gobernanza. La aparición de las denominadas *Organizaciones Autónomas Descentralizadas* (DAOs) juega un papel crucial, ya que ofrecen un modelo de gobernanza innovador y eficiente para coordinar las actividades económicas y la toma de decisiones en el metaverso. Esta estructura organizativa facilita, en este sentido, una mayor participación y autonomía de los usuarios y fortalece la integridad y seguridad del entorno virtual. Además, refleja los principios de autonomía y autogestión, lo que permite la creación de un ecosistema donde las reglas y decisiones se toman de manera colectiva y se promueve, con ello, una mayor equidad y participación de todos los miembros de la comunidad virtual[6].

---

[4] S. Patwe y S. Mane, «*Blockchain* Enabled Architecture for Secure Authentication in the Metaverse Environment», *IEEE 8th International Conference for Convergence in Technology (I2CT)*, 2023, pp. 1-8, https://doi.org/10.1109/I2CT57861.2023.10126452

[5] T. Gadekallu *et al.*, «*Blockchain* for the Metaverse: A Review», *ArXiv*, 2022, https://doi.org/10.48550/arXiv.2203.09738

[6] C. Bermejo Fernández y P. Hui, «Life, the Metaverse and Everything: An Overview of Privacy, Ethics, and Governance in Metaverse», *2022 IEEE 42nd International Conference on Distributed Computing Systems Workshops (ICDCSW)*, 2022, pp. 272-277, https://doi.org/10.1109/ICDCSW56584.2022.00058

Al asegurar la integridad, transparencia y seguridad de las operaciones y datos, esta tecnología no solo protege las inversiones y datos de los usuarios, sino que también promueve un entorno más participativo y democrático, alineándose con los valores fundamentales de la nueva era digital.

Las posibilidades que ofrece la tecnología *blockchain* y los retos que plantea desde el punto de vista jurídico se analizan con detalle en los apartados que siguen, prestando especial atención a la naturaleza jurídica y regulación de las DAOs, así como a su tratamiento desde la perspectiva del Derecho internacional privado. Los denominados contratos inteligentes, aunque se presentan brevemente en este Capítulo, serán estudiados con más detalle en el Capítulo V.

1. LA TECNOLOGÍA *BLOCKCHAIN*

El origen de la *blockchain* o *distributed ledger technology* (DLT) como tecnología disruptiva se remonta al protocolo de la criptomoneda *Bitcoin* creado bajo el seudónimo de Satoshi NAKAMOTO en 2009[7]. *Blockchain* es una base de datos descentralizada, organizada en bloques de transacciones relacionados entre sí de forma matemática y distribuida entre diferentes participantes llamados nodos[8].

En la *blockchain* las transacciones se llevan a cabo *peer to peer* o de usuario a usuario, están encadenadas unas con otras y no pueden separarse, de forma que el acceso a una determinada transacción permite conocer todo su historial previo. Efectivamente, cada operación se registra irreversiblemente en un bloque de datos que almacena varias operaciones y cuyo contenido se encripta a través de un algoritmo llamado *hash*, estando la clave de encriptado de cada transacción basada en la transacción anterior. La clave es crucial para desencriptar la información y poderla leer de nuevo. Por ello, si se ha manipulado la transacción anterior, la transacción actual no será legible[9].

---

[7] S. NAKAMOTO, «Bitcoin: A Peer-to-Peer Electronic Cash System», *Bitcoin Project*, http://bitcoin.org/bitcoin.pdf

[8] M. SWAN, *Blockchain, Blueprint for a New Economy*, O'Reilly Media, 2015, Prefacio VIII.

[9] A. RANGONE, *Managing Corporate Innovation. Determinants, Critical Issues and Success Factors*, Springer Nature, 2019, p. 78.

Los bloques se distribuyen entre los diferentes nodos, de forma que cada transacción se registra uniformemente entre los participantes, una vez ratificada la validez de la operación en base a transacciones anteriores. Puesto que la información contenida en una cadena de bloques no puede ser suprimida o alterada sin el consenso de la red, se ha afirmado que la cadena de bloques es «simultáneamente resistente, transparente e inviolable»[10].

Una transacción se inicia en la *blockchain* cuando el remitente introduce una clave digital única que permanece en secreto para él («clave privada») y la clave públicamente conocida del destinatario («clave pública») a una cadena de firmas digitales en Internet[11]. Todas las transacciones son públicas, pero se consideran anónimas porque nada relaciona a individuos u organizaciones con las cuentas identificadas en las transacciones.

Desde que Satoshi Nakamoto creó *Bitcoin* han surgido diferentes tipos de cadenas de bloques. La *blockchain* original es abierta/pública (sin permiso), pero también hay cadenas de bloques cerradas/privadas (autorizadas) y semipúblicas (consorcios o permisionadas). Las cadenas de bloques públicas como *Bitcoin*[12], *Ethereum*[13], *Stellar*[14] o *Dash*[15] están abiertas a cualquier persona y la confianza se crea a través de herramientas matemáticas y el mecanismo de consenso. Son transparentes porque cualquier persona con el *software* necesario puede ver la información registrada en la cadena de bloques, aunque solo la información de la transacción es abiertamente visible, no así quienes son *traders* o usuarios. Por el contrario, las cadenas de bloques privadas, como *Hyperledger Fabric*[16] de IBM, limitan el acceso a las personas autorizadas y se gestionan de forma centralizada. Los participantes de una red *blockchain* privada se conocen entre sí y los permisos de escritura están restringidos a la organización. En cambio, los de lec-

---

[10] B. Carron y V. Botteron, «How smart can a contract be?», en D. Kraus *et al.* (eds.), *Blockchains, Smart Contracts, Decentralised Autonomous Organisations and the Law*, Edward Elgar Publishing, 2019, pp. 101 y 106.

[11] S. Nakamoto, *op. cit.*, p. 2.

[12] https://bitcoin.org

[13] https://ethereum.org

[14] https://www.stellar.org

[15] https://www.dash.org

[16] https://www.ibm.com/*Blockchain*/hyperledger

tura pueden estar abiertas al público o restringidos en la medida que se desee. Este modelo no desintermedia por completo, pero puede ser adecuado simplificar flujos complejos de administración de datos y reducción de costes. Por último, las cadenas de bloques semipúblicas o consorciadas contienen algunas de las mismas características criptográficas de las cadenas públicas, pero permiten un control mucho mayor desde unos pocos nodos específicos. Un ejemplo de *blockchain* consorciado es *Quorum Blockchain*[17].

La información susceptible de ser registrada en *blockchain* puede ir referida a transacciones, contratos, activos, identidades o prácticamente cualquier cosa que pueda ser referenciada de manera digital. Al ser un sistema difícil de hackear y capaz de proporcionar información segura, lo hace ideal para aplicaciones en las que haya que probar la autenticidad o la cadena de custodia. La aparición de *blockchain* supone, ciertamente, la posibilidad de compartir y gestionar el valor de activos o bienes de una forma digital y descentralizada, sin la necesidad de depender de una entidad de confianza que centralice el proceso, lo que se ha denominado el Internet del valor frente al Internet de la Información[18].

Aunque el potencial y alcance de esta nueva tecnología todavía está por determinar, su aplicación no es exclusiva del sector financiero, pues cada vez son más los campos que exploran todo su potencial, como, por ejemplo, los seguros, las telecomunicaciones, la energía, la industria 4.0, la salud, las pymes, el juego *online*, los medios, las ONGs, el sector público, etc. Las aplicaciones actuales con más presencia y reconocimiento se pueden dividir en dos grandes grupos: (i) aplicaciones de registro, y (ii) aplicaciones contractuales. Las primeras van dirigidas a almacenar información de forma inmutable en la *blockchain*, generando así un registro distribuido inalterable. Su utilidad es grande, tanto en el sector público como en el privado. Por ejemplo, registros de datos e historial médico de pacientes; registro de la propiedad (como ya se está probando en países como Suecia o Japón); registro de vehículos; registro de empresas; registro civil, incluyendo nacimientos y defunciones, matrimonios, divorcios, etc. (Estonia permite a los

[17] https://www.goquorum.com

[18] A. J. Ehrenberg y J. Leslie King, «*Blockchain* in Context», *Information Systems Frontiers*, 2019.

ciudadanos con identidad digital registrar sus partidas de nacimiento y matrimonio en la *blockchain*); registro de antecedentes penales; registros contables, bancarios, etc. Por otra parte, la posibilidad que ofrece esta tecnología de intercambiar representaciones de todo tipo de activos físicos o digitales existentes externamente por tokens digitales, valiosos por sí mismos y existentes solo en la *blockchain*, favorece su utilización en aplicaciones transaccionales y contractuales, como las criptomonedas o la posibilidad de crear *smart contracts* (contratos inteligentes). Estos serán estudiados en el Capítulo V.

A medida que el desarrollo de la tecnología *blockchain* avanza, habría que analizar vías para corregir y mejorar algunos puntos que se antojan problemáticos. Por ejemplo, el registro global y universal de información en la cadena de bloques, que es inmutable, conlleva que todas las transacciones queden almacenadas para siempre y, por tanto, que no tenga cabida el derecho al olvido o a una segunda oportunidad. Además, aunque se trata de un sistema que impide manipulaciones, no es totalmente inmune a hackeos, como el robo de 3.600 millones de criptomonedas *Ethereum* de la Organización Autónoma Descentralizada (DAO), un nuevo tipo de fondo de inversión basado en la cadena de bloques[19]. O el coste de construir y mantener la cadena de bloques, que implica una infraestructura subyacente de ordenadores y redes de datos, con el consiguiente consumo de electricidad. A medida que el tamaño de la cadena va aumentando se hace necesario encontrar formas menos costosas de validar y añadir nuevos bloques. Sin olvidarnos de las implicaciones jurídicas que conlleva esta tecnología, por ejemplo, quién asume qué responsabilidad dentro de la cadena de bloques.

2. LOS CONTRATOS INTELIGENTES O *SMART CONTRACTS*

La tecnología *blockchain* como soporte de aplicaciones contractuales tiene un potencial enorme, más allá de las transacciones de crip-

[19] U. R. Rodrigues, «Law and the *Blockchain*», *Iowa Law Rev*, vol. 104, 2019, pp. 679-729.

tomonedas. En este aspecto cabe destacar los denominados *smart contracts*.

El término *smart contracts* o contratos inteligentes ya fue acuñado por el informático y jurista Nick SZABO en 1994 como aquellos acuerdos contractuales donde la verificación, aplicación y ejecución de los términos del contrato está automatizada[20], por ejemplo, una máquina expendedora de bebidas. En los últimos años el término ha empezado a utilizarse en referencia a programas informáticos que eliminan la discreción humana en la ejecución del contrato. Con ello se garantiza el cumplimiento de los términos contractuales sin tener que recurrir a jueces y tribunales[21], puesto que el programa tiene el control sobre aquellos objetos físicos o digitales necesarios para realizar la ejecución. Ejemplos de *smart contracts* son un programa instalado en un vehículo que evita su puesta en marcha si los términos del alquiler no se cumplen o un *software* bancario que transfiere automáticamente dinero si se cumplen ciertas condiciones. La aparición de la tecnología *blockchain* supone, además, que los términos del contrato y las condiciones relacionadas con su ejecución pueden ser programadas en la cadena de bloques y con ello garantizar la confianza que supone su inmutabilidad y neutralidad. De esta forma se obtiene un programa que siempre va a actuar de la misma forma sin requerir de la buena voluntad de otra parte o de un tercero.

La plataforma pionera en ofrecer soluciones para desarrollar *smart contracts* fue *Ethereum*[22] en 2014, utilizando *Solidity* como lenguaje de programación, aunque ya han surgido muchas otras plataformas basadas en la tecnología de la cadena de bloques, como, por ejemplo, *Hyperledger*[23], *Counterparty*[24], *RSK*[25] o *Corda*[26].

Entre las ventajas destacables de la utilización de contratos inteligentes se suelen mencionar: (i) autonomía: se puede prescindir de

---

[20] N. SZABO, *Smart Contracts*, 1994, disponible en: https://www.fon.hum.uva.nl/rob/Courses/InformationInSpeech/CDROM/Literature/LOTwinterschool2006/szabo.best.vwh.net/smart.contracts.html

[21] M. RASKIN, «The Law and Legality of Smart contracts», *Georgetown Law Technology Review*, vol. 1, 2017, pp. 305-341.

[22] https://ethereum.org

[23] https://www.hyperledger.org/

[24] https://counterparty.io/

[25] https://www.rsk.co/

[26] https://www.corda.net/

abogados, notarios o cualquier otro intermediario para firmar un contrato o acuerdo; (ii) confianza: la encriptación y la validación descentralizada y mediante consenso hace casi imposible que los documentos se puedan perder o cambiar; (iii) seguridad: el encriptado y la información validada en varios bloques a la vez, limita las posibilidades de hackeos; (iv) rapidez: al ser acuerdos autoejecutables no se necesita la acción de la otra parte o la intervención de terceros, por lo que hay inmediatez; (v) ahorro: al ser autoejecutables, se elimina la necesidad de tener que pleitear para hacer cumplir lo que está recogido en el contrato, y (vi) exactitud: el lenguaje computacional es extremadamente preciso, lo que permite asegurar que se va a ejecutar exactamente lo que dice el contrato, eliminando posibles errores ligados a la intervención de personas para llevar a cabo las acciones que conllevan.

No obstante, estas herramientas también llevan aparejadas algunos inconvenientes, como pueden ser su posible incompatibilidad con la normativa sobre protección de datos, dado que los distintos actores (propietarios de la red, desarrolladores de la tecnología, nodos participantes en la red o los propios interesados) tienen acceso a los datos personales y se sitúan en un plano de igualdad en la red, dificultando con ellos la determinación de la condición de responsable y encargado de tratamiento entre los mismos, tal como exige el Reglamento General de Protección de Datos (RGPD)[27]. De la misma manera, los contratos inteligentes dificultan el ejercicio de los derechos de supresión y rectificación, ya que operan dentro de una red que es, en principio, inmutable. Dicho carácter inmutable imposibilita, a su vez, la modificación del acuerdo ante cambios sobrevenidos en la relación contractual. Por último, aunque los contratos inteligentes están formulados con precisión, estos programas son delicados y no son inmunes a errores de programación (*bugs*) o posibles hackeos, tal como ocurrió con la DAO en 2016.

Aunque los *smart contracts* existen y se ejecutan exclusivamente dentro de la red, hay herramientas informáticas que permiten actua-

---

[27] Reglamento (UE) 2016/679 del Parlamento Europeo y del Consejo, de 27 de abril de 2016, relativo a la protección de las personas físicas en lo que respecta al tratamiento de datos personales y a la libre circulación de estos datos y por el que se deroga la Directiva 95/46/CE (Reglamento General de Protección de Datos).

lizar el estado del contrato inteligente con la incorporación de información externa. Son los denominados «oráculos» (*oracles* en inglés)[28], instrumentos indispensables para que un *smart contract* pueda interactuar con el mundo real, por ejemplo, obtener la cotización de una acción o divisa o si un paquete ha sido enviado por la empresa de transportes. Dicho esto, no todos los *smart contracts* existen exclusivamente en la cadena de bloques. Podemos encontrar contratos inteligentes puros, que solo operan en la red, pero también «traducciones» de contratos tradicionales a contratos inteligentes, así como contratos inteligentes combinados, en los que parte del articulado existe en la vida real y otra parte opera como código informático. Estos *smart contracts* híbridos incluyen los denominados *contratos ricardianos* (*Ricardian contracts*), término empleado por primera vez por el criptógrafo financiero Ian Grigg a mediados de los noventa del pasado siglo, en honor al economista inglés David Ricardo[29]. Se trata de contratos digitales que definen los términos y condiciones de una interacción entre dos o más partes, firmados y verificados criptográficamente. En los contratos ricardianos las cláusulas de lenguaje natural van «atornilladas» a un contrato inteligente. Es decir, la información de un texto legal se convierte a un formato que puede ser ejecutado por una computadora. En consecuencia, son legibles tanto para los humanos como para las máquinas[30].

Los contratos inteligentes suponen un reto para el Derecho en muchos sentidos. El primero de ellos es determinar si estamos o no ante verdaderos contratos y, en ese caso, si la teoría general del Derecho de contratos es aplicable o, por el contrario, encontramos elementos en estos instrumentos tecnológicos que hacen descartar esa opción. Pero es que, además, presentan cuestiones jurídicas complejas desde el punto de vista del Derecho internacional privado. Todo ello, por su relevancia en el desarrollo del metaverso, será analizado con detalle en el Capítulo V.

---

[28] M. Corrales *et al.* (eds.), *Legal Tech, Smart Contracts and Blockchain*, Springer, 2019, p. 21.

[29] J. Lampič, «Ricardian contracts: A smarter way to do *smart contracts*?», *Schoenherr Blog* (enero de 2019), https://medium.com/@jurij.lampic/ricardian-contracts-a-smarter-way-to-do-smart-contracts-b6743752bb8b

[30] M. Corrales, *op. cit.*, pp. 82 ss.

3. APLICACIONES DE LA TECNOLOGÍA *BLOCKCHAIN* EN EL METAVERSO E IMPLICACIONES LEGALES

El metaverso promete un nuevo escenario para la interacción social, el comercio y la creatividad, donde la tecnología *blockchain* puede proporcionar la infraestructura necesaria para facilitar desde la propiedad de los bienes virtuales hasta garantizar la seguridad de las transacciones. Sin embargo, también plantea importantes implicaciones legales, como algunas de las que se mencionan a continuación.

3.1. Propiedad virtual y Tokens No Fungibles (NFTs)

Uno de los usos más destacados del *blockchain* en el metaverso es la facilitación de la propiedad digital mediante los tokens no fungibles (NFTs). Como veremos en el Capítulo VII, los NFTs son activos digitales únicos que pueden representar la propiedad de bienes virtuales como terrenos, arte, objetos de juego y otros activos dentro del metaverso[31]. El *blockchain* garantiza que estos activos sean únicos y transferibles, proporcionando una prueba de propiedad y autenticidad que es crucial en un entorno digital. Sin embargo, presentan desafíos legales significativos que requieren atención. En primer lugar, encontramos cuestiones relacionadas con la propiedad intelectual, ya que los NFTs pueden representar obras protegidas por derechos de autor, lo que plantea preguntas sobre la titularidad y la aplicación de estos derechos en un entorno digital descentralizado[32]. Además, la compraventa de NFTs implican transacciones financieras que deben cumplir con regulaciones contra el blanqueo de capitales o verificar la identidad de los clientes y evaluar los riesgos asociados con la relación comercial (*Know Your Customer* o KYC)[33], lo que obliga a las platafor-

[31] J. Fairfield, «Tokenized: The Law of Non-Fungible Tokens and Unique Digital Property», *97 Indiana Law Journal*, 2021, 1261.

[32] A. López-Tarruella Martínez (dir.), *Protección y gestión de la propiedad intelectual en el metaverso*, Madrid, Editorial Reus, 2023.

[33] P. Yadav y R. Chandak, «Transforming the Know Your Customer (KYC) Process using *Blockchain*», *International Conference on Advances in Computing, Communication and Control (ICAC3)*, 2019, pp. 1-5.

mas a implementar procedimientos adecuados de verificación y monitoreo. Por último, los *smart contracts* que facilitan la transferencia de NFTs deben cumplir con la normativa contractual de los ordenamientos jurídicos implicados, lo cual es complejo debido a la naturaleza descentralizada del metaverso[34].

3.2. Economía descentralizada y criptodivisas

El metaverso ha generado una nueva forma de efectuar transacciones económicas, creando un mercado emergente que, en muchos casos, se sustenta en monedas digitales basadas en *blockchain*[35]. Esta tecnología permite a los usuarios comprar, vender e intercambiar bienes y servicios dentro del metaverso sin la necesidad de intermediarios tradicionales[36], a la vez que origina diversas problemáticas[37]. En primer lugar, la regulación de las criptomonedas varía considerablemente entre diferentes ordenamientos[38], lo que crea un mosaico complejo de normativas al que las plataformas deben adaptarse. Además, origina cuestiones de fiscalidad, requiriéndose la declaración de ganancias y pérdidas derivadas de estas actividades por parte de las autoridades tributarias[39]. Finalmente, dado que la naturaleza anónima y descentra-

[34] A. M. López Rodríguez, «Ley aplicable a los contractos de transmisión de Tokens No Fungibles», en Luz M.ª Martínez Velencoso (dir.), Javier Plaza Penadés (dir.), *Retos normativos del mercado único digital europeo*, 2023, pp. 255-280.

[35] Informe «NTT DATA "Retos y oportunidades del metaverso en los servicios financieros"», 2023, https://es.nttdata.com/documents/metaverso-una-vision-de-banca-y-seguros.pdf

[36] Z. Lou, «The Application of Cryptocurrencies in the Metaverse», *Advances in Economics, Management and Political Sciences*, 2023, https://doi.org/10.54254/2754-1169/26/20230548

[37] A. Adeniran, Mohammed Alkinoon y David A. Mohaisen, «Understanding the Utilization of Cryptocurrency in the Metaverse and Security Implications», *ArXiv*, abs/2311.15360, 2023, https://doi.org/10.48550/arXiv.2311.15360.

[38] R. Ruiz Rodríguez, «Las criptodivisas como medio de pago y el Derecho internacional privado», *Cuadernos de Derecho Transnacional*, vol. 12, núm. 2, 2020, pp. 740-757.

[39] C. García Novoa, «Criptomonedas y metaverso: Aspectos internacionales de su fiscalidad», en J. J. García Martos (dir.), *Tributación de las criptomonedas y otros criptoactivos*, Tirant lo Blanch, Valencia, 2023, pp. 149-199; L. A. Malvárez Pascual, *La Fiscalidad en los Metaversos*, 2023, tesis Universidad de Huelva, ISBN 84-11-63650-X; A. Bergas Forteza, «Establecimiento permanente, presencia económica/ digital significativa y ahora ¿metaexistencia?, ¿metapermanencia?, ¿presencia virtual significa-

lizada de las criptomonedas puede facilitar el fraude y otras actividades ilícitas, se hace, asimismo, necesario implementar mecanismos efectivos de seguridad y cumplimiento normativo. Estas medidas deben incluir la verificación de identidad, la vigilancia de transacciones sospechosas y la cooperación con las autoridades para prevenir y combatir el fraude y el uso indebido de las criptomonedas en el metaverso[40].

3.3. Identidad digital y privacidad

La tecnología *blockchain*, como se ha apuntado, facilita la gestión de la identidad digital en el metaverso, al permitir a los usuarios controlar sus datos personales y autenticar su identidad de manera segura[41]. Sin embargo, esto también desencadena cuestiones importantes en términos de privacidad y protección de datos. En efecto, la protección de datos en el metaverso es un aspecto crucial que debe ajustarse a leyes como el Reglamento General de Protección de Datos (RGPD) en la Unión Europea[42], para garantizar la correcta recopilación, almacenamiento y uso de datos personales. Aunque el *blockchain* puede ofrecer anonimato, su uso sin medidas adecuadas de seguridad y verificación puede facilitar actividades ilícitas. Por tanto, se habrán de tomar las medidas necesarias para que los usuarios del metaverso tengan derechos claramente definidos sobre sus datos y la capacidad de controlar su uso, incluyendo el derecho al olvido y la portabilidad de los datos[43].

---

tiva?: Retos fiscales derivados del metaverso», *Crónica Tributaria*, vol. 190, 2024, pp. 11-35.

[40] V. Huiying Tan *et al.*, «*Blockchain* for Decentralized Know Your Customer (KYC) and Customer Due Diligence (CDD) Pipelines in the Metaverse», *IEEE International Conference on Metaverse Computing, Networking and Applications (MetaCom)*, 2023, pp. 433-440.

[41] S. Patwe y S. Mane, «*Blockchain* Enabled Architecture for Secure Authentication in the Metaverse Environment», *IEEE 8th International Conference for Convergence in Technology (I2CT)*, 2023, pp. 1-8.

[42] Reglamento (UE) 2016/679 del Parlamento Europeo y del Consejo, de 27 de abril de 2016, relativo a la protección de las personas físicas en lo que respecta al tratamiento de datos personales y a la libre circulación de estos datos y por el que se deroga la Directiva 95/46/CE (Reglamento General de Protección de Datos), *DO* L 119, de 4.5.2016, pp. 1-88.

[43] A. Acedo Penco, *La privacidad en el metaverso, la inteligencia artificial y el Big data. Protección de datos y derecho al honor*, Dykinson, Madrid, 2023.

3.4. Gobernanza descentralizada

Por último, la tecnología *blockchain* posibilita la instauración de modelos de gobernanza descentralizada en el metaverso a través de Organizaciones Autónomas Descentralizadas (DAOs)[44]. Estas organizaciones, entre otras funciones, permiten a los usuarios participar en la toma de decisiones sobre la gestión y desarrollo de plataformas del metaverso[45], mediante la utilización de tokens de gobernanza que proporcionan derechos de voto.

Como veremos a continuación, las DAOs plantean cuestiones jurídicas complejas y diversas, como su capacidad jurídica o responsabilidad, la resolución de controversias[46], o la conformidad de estas organizaciones con la normativa vigente sobre protección de datos, ciberseguridad o prevención de fraudes.

4. LAS DAOS Y SU FUNCIONAMIENTO

Las Organizaciones Autónomas Descentralizadas son figuras centrales en el metaverso debido a su autonomía operativa. A diferencia de las entidades mercantiles tradicionales que se registran en un lugar específico y se rigen por la normativa local, las DAOs dependen de herramientas disruptivas como los contratos inteligentes y tecnología *blockchain* para su funcionamiento.

4.1. Definición y características

Las Organizaciones Autónomas Descentralizadas son entidades que operan sobre la tecnología *blockchain*, utilizando contratos inteligentes para automatizar los procesos de toma de decisiones y las es-

[44] S. Cancino Vargas, «Gobernanza en el Metaverso», en M. Petronela Popiuc (dir.), *Metaverso y sus diversas áreas de desarrollo e investigación*, 2023, pp. 157-168.

[45] M. Barrio Andrés, «El Metaverso y su impacto en el Estado y la soberanía», *Revista de Derecho Político*, vol. 117, 2023, pp. 197-220.

[46] F. Guillaume y S. Riva, «*Blockchain* Dispute Resolution for Decentralized Autonomous Organizations: The Rise of Decentralized Autonomous Justice», en A. Bonomi *et al.* (eds.), *Blockchain and Private International Law*, Brill, 2023, pp. 549-641.

tructuras de gobernanza. En efecto, una DAO es una organización que se rige por normas internas programadas en un contrato inteligente, cuyas cláusulas se ejecutan de manera automática e inmutable. Al funcionar en un sistema distribuido, esta estructura permite a los participantes interactuar y gestionar recursos de manera transparente sin la necesidad de una autoridad centralizada. Los miembros de una DAO conocen su funcionamiento interno de antemano, ya que el contrato inteligente que suscriben, similar a los estatutos de una sociedad mercantil, es transparente e inmutable[47]. En este sentido, el contrato inteligente suscrito por las partes establece normas internas claras para la oferta inicial de tokens (ICO). Estos tokens funcionan de manera similar a las acciones de una Sociedad Anónima, ofreciendo derechos de voto en la toma de decisiones. Así, los miembros pueden participar en las decisiones futuras de la organización. Las mayorías necesarias y los protocolos de consenso para la toma de decisiones dependerán de cada DAO y de lo estipulado en el contrato inteligente[48].

Las DAOs se caracterizan por usar la programación, especialmente los contratos inteligentes en una red *blockchain*, como herramienta principal. Comparten una misión común que puede incluir la compra de bienes, generación de valores, impulso de finanzas descentralizadas o resolución de conflictos. Facilitan la gobernanza virtual permitiendo la participación de todos los miembros en la toma de decisiones a través de tokens representativos. Además, poseen bienes compartidos, donde el capital de la organización pertenece a todos los miembros, quienes deciden su uso mediante votación. Tienen barreras de entrada mínimas, requiriendo únicamente una plataforma de intercambio para su conformación. La propiedad es de la comunidad, reflejada en el valor de sus tokens en el mercado[49].

---

[47] G. Callejo, «Las DAOs se preparan para su gran año 2022: controlan casi $10 billones en activos», *Observatorio Blockchain*, 11 de enero de 2022, https://observatorioblockchain.com/dao/las-dao-se-preparan-para-su-gran-ano-2022-controlan-10-billones-en-activos/

[48] M. Navarro, «Gobierno corporativo, *blockchain* y *smart contracts*: Digitalización de las empresas y nuevos modelos descentralizados (DAOs)», *Revista de Derecho del Mercado de Valores*, 2018, vol. 23, pp. 1-14.

[49] G. Yarlequé Marcelo y D. Burgos Juárez, «Decentralized Autonomous Organizations: ¿Un nuevo aporte de la Legaltech en el sector mercantil?». *Revista IUS Et Veritas*, núm. 64, julio de 2022, pp. 78-91.

Las DAOs, a diferencia de las sociedades tradicionales, permiten la creación de organizaciones sin jerarquías, donde todos los miembros pueden aportar ideas y votar, descentralizando así la gestión. Entre otras ventajas que aportan las DAOs destacan su alto nivel de transparencia gracias a la tecnología *blockchain*, que registra todas las acciones y hace público el código fuente; la capacidad de ofrecer servicios globales al eliminar barreras geográficas y democratizar el acceso a servicios; y la creación inmediata de la organización, lo que ahorra tiempo, dinero y trámites del Registro Mercantil, además de evitar problemas derivados del factor humano y situaciones inesperadas[50].

4.2. Tipos de DAOs

Existen diversos tipos de DAOs según su ámbito. Entre las más representativas se encuentra *The DAO* en *Ethereum*, creada en 2016 para recaudar fondos como inversión a largo plazo, logrando recaudar más de 150 millones de dólares de más de 11.000 inversores. *Dash DAO Governance* se centra en la evolución de una criptomoneda y requiere la adquisición de masternodos para participar en la gobernanza y financiación del proyecto. *DigixDAO* se enfoca en la compra de oro mediante criptomonedas, utilizando tokens *Digix Gold* (DGX) y *DigixDAO* (DGD) para representar la propiedad y administrar el comercio del metal precioso[51]. Otras DAOs incluyen *Party DAO*, *Seed Club*, *Vector DAO*, *Scribe DAO*, *Bankless DAO*, *Developer DAO* y *Gitcoin*, demostrando la variedad de aplicaciones para organizar la cooperación descentralizada[52].

Las DAOs también tienen gran relevancia en el metaverso, como muestran los proyectos *Decentraland*, *Sandbox*, *Metaverse DAO*, *EnterDAO* y *Bloktopia*, donde se combinan con NFTs para crear grandes metaversos basados en *blockchain*[53].

---

[50] J. Maldonado, «El *crowdfunding* de la Web3 son las DAOs, organizaciones regidas por contratos inteligentes», *Observatorio Blockchain*, 18 de febrero de 2022, https://observatorio*Blockchain*.com/*Blockchain*/el-crowdfunding-de-la-web3-son-las-dao-organizaciones-regidas-por-contratos-inteligentes

[51] G. Yarlequé Marcelo y D. Burgos Juárez, *op. cit.*, pp. 83-84

[52] Id.

[53] J. Maldonado, *op. cit.*

De otro lado, se puede hacer una distinción entre DAOs que se crean e incorporan bajo la ley de un Estado o país, denominadas «DAOs reguladas» y, por otro lado, las DAOs que se crean fuera de los marcos normativos existentes y no están incorporadas dentro de un ordenamiento, que la doctrina ha calificado como «DAOs *maverick*» o DAOs no reguladas[54].

4.3. Régimen jurídico

Hasta la fecha solo unos pocos Estados han regulado las DAOs. Vermont fue el primero en reconocer en 2018 un nuevo tipo societario, la Sociedad de Responsabilidad Limitada basada en *Blockchain* (*Blockchain-based Limited Liability Company*, BBLLC)[55]. La BBLLC se constituye utilizando el mismo procedimiento que cualquier otra Sociedad de Responsabilidad Limitada en Vermont, aunque su gobernanza puede llevarse a cabo total o parcialmente a través de tecnología *blockchain*, y las votaciones relativas a su operación y actividades pueden registrarse en contratos inteligentes. Las BBLLC tienen personalidad jurídica propia y sus socios responden limitadamente de las deudas de la DAO. En 2021, el estado de Wyoming adoptó un régimen legal similar[56], seguido por el estado de Tennessee, en 2022[57], inspirado principalmente en la ley de Wyoming. La ley de Wyoming contempla la posibilidad de que las DAOs sean administradas por un gerente o por un algoritmo. Sin embargo, el significado exacto del término «algoritmo» no está definido en la ley y no está claro si una DAO de Wyoming podría ser administrada por una inteligencia artificial o por otra DAO. La versión de la ley promulgada en Tennessee reemplaza las DAOs gestionadas algorítmicamente con DAOs gestionadas por contratos inteligentes, lo que debería eliminar cierta confusión, ya que un contrato inteligente se define en la ley como un *event-driven computer program* («progra-

[54] S. Riva, «Decentralized Autonomous Organizations (DAOs) in the Swiss Legal Order», *Yearbook of Private International Law*, vol. 21, 2019/2020, 601.
[55] https://legislature.vermont.gov/statutes/fullchapter/11/025
[56] https://sos.wyo.gov/Forms/WyoBiz/DAO_Supplement.pdf
[57] Tenn. Code Ann 48-250-101 et. seq.

mación dirigida por eventos»). A pesar de ello, el alcance práctico de este tipo de DAO también es incierto[58].

Malta[59] y las Islas Marshall[60] también han introducido legislación sobre DAOs, aunque, hasta la fecha, el número de DAOs no reguladas supera ampliamente al número de DAOs reguladas[61].

Es cierto que, para evitar estos problemas, algunas DAOs optan por adoptar una forma societaria conforme al derecho de algún Estado. Tal es el caso de *The DAO*, registrada como sociedad de responsabilidad limitada en Suiza, o de *Decentraland*, administrada en última instancia por una organización con domicilio en Panamá, la *Decentraland Foundation*.

Las DAOs no reguladas operan fuera de los marcos legales tradicionales y no están registradas en ningún Estado. Carecen de un marco normativo claro para su gobernanza y plantean dudas en cuanto a su naturaleza jurídica, su capacidad o las relaciones con los miembros y terceros. Lo más lógico sería asimilarlas a las sociedades, por tener un sistema de gobernanza interno, conceder el derecho a voto o contemplar aumentos de capital, entre otros. Sin embargo, por sus características de descentralización e independencia, así como por basar su funcionamiento en la tecnología *blockchain* y los *smart contracts*, rompen con el esquema tradicional establecido por la normativa sobre sociedades en la mayoría de ordenamientos[62]. Ser una figura mercantil indefinida complica el reconocimiento de su personalidad jurídica[63]. En consecuencia, en caso de imprevistos o ataques, como hackeos, los miembros no podrían ampararse en un marco normativo específico fuera del interno que rige la DAO. Buen ejemplo de ello fue el robo de 3.600 millones de criptomonedas *Ethereum* de *The DAO*, por un error no intencionado (*bug*) de programación mediante el cual podía

---

[58] Duke's Financial Economic Center, «How To Resolve A Dispute Involving A DAO», *The FinReg Blog*, 2022, https://sites.duke.edu/thefinregblog/2022/07/21/how-to-resolve-a-dispute-involving-a-dao/

[59] Chapter 592, Innovative Technology Arrangements And Services Act, 9 de octubre de 2020, https://legislation.mt/eli/cap/592/eng/pdf

[60] Non-Profit Corporation Act, http://rmiparliament.org/cms/images/LEGISLATION/PRINCIPAL/1991/1991-0129/Non-ProfitCorporationAct_1.pdf

[61] Duke's Financial Economic Center, *op. cit.*

[62] G. Yarlequé Marcelo y D. Burgos Juárez, *op. cit.*, p. 87.

[63] M. Pacheco, «De la tecnología *Blockchain* a la economía del token», *Revista Derecho PUCP*, vol. 83, 2019, pp. 61-87.

extraer dinero de la Organización a su billetera *Ethereum* personal sin la necesaria autorización de los demás miembros[64].

De otro lado, surge la cuestión de la responsabilidad civil o penal de las DAOs, partiendo de un escenario en el que se reconozca su personalidad jurídica. Esta responsabilidad podría atribuirse tanto a la conducta negligente de los miembros de la DAO, como a la organización misma[65]. El criterio de responsabilidad más frecuente identificará a los programadores de la DAO como responsables en caso de que el daño se origine por un error de programación. Esta responsabilidad por la falta de conformidad del *software* puede fundamentarse en acciones de índole contractual, extracontractual y de responsabilidad por producto defectuoso[66]. Además, los programadores de las DAOs tienen la obligación de implementar, en el código de la aplicación, las normas jurídicas aplicables según el estándar internacional acordado. En caso contrario, las autoridades estatales podrían tomar medidas sancionadoras contra las DAOs, como órdenes que limiten el acceso del público a la DAO o la imposición de sanciones contra sus promotores.

Por su parte, las DAOs reguladas están registradas en un Estado y sujetas a una normativa societaria específica. Si bien estas organizaciones se benefician del reconocimiento legal y la responsabilidad limitada, también se enfrentan a los mismos desafíos que las DAOs no reguladas a la hora de establecer vínculos jurisdiccionales con los tribunales estatales. La estructura inherente de las DAOs posibilita la participación de sus miembros desde cualquier parte del mundo, por lo que sus operaciones, a menudo, trascienden las fronteras nacionales. Sin embargo, el limitado reconocimiento de las DAOs en los diferentes Estados provoca incertidumbre en las actividades comerciales transfronterizas y pone en riesgo la seguridad jurídica[67]. En las líneas que siguen se abordan estos aspectos transfronterizos con mayor detalle.

---

[64] U. R. Rodrigues, «Law and the *Blockchain*», *Iowa Law Review*, vol. 104, 2019, pp. 679-729.

[65] L. Ercilla, «Aproximación a una Personalidad Jurídica Específica para los robots», *Revista Aranzadi de Derecho y Nuevas Tecnologías*, 2018, p. 47.

[66] G. Yarlequé Marcelo y D. Burgos Juárez, *op. cit.*, p. 88.

[67] Id.

5. DAOS Y DERECHO INTERNACIONAL PRIVADO

La tecnología *blockchain* y los contratos inteligentes permiten programar las DAOs para minimizar conflictos dentro de la entidad y con terceros; sin embargo, no todas las controversias pueden evitarse. Teniendo en cuenta que las DAOs son entidades internacionales por naturaleza al estar basadas en *blockchains* públicas, ya sea que estén regidas por una ley nacional o no, el Derecho internacional privado se convierte en un elemento clave.

El Derecho internacional privado tiene como finalidad asegurar la continuidad transfronteriza de las situaciones jurídicas. Esto implica validar y resolver eficazmente situaciones que involucran dos o más ordenamientos jurídicos de distintos Estados soberanos, buscando que dichas situaciones, una vez constituidas o resueltas, tengan efecto fuera del país en el que fueron determinadas[68]. A este respecto, la localización de una situación privada internacional privada en un ordenamiento jurídico con determinados criterios de conexión es la técnica más utilizada por el Derecho internacional privado. Un Estado aceptará proporcionar la protección de sus tribunales cuando el objeto de la controversia o alguna de las partes tenga suficientes conexiones con su territorio. Asimismo, localizará la situación privada internacional en un determinado ordenamiento jurídico, que es el que posteriormente dará respuesta de fondo a dicha situación[69]. De esta forma, el Derecho internacional privado garantiza la seguridad jurídica al proporcionar un marco normativo claro y predecible para la resolución de disputas con elementos transfronterizos, asegurando la continuidad y eficacia de las situaciones jurídicas más allá de las fronteras nacionales.

La determinación de la competencia judicial internacional y de la ley aplicable a las DAOs plantea ciertas dificultades. En este sentido hay que distinguir, por un lado, aquellos litigios societarios referidos a la gobernanza de las DAOs y, por otro, las controversias relacionadas con terceros. Respecto a los primeros, hay que diferenciar dependiendo de si estamos ante DAOs no reguladas o DAOs reguladas, ya que

---

[68] A. Rodríguez Benot *et al.*, *Manual de Derecho internacional privado*, 6.ª ed. Tecnos, 2019, pp. 17 ss.

[69] Id.

estas últimas han sido constituidas conforme a la ley de un Estado. Respecto a las segundas, las dificultades se centran, sobre todo, en la localización de la relación jurídica.

5.1. Foro societario

Los litigios referidos a la gobernanza de las DAOs suelen ir referidos a controversias sobre la constitución, disolución, validez de las decisiones de sus órganos, etc., cuestiones que habitualmente regula el derecho societario. En la UE, estas cuestiones están sometidas a un foro de competencia exclusiva. En efecto, el artículo 24.2 RB I-bis establece que, en materia de validez, nulidad o disolución de sociedades y personas jurídicas, así como en materia de validez de las decisiones de sus órganos, serán competentes con carácter exclusivo los tribunales del Estado miembro en que la sociedad o persona jurídica estuviera domiciliada, siempre que tales tribunales conozcan a título principal y no incidental.

El concepto de «sociedades y personas jurídicas» utilizado en el artículo 24.2 RB I-bis es un «concepto propio de la UE», específico de dicho Reglamento[70]. Este concepto es muy amplio e incluye: (*a*) sociedades mercantiles; (*b*) personas jurídicas de naturaleza no societaria, como asociaciones civiles, fundaciones, agrupaciones de interés económico, corporaciones, entre otras; (*c*) otros entes sin personalidad jurídica a los que su ley personal puede otorgar ciertas prerrogativas, como comunidades de propietarios, herencias yacentes, masas de bienes, *partnerships* del Derecho anglosajón, *offene Handelsgesellschaft* del Derecho alemán, *societé en nom collectif* del Derecho francés, etc.; (*d*) sociedades organizadas según el Derecho privado pero en manos del Estado u organismos públicos, siempre que el acto en cuestión esté sujeto al Derecho privado y no al Derecho público[71]. Por tanto, en principio, no hay inconveniente en determinar la competencia judicial en asuntos derivados de la gobernanza de una DAO de confor-

[70] Sentencia del Tribunal de Justicia de 22 de noviembre de 1978, *Somafer SA contra Saar-Ferngas AG.*, Asunto 33/78, ECLI:EU:C:1978:205

[71] A. L. Calvo-Caravaca y J. Carrascosa González (dirs.), *Sistema de Derecho internacional privado*, Tirant lo Blanch, Valencia, 2022, p. 2773.

midad con este artículo, a pesar de que las DAOs sean figuras indefinidas que no se ajustan completamente al esquema tradicional establecido por la normativa sobre sociedades en la mayoría de los ordenamientos jurídicos.

El problema aparece a la hora de determinar el «domicilio de la persona jurídica», puesto que el artículo 24.2 RB I-bis no indica directamente cuál es el Estado miembro donde se considera que la persona jurídica tiene su domicilio y remite a las reglas de Derecho internacional privado del tribunal. En este sentido, los sistemas estatales presentan diferencias muy profundas a la hora de señalar cuál es el domicilio de la sociedad. Algunos admiten que sea señalado libremente por los socios, otros exigen que se establezca en el país de la sede estatutaria de la sociedad, otros tienen presente el país de la sede real de dirección de la sociedad (*Forum gestae administrationis*), otros tienen en cuenta el país donde la sociedad tiene su principal explotación, etc. Ello puede dar lugar en determinadas ocasiones a un denominado «conflicto negativo de competencias» porque ningún Derecho estatal las considera domiciliadas en un Estado miembro[72].

5.1.1. *DAOs no reguladas*

En el caso de las DAOs no reguladas no existe un lugar de constitución ni un lugar de administración que pueda fijar su domicilio en un Estado y sus miembros son, además, seudónimos. Se trata de organizaciones construidas con una arquitectura descentralizada que aprovechan la infraestructura de la cadena de bloques para registrar sus «estatutos» (es decir, su código) y convertirse en una entidad visible públicamente. El lugar donde tiene su principal explotación tampoco es fácilmente identificable, ya que las DAOs suelen operar en entornos virtuales y, finalmente, es poco probable que una DAO no regulada designe un domicilio en su código. Por tanto, el criterio del domicilio social no es operativo para someter a las DAOs no reguladas a los tribunales de un Estado[73]. Una solución alternativa podría

[72] Id., 2775.
[73] F. Guillaume, *op. cit.*, p. 574.

fijar la competencia judicial internacional en el Estado donde se encuentran los servidores principales de la cadena de bloques, pero a diferencia de los servidores tradicionales, que, a menudo, están centralizados en ubicaciones específicas, los servidores de *blockchain* pueden ubicarse en cualquier parte del mundo. Asimismo, parte de la doctrina ha propuesto interpretar que el domicilio de la DAO, en aquel Estado donde se encuentra domiciliado su creador, promotor o líder[74].

5.1.2. *DAOs reguladas*

Los Estados que han adoptado normativa sobre las DAOs exigen que estas se inscriban en un registro mercantil, asociadas a una empresa registrada o representadas por, al menos, una persona que lo esté y que las entidades se ajusten al marco jurídico estatal. De esta manera, aunque las actividades se lleven a cabo exclusivamente en la *blockchain* y sus miembros son seudónimos, siempre existe un vínculo de la DAO con una jurisdicción estatal. Así, Vermont, Wyoming, Tennessee o Malta otorgan a sus tribunales competencia judicial sobre disputas relacionadas con la gobernanza de las DAOs constituidas u organizadas bajo sus leyes[75].

El caso de Malta es especialmente interesante, porque daría entrada a la aplicación del RB I-bis para litigios referidos a DAOs. En efecto, aunque su administración esté gestionada exclusivamente en la *blockchain*, no se puede excluir totalmente que alguna DAO regulada también tengan una sede física. En tal caso, el lugar de administración equivaldría al domicilio de la entidad, tal como se establece en el artículo 63 RB I-bis. No obstante, esta situación es muy poco probable, ya que la jurisdicción de los tribunales malteses solo podría ejercerse si la DAO realmente tuviera su administración central en Malta.

En principio, la determinación de la competencia judicial internacional parece más sencilla en el caso de las DAOs reguladas. Sin

---

[74] J. Ercilla García, «Aproximación jurídica a las organizaciones autónomas descentralizadas (DAOSs)», *Revista Aranzadi de Derecho y Nuevas Tecnologías*, vol. 52, 2020, pp. 119-161, p. 158.

[75] Id., 578.

embargo, en la práctica, la situación es más compleja de lo que aparenta. La naturaleza híbrida de las DAOs reguladas implica que algunas cuestiones están regidas por el derecho societario, mientras que otras están sujetas al código de programación de sus normas internas. Esta característica limita significativamente el alcance de la competencia de los tribunales estatales. Mientras que las cuestiones societarias se someten a la jurisdicción estatal, las cuestiones gobernadas por el código no lo están directamente. Por ejemplo, un pago en criptomonedas u otras acciones a realizarse en la cadena de bloques solo puede llevarse a cabo si la mayoría de los miembros de la DAO acuerdan hacerlo. Nadie puede forzar a la DAO a actuar de cierta manera si es contrario a los deseos de la mayoría[76].

Además, como la comunidad de miembros es seudónima y cada miembro puede estar físicamente fuera de la jurisdicción del Estado de incorporación de la entidad, existe el riesgo de que la entidad no cumpla con una solicitud o decisión hecha por las autoridades de ese Estado. Por tanto, puede surgir una fricción entre las obligaciones legales de la entidad y lo que las autoridades estatales pueden hacer cumplir efectivamente. Esto puede imponer una gran carga de responsabilidad sobre los gestores, agentes o miembros registrados de la entidad regulada[77].

5.2. Ley aplicable a las DAOs

Los Estados suelen abordar la cuestión de la ley aplicable a las sociedades de forma muy dispar. En este aspecto, ni siquiera la Unión Europea cuenta con normas de conflicto armonizadas[78]. Entre las soluciones más destacadas se incluyen la *Teoría de la Incorporación*, la *Tesis de la Sede Estatutaria*, la *Teoría de la Sede de Dirección*, la *Teoría del Centro de Explotación*, la *Tesis del Lugar de Constitución* y la *Tesis del Control Económico*[79] aunque, en la práctica, muchos sistemas de Derecho internacional privado combinan estas teorías, como hace

[76] Id.
[77] Id., 579.
[78] A. L. Calvo-Caravaca y J. Carrascosa González, *op. cit.*, p. 2788.
[79] Id.

el Derecho internacional privado español en los artículos 8 y 9.2 del RDL 1/2010, de 2 de julio (en adelante, TRLSC)[80].

El artículo 9.11 del Código Civil (en adelante, CC) indica que: «La ley personal correspondiente a las personas jurídicas es la determinada por su nacionalidad, y regirá en todo lo relativo a capacidad, constitución, representación, funcionamiento, transformación, disolución y extinción». El artículo 9.11 CC utiliza un concepto muy amplio de persona jurídica. Comprende «cualquier estructura organizativa» que opera como sujeto de derechos y obligaciones. Así, el artículo 9.11 CC es aplicable a personas jurídicas «no típicas» o «no conocidas» en Derecho español, como el *Business Trust*, *Anstalt*, *Treuunternehmen*, etc.[81] y, por tanto, nada impide que, en principio, las DAOs entren dentro de este concepto.

Así pues, las personas jurídicas se rigen por su «Ley nacional», de modo que las cuestiones relacionadas con la sociedad se regulan por la ley estatal correspondiente (*lex societatis*). No obstante, el artículo 9.11 CC no especifica qué sociedades son españolas y cuáles no. Para resolver esta cuestión, se debe recurrir a otras normas del Derecho español. En el caso de las sociedades de capital, se aplican los artículos 8 y 9 TRLSC. Para el resto de personas jurídicas, se deben considerar el artículo 28 CC; el artículo 9 de la Ley Orgánica 1/2002, de 22 de marzo [derecho de asociación], y los artículos 6 y 7 de la Ley 50/2002, de 26 de diciembre [fundaciones]. Estas normas determinan en qué casos las entidades ostentan la «nacionalidad española», es decir, cuándo la ley española rige la sociedad. Por tanto, surge la cuestión de cómo se determina la nacionalidad y cuál es la ley aplicable a las sociedades que no son españolas.

Si partimos de la premisa que las DAOs se pueden asimilar a las sociedades, por tener un sistema de gobernanza interno, conceder el derecho a voto o contemplar aumentos de capital, el artículo 8 TRLSC señala que: «Serán españolas y se regirán por la presente Ley todas las sociedades de capital que tengan su domicilio en territorio español, cualquiera que sea el lugar en que se hubieren constituido».

---

[80] Real Decreto Legislativo 1/2010, de 2 de julio, por el que se aprueba el texto refundido de la Ley de Sociedades de Capital, *BOE* núm. 161, de 3 de julio.

[81] RDGRN de 29 de febrero de 1992; A. L. Calvo-Caravaca y J. Carrascosa González, *op. cit.*, p. 2799.

Esta «regla general» acoge el llamado criterio de la «constitución» o de la «incorporación»: la sociedad de capital se rige por la ley española cuando se constituye con arreglo a la ley española. Esta «regla general» se completa con una «regla excepcional», recogida en el artículo 9.2 TRLSC, que indica que: «Las sociedades de capital cuyo principal establecimiento o explotación radique dentro del territorio español deberán tener su domicilio en España». Esta solución que recoge la normativa española es de difícil aplicación en el caso de las DAOs, puesto que la ley española no contempla su regulación y donde el criterio del principal establecimiento es difícil de establecer debido a la naturaleza distribuida de las operaciones de una DAO.

Si, como apunta la doctrina, aplicásemos la teoría del espejo para otorgar una cierta bilateralidad a la norma española[82], nos encontraríamos que, si una DAO está registrada y constituida de conformidad con la ley de Wyoming, Tennessee, Malta o Vermont, la ley de esa jurisdicción generalmente se aplicaría como *lex societatis*. Por supuesto, en el caso de las DAOs no reguladas, la determinación de la ley aplicable no podría hacerse en función de este criterio.

Por otro lado, muchas DAOs incluyen en sus estatutos, contratos inteligentes o documentos de gobernanza una cláusula de elección de ley. Esta cláusula determina qué ley se aplicará en asuntos relacionados con la DAO. Dicha elección podría ser respetada por los tribunales, siempre y cuando no contraviniese normas de orden público o derechos fundamentales en las jurisdicciones implicadas. El problema surgiría si la ley elegida por los miembros en el contrato fundacional no contempla ni regula este tipo de entidad societaria indeterminada.

Finalmente, la *lex societatis* también se aplicaría a la responsabilidad de los miembros y de los administradores de la DAO en cuanto tales.

5.3. Otros litigios societarios

El foro exclusivo societario del artículo 24.2 RB I-bis excluye otros tipos de litigios relacionados con las personas jurídicas, como

[82] A. L. Calvo-Caravaca y J. Carrascosa González, *op. cit.*, p. 2789.

los litigios relativos a las relaciones entre los socios y los contratos entre ellos, por ejemplo, los contratos de transmisión de participaciones societarias. También quedan excluidos los litigios concernientes a la responsabilidad entre la sociedad y los socios, así como aquellos relativos a la responsabilidad de los administradores sociales, cuando estos litigios se entablan entre el administrador y los socios o la misma sociedad, y que constituyen litigios «en materia contractual»[83]. En efecto, «la actividad de un administrador crea vínculos estrechos del mismo tipo que los que se establecen entre las partes de un contrato»[84]. En el caso de litigios contra los administradores iniciados por terceros, se trata de litigios en materia extracontractual[85].

5.3.1. *Competencia judicial internacional*

Todos estos litigios siguen las reglas generales de competencia judicial internacional del Reglamento Bruselas I-bis. Por ello, les son aplicables el foro general del domicilio del demandado (art. 4 RB I-bis) y, en su caso, el foro de la sumisión (arts. 25 y 26 RB I-bis), y/o foro en materia de contratos o responsabilidad extracontractual (art. 7.1 y 3 RB I-bis), aspectos que abordaremos en los capítulos correspondientes. Aquí, solamente apuntaremos que, por ejemplo, cuando un miembro concreto de una DAO no regulada sea responsable por los daños sufridos por la DAO, cuestión que entra dentro del ámbito del derecho societario, los tribunales del Estado miembro del lugar de domicilio de dicho miembro son competentes para resolver la controversia de conformidad con el artículo 4.1 RB-I bis. Sin embargo, los miembros de las DAOs no reguladas son muy difíciles de identificar y, aún más, su domicilio. En ese caso, los demás miembros de la DAO no tendrían un lugar donde iniciar procedimientos legales, con la consecuente denegación de justicia. De otro lado, en el caso de responsabilidad por los daños sufridos por una DAO regulada, es muy

[83] Id., 2776.

[84] Id.; STJUE de 10 de septiembre de 2015, C-47/14, *Holterman Ferho Exploitatie BV y otros contra Friedrich Leopold Freiherr Spies von Büllesheim*, ECLI:EU:C:2015:574, FD 54.

[85] Id.; AAP Madrid, de 16 de noviembre de 2018, sumisión a tribunales de Utrecht.

probable que, al menos, algunos miembros hayan revelado su información personal, superando la seudonimidad de la *blockchain*[86]. Ello permitiría la determinación de su domicilio a efectos de la aplicación del artículo 4 RB I-bis, aunque si el litigio afecta a un miembro no registrado, esta operación sería mucho más compleja.

5.3.2. *Ley aplicable*

Habitualmente, todos los aspectos legales relativos al funcionamiento de una sociedad se suelen someter a la regulación de una única ley estatal. Este principio de «unidad del régimen jurídico societario» implica que todas las cuestiones relacionadas con la constitución, funcionamiento interno y extinción de la sociedad se regulan por la misma ley estatal. Asimismo, las relaciones internas entre los socios y entre estos y los administradores sociales están sujetas a la misma ley. Además, el estatus legal de la sociedad en sus relaciones externas, incluyendo su capacidad y responsabilidad jurídica, queda igualmente sometido a esta ley (*lex societatis*).

El principio de «unidad del régimen jurídico societario» también actúa como una cláusula de cierre que permite integrar lagunas legales en relación con las sociedades. Salvo disposición expresa del legislador en sentido contrario, toda cuestión societaria queda sometida a la *lex societatis*[87]. Por tanto, todas las consideraciones previamente expuestas sobre las dificultades para determinar la *lex societatis* en el caso de las DAOs son aquí igualmente aplicables.

6. CONCLUSIONES

Dado que la tecnología *blockchain* y las DAOs son fenómenos relativamente nuevos, aún existe una considerable incertidumbre y variabilidad en su tratamiento bajo los distintos ordenamientos.

---

[86] Id., 577.

[87] F. J. Garcimartín Alférez, *Derecho internacional privado*, 4.ª ed., Aranzadi, Cizur Menor, 2017, p. 243.

Las DAOs presentan soluciones innovadoras para la coordinación económica y la gobernanza del metaverso. Permiten una gestión descentralizada y democrática que se alinea con los principios de autonomía y transparencia inherentes este entorno virtual. No obstante, su estatus jurídico sigue siendo complejo e incierto. Surgen cuestiones críticas relacionadas con su reconocimiento legal, la gobernanza, la responsabilidad y las operaciones transfronterizas, que deben ser abordadas con cuidado y precisión para garantizar la viabilidad y legitimidad de estas organizaciones.

En particular, la determinación de la competencia judicial y la ley aplicable a las DAOs plantea dudas significativas. La naturaleza seudónima de sus miembros y su operación en múltiples ordenamientos complican esta tarea. Además, la utilización de criterios dispares para determinar la *lex societatis*, añade otra capa de complejidad. La elección de ley en los contratos inteligentes y documentos de gobernanza de las DAOs puede ofrecer cierta previsibilidad, aunque su efectividad depende del reconocimiento e interpretación de estas cláusulas que hagan los tribunales. Esta circunstancia ha llevado a algunos autores a proponer la resolución de conflictos relacionados con las DAOs mediante arbitraje en *blockchain* (*blochchain dispute resolution*, BDR)[88] y ya han surgido diversas plataformas que buscan ofrecer un sistema de justicia descentralizada fuera del ámbito jurisdiccional estatal[89]. Algunas de ellas, constituidas precisamente como DAOs, tales como *Kleros*[90], *Aragon*[91] o *Metacourt*,[92] se han autoproclamado como «el sistema de justicia para la próxima era del metaverso»[93] y serán examinadas con mayor detenimiento en el Capítulo IX.

[88] Id.
[89] H. Jevremović, *op. cit.*, p. 10.
[90] https://kleros.io/es/
[91] https://aragon.org
[92] https://www.metacourt.gg
[93] *Metacourt White Paper*, https://medium.com

CAPÍTULO IV

LOS AVATARES Y SU ESTATUTO PERSONAL

En el metaverso los usuarios actúan a través de avatares, quienes pueden asumir diferentes formas y características, desde representaciones realistas de personas hasta criaturas fantásticas o figuras abstractas. Estas representaciones visuales permiten a los usuarios interactuar y participar en mundos virtuales, como juegos en línea, redes sociales o plataformas de realidad virtual. Pero los avatares no solo son una mera imagen, sino que también pueden tener atributos y habilidades específicas, como vestimenta personalizada, características físicas modificables o habilidades especiales dentro del entorno virtual en el que se encuentran. Además, los usuarios pueden controlar y personalizar a sus avatares, estableciendo su apariencia, personalidad y comportamiento dentro del entorno virtual[1].

Existen diversos tipos de avatares, incluyendo aquellos operados directamente por humanos y los gestionados por agentes de inteligencia artificial (IA). La responsabilidad e imputabilidad de las acciones realizadas por estos avatares plantean, por tanto, importantes cuestiones jurídicas, en particular, la cuestión de quién es responsable cuando un avatar controlado por un humano o por la IA causa un daño en el metaverso. Además, la operatividad transfronteriza del metaverso implica considerar aspectos del Derecho internacional privado, como la

[1] A. J. Davis, J. D. Murphy, D. Owens, D. Khazanchi y I. Zigurs, «Avatars, People, and Virtual Worlds: Foundations for Research in Metaverses», *Information Systems and Quantitative Analysis*, vol. 10, núm. 2, 2009, pp. 91-118.

determinación de la competencia judicial internacional o la ley aplicable. Este Capítulo examina estos temas, ofreciendo un análisis detallado de los tipos de avatares, la responsabilidad asociada a sus acciones y las implicaciones jurídicas en el plano internacional iusprivatista.

1. CONCEPTO

El concepto de «avatar» se origina a partir de la idea de un *alter ego* que desciende a la tierra, inspirado en la noción de una deidad u otro ser fundamental que adopta una forma humana. Esta noción nace en la cultura hindú, donde se refiere a la encarnación física de una deidad o ser supremo en el mundo material[2]. Sin embargo, en el ámbito tecnológico, un avatar es una representación gráfica o digital de un individuo en un entorno virtual.

El avatar comparte similitudes con el *gemelo digital* y el *Yo digital*[3]. El gemelo digital es un modelo virtual que predice comportamientos y optimiza procesos mediante la simulación de objetos reales. En contraste, el Yo digital es una proyección simbólica del ego en el mundo digital, distinta del yo real. Así, el avatar en el metaverso es más que una representación visual; es un símbolo complejo de identidad y función social, que integra la virtualidad y la percepción de la realidad del individuo[4].

Los avatares desempeñan un papel importante en la construcción de identidades en el ámbito digital. Permiten a los usuarios expresar su creatividad, experimentar diferentes aspectos de sí mismos y establecer conexiones con otras personas en entornos virtuales. Además, los avatares pueden proporcionar una sensación de anonimato o escapismo, permitiendo a los usuarios explorar diferentes roles o características que pueden no ser posibles en la vida real[5]. No obstante,

---

[2] I. ANANDA, «Avatara Dalam Mahabharata», *Jurnal Penelitian Agama Hindu*, 2023, https://doi.org/10.37329/jpah.v7i4.2036

[3] S.-M. PARK y YOUNG-GAB Kim, «A Metaverse: Taxonomy, Components, Applications, and Open Challenges», *IEEE Access*, vol. 10, 2022, pp. 4209-425, https://doi.org/10.1109/ACCESS.2021.3140175

[4] *Ibid.*

[5] J. SULER, «The Online Disinhibition Effect», *CyberPsychology & Behavior*, vol. 7, núm. 3, 2004, pp. 321-326.

aunque en sus primeras representaciones, los avatares eran formas predefinidas y exageradas en el mundo virtual, sin reflejar necesariamente el mundo real, con el tiempo, han evolucionado para convertirse en proyecciones ideales que reflejan tanto la apariencia externa como el ego de una persona[6].

Ciertamente una de las funciones principales de los avatares es actuar como una extensión digital del usuario, permitiendo la interacción en actividades sociales, comerciales y recreativas en entornos virtuales. Los avatares desempeñan un papel social que refleja el trabajo y personalidad del usuario, con trajes y objetos que expresan su significado social. Esta tendencia ha captado la atención de compañías de ropa de lujo, que ofrecen productos virtuales para avatares. Para la generación más joven, el significado social del mundo virtual es tan importante como el del mundo real, percibiendo su identidad virtual y real como una sola[7].

A medida que la tecnología avanza, los avatares están adquiriendo mayor importancia en campos como la educación virtual, la telepresencia, la asistencia médica y la interacción con inteligencia artificial y se espera que en el futuro sean aún más realistas y sofisticados[8]. Al mismo tiempo, su uso plantea diversas problemáticas y cuestiones jurídicas, como la posibilidad de reconocerles personalidad jurídica, la atribución de responsabilidad legal por sus acciones, las preocupaciones sobre la privacidad y protección de datos personales, etc. En este sentido, es crucial definir y proteger los derechos digitales de los usuarios, considerando que los avatares son una extensión de su identidad digital. Aunque las actividades de los avatares reflejan las del mundo real, el legislador aún no las ha abordado adecuadamente. Por ello, a pesar de iniciativas como la Ley de Servicios Digitales de la UE (DSA)[9], es

---

[6] J. M. Saragih, S. Lucey y J. Cohn, «Real-time avatar animation from a single image», *Face and Gesture*, 2011, pp. 117-124, https://doi.org/10.1109/FG.2011.5771383

[7] «Cinco ejemplos de NFT en la industria de la moda», *LATEX Magazine*, 2022, https://latexmagazine.com/5-marcas-ejemplos-de-nft-*Blockchain*-en-la-industria-de-la-moda/

[8] M. E. Latoschik, D. Roth, D. Gall, J. Achenbach, T. Waltemate y M. Botsch, «The effect of avatar realism in immersive social virtual realities», *Proceedings of the 23rd ACM Symposium on Virtual Reality Software and Technology*, 2017, https://doi.org/10.1145/3139131.3139156

[9] Reglamento (UE) 2022/2065 del Parlamento Europeo y del Consejo, de 19 de octubre de 2022, relativo a un mercado único de servicios digitales y por el que se

necesario desarrollar un marco jurídico adecuado para estos nuevos sujetos en el metaverso.

2. TIPOS DE AVATARES

Como hemos visto, en el metaverso los avatares representan una pieza fundamental para la interacción y participación de los usuarios. Su naturaleza, propósito y control pueden variar significativamente, lo que añade diversas capas de complejidad tanto tecnológica como jurídica.

2.1. AVATARES ATENDIENDO A SU MORFOLOGÍA

Los avatares pueden ser fotografías, iconos, gifs (animados), figuras o dibujos artísticos o tomar forma tridimensional[10]. En el ámbito de los avatares animados en 3D se pueden identificar cuatro tipos principales: avatares humanos, fantásticos, animales y humanoides[11]. La elección del tipo de avatar y el estilo preferido por cada usuario están vinculados a las discrepancias que perciben entre su identidad real, la identidad a la que aspiran y la que consideran que deberían tener[12]. Estudios empíricos han evidenciado que los avatares humanos son considerados los más creíbles, afines, atractivos y con la mayor predisposición a interactuar con los usuarios en el metaverso. Esta percepción se basa en la capacidad de estos avatares para establecer una conexión más inmediata y cercana con los usuarios, emulando

modifica la Directiva 2000/31/CE (Reglamento de Servicios Digitales), *DO* L 227 de 27.10.2022, pp. 1-102.

[10] L. A. VALENTE, «Derechos personalísimos y el espacio inmersivo del Metaverso. La ofensa ante un nuevo escenario virtual», *Revista Anales de la Facultad de Ciencias Jurídicas y Sociales*, vol. 53, Universidad Nacional de la Plata, 2023, https://revistas.unlp.edu.ar/RevistaAnalesJursoc/article/view/14917

[11] I. R. MULL, J. WYSS, E. A MOON y SEUNG-EUN Lee, «An exploratory study of using 3D avatars as online salespeople», *Journal of Fashion Marketing and Management*, vol. 19, núm. 5, 2015, pp. 154-168.

[12] M. G. H. LOEWEN, C. BURRIS y L. NACKE, «Me, Myself, and Not-I: Self-Discrepancy Type Predicts Avatar Creation Style», *Frontiers in Psychology*, vol. 11, 2021, https://doi.org/10.3389/fpsyg.2020.01902

características humanas que potencialmente facilitan la confianza y la atracción en el contexto del comercio en entornos virtuales[13]. De otro lado, en ámbitos educacionales, los avatares humanoides parecen presentar mejores resultados de aprendizaje. En efecto, diseños de personajes humanos en tipo caricatura resultan más prometedores para fomentar experiencias emocionales positivas en comparación con diseños de avatares ligeramente realistas o excesivamente exagerados[14].

2.2. Avatares según su función y creación

Es útil distinguir los avatares según su función y creación, lo que permite apreciar las múltiples formas en que los usuarios pueden interactuar y participar en estos entornos virtuales[15]. De esta forma, podemos encontrar:

a) Avatares multipropósito en metaversos específicos: Los avatares pueden ser creados ilimitadamente dentro de los metaversos individuales. En estos entornos, los usuarios tienen la libertad de diseñar y utilizar múltiples avatares, cada uno adaptado a diferentes actividades o interacciones específicas. Por ejemplo, un usuario podría tener un avatar para participar en juegos, otro para asistir a reuniones virtuales y un tercero para socializar en espacios públicos digitales. Esta multiplicidad permite a los usuarios experimentar con diversas identidades y roles sin restricciones[16].

b) Avatares unificados en un ecosistema descentralizado: Alternativamente, los avatares pueden servir como un medio único de identificación en el metaverso, considerado como un ecosistema tecnológico amplio y descentralizado. En este modelo, un avatar único y persistente podría ser utilizado a través de diversas plataformas y

[13] I. R. Mull *et al.*, *op. cit.*

[14] K. Segaran, A. Zamzuri Mohamad y T. Wee Hoe, «Does avatar design in educational games promote a positive emotional experience among learners?», *E-Learning and Digital Media*, vol. 18, 2021, pp. 422-440.

[15] L. Arismendy Mengual, «A legal status for Avatars in the Metaverse from a Private Law perspective», *InDret*, 2024, vol. 2, pp. 102-135, p. 110.

[16] Id.

aplicaciones dentro del metaverso, facilitando una identidad coherente y continua para el usuario. Este enfoque promueve la interoperabilidad y la coherencia en la experiencia del usuario, aunque plantea desafíos en términos de privacidad y control de datos[17].

2.3. Avatares según su entidad controladora

A fin de discernir las diversas dinámicas de control en el metaverso, también es esencial distinguir los avatares según la entidad que los maneja, revelando así las múltiples formas en que usuarios y sistemas de inteligencia artificial interactúan y operan en estos entornos digitales. Así, podemos diferenciar entre:

a) Avatares controlados por personas naturales o jurídicas: Los avatares pueden ser manejados por individuos reales, ya sean personas físicas o jurídicas. En este caso, el avatar actúa como una extensión digital del controlador, reflejando sus decisiones y acciones en el mundo virtual[18]. Esta categoría es la más común y es utilizada en diversas aplicaciones, desde redes sociales y plataformas de trabajo colaborativo hasta juegos en línea y entornos educativos.

b) Avatares autónomos controlados por sistemas de Inteligencia Artificial: Otra posibilidad es que los avatares sean gestionados por agentes de inteligencia artificial, lo que les confiere un grado de autonomía. Estos avatares pueden actuar de manera independiente, tomando decisiones basadas en algoritmos predefinidos o en aprendizaje automático. La existencia de avatares autónomos añade una dimensión adicional de complejidad, ya que sus acciones pueden no estar directamente vinculadas a las intenciones de un ser humano específico[19]. Esto plantea cuestiones éticas y legales sobre la responsabilidad y la gobernanza de las acciones realizadas por estos avatares.

---

[17] M. Preda y B. Jovanova, «Avatar interoperability and control in virtual Worlds», *Signal Process. Image Commun*, vol. 28, 2013, pp. 168-180, https://www.sciencedirect.com/science/article/abs/pii/S0923596512002007?via%3Dihub

[18] L. Arismendy Mengual, *op. cit.*, p. 109.

[19] W. Barfield y A. Williams, «Chapter 1: The law of virtual reality and increasingly smart virtual avatars», en W. Barfield y M. J. Blitz (eds.), *Research Handbook*

2.4. Avatares según sus propósitos y funcionalidades

Los avatares pueden distinguirse, finalmente, según sus propósitos y funcionalidades, revelando cómo estos elementos facilitan la interacción y la identificación de los usuarios en el metaverso. En este sentido, podemos categorizar los avatares como:

a) Avatares como seudónimos: En muchos casos, los avatares funcionan como seudónimos, proporcionando un nivel de anonimato al usuario. Este uso es especialmente prevalente en plataformas donde la privacidad y la protección de la identidad son prioritarias. Los avatares seudónimos permiten a los usuarios explorar, interactuar y expresarse sin revelar su identidad real, lo cual es valioso para proteger su privacidad y seguridad en línea[20].

b) Avatares como identificadores directos: En otros contextos, los avatares pueden actuar como identificadores directos de sus respectivos controladores. Este uso es común en entornos profesionales y oficiales donde la autenticidad y la verificación de identidad son esenciales. Por ejemplo, en plataformas de trabajo remoto o en entornos educativos, un avatar puede representar directamente a un usuario específico, facilitando la comunicación y la colaboración[21].

En definitiva, la diversidad en los tipos y usos de los avatares refleja la riqueza y complejidad del metaverso. Desde avatares multipropósito creados ilimitadamente en metaversos específicos hasta identidades únicas y persistentes en un ecosistema descentralizado, pasando por el control ejercido por personas naturales, jurídicas o sistemas de inteligencia artificial, los avatares desempeñan un papel crucial en la manera en que los usuarios interactúan y se identifican en el ámbito digital. Esta diversidad también implica desafíos legales

---

on the Law of Virtual and Augmented Reality, Edward Elgar, Cheltenham, 2018, pp. 2-43, 109.

[20] L. Arismendy Mengual, *op. cit.*, p. 109.

[21] Id.

y éticos que deben ser abordados para asegurar una integración armoniosa y segura de los avatares en los entornos virtuales.

3. AVATARES E IDENTIDAD DIGITAL

3.1. CONSTRUCCIÓN DE LA IDENTIDAD EN EL METAVERSO

En el metaverso la identidad abarca la autoexpresión, la protección de datos personales y la representación cultural. A este respecto, la relación entre el individuo y el avatar puede clasificarse en tres tipos: identificación con el avatar, donde se establece una expresión holística entre ambos; independencia, cuando el avatar es visto solo como una herramienta de juego; y el avatar como objeto compensatorio, al proyectar cualidades ideales del individuo[22]. Esta clasificación subraya la importancia de considerar la inclusión del avatar en la identidad dinámica del individuo según el contexto específico.

Si bien los usuarios del metaverso podrían, en teoría, tener un solo avatar (como un gemelo digital único en lugar de múltiples avatares) y usarlo para navegar por diversas plataformas e identificarse de manera unitaria en el mundo digital (en consonancia con lo que hemos denominado interoperabilidad del metaverso), es poco probable que esto ocurra, según subrayan los expertos, ya que cada plataforma centralizada preferiría ofrecer su propia versión de un avatar para sus usuarios. Por tanto, esto exige un ejercicio especulativo al enfrentarse a la cuestión del estatus jurídico de los avatares en el metaverso, considerándolos como algo más que simple contenido digital en línea[23].

3.2. DIFERENCIAS ENTRE IDENTIDAD DIGITAL Y REAL

La identidad digital, o ID digital, se utiliza en espacios digitales como la web, el metaverso (RA, RM y RV) y sistemas de gestión de acceso de identidad (IAM). Incluye credenciales, verificación, auten-

[22] V. MILLER, *The Essence of Digital Culture*, Tsinghua University Press, 2017. [Google Scholar.]

[23] L. ARISMENDY MENGUAL, *op. cit.*

ticación y mecanismos de confianza que fundamentan interacciones y transacciones en línea, semejantes a cómo los pasaportes, documentos de identidad o permisos de conducir validan identidades en el mundo real[24].

En contraste, la identidad real se formaliza con formas físicas de identificación como pasaportes y documentos gubernamentales, que autentican y verifican a individuos en espacios físicos. La diferencia principal radica en el contexto de uso: la identidad real se aplica a espacios físicos como viajes, transacciones bancarias o registros gubernamentales, mientras que la identidad digital se utiliza para acceder a servicios en línea, redes sociales y compras electrónicas, validándose mediante sistemas digitales de autenticación[25].

La identidad digital y la identidad real presentan diferencias significativas en otros aspectos. Por ejemplo, la identidad digital es una proyección selectiva que una persona controla en línea, mientras que la identidad real corresponde a la personalidad y características genuinas de alguien. Del mismo modo, la perdurabilidad de la identidad digital puede ser considerable, ya que la información en línea puede persistir a lo largo del tiempo y ser accesible de manera continua. En contraste, la identidad real tiende a evolucionar con las experiencias y el tiempo. Asimismo, el control sobre la información es más directo en la identidad digital, donde las personas pueden decidir qué aspectos revelar y cuáles mantener privados. En cambio, en la identidad real, la percepción de otros está más influida por las interacciones cara a cara, donde las características personales son más evidentes. Por otro lado, la identidad digital tiene un alcance global potencial, ya que la información en línea puede ser accesible para cualquier individuo con conexión a Internet. Mientras tanto, la identidad real está limitada a las interacciones físicas con personas específicas. Finalmente, la identidad digital puede ser susceptible a manipulaciones y falsificaciones, mientras que la identidad real se presenta tal como es, sin la posibilidad de ocultar o alterar su verdadera esencia[26].

---

[24] World Economic Forum, *Metaverse Identity: Defining the Self in a Blended Reality*, Insight Report, march 2024.

[25] Id.

[26] M. Klementyeva, «Identity: Virtual or Real?», *Humanities and Social Sciences. Bulletin of the Financial University*, 2023, https://doi.org/10.26794/2226-7867-2023-13-5-141-146

Actualmente se están llevando a cabo varias iniciativas para regular la identidad digital. Una de las más destacadas es el programa ID2020[27], que tiene como objetivo proporcionar identidades digitales seguras y confiables para todos, abordando desafíos como el acceso limitado a servicios esenciales y la falta de control sobre los datos personales. Los beneficios de esta iniciativa incluyen mejorar la inclusión social y proteger los derechos humanos, aunque existen preocupaciones sobre la centralización y la seguridad de los sistemas utilizados. La UE, además de un proyecto de Reglamento marco sobre la Identidad Digital Europea, que parte del Reglamento adoptado en 2014[28], también ha puesto en marcha cuatro proyectos piloto a gran escala con el objetivo de probar la cartera de identidad digital de la UE[29].

A nivel nacional y regional también se están implementando diversas iniciativas regulatorias para gestionar la identidad digital, como la Ley de Identidad Digital en Estonia[30], Azerbaiyán o Georgia[31] y la regulación en Canadá[32]. Estas iniciativas buscan establecer marcos legales y técnicos que aseguren la seguridad y el uso adecuado de la identidad digital. Los beneficios incluyen proteger la seguridad de la información y fomentar la confianza en los servicios digitales, aunque pueden surgir desafíos como la falta de armonización entre diferentes marcos regulatorios y posibles restricciones excesivas a la privacidad.

---

[27] https://www.id2020.org

[28] Reglamento (UE) núm. 910/2014 del Parlamento Europeo y del Consejo, de 23 de julio de 2014, relativo a la identificación electrónica y los servicios de confianza para las transacciones electrónicas en el mercado interior y por la que se deroga la Directiva 1999/93/CE, *DO* L 257 de 28.8.2014, pp. 73-114.

[29] Comisión Europea, Proceso de la caja de herramientas de identidad digital de la UE, https://digital-strategy.ec.europa.eu/es/policies/eudi-wallet-toolbox

[30] P. Tammpuu y A. Masso, «Transnational Digital Identity as an Instrument for Global Digital Citizenship: The Case of Estonia's E-Residency», Information Systems Frontiers, vol. 21, 2019, pp. 621-634, https://doi.org/10.1007/S10796-019-09908-Y ; T. Martens, «Electronic identity management in Estonia between market and state governance», *Identity in the Information Society*, vol. 3, 2010, pp. 213-233, https://link.springer.com/article/10.1007/s12394-010-0044-0

[31] R. Roberts, «Identidad digital, e-Residency: experiencia de Estonia en Gobierno electrónico», *BNC*, 2019, https://obtienearchivo.bcn.cl/obtienearchivo?id=repositorio/10221/27083/2/identidad_digital_estonia_y_gobierno_digital_BCN.pdf

[32] A. Boysen, «Decentralized, Self-Sovereign, Consortium: The Future of Digital Identity in Canada», *Frontiers*, vol. 4, 2021, https://doi.org/10.3389/fbloc.2021.624258

Centrándonos en el metaverso, la identidad digital y la identidad real son conceptos distintos relacionados con la representación de avatares. La identidad digital comprende la información proyectada en estas plataformas, como datos personales, fotos y actividad en los mundos virtuales, mientras que la identidad real abarca características personales, experiencias y relaciones interpersonales en el mundo físico[33].

La gestión cuidadosa de ambas identidades cobra una relevancia aún mayor en el metaverso. Es fundamental tener en cuenta que tanto la identidad digital como la identidad real se influyen mutuamente. Nuestra identidad real está influenciada por nuestra identidad digital, ya que las percepciones y opiniones de otros en línea impactan en nuestra autoimagen. Del mismo modo, nuestras acciones y comportamientos en entornos digitales tienen repercusiones en nuestra vida física[34].

Por otro lado, los avatares también tienen el potencial de causar confusión o distorsionar la identidad real. En interacciones digitales, las personas pueden adoptar personalidades o comportamientos que se desvían de los que manifiestan en la vida real. Esta discrepancia puede generar una desconexión entre la identidad digital y la identidad real, permitiendo que algunas personas oculten aspectos de sí mismas o asuman una identidad completamente nueva en línea[35].

En consecuencia, la autenticación de la identidad digital es crucial en el metaverso para garantizar la confianza y la seguridad en las interacciones en línea. Los sistemas de autenticación permiten a los usuarios acceder al metaverso mediante identidades digitales verificadas, utilizando tecnologías como firmas digitales y tecnología *blockchain* para fortalecer la integridad y la protección de datos[36]. Sin embargo, la falta de un nivel independiente de identidad en la arquitectura de Internet presenta desafíos, ya que la identidad digital en

---

[33] M. Saker y J. Frith, «Contiguous identities. The virtual self in the supposed Metaverse», *First Monday*, vol. 27, 2022, https://doi.org/10.5210/fm.v27i3.12471

[34] W. Zhang y H. Wu, «Digital Identity, Privacy Security and their Legal Safeguards in the Metaverse», *Security and Safety*, 2023, https://sands.edpsciences.org/articles/sands/full_html/2023/01/sands20220011/sands20220011.html

[35] J. A. Arfa Khanum *et al.*, «Metaverse», *International Journal of Innovative Research in Information*, Security, 2023, https://doi.org/10.26562/ijiris.2023.v0903.29

[36] W. Wang y S. Dong, «Identifying Digital Identities in a Metaverse environment», *The Journal of Chinese Sociology*, 2022, https://www.researchgate.net/publication/370771762_Digital_Identity_Privacy_Security_and_their_Legal_Safeguards_in_the_Metaverse

aplicaciones específicas está gestionada de manera separada, lo que puede llevar a problemas de privacidad y seguridad.

La gestión de múltiples identidades digitales en el metaverso plantea interrogantes sobre la centralización frente a la descentralización y la necesidad de protocolos que faciliten la interoperabilidad y el reconocimiento mutuo entre sistemas de identidad digital[37]. Aunque tecnologías como las Identidades Descentralizadas (DID) ofrecen modelos responsables de identidad confiables, la complejidad de establecer un sistema de identificación único en el metaverso sigue siendo un desafío significativo[38]. La protección de datos personales y la transferencia de propiedad en este contexto requieren un análisis detallado para evitar problemas como el fraude de identidad y la vulnerabilidad de los sistemas, como se verá en el apartado siguiente.

Proteger la identidad digital en el metaverso implica comprender los riesgos asociados con la privacidad y la seguridad de los datos personales[39]. Los usuarios deben ser diligentes en mantener la coherencia entre su identidad digital y su identidad real para asegurar una representación auténtica de sí mismos en estos entornos virtuales. Esto no solo fortalece la integridad personal, sino que también facilita la construcción de relaciones basadas en la confianza y la autenticidad dentro del metaverso, contribuyendo así a una experiencia digital más segura y satisfactoria.

4. PRIVACIDAD, SEGURIDAD Y PROTECCIÓN DE DATOS

El metaverso, con su amalgama de tecnologías emergentes como la realidad aumentada, la realidad virtual y los dispositivos de realidad extendida, plantea una serie de cuestiones en términos de seguridad y privacidad[40], que se describen brevemente, a continuación, sin propósito de exhaustividad.

---

37 H. Wu y W. Zhang, *op. cit.*

38 Id.

39 Vid. *infra* epígrafe 4.

40 T. Parlar, «Data Privacy and Security in the Metaverse», en F. Sinan Esen, H. Tinmaz y M. Singh (eds.), *Metaverse. Technologies, Opportunities and Threats*, Springer Nature, Singapore, 2023, pp. 123-134.

4.1. Protección de la identidad

La protección de la identidad en el metaverso es crucial, ya que el robo de la identidad de un usuario puede afectar toda su vida digital, incluyendo sus avatares, activos digitales y relaciones sociales. En este sentido, la información personal, contraseñas, activos digitales e información bancaria obtenida de un dispositivo personal puede ser objeto de apropiación indebida y usarse para acceder a un servicio o sistema en el metaverso y cometer delitos. Asimismo, un usuario malicioso podría rastrear a otro usuario y descubrir su ubicación en el mundo real, utilizando un casco o gafas de realidad virtual comprometidos en términos de seguridad para monitorear sus movimientos[41].

En este contexto, la incorporación de la tecnología *blockchain* a los sistemas de gestión de identidad supone una innovación significativa. Los datos de identidad se almacenan en una estructura *blockchain* y se autentican mediante algoritmos de consenso. Además, se está potenciando el desarrollo de estos sistemas utilizando datos biométricos[42].

4.2. Privacidad de los datos

En el metaverso, una gran cantidad de datos recopilados a través de diversos dispositivos es vulnerable a amenazas relacionadas con la confidencialidad, integridad, privacidad y usabilidad. Los usuarios se exponen a riesgos de manipulación y exposición de sus datos, incluyendo la alteración, eliminación o imitación de información, así como la manipulación de archivos de registro y la ocultación de pruebas[43].

A diferencia del mundo real, es difícil monitorear y proteger la información generada por miles de avatares debido a la falta de una

[41] B. Falchuk, S. Loeb y R. Neff, «The social Metaverse: battle for privacy», *IEEE Technology and Society Magazine*, vol. 37, núm. 2, 2018, pp. 52-61.

[42] J. B. Bernabe, J. L. Canovas, J. L. Hernandez-Ramos, R. T. Moreno y A. Skarmeta, «Privacy-preserving solutions for *Blockchain*: review and challenges», *IEEE Access*, vol. 7, 2019, pp. 164908-164940.

[43] S. Suhail, R. Hussain, R. Jurdak y C. S. Hong, «Trustworthy digital twins in the industrial Internet of things with *Blockchain*», *IEEE Internet Computing*, vol. 26, núm. 3, 2021, pp. 58-67.

autoridad central en el metaverso. Al crear un avatar de usuario, se recopila una gran cantidad de datos, incluidas expresiones faciales, movimientos de ojos y manos, habla y diversas características biométricas como patrones de ondas cerebrales. En dispositivos de realidad extendida, los sensores de movimiento y las cámaras pueden monitorear nuestro entorno en tiempo real con precisión milimétrica, así como recopilar información mucho más detallada sobre la ubicación del usuario[44].

En relación con lo anterior, debemos tener en cuenta que en el metaverso los datos personales sensibles se transmiten a través de canales cableados o inalámbricos y son vulnerables a métodos de descifrado por parte de atacantes. La centralización de grandes volúmenes de datos de usuarios para entrenar sistemas en la nube aumenta los problemas de privacidad, exponiéndolos a ataques ilegales que comprometen la información. Existe el riesgo de que proveedores de servicios malintencionados manipulen listas de acceso para obtener ilegalmente estos datos y creen perfiles falsos utilizando huellas digitales obtenidas a través del seguimiento de avatares, lo que facilita el espionaje virtual y los ataques de ingeniería social[45].

4.3. Problemas de Seguridad

Los problemas de privacidad y seguridad que afectan a los sistemas con conexiones a Internet se extienden al metaverso. Los ataques de Denegación de Servicio (DoS) y Denegación de Servicio Distribuido (DDoS), utilizados para incapacitar servidores, también representan amenazas significativas en este entorno. Estos ataques consisten en enviar una gran cantidad de solicitudes de servicio al servidor, agotando rápidamente sus recursos y dejando el servicio inoperativo. Entre los métodos más empleados se encuentra el ataque *Sybil*, don-

---

[44] I. D. Aiyanyo, H. Samuel y H. Lim, «A systematic review of defensive and offensive cyberse-curity with machine learning», *Applied Sciences*, vol. 10, núm. 17, 2020, p. 5811, https://www.mdpi.com/2076-3417/10/17/5811

[45] Y. Lu, X. Huang, K. Zhang, S. Maharjan e Y. Zhang, «Low-latency federated learning and *Blockchain* for edge association in digital twin empowered 6G networks», *IEEE Transactions on Industrial Informatics*, vol. 17, núm. 7, 2020, pp. 5098-5107.

de nodos maliciosos se hacen pasar por identidades falsas para redirigir paquetes, sobrecargando así el tráfico de la red[46]. Este enfoque busca interferir con la operación del servidor mediante la utilización masiva de identidades falsas, comprometiendo la seguridad y la estabilidad de la red. Estos ataques no solo afectan el funcionamiento de arquitecturas *blockchain*, sino que también representan una seria amenaza para la privacidad de los datos[47].

4.4. Protección de datos

Al crear un avatar, se recopila una amplia gama de datos que incluyen expresiones faciales, movimientos oculares y manuales, así como características biométricas como patrones de ondas cerebrales. Los dispositivos de realidad extendida, como sensores de movimiento y cámaras, monitorean el entorno del usuario en tiempo real con precisión milimétrica, capturando información detallada sobre la ubicación del usuario y su entorno circundante.

Es evidente que, a partir del momento en que estas tecnologías impliquen la recogida y tratamiento de datos de personas identificadas o identificables, la normativa de protección de datos de carácter personal, como el Reglamento General de Protección de Datos (en adelante, RGPD)[48] y la Ley Orgánica de Protección de Datos y Garantía de los Derechos Digitales (en adelante, LOPDGDD)[49], será de plena aplicación a estos entornos digitales.

En primer lugar, es importante destacar que el metaverso y los servicios que este ofrezca deberán cumplir con la normativa de cada

---

[46] J. D. Kim, M. Ko y J. M., Chung, «Novel analytical models for sybil attack detection in IPv6-based RPL wireless IoT networks», en *IEEE International Conference on Consumer Electronics (ICCE), IEEE*, 2022, pp. 1-3.

[47] K. Yang, Z. Zhenyong, Y. Tian y M. Jianfeng, «A Secure Authentication Framework to Guarantee the Traceability of Avatars in Metaverse», *IEEE Transactions on Information Forensics and Security*, vol. 18, 2022, pp. 3817-3832, https://ieeexplore.ieee.org/document/10159439

[48] Reglamento (UE) 2016/679 del Parlamento Europeo y del Consejo, de 27 de abril de 2016, relativo a la protección de las personas físicas en lo que respecta al tratamiento de datos personales y a la libre circulación de estos datos y por el que se deroga la Directiva 95/46/CE (Reglamento General de Protección de Datos, *DO* L 119 de 4.5.2016, p. 1.

[49] Ley Orgánica 3/2018, de 5 de diciembre, de Protección de Datos Personales y garantía de los derechos digitales, *BOE* núm. 294, de 6 de diciembre.

jurisdicción donde se encuentren sus usuarios. La normativa de protección de datos de carácter personal tendrá un gran peso en la regulación del metaverso, puesto que para participar en él se requerirá, inevitablemente, la recogida y tratamiento de datos personales. Además de estos datos personales, el uso del metaverso también puede generar el tratamiento de otros tipos de información, como datos no personales y datos denominados «datos sintéticos», necesarios para entrenar y mejorar el sistema[50].

La recogida y tratamiento de datos personales en el metaverso deberán ajustarse a los principios de licitud, lealtad y transparencia establecidos por la normativa vigente, específicamente el RGPD [art. 5.1.*a*)] y la LOPDGDD. Estos principios exigen que el tratamiento de datos se realice de conformidad con la normativa aplicable y de manera que resulte necesario y proporcionado en el marco de la sociedad de la información. Por otro lado, los datos sintéticos, que son generados a partir de datos reales para entrenar sistemas de inteligencia artificial, también deben ser gestionados con cuidado para evitar la identificación inadvertida de personas físicas. Esto implica que los responsables del tratamiento deberán implementar medidas técnicas y organizativas adecuadas para proteger estos datos, conforme a lo establecido en el artículo 32 RGPD, que establece las medidas de seguridad del tratamiento.

Los datos de menores de edad requieren una atención especial. Según lo dispuesto en los artículos 7 y 12 LOPDGDD, el tratamiento de datos personales de un menor solo podrá fundamentarse en su consentimiento si es mayor de catorce años, exceptuando los casos en que la ley exija la asistencia de los titulares de la patria potestad. Esto implica que los responsables del tratamiento en el metaverso deberán establecer mecanismos técnicos suficientes para verificar la edad de sus participantes, en cumplimiento con el artículo 8 RGPD, que regula las condiciones aplicables al consentimiento de los menores en relación con los servicios de la sociedad de la información[51].

---

[50] O. Casado Oliva *et al.*, «Retos de la privacidad en el Metaverso», en L. I. Vicente del Olmo y J. L. Amat (coords.), *Aspectos jurídicos del Metaverso*, Wolters Kluwer La Ley, Madrid, 2022, pp. 111-158, pp. 134 ss.

[51] O. Casado Oliva *et al.*, *op. cit.*

De otro lado, es probable que los usuarios utilicen la propia imagen para crear los avatares con los que van a interactuar. Esto puede implicar el uso de sistemas de reconocimiento facial para una recreación fiel de la imagen del usuario e implicar la obtención de datos de carácter especial o sensibles tal como recoge el artículo 9 RGPD. Sin embargo, según el Considerando 51 del RGPD, el tratamiento de fotografías no debe considerarse sistemáticamente tratamiento de categorías especiales de datos personales, a menos que se utilicen medios técnicos específicos que permitan la identificación o autenticación unívocas de una persona física. Asimismo, la inmersión en el metaverso puede requerir la captación y reproducción de la voz en tiempo real, así como el tratamiento de datos relativos al lenguaje corporal. Toda esta información se recogerá mediante dispositivos con sensores capaces de captar movimientos y gesticulaciones en el mundo real y reproducirlos en el metaverso, lo que requerirá el uso de inteligencia artificial para procesar y analizar estos datos[52].

En consecuencia, en el metaverso se obtienen datos biométricos según la definición establecida en el artículo 4.14 RGPD. Estos son datos relativos a las características físicas, fisiológicas o conductuales de una persona que permiten o confirman la identificación única de dicha persona. Ello implica el tratamiento de categorías especiales de datos personales conforme al artículo 9 RGPD. Es crucial que los desarrolladores y operadores del metaverso adopten medidas estrictas para garantizar el cumplimiento del RGPD y la LOPDGDD y protejan la privacidad de los usuarios de manera efectiva. Esto incluye la implementación de políticas claras, el uso de tecnologías seguras y la realización de evaluaciones de impacto sobre la protección de datos, conforme al artículo 35 RGPD.

Dicho lo anterior, hay metaversos, como hemos visto, que se configuran como DAOs y en estos metaversos descentralizados se complica la supervisión y protección de la información generada por miles de avatares, dado que no existe una autoridad central que garantice la seguridad de los datos. Esta descentralización presenta desafíos significativos para mantener la integridad y privacidad de

---

[52] Id.

los datos personales sensibles transmitidos a través de canales de comunicación cableados o inalámbricos, los cuales son especialmente vulnerables a ataques. En este contexto, la implementación de la protección de datos desde el diseño recogida en el Considerando 78 y el artículo 25.1 RGPD es especialmente relevante. La protección de datos desde el diseño tiene por objetivo aplicar los principios de protección de datos en los procesos de diseño de los sistemas y procedimientos de la organización sobre los que se apoya el tratamiento de los datos, con un fin eminentemente preventivo y orientado tanto a evitar posibles daños a las personas físicas como, de manera colateral, los perjuicios que para la organización podría suponer la modificación o el rediseño de los sistemas en los que se llevan a cabo los tratamientos, una vez desarrollados e implantados, como consecuencia de la identificación de errores de diseño que pudieran suponer daños o perjuicios a los interesados y a sus derechos y libertades[53]. Por consiguiente, las DAOs, al ser entidades descentralizadas y basadas en tecnología *blockchain*, requieren una integración meticulosa de los principios de protección de datos desde su concepción. Esto incluye la consideración de cómo se recogen, almacenan y manejan los datos biométricos y otros datos personales sensibles, garantizando que cada proceso cumpla con los requisitos del RGPD y la LOPDGDD.

En cualquier caso, dado que actualmente no existe una ley uniforme de privacidad de datos ni un conjunto de normas aplicables a todos los países del mundo, surge el debate sobre qué normativa se aplica para la protección de datos personales en el metaverso que, como sabemos, alberga diversas plataformas. Podría adoptarse un conjunto de normas internacionales y universales para el metaverso sobre protección de datos, aunque quedaría por resolver cómo se implementaría, cómo se respetarían equitativamente los intereses de todas las partes involucradas y si todos los países y plataformas podrían llegar a un consenso sobre la normativa a aplicar[54].

---

[53] Agencia Española de Protección de Datos, «Protección de datos desde el diseño», 2023, https://www.aepd.es/derechos-y-deberes/cumple-tus-deberes/medidas-de-cumplimiento/proteccion-de-datos-desde-el-diseno

[54] B. Tümer, «Avatar Law in the Metaverse», *Softech Technology Report*, 2023, https://softtech.com.tr/2023-softtech-teknoloji-raporu/

Podemos concluir, por tanto, que la naturaleza descentralizada del metaverso presenta tantas oportunidades como desafíos en términos de protección de datos. Por un lado, la transparencia inherente a la tecnología *blockchain* puede mejorar la trazabilidad y la responsabilidad en el tratamiento de datos. Por otro, la descentralización complica la implementación de controles de acceso y la gestión de datos personales y sintéticos que, junto con la aplicación de medidas de seguridad adecuadas, será fundamental para el desarrollo sostenible y ético de estos entornos virtuales.

5. DERECHOS Y OBLIGACIONES DE LOS USUARIOS EN LA CREACIÓN Y PERSONALIZACIÓN DE AVATARES

Los avatares pueden adoptar diversas formas, como tridimensionales, bidimensionales, antropomórficas o no antropomórficas, y pueden o no asemejarse a sus controladores. Las opciones de personalización son amplias y variadas, permitiendo a los usuarios expresar su individualidad y manifestar el libre desarrollo de su personalidad a través del aspecto visible de sus avatares. Esto les permite navegar con un solo avatar o con múltiples avatares, según sus preferencias y las restricciones de cada plataforma.

5.1. Personalización y expresión en el metaverso

El metaverso ofrece a los usuarios la posibilidad de personalizar sus avatares de diversas maneras, lo que les permite explorar diferentes aspectos de su identidad y personalidad. Los usuarios pueden elegir características físicas, ropa, accesorios y otras formas de personalización para crear avatares únicos que representen cómo desean ser vistos en el entorno digital. Este nivel de personalización facilita una rica experiencia interactiva y social dentro del metaverso.

5.2. Derechos de los usuarios respecto a sus avatares y otras cuestiones jurídicas

Dejando al margen la cuestión de la personalidad jurídica de los avatares, que será abordada en el apartado 6 de este Capítulo, y la protección de datos y seguridad de los usuarios, que ya se ha sido tratada en el apartado precedente, surgen importantes cuestiones legales sobre los derechos de los usuarios respecto a sus avatares, en particular, en el caso de uso indebido o explotación.

Una cuestión importante va referida, por ejemplo, a los derechos de los usuarios frente a interferencias ilícitas con su personalidad, como cuando un avatar se utiliza para apropiarse indebidamente de la imagen de otra persona. Un ejemplo de esto sería el uso no autorizado de la imagen de una celebridad como avatar con fines de explotación comercial, donde la responsabilidad no se basa en la tergiversación que lleva a la confusión o al engaño del consumidor, sino en la apropiación indebida del valor comercial de la identidad de una persona[55].

La normativa vigente sobre derechos de autor ya sea la Directiva 2001/29/CE de la UE[56] o bien el *United States Digital Millennium Copyright Act*[57] va destinada a proteger adecuadamente a los titulares de derechos de propiedad intelectual. De esta forma, los titulares de

[55] En *Hart v. Electronic Arts, Inc.*, núm. 11-3750 (3d Cir. 2013), un jugador de fútbol americano demandó a la empresa Electronic Arts (EA) por usar un avatar que coincidía con sus atributos físicos y biográficos en un videojuego deportivo. Hart alegó que esto violaba su derecho de publicidad al usar su semejanza sin su autorización. El tribunal de distrito desestimó el caso, amparándose en la protección de la libertad de expresión bajo la Primera Enmienda. Sin embargo, la Corte de Apelaciones del Tercer Circuito revocó esta decisión, argumentando que los videojuegos de EA no alteraban suficientemente la identidad de Hart para evitar una reclamación por el derecho de publicidad. Por tanto, protegieron el derecho del demandante a controlar el uso comercial de su imagen. Este caso indica que, aunque los controladores del metaverso o los usuarios puedan tener el derecho de crear y expresarse en entornos virtuales, el derecho de cualquier persona a controlar el uso comercial de su propia imagen, semejanza o identidad en plataformas virtuales en línea debe considerarse digno de protección.

[56] Directiva 2001/29/CE del Parlamento Europeo y del Consejo, de 22 de mayo de 2001, relativa a la armonización de determinados aspectos de los derechos de autor y derechos afines a los derechos de autor en la sociedad de la información, *DO* L 167 de 22.6.2001, pp. 10-19.

[57] Pub. L. núm. 105-304, 112 Stat. 2860 (oct. 28, 1998).

derechos de propiedad intelectual pueden, en su mayoría, hacer valer sus derechos tanto en el mundo real como en el metaverso y de buscar compensación por cualquier daño causado por una infracción.

Por otro lado, surge la cuestión de si los avatares pueden considerarse creaciones protegidas en sí mismas. Si el avatar de un usuario refleja creatividad, como una apariencia única y distintiva que cumple con los criterios de originalidad, y siempre que la plataforma del metaverso no haya reservado derechos sobre la creación a través de sus acuerdos de licencia de usuario final, probablemente estará protegido por derechos de autor. De manera similar, si un avatar se utiliza para representar una fuente específica de bienes o servicios, podría recibir la protección de marca registrada. Estas cuestiones, que serán abordadas con más detalle en el Capítulo VIII, se reflejan ilustrativamente en el reciente caso *Ada*[58]. En dicho caso, el Tribunal de Primera Instancia de Internet de Hangzhou en China resolvió sobre un avatar digital llamado *Ada*, creado por la empresa *Mofa* y lanzado en la plataforma de videos *Bilibili*. La empresa *Sihai Optical Fiber Network Co., Ltd.* distribuyó estos videos sin autorización, infringiendo así los derechos de autor de *Mofa*. El tribunal determinó que *Ada*, como avatar digital estaba, en último término, bajo control humano y no podía ser considerado autor ni titular de derechos de propiedad intelectual. En cambio, *Mofa* fue reconocida como la titular de los derechos de los videos que usaban la imagen de *Ada* sin permiso.

Finalmente, otra cuestión interesante va referida a los casos de comportamiento inapropiado de avatares en el metaverso. Estas situaciones están siendo abordadas a través de los términos y condiciones establecidos en los Acuerdos de Licencia de Usuario Final (EULAs), los cuales prohíben interacciones cercanas entre avatares para evitar posibles daños derivados de ciertos tipos de conductas no deseadas. A este respecto debemos plantearnos si estos temas deben quedar bajo el ámbito del derecho contractual o si es necesario abordarlos desde un marco normativo específico[59]. Esta cuestión y otras cuestiones

[58] Hangzhou Internet Court (2022) Zhejiang 0192 Minchu núm. 9983, Civil Judgement, y Hangzhou Intermediate People's Court (2023) Zhejiang 01 Minzhong núm. 4722, Civil judgement. «Ada Who? Inside China's First Virtual Human Legal Dispute», Jing Daily, 2023, https://jingdaily.com/posts/chinas-virtual-human-legal-dispute-legislation

[59] B. Tümur, *op. cit.*

relacionadas con la responsabilidad de los avatares son analizadas a continuación.

6. NATURALEZA, PERSONALIDAD JURÍDICA Y RESPONSABILIDAD DE LOS AVATARES

Los avatares, en tanto que representaciones digitales de los usuarios, operan en entornos virtuales donde las interacciones pueden tener implicaciones significativas tanto en el ámbito personal como en otros campos. Esas interacciones pueden en algunas ocasiones causar daños o incluso ser constitutivas de delito. Dejando de lado las cuestiones de responsabilidad penal, que ya han sido tratadas por la doctrina y quedan fuera del ámbito material del presente trabajo[60], en este apartado abordamos cómo los principios legales tradicionales se aplican o deben adaptarse para regular adecuadamente las acciones y obligaciones de los avatares, así como de los usuarios que los controlan. Ello supone, en primer lugar, establecer la naturaleza jurídica de los avatares, para después analizar sus posibles implicaciones en el ámbito de la responsabilidad. Por último, este apartado realiza una primera aproximación a la naturaleza jurídica y responsabilidad de los avatares controlados por agentes de IA.

6.1. NATURALEZA

La aparición y popularización del metaverso ha traído consigo una serie de desafíos legales y conceptuales, especialmente en lo que respecta a la naturaleza jurídica de los avatares. Estos entes digitales, que sirven como representantes de los usuarios en mundos virtuales, plantean la pregunta de si deben ser tratados como «cosas» o como «per-

[60] F. Reinoso Martínez, «El delito de blanqueo de capitales en el metaverso», en L. I. Vicente del Olmo y J. L. Amat (coords.), *Aspectos jurídicos del Metaverso*, Wolters Kluwer La Ley, Madrid, 2022, pp. 203-220; D. Im Lee, «A Study on the Countermeasures of Avatar Sex Crime», *Forum of Public Safety and Culture*, 2022, https://doi.org/10.52902/kjsc.2022.19.155 ; K. Cornelius, *Responsibility under Criminal Law in Virtual Worlds*, Springer Nature, 2011, pp. 95-119, https://doi.org/10.1007/978-3-642-20823-2_7

sonas» dentro del ordenamiento jurídico. Bajo este epígrafe nos centramos en explorar estas dos perspectivas y sus implicaciones para el Derecho.

6.1.1. *Avatares como «cosas»*

Desde una perspectiva tradicional, los avatares pueden ser considerados «cosas», es decir, objetos digitales que los usuarios controlan y utilizan en diversas plataformas virtuales.

Esta categorización implica varias consideraciones importantes:

a) Contenido digital: Los avatares, como entidades digitales creadas por usuarios o desarrolladores, son una forma de contenido digital. Este contenido puede estar sujeto a derechos de autor y otros tipos de protección de propiedad intelectual. Según esta perspectiva, un avatar es una creación protegida que puede ser registrada y defendida legalmente contra usos no autorizados. Determinar si un avatar es un bien o un servicio es crucial en este sentido. En el contexto actual, los avatares suministrados por una plataforma se consideran servicios[61], siendo de aplicación la Directiva 2011/83/UE sobre derechos del consumidor y la Directiva 2019/770 (DCD) sobre contratos de suministro de contenido y servicios digitales, que establecen que el contenido digital incluye datos producidos y suministrados digitalmente y que un servicio digital permite al consumidor crear, procesar, almacenar o acceder a estos datos.

La normativa de consumo busca garantizar los derechos del consumidor, limitando los derechos del propietario de la obra protegida por propiedad intelectual. De la misma manera, los contratos sobre contenido digital, bajo acuerdos de licencia de usuario final (EULAs), incluyen obligaciones contractuales adicionales al contrato principal entre el proveedor y el consumidor. Por su parte, la DCD otorga a los consumidores el derecho a ejercitar acciones legales por falta de su-

[61] M. P. García Rubio, «Non-Conformity of Goods and Digital Content and its Remedies», en J. Plaza Penadés, L. M.ª Martínez Velencoso (eds.), *European Perspectives on the Common European Sales Law Studies in European Economic Law and Regulation*, Springer, New York, 2015, pp. 163-181.

ministro o falta de conformidad. En caso de problemas en la cadena de transacciones, el controlador del metaverso puede buscar reparación contra el responsable, según el artículo 20 DCD. Si una violación de derechos de terceros impide el uso del avatar, los Estados miembros deben asegurar remedios según el artículo 14 DCD, a menos que la ley nacional prevea la nulidad del contrato.

Sin embargo, con la evolución hacia un metaverso descentralizado, donde los usuarios poseen sus datos, los avatares podrían considerarse bienes y no como meros servicios[62]. A este respecto, las cuestiones sobre transferencia de la propiedad en el metaverso se abordarán en el Capítulo VII.

b) Productos: Los avatares también pueden ser vistos como productos. Considerar a los avatares como productos implica que podrían estar sujetos a la normativa de responsabilidad por productos defectuosos. En ese caso, si un avatar, como producto digital, causa algún tipo de daño o perjuicio debido a un defecto en su programación o diseño, los desarrolladores o la plataforma que lo ofreció podrían ser responsables. La Comisión Europea propone, en este sentido, extender este tipo de responsabilidad (de productos defectuosos y sus componentes, incluso cuando están en forma digital) a las tecnologías digitales emergentes[63]. Además, la Propuesta de Directiva de 2022 del Parlamento Europeo y del Consejo sobre la responsabilidad por productos defectuosos incluye dentro de la definición de producto también la electricidad, los archivos de fabricación digital y los programas informáticos[64].

c) Activos Digitales: Los avatares pueden ser considerados, asimismo, como activos digitales con un valor económico específico. En este sentido, los *Principios UNIDROIT sobre activos digitales y Derecho privado* definen los activos digitales como bienes muebles, fruto del desarrollo tecnológico, representados por una expresión numérica con

[62] L. Arismendy Mengual, *op. cit.*, p. 119.

[63] European Commission, Directorate-General for Justice and Consumers, Liability for artificial intelligence and other emerging digital technologies, Publications Office, 2019, https://data.europa.eu/doi/10.2838/573689, p. 27.

[64] Propuesta de Directiva del Parlamento Europeo y del Consejo sobre responsabilidad por los daños causados por productos defectuosos, COM(2022) 495 final.

carácter patrimonial y susceptibles de apropiación[65]. En líneas generales, abarcan un ámbito de aplicación muy amplio, englobando tanto bienes fungibles (las criptomonedas) como no fungibles (los tokens digitales)[66]. Este enfoque es particularmente relevante en contextos donde los avatares se compran, venden o intercambian, generando un mercado económico dentro del metaverso. Como activos digitales, los avatares podrían estar sujetos a transacciones comerciales, herencias y otros aspectos propietarios[67], como se verá en el Capítulo VII.

6.1.2. *Avatares como «personas»*

La idea de conceder personalidad jurídica a los avatares es mucho más controvertida. Esta perspectiva implica reconocer a los avatares como entidades con ciertos derechos y responsabilidades, similar a cómo se reconoce a las personas físicas o jurídicas. Los argumentos a favor de este enfoque incluyen, entre otros[68]:

a) Identidad y representación: Los avatares, a menudo, representan la identidad digital de sus usuarios, llevando consigo atributos y características que son reflejos de la personalidad del usuario. Este vínculo estrecho entre el avatar y la identidad del usuario sugiere que los avatares podrían tener derechos de personalidad, como el derecho a la privacidad y el derecho a la imagen.

b) Interacciones y responsabilidad: En el metaverso, los avatares interactúan entre sí y con el entorno de maneras que pueden tener consecuencias jurídicas. Por ejemplo, si un avatar comete una acción ilícita, como la difamación o el acoso, surge la cuestión de quién es responsable. Reconocer a los avatares como «personas» podría implicar que los propios avatares, y no solo sus usuarios, puedan estar sujetos a acciones legales.

---

[65] UNIDROIT Digital Assets and Private Law Principle 2(2).

[66] M. Cavaller Vergés, «En busca de un marco legal para los activos digitales: Los principios UNIDROIT sobre activos digitales y Derecho privado», *Cuadernos de Derecho Transnacional* (marzo de 2024), vol. 16, núm. 1, pp. 113-130.

[67] L. Arismendy Mengual, *op. cit.*, p. 122.

[68] *Ibid.*

c) Derechos de publicidad: La utilización de la imagen de un avatar que se asemeja a una persona real para fines comerciales sin autorización puede plantear cuestiones de derechos de publicidad. Este derecho protege a los individuos contra el uso no autorizado de su nombre, imagen o semejanza para fines comerciales. Si los avatares fueran reconocidos como «personas», podrían tener un mayor grado de protección contra estas prácticas.

6.1.3. *Implicaciones y desafíos*

La opción de considerar a los avatares como «cosas» o como «personas» tiene importantes implicaciones desde el punto de vista jurídico. Si los caracterizamos como «cosas» se les aplicaría la normativa existente sobre propiedad y activos digitales, lo que simplificaría enormemente la resolución de controversias relacionadas con avatares. Por otro lado, su elevación a la categoría de «personas» conllevaría necesariamente la adopción de una nueva normativa que abordase específicamente los derechos y responsabilidades de los avatares, proceso que se antoja arduo y complejo[69].

Actualmente la responsabilidad por daños de los avatares recae principalmente en los usuarios. Sin embargo, reconocer a los avatares como personas podría distribuir esta responsabilidad, permitiendo que los avatares fueran directamente responsables por sus acciones dentro del metaverso. Este enfoque conllevaría una mayor responsabilidad de las plataformas en la supervisión y regulación de sus actividades[70].

Finalmente, la atribución de personalidad jurídica a los avatares también plantea cuestiones éticas y de derechos humanos. ¿Deben los avatares tener derechos similares a los de los seres humanos? ¿Qué implicaría esto para la dignidad y el valor intrínseco de las personas reales? Estas son preguntas fundamentales que deben ser abordadas en el debate sobre el estatus jurídico de los avatares[71].

---

69 *Ibid.*, p. 123.

70 *Ibid.*

71 L. A. VALENTE, «Derechos personalísimos y el espacio inmersivo del Metaverso. La ofensa ante un nuevo escenario virtual», *53 Anales de la Facultad de Ciencias Jurídi-*

6.2. Personalidad jurídica

La personalidad jurídica es el reconocimiento a un ser humano, una organización, una empresa u otro tipo de entidad para asumir una actividad o una obligación que produce una plena responsabilidad desde la mirada jurídica, tanto frente a sí mismo como respecto a otros. En definitiva, la personalidad jurídica se refiere a la capacidad de tener derechos y obligaciones en el ámbito legal.

Un sector de la doctrina argumenta que los avatares deben ser considerados sujetos de derechos y obligaciones, ya que pueden actuar jurídicamente en el mundo real[72]. Para ello sería necesario establecer ciertos tipos de estándares y criterios para distinguir entre un avatar «legal» y la persona real (o entidad) que opera ese avatar. Esto significa que los avatares podrían tener una identidad y responsabilidad jurídica independiente de sus usuarios. Esta personalidad jurídica podría ser conferida mediante un proceso de registro[73]. Sin embargo, también hay voces que rechazan de pleno el reconocimiento de personalidad jurídica a los avatares, planteando dudas sobre su autonomía y responsabilidad y sugiriendo que se les considere como meras representaciones sin capacidad jurídica[74]. En este sentido, se argumenta que los avatares son simplemente representaciones gráficas o algoritmos sin una existencia real, por lo que no deberían ser sujetos de derechos y obligaciones.

Frente a la teoría anterior podríamos argumentar que los avatares tienen una existencia virtual propia y pueden realizar acciones y tran-

---

cas y Sociales, Facultad de Ciencias Jurídicas y Sociales, Universidad de la Plata, 2023, https://doi.org/10.24215/25916386e139

[72] H. Costa, «Game over: Avatares y personas jurídicas», *Confilegal*, 2022, https://confilegal.com/20170529-game-over-avatares-y-personas-juridicas/; J. Bryson *et al.*, «Of, for, and by the people: the legal lacuna of synthetic persons», 25 *Artificial Intelligence and Law*, 2017, pp. 273-291; S. Lucchetti, «Why Artificial Intelligence Will Need a Legal Personality», *LawCrossBorder*, 22 de mayo de 2017, https://lawcrossborder.com/2017/05/22/why-robots-need-a-legal-personality/

[73] B. Chester Cheong, «Avatars in the metaverse: potential legal issues and remedies», *International Cybersecurity Law Review*, vol. 3, 2022, pp. 467-494, p. 472.

[74] M. Jariod Crespo, *El metaverso: un desafío para la personalidad jurídica y la identidad digital. La identidad legal de la persona digital y su seguridad jurídica*, Universidad Pontificia de Comillas, 2023, https://repositorio.comillas.edu/xmlui/bitstream/handle/11531/70498/TFG%20JARIOD%20CRESPO%2C%20MARIA.pdf?sequence=2&isAllowed=y

sacciones en el mundo digital. Además, pueden ser utilizados como una forma de expresión de la identidad y permiten a los usuarios separarse de quiénes son realmente y comportarse de maneras que sus usuarios nunca lo harían en la vida real, posibilitando que individuos se comuniquen y actúen de maneras que no serían posibles en el mundo *offline*[75]. Por tanto, se podría considerar que los avatares tienen una cierta individualidad. En este sentido, entendemos que los argumentos que rechazan el reconocimiento de personalidad jurídica a los avatares fundamentados en que estos no tienen voluntad propia o consciencia, no se sustentan desde el punto de vista jurídico, pues precisamente las personas jurídicas tampoco tienen conciencia, sino que son una ficción legal.

Las personas jurídicas desempeñan un papel crucial en el tráfico jurídico al permitir que entidades distintas de las personas naturales puedan adquirir derechos y contraer obligaciones bajo el marco legal. Esta capacidad no solo facilita la organización y el funcionamiento de negocios y actividades sociales complejas, sino que también protege a las partes involucradas al permitir la separación de responsabilidades y la mitigación de riesgos personales.

En el contexto del metaverso y las plataformas digitales, los avatares representan una extensión digital de los usuarios, permitiéndoles interactuar y participar en actividades que pueden tener implicaciones legales significativas. Por ello, hay quien ha propuesto que se les conceda en mismo tratamiento jurídico de las sociedades o similares[76]. Considerar a los avatares como personas jurídicas podría ser fundamental para proteger tanto a los propios usuarios como a terceros. Esto se debe a que otorgar personalidad jurídica a los avatares podría permitir la atribución clara de derechos y responsabilidades legales, facilitando así la regulación y la resolución de controversias en un entorno digital descentralizado y dinámico.

Además, la consideración de los avatares como personas jurídicas podría promover prácticas responsables entre los usuarios, alentando el cumplimiento de normas y regulaciones establecidas para la pro-

[75] B. Carlton, «CEO of Ready Player Me Talks VR Avatars and The Metaverse», *VR Scout*, 3 de octubre de 2021, https://vrscout.com/?s=+CEO+of+Ready+Player+Me+Talks+VR+Avatars+and+The+Metaverse

[76] B. Chester Cheong, *op. cit.*, pp. 475 ss.

tección de datos personales, la seguridad cibernética y otros aspectos relevantes del entorno digital. Esta perspectiva no solo fortalecería la confianza y la seguridad en el uso del metaverso, sino que también abriría la puerta a desarrollar marcos regulatorios efectivos que aseguren un ambiente equitativo y seguro para todos los participantes.

Algunos de los conceptos actualmente utilizados para justificar la existencia de personas jurídicas (como la teoría orgánica, la teoría de la ficción o la teoría de la entidad real) podrían potencialmente expandirse a los avatares. Considerando que los avatares podrían, en teoría, servir como una forma singular de identificación en el metaverso, dicha consideración supondría, por ejemplo: (i) la creación de un registro de avatares en el metaverso, de modo que cada uno de ellos pueda ser legalmente reconocido en la medida en que estén vinculados a personas físicas o jurídicas; (ii) la posibilidad de —excepcionalmente— levantar el velo corporativo (que podría referirse más bien como el velo del avatar), cuando los avatares sean utilizados por individuos de manera abusiva o perjudicial; o incluso (iii) adquirir un seguro de responsabilidad civil (quizá obligatorio) para facilitar la compensación por los daños que los avatares puedan causar[77].

En relación con lo anterior, no compartimos la idea según la que cada persona natural tendría derecho a solo un avatar en el metaverso[78]. En el ámbito corporativo, la capacidad de una persona natural para constituir varias personas jurídicas es ampliamente reconocida y facilita la gestión y operación de diversas actividades legales y comerciales. De manera similar, no debería limitarse el registro de avatares a un único avatar por persona física para conferirles personalidad jurídica. Esta flexibilidad permitiría a los usuarios participar de manera efectiva en varias plataformas digitales, adaptando sus representaciones virtuales según las necesidades y actividades que deseen llevar a cabo.

Es importante destacar que, a medida que la inteligencia artificial avance y surjan agentes de IA con niveles de autonomía y conciencia propias, podría surgir la necesidad de concederles alguna forma de personalidad electrónica o virtual, como se analizará más adelante. Sin

[77] L. Arismendy Mengual, *op. cit.*, p. 116.
[78] B. Chester Cheong, *op. cit.*, p. 472.

embargo, este planteamiento sería diferente al reconocimiento de los avatares como personas jurídicas sujetas al derecho societario.

En conclusión, la flexibilidad en el registro de avatares y la posibilidad de otorgarles personalidad jurídica contribuiría a un marco legal adaptado a las dinámicas del entorno digital actual y a una mayor seguridad jurídica. Mientras que el desarrollo de agentes de inteligencia artificial plantea desafíos distintos en términos de personalidad electrónica, reconocer a los avatares como personas jurídicas representa una medida práctica y necesaria para gestionar adecuadamente las interacciones legales y comerciales en el metaverso y plataformas digitales similares.

6.3. Responsabilidad

El estatus jurídico que se les reconozca a los avatares desempeñará lógicamente un papel crucial en la atribución de responsabilidad de los daños que causen. Si se les reconoce personalidad jurídica, podrían ser directamente responsables. Alternativamente, los usuarios también podrían enfrentarse a responsabilidad indirecta por las acciones realizadas por sus avatares, por ejemplo, a través del levantamiento del velo corporativo, similar a como se hace en el derecho societario[79]. Por el contrario, si no se les reconoce personalidad jurídica, podrían potencialmente estar sujetos a distintos regímenes jurídicos, como la responsabilidad por daños causados por objetos o por productos defectuosos[80].

En los Capítulos V y VI de la presente obra, profundizaremos en la responsabilidad contractual y extracontractual de los avatares, respectivamente. Se explorarán las implicaciones legales de las acciones de los avatares en transacciones y relaciones virtuales, así como los posibles mecanismos legales para la protección de los derechos y la compensación por daños.

---

[79] *Ibid.*, p. 481.
[80] L. Arismendy Mengual, *op. cit.*, p. 126.

6.4. Personalidad jurídica de los avatares controlados por agentes de IA

Es posible que existan avatares que funcionen como agentes de inteligencia artificial (IA). Se trata de representaciones gráficas o entidades virtuales controladas por sistemas de IA para interactuar con usuarios u otros sistemas dentro de entornos digitales como juegos en línea, plataformas de redes sociales o mundos virtuales. *Meta*, por ejemplo, ha grabado a *Mr. Beast*, *Paris Hilton* y a otras 26 celebridades para desarrollar avatares de IA basados en *Llama 2*[81]. Sus funciones pueden ser varias, como responder preguntas, proporcionar información, realizar acciones específicas dentro del entorno virtual o facilitar la interacción entre usuarios y sistemas automatizados[82].

La doctrina rechaza mayoritariamente el reconocimiento de personalidad jurídica independiente para los agentes de inteligencia artificial mediante una analogía con el modelo de personalidad jurídica de las personas físicas[83]. El razonamiento detrás de esta conclusión es que las características de las personas naturales, como la voluntad, la intencionalidad, la autoconciencia, la agencia moral o un sentido de identidad personal, no son transferibles de manera racional a los agentes de inteligencia artificial. Por tanto, el reconocimiento de derechos fundamentales y garantías (como el derecho a la integridad física, el sufragio, la libertad, la educación, etc.), así como derechos subjetivos como la propiedad, obligaciones, posiciones legales exigibles y derechos de personalidad, serían altamente cuestionables por su propia naturaleza[84].

Desde el punto de vista contrario, se ha argumentado a favor del reconocimiento de estos agentes de IA como personas jurídicas o como personas electrónicas, una categoría intermedia concebida es-

---

[81] J. Planes, «De Paris Hilton a Snoop Dogg: famosos que han cedido sus rostros a personajes de IA con los que se puede charlar», *Diario El País*, 12 de noviembre de 2023.

[82] V. Petrović, «Artificial Intelligence and Virtual Worlds - Toward Human-Level AI Agents», *IEEE Access*, vol. 6, 2018, pp. 39976-39988, https://ieeexplore.ieee.org/document/8410872

[83] Report of COMEST on robotics ethics (SHS/YES/COMEST-10/17/2 REV), núm. 201, 2017, p. 46.

[84] *Ibid.*

pecialmente en términos de responsabilidad civil[85]. El argumento más convincente para otorgar personalidad jurídica a los agentes de inteligencia artificial suele girar en torno a su capacidad para tomar decisiones genuinamente autónomas y aprender sin intervención humana[86]. Cuanto mayor sea la capacidad de la IA para adaptarse y superar situaciones en las que existe información limitada, más independiente se vuelve el agente de inteligencia artificial de las instrucciones del programador, aumentando su autonomía. Ello implica un menor control humano (de usuarios, programadores, diseñadores, etc.) en interacciones jurídicamente relevantes, como la negociación y celebración de contratos o transacciones, afectar derechos legalmente protegidos o causar daños a terceros[87].

El Parlamento Europeo adoptó en 2017 una Resolución instando a considerar la creación de un «estatus jurídico específico para los robots a largo plazo, de modo que al menos los robots autónomos más sofisticados pudieran ser establecidos como personas electrónicas responsables de reparar cualquier daño que puedan causar, y posiblemente aplicar la personalidad electrónica en casos donde los robots tomen decisiones autónomas o interactúen con terceros de manera independiente»[88]. Sin embargo, esta sugerencia provocó la reacción adversa de numerosos expertos en inteligencia artificial quienes, en una carta abierta, se manifestaron contrarios al reconocimiento de personalidad jurídica a la IA desde una perspectiva ética y legal[89]. Por su parte, el Comité Económico y Social Europeo rechazó expresa-

---

[85] M. Laukyte, «AI as a Legal Person», *Proceedings of the Seventeenth International Conference on Artificial Intelligence and Law*, 2019, pp. 209-213; J. Turner, *Robot Rules* (Palgrave Macmillan 2019) pp. 173-205; S. M. Solaiman, «Legal personality of robots, corporations, idols and chimpanzees: a quest for legitimacy», *Artificial Intelligence and Law*, vol. 25, núm. 2, 2017, pp. 155-179; B. Chester Cheong, «Granting legal personhood to artificial intelligence systems and traditional veil-piercing concepts to impose liability», *SN Social Sciences*, vol. 1, núm. 9, 2021, pp 1-20.

[86] M. Archer, «Considering AI personhood», en I. Al-Moundi/E. Lazega (eds.), *Post-human Institutions and Organizations* (Routledge, London, 2019), pp. 28-47; M. Hildebrandt, «Legal personhood for AI», *Law for Computer Scientists and Other Folk*, 2019, p. 248.

[87] C. Novelli, G. Bongiovanni y G. Sartor, «A conceptual framework for legal personality and its application to AI», *Jurisprudence*, vol. 13, núm. 2, 2022, pp. 199-200.

[88] Resolución del Parlamento Europeo con Recomendaciones a la Comisión sobre Normas de Derecho civil en Materia de Robótica [2015/2103(INL)] (Parlamento Europeo, 16 de febrero de 2017) párrafo 59.*f*).

[89] L. Arismendy Mengual, *op. cit.*, p. 114.

mente la idea de conceder cualquier forma de personalidad jurídica a robots o sistemas de inteligencia artificial, debido al «riesgo moral» inaceptable que podría implicar[90].

Ciertamente, la negativa a la concesión de personalidad jurídica a los agentes de inteligencia artificial parece ser la opinión predominante a nivel europeo, como también subraya un Informe publicado por el Grupo de Expertos de la Comisión Europea sobre Responsabilidad y Nuevas Tecnologías en 2019[91]. Dicho Informe no solo descarta reconocer personalidad jurídica a robots autónomos o agentes de inteligencia artificial (por cuestiones de responsabilidad), sino que esta postura también se extiende a todas las tecnologías digitales emergentes. En este sentido, se subraya que no es necesario otorgar personalidad jurídica a dispositivos o sistemas autónomos, ya que el daño que puedan causar puede y debe ser atribuible a personas o entidades existentes[92]. De esta forma, si una persona (física o jurídica) utiliza una tecnología permitida que conlleva un riesgo aumentado de daño a terceros, por ejemplo, robots operados por IA en espacios públicos, debe quedar sujeta a una responsabilidad objetiva por los daños resultantes; asimismo, aunque la tecnología utilizada no represente un riesgo aumentado de daño a terceros, existen deberes de selección, operación, monitoreo y mantenimiento adecuados de la tecnología en uso que, en caso de incumplimiento, acarrean responsabilidad por la infracción de dichos deberes si hubo negligencia; finalmente, se afirma que una persona que utiliza una tecnología con cierto grado de autonomía no debe ser menos responsable por el daño resultante que si dicho daño hubiera sido causado por un auxiliar humano[93].

En consecuencia, la solución que se propone actualmente es confiar en las categorías jurídicas existentes, imputando la responsabilidad por acciones indebidas a los usuarios, propietarios o fabricantes en

---

[90] Committee on «Artificial intelligence - The consequences of artificial intelligence on the (digital) single market, production, consumption, employment and society» (own-initiative opinion) (2017/C-288/01) 31.8.2017.

[91] Comisión Europea, Dirección General de Justicia y Consumidores, «Liability for artificial intelligence and other emerging digital technologies», *Publications Office*, 2019, https://data.europa.eu/doi/10.2838/573689

[92] *Ibid.*, p. 3.

[93] *Ibid.*, pp. 3-4.

lugar de a los propios sistemas de inteligencia artificial. La regulación de la responsabilidad por los daños causados por vehículos autónomos en la UE parece seguir este camino[94].

En relación con lo anterior, el hecho de que un avatar pueda ser controlado efectivamente por un agente de inteligencia artificial, debería ser razón suficiente para que se abordara su regulación integral, teniendo en cuenta la normativa europea sobre agentes de IA. En este sentido, es destacable que el Reglamento del Parlamento Europeo y del Consejo que establece normas armonizadas sobre inteligencia artificial (Ley de Inteligencia Artificial)[95] y que modifica ciertos actos legislativos de la Unión Europea, haya ignorado esta problemática y se limita a establecer los requisitos mínimos necesarios para abordar los riesgos y problemas vinculados a la IA, al igual que la Propuesta de Directiva del Parlamento Europeo y del Consejo sobre adaptación de normas de responsabilidad civil no contractual a la inteligencia artificial (Directiva de Responsabilidad por AI), que tampoco proporciona normas sobre una supuesta personalidad para agentes de IA. No cabe duda de que siempre que un avatar sea controlado por un sistema de inteligencia artificial, no sería legalmente distinguible de un agente de IA. Esto implicaría que cualquier normativa existente o futura relacionada con los sistemas de IA también sería directamente aplicable a los avatares[96].

Las preocupaciones del legislador europeo al fundamentar el rechazo al reconocimiento de personalidad jurídica para los agentes de IA por cuestiones de responsabilidad no parecen, por otra parte, considerar que, además de poder desarrollarse mecanismos similares para levantar el velo corporativo, si un humano manipulara la IA para protegerse de la responsabilidad, esa capacidad indicaría que el siste-

---

[94] M. C. Nuñez Zorrilla, «La nueva directiva europea sobre responsabilidad civil por productos defectuosos y su aplicación a los vehículos totalmente automatizados o autónomos», *Revista Crítica de Derecho Inmobiliario*, vol. 99, 2023, pp. 801-851.

[95] Reglamento (UE) 2024/1689 del Parlamento Europeo y del Consejo, de 13 de junio de 2024, por el que se establecen normas armonizadas en materia de inteligencia artificial y por el que se modifican los Reglamentos (CE) núm. 300/2008, (UE) núm. 167/2013, (UE) núm. 168/2013, (UE) 2018/858, (UE) 2018/1139 y (UE) 2019/2144 y las Directivas 2014/90/UE, (UE) 2016/797 y (UE) 2020/1828 (Reglamento de Inteligencia Artificial), *DO* L 2024/1689, 12.7.2024.

[96] L. Arismendy Mengual, *op. cit.*, p. 115.

ma de IA en cuestión no merecería en ningún caso una personalidad jurídica electrónica[97].

En última instancia, el hecho de que a un avatar se le pudiera imputar directamente un daño plantea una cuestión adicional: su autonomía financiera o capacidad económica para compensar a la parte perjudicada. Este tema ha sido abordado por algunos autores y las propuestas más ortodoxas incluyen desde asegurar a los avatares hasta una adaptación del *peculio* de los esclavos en el Derecho romano. Según esta figura, aquellos sin personalidad jurídica podían contar con recursos económicos para responder a sus obligaciones frente a otros sin involucrar el patrimonio de su dueño (el *Pater*). Por ello, de forma análoga, se ha propuesto la constitución de un peculio digital para agentes de inteligencia artificial que podría aplicarse a los avatares (operados o no con IA). Esta construcción solo requeriría el reconocimiento de un patrimonio separado, sin necesidad de otorgar personalidad jurídica (ya sea a agentes de IA o avatares)[98].

En cualquier caso, debemos preguntarnos si, como se apunta desde algún sector doctrinal, las reticencias del legislador podrían entroncar en último término con «la falacia del androide», al suponer que el reconocimiento de personalidad jurídica a los agentes de IA necesariamente conlleva el reconocimiento de todos los derechos «humanos» garantizados por la ley de la UE[99]. Se manifiesta, en este sentido, que el único argumento para negar personalidad a los sistemas de IA podría ser en última instancia una forma de «especismo»: privilegiar el bienestar humano sobre el bienestar de los robots porque nosotros, los legisladores, somos humanos[100].

---

[97] S. Chesterman, «Artificial intelligence and the limits of legal personality», *International and Comparative Law Quarterly*, vol. 69, 2020, pp 819-844, p. 825.

[98] R. M. García Teruel, «El Derecho de daños ante la inteligencia artificial y el *machine learning*: una aproximación desde las recomendaciones del Parlamento Europeo y del Grupo de Expertos de la Comisión Europea», en J. Ataz López (coord.), *Cuestiones clásicas y actuales del Derecho de daños. Estudios en homenaje al profesor Dr. Roca Guillamón*, Thomson Reuters Aranzadi, 2021, pp. 1679-1722.

[99] N. M. Richards y W. D. Smart, «How Should the Law Think About Robots?», en R. Calo, A. M. Froomkin y I. Kerr (eds.), *Robot Law* (Edward Elgar 2016), pp. 18-21.

[100] S. Chesterman, *op. cit.*, p. 832.

7. EL ESTATUTO PERSONAL DE LOS AVATARES

En el contexto del metaverso, la cuestión del estatuto personal de los avatares adquiere una relevancia crucial, dado que estos entes virtuales representan la presencia e identidad de los usuarios dentro de entornos digitales inmersivos. La creciente sofisticación de las plataformas virtuales y la interacción dinámica que posibilitan plantean interrogantes sobre cómo deben ser regulados los avatares, tanto en términos de derechos y obligaciones como en relación con su capacidad para asumir responsabilidades legales. Dado que en estos entornos virtuales los avatares pueden interactuar y realizar actividades más allá de las fronteras nacionales, se suscitan, lógicamente, cuestiones relacionadas con la aplicación de leyes y la protección de derechos. Este apartado se centra en explorar las implicaciones del reconocimiento de los avatares como entidades con un estatus legal específico en el Derecho internacional privado, considerando los marcos normativos existentes y las propuestas emergentes.

7.1. El estatuto personal

El estatuto personal se refiere a la posición fundamental de un individuo dentro del sistema jurídico, es decir, a un conjunto de atributos legales que le corresponden por su mera existencia como persona. Estos atributos típicamente incluyen la personalidad jurídica, la capacidad jurídica y un nombre[101]. Así pues, hoy se entiende de forma generalizada que el estatuto personal refiere y engloba al conjunto de instituciones y materias que se vinculan directamente con la persona, conformando su condición como sujeto de derecho[102].

Todos los Estados reconocen la importancia de que las cuestiones legales relacionadas con las personas físicas sean reguladas por una única ley, conocida como «ley personal». Esta ley acompaña a la per-

---

[101] F. J. Garcimartín Alférez, *Derecho internacional privado*, 4.ª ed., Thomson Reuters, 2017, p. 327.

[102] J. C. Fernández Rozas y S. Sánchez Lorenzo, *Derecho internacional privado*, Civitas, Navarra, 2022, p. 261.

sona, asegurando que estas cuestiones legales sean siempre regidas por la misma ley estatal[103].

La determinación de la ley aplicable a las cuestiones relacionadas con la persona no está regulada por el Derecho internacional privado europeo. En este sentido, la Unión Europea respeta la competencia de cada Estado miembro para establecer la ley nacional aplicable a aspectos personales como el nombre, la capacidad jurídica o el estado civil de los individuos. En efecto, la UE no ha desarrollado normas de conflicto específicas que determinen qué ley debe regir en asuntos relacionados con el estatuto personal, no existiendo reglamentos europeos que precisen la ley aplicable al nombre de una persona física o a su capacidad legal[104].

Con respecto a las personas físicas, la ley aplicable al estatuto personal se suele determinar por la ley de nacionalidad (*lex patriae*) o la ley de domicilio/residencia habitual. La idea de la *lex patriae* fue propuesta por Mancini, y fue aceptada por la Conferencia de La Haya hasta la Segunda Guerra Mundial. Aún se aplica en ciertos sistemas de Derecho internacional privado, como en Austria, Alemania, Grecia, Hungría, Italia, Polonia, Portugal, Turquía y España. Estas legislaciones suelen favorecer la ley nacional debido a su facilidad de determinación y la estabilidad que proporciona, independientemente del cambio de residencia de un individuo. Sin embargo, cada vez más, las codificaciones nacionales de Derecho internacional privado y normas internacionales se remiten a la ley de residencia habitual o domicilio (por ejemplo, la Ley de Derecho internacional privado suiza). Como también sucede en numerosas normas sobre competencia judicial internacional [art. 4 RB I-bis, arts. 3.*a*) y 7 del RB II-ter, etc.]. Asimismo, si la ley nacional está dividida en unidades territoriales con su propio Derecho privado, o si la ley nacional tiene diferentes regímenes de Derecho privado para diferentes grupos de personas (basados en la religión o el origen étnico), la ley aplicable debe determinarse mediante una referencia adicional, como puede ser la conexión de los vínculos más estrechos[105].

---

103 A. L. Calvo Caravaca y J. Carrascosa González, *op. cit.*, p. 1243.

104 *Ibid.*, p. 1244.

105 K. Siehr, «Personal Law», *Max Planck Encyclopedia of European Private Law*, 2012, https://max-eup2012.mpipriv.de/index.php/Personal_Law#2._Personal_law_in_PIL

En el caso español, como se ha apuntado, el estatuto personal viene regulado por la ley nacional de las personas. El artículo 9.1 CC afirma con claridad que la ley personal correspondiente a las personas físicas es la determinada por su nacionalidad.

Históricamente, el concepto de estatuto personal se refirió indistintamente a las personas físicas y a las jurídicas. El artículo 9.11 CC, en línea con lo dispuesto en el apartado 1 del propio artículo 9, señala que la ley personal de las personas jurídicas es la determinada por su nacionalidad, guardando silencio en relación con la forma en que se concreta dicha nacionalidad (al respecto, arts. 28 y 41 CC, y art. 8 LSC). Dicha ley, añade el artículo, regulará todo lo relativo a su capacidad, constitución, representación, funcionamiento, transformación, disolución y extinción. En la fusión de sociedades de distinta nacionalidad se tendrán en cuenta las respectivas leyes personales. Sin embargo, en la actualidad su uso es más comúnmente asociado con las personas físicas[106].

7.2. Estatuto personal de los avatares dentro del marco jurídico actual

El estatuto personal de los avatares en el metaverso tiene implicaciones significativas para determinar, por ejemplo, la capacidad del avatar para celebrar contratos válidos en el metaverso, someterse a mecanismos de resolución de conflictos, así como para imputarle responsabilidad por daños. La atribución de derechos y obligaciones legales al avatar dependerá de cómo se resuelvan las cuestiones de su estatuto personal, que incluyen su capacidad para actuar jurídicamente en el entorno virtual y para responder legalmente por sus acciones. Estos aspectos son cruciales en un contexto donde las interacciones y transacciones deslocalizadas ocurren con cierta frecuencia.

Asimismo, también involucra varios aspectos legales fundamentales, como el derecho al nombre y la imagen, especialmente en relación con el derecho a la privacidad. En este contexto, la capacidad

---

[106] A. L. Calvo Caravaca y J. Carrascosa González (coords.), *Tratado de Derecho internacional privado,* Valencia, Tirant lo Blanch, 2022, p. 1243.

jurídica del avatar plantea desafíos únicos debido a su existencia virtual desvinculada de la realidad física de la persona que lo controla. Este fenómeno plantea preguntas sobre la separación de identidades, como ya se ha analizado en Japón en varias decisiones judiciales. Por ejemplo, en el caso de los *Vtubers* ante el Tribunal de Osaka, se reconoció la conexión entre la persona física y el avatar, prohibiendo la separación completa de identidades[107]. Además, los tribunales japoneses han señalado que, en general, el avatar, como una personalidad en línea, no está completamente separado de la persona física que lo maneja, manteniendo una especie de vínculo entre ambos entes[108].

Todo apunta a que según el marco normativo actual los avatares son considerados como meras «cosas», sin que puedan ostentar personalidad jurídica propia y distinta de la persona que los controla. Por tanto, el estatuto personal del avatar estará vinculado al del usuario mismo. Dado que la ley aplicable, generalmente establecida en los Términos de Uso (ToU) de las plataformas virtuales, no abarca estas cuestiones, la ley personal deberá determinarse conforme a las normas de Derecho internacional privado del foro, las cuales suelen referirse a la nacionalidad del usuario o a la ley de su domicilio o residencia habitual[109]. No obstante, puesto que el metaverso es un entorno virtual que trasciende fronteras físicas y jurisdiccionales, la identificación de la nacionalidad o residencia habitual del usuario puede ser ambigua o incluso inexistente. En efecto, además de la complejidad de identificar la identidad de la persona oculta tras un avatar, los usuarios pueden residir físicamente en un país mientras operan su avatar en una plataforma ubicada en otro lugar del mundo, o pueden cambiar de ubicación física con frecuencia sin afectar su presencia en el metaverso.

---

[107] Decisión del Tribunal de Distrito de Osaka de 31 de agosto de 2022 [Cas. núm. 10340 (wa), 2021]; Y. Haga, «Avatars, personalities in the metaverse: introductory analysis on conflict-of-laws», 2 *Rivista di diritto internazionale privato e processuale*, 2023, pp. 261-289, p. 277.

[108] *Ibid.*, p. 279.

[109] Habitualmente, el foro de su domicilio residencia habitual. Vid., por ejemplo, el artículo 22 quáter de la Ley Orgánica 6/1985, de 1 de julio, del Poder Judicial (LOPJ), *BOE* de 2 de julio de 1985.

7.3. Estatuto personal de los avatares en tanto que personas jurídicas

Como hemos visto, algunos expertos sugieren que los avatares deberían ser considerados personas jurídicas para proteger tanto a los usuarios como a terceros. Al igual que en el ámbito corporativo, donde se reconoce que una persona puede establecer múltiples entidades jurídicas facilitando la gestión y desarrollo de diversas actividades legales y comerciales, la capacidad de los usuarios para operar bajo distintos avatares en plataformas virtuales podría regularse de forma similar al derecho societario. Esto implicaría la creación de un registro de avatares, la posibilidad de levantar el «velo del avatar» en casos de abuso, y la consideración de seguros de responsabilidad civil obligatorios para compensar daños causados por los avatares.

En el caso de las personas jurídicas, o bien se aplica la ley del domicilio estatutario como estatuto personal (teoría de la constitución o del domicilio estatutario; *Gründungstheorie*, *teoria della costituzione*), o se aplica la ley del domicilio real del lugar principal de administración (teoría del domicilio real, *théorie du siège*, *Sitztheorie*, *principio della sede*). Los distintos países han adoptado soluciones varias en sus leyes nacionales. En el Reino Unido y Suiza (art. 154, § 1 de la Ley Suiza de DIPr), por ejemplo, se aplica la ley del lugar de constitución. Por el contrario, en Austria, Alemania y Portugal (art. 33.1 Código Civil portugués), prevalece la teoría del domicilio real. Italia ha adoptado un sistema mixto: para las sociedades extranjeras se aplica la ley del lugar de constitución, y para las sociedades con sede de administración en Italia se aplica la teoría del domicilio real (art. 25.1 Ley italiana de DIPr). La Convención de La Haya del 1 de junio de 1956 sobre el Reconocimiento de la Personalidad Jurídica de las Sociedades, Asociaciones y Fundaciones Extranjeras eligió como ley aplicable al estatuto de estas entidades la ley del lugar de constitución, aunque la Convención nunca entró en vigor[110]. Se da, además la circunstancia, de que la teoría del domicilio real contraviene el principio de libre circulación de personas establecido en el Tratado de la UE y, por

[110] K. Siehr, *op. cit.*

tanto, ya no es aplicable dentro de la UE (para las sociedades internacionales)[111].

Con relación al Derecho español nos remitimos a lo ya expuesto en el Capítulo III.

Determinar el estatuto personal de un avatar en el metaverso como persona jurídica presenta, no obstante, múltiples desafíos. Uno de los principales problemas sería decidir si aplicar la ley del domicilio estatutario, correspondiente al lugar de registro del avatar en la plataforma, o la ley del domicilio real, basada en el lugar donde se llevan a cabo las principales actividades del avatar. Esta distinción se complicaría por la naturaleza virtual del metaverso, que carece de un «domicilio» físico claro.

La presencia de múltiples jurisdicciones añade otra capa de complejidad, ya que las plataformas pueden estar sometidas a diversas legislaciones, generando conflictos y divergencias regulatorias.

Finalmente, las políticas internas de las plataformas también podrían no alinearse con las leyes internacionales, creando posibles conflictos. Para abordar estas cuestiones se podrían considerar soluciones como el desarrollo de un marco internacional, la creación de un registro centralizado de avatares o la adaptación de normativas existentes del derecho corporativo al contexto del metaverso. Medidas, que quizá podrían proporcionar una base normativa más sólida y coherente para gestionar el estatuto personal de los avatares como personas jurídicas.

7.4. Estatuto personal de los avatares en cuanto que personas electrónicas

Para finalizar este Capítulo y, a pesar de lo distópico que pueda parecer hoy en día, es oportuno destacar posiciones doctrinales que sostienen que el estatuto personal de un avatar debe evaluarse no solo en relación con el marco existente en el mundo real, sino dentro del propio metaverso, independientemente de su reconocimiento —o la

---

[111] Asuntos C-212/97, C-208/00 o C-167/01; F. J. Garcimartín Alférez, *op. cit.*, p. 341.

falta del mismo— por parte de los ordenamientos estatales, así como la manera de crear un marco regulatorio funcional *in situ*[112]. En metaversos descentralizados, sobre todo, sería difícil identificar a un «fabricante» al cual atribuir responsabilidad si alguien juega un juego y sufre daño físico o mental. Haciendo un símil con Bitcoin, no tendría sentido demandar a Satoshi NAKAMOTO en casos de sustracción ilícita o fraude de estas monedas digitales, ya que su verdadera identidad sigue siendo un misterio. Por ello, parte de la doctrina aboga por considerar al metaverso como una comunidad virtual que existe en paralelo a nuestra comunidad del mundo real[113].

No resultaría tan descabellado asimilar a los avatares a las personas físicas en un contexto, como es el metaverso, donde la experiencia de los usuarios es altamente inmersiva y las interacciones virtuales adquieren una relevancia similar a las de la vida real. Ello facilita que los usuarios establezcan relaciones, realicen transacciones y participen en actividades que generan derechos y obligaciones, análogas a las que se producen en el mundo físico. Asimilar a los avatares a las personas físicas permitiría garantizar una adecuada protección de los derechos de los usuarios y una correcta imputación de responsabilidades. Este enfoque también promovería un entorno virtual más seguro y regulado, donde las acciones de los avatares estarían sujetas a las mismas normativas y principios éticos que rigen las conductas humanas en el mundo real.

Siendo así y remitiéndonos a lo expuesto anteriormente respecto al estatuto personal de las personas físicas, el estatuto personal de los avatares quedaría sujeto a su ley personal, determinada bien conforme a la nacionalidad del avatar, a su domicilio/residencia habitual o, según los casos, a la ley de los vínculos más estrechos. Como dato anecdótico, cabe destacar, en este sentido, que *Sophia*, una robot con apariencia femenina creada en 2015 por Hanson Robotics, recibió la nacionalidad saudí en 2017[114]. Sin embargo, lo más plausible es que dado el caso y, teniendo en cuenta las dificultades para identificar la identidad de los avatares y las de su domicilio o residencia habitual, se desarrolle una ley sustantiva reguladora del estatuto personal de los avatares propia del metaverso.

---

[112] Y. HAGA, *op. cit.*, pp. 261-289.
[113] B. CHESTER CHEONG, *op. cit.*, p. 476.
[114] L. ARISMENDY MENGUAL, *op. cit.*, p. 112.

8. CONCLUSIONES

Este Capítulo ha explorado en profundidad la naturaleza jurídica y la responsabilidad de los avatares dentro del metaverso. El análisis se ha centrado en dos perspectivas principales: la consideración de los avatares como «cosas» y su posible reconocimiento como «personas» jurídicas.

Considerar a los avatares como «cosas», como pueden ser productos o contenidos digitales sujetos a derechos de autor y regulaciones de propiedad intelectual, simplifica la aplicación de la normativa existente y facilita la protección de los derechos de los usuarios y desarrolladores en caso de infracciones o usos no autorizados.

Por el contrario, el reconocimiento de los avatares como entidades con personalidad jurídica plantea un enfoque innovador y, a la vez, desafiante. La concesión de personalidad jurídica a los avatares podría permitirles asumir derechos y obligaciones legales, facilitando un marco legal que refleje más adecuadamente las complejidades de las interacciones en el metaverso. Sin embargo, este enfoque requiere el desarrollo de nuevas normativas específicas que definan claramente los derechos y responsabilidades de estas entidades virtuales. Asimismo, la atribución de personalidad jurídica a los avatares no solo conlleva implicaciones legales, sino también éticas y de derechos humanos.

En términos de responsabilidad, el Capítulo ha destacado que el estatus jurídico de los avatares influye directamente en la forma en que se atribuyen responsabilidades por daños o perjuicios causados en el entorno digital. Mientras que el reconocimiento de la personalidad jurídica permitiría responsabilizar directamente a los avatares, la falta de dicho reconocimiento implicaría que los usuarios o desarrolladores podrían ser considerados responsables de forma indirecta.

En conclusión, el análisis revela la incertidumbre que existe en torno al estatus jurídico y la responsabilidad de los avatares. Como sugerencias *de lege ferenda*, la creación de un registro de avatares o la posibilidad de otorgarles personalidad jurídica podrían representar pasos cruciales hacia un marco normativo adaptado a las dinámicas del metaverso. Esto proporcionaría, al mismo tiempo, una mayor seguridad jurídica para todos los actores involucrados.

CAPÍTULO V

CONTRATOS EN EL METAVERSO. CONSUMIDORES Y TRABAJADORES

1. INTRODUCCIÓN

Este Capítulo aborda la regulación de las transacciones en el metaverso, haciendo especial énfasis en las relaciones contractuales donde intervienen operadores anónimos o seudoanónimos, así como la protección de los trabajadores y consumidores.

Como hemos apuntado en el Capítulo III, la descentralización es una característica del metaverso que refuerza la autonomía y el control de los usuarios sobre sus activos digitales. Estos pueden recurrir a los *smart contracts* como medio para canalizar sus transacciones, aprovechando la automatización y seguridad que estos contratos digitales proporcionan dentro de un entorno regulado o incluso descentralizado.

Los *smart contracts* o contratos inteligentes, habilitados por la tecnología *blockchain*, permiten la automatización y ejecución de acuerdos sin la necesidad de intermediarios tradicionales. Esta automatización no solo reduce costes y aumenta la eficiencia, sino que también minimiza el riesgo de incumplimiento y fraude. Sin embargo, la naturaleza novedosa de estos contratos plantea preguntas sobre su validez legal y su capacidad para abordar todos los posibles escenarios de incumplimiento. Asimismo, persiste una falta de claridad y adaptación en la determinación de la jurisdicción competente y la legislación aplicable a dichas transacciones, lo cual añade un nivel de complejidad y riesgo a las operaciones en estos entornos virtuales.

La protección de los consumidores y trabajadores en el metaverso es otra área crítica que requiere atención. En un espacio donde las fronteras físicas desaparecen y las interacciones pueden ser anónimas, surge la necesidad de establecer mecanismos efectivos para proteger a los participantes. Los trabajadores, incluidos aquellos que desempeñan roles en el desarrollo y mantenimiento de entornos virtuales, deben contar con derechos claros y protección contra prácticas laborales abusivas. Del mismo modo, los consumidores deben tener garantías de que sus transacciones son seguras y de que sus derechos están protegidos frente a posibles fraudes o abusos.

Este Capítulo examina estos temas en detalle, al objeto de proporcionar una visión comprensiva de cómo las transacciones en el metaverso están redefiniendo los conceptos tradicionales de contratos, descentralización y protección de derechos.

2. LOS *SMART CONTRACTS* O CONTRATOS INTELIGENTES

Los *smart contracts* o contratos inteligentes son cruciales en el metaverso porque automatizan y aseguran las transacciones sin necesidad de intermediarios, aumentando la eficiencia y reduciendo el riesgo de fraude. Además, al operar en redes descentralizadas, promueven la transparencia y la confianza, alineándose con la estructura descentralizada de estos entornos virtuales.

El término *smart contracts* o contratos inteligentes ya fue acuñado por el informático y jurista Nick Szabo en 1994 como aquellos acuerdos contractuales donde la verificación, aplicación y ejecución de los términos del contrato está automatizada[1], por ejemplo, una máquina expendedora de bebidas. En los últimos años el término ha empeza-

[1] N. Szabo, *Smart Contracts*, 1994, disponible en: https://www.fon.hum.uva.nl/rob/Courses/InformationInSpeech/CDROM/Literature/LOTwinterschool2006/szabo.best.vwh.net/smart.contracts.html

do a utilizarse en referencia a programas informáticos que eliminan la discreción humana en la ejecución del contrato. Con ello se garantiza el cumplimiento de los términos contractuales sin tener que recurrir a jueces y tribunales[2], puesto que el programa tiene el control sobre aquellos objetos físicos o digitales necesarios para realizar la ejecución. Ejemplos de *smart contracts* son un programa instalado en un vehículo que evita su puesta en marcha si los términos del alquiler no se cumplen o un *software* bancario que transfiere automáticamente dinero si se cumplen ciertas condiciones. La aparición de la tecnología *blockchain* supone, además, que los términos del contrato y las condiciones relacionadas con su ejecución pueden ser programadas en la cadena de bloques y con ello garantizar la confianza que supone su inmutabilidad y neutralidad. De esta forma se obtiene un programa que siempre va a actuar de la misma forma sin requerir de la buena voluntad de otra parte o de un tercero.

La plataforma pionera en ofrecer soluciones para desarrollar *smart contracts* fue *Ethereum*[3] en 2014, utilizando *Solidity* como lenguaje de programación, aunque ya han surgido muchas otras plataformas basadas en la tecnología de la cadena de bloques, como, por ejemplo, *Hyperledger*[4], *Counterparty*[5], *RSK*[6] o *Corda*[7].

Entre las ventajas destacables de la utilización de contratos inteligentes se suelen mencionar: (i) autonomía: se puede prescindir de abogados, notarios o cualquier otro intermediario para firmar un contrato o acuerdo; (ii) confianza: la encriptación y la validación descentralizada y mediante consenso hace casi imposible que los documentos se puedan perder o cambiar; (iii) seguridad: el encriptado y la información validada en varios bloques a la vez, limita las posibilidades de hackeos; (iv) rapidez: al ser acuerdos autoejecutables no se necesita la acción de la otra parte o la intervención de terceros, por lo que hay inmediatez; (v) ahorro: al ser autoejecutables, se elimina la necesidad de tener que pleitear para hacer cumplir lo que está reco-

---

[2] M. Raskin, «The Law and Legality of Smart contracts», *Georgetown Law Technology Review*, vol. 1, 2017, pp. 305-341.

[3] https://ethereum.org

[4] https://www.hyperledger.org/

[5] https://counterparty.io/

[6] https://www.rsk.co/

[7] https://www.corda.net/

gido en el contrato, y (vi) exactitud: el lenguaje computacional es extremadamente preciso, lo que permite asegurar que se va a ejecutar exactamente lo que dice el contrato, eliminando posibles errores ligados a la intervención de personas para llevar a cabo las acciones que conllevan.

Estas ventajas facilitan una amplia gama de aplicaciones en el metaverso. Por ejemplo, los *smart contracts* pueden automatizar transacciones *in-game*, permitiendo a los jugadores comprar activos virtuales como armas, armaduras y ropa, y ser recompensados automáticamente con activos virtuales o moneda del juego al completar misiones o desafíos. También pueden gestionar la compra, venta y acceso a bienes inmuebles virtuales, como en *Decentraland*, donde los jugadores adquieren terrenos virtuales que luego desarrollan y monetizan. Además, como veremos en los Capítulos VII y VIII, los contratos inteligentes pueden gestionar derechos de propiedad intelectual, permitiendo a los desarrolladores de juegos controlar la distribución de activos del juego y asegurando que los creadores sean compensados de manera justa por su trabajo, pagando automáticamente un porcentaje de las ventas de activos al creador correspondiente.

No obstante, estas herramientas de tecnología distribuida también llevan aparejadas algunos inconvenientes, como pueden ser su posible incompatibilidad con la normativa sobre protección de datos, dado que los distintos actores (propietarios de la red, desarrolladores de la tecnología, nodos participantes en la red o los propios interesados) tienen acceso a los datos personales y se sitúan en un plano de igualdad en la red, dificultando con ellos la determinación de la condición de responsable y encargado de tratamiento entre los mismos, tal como exige el Reglamento General de Protección de Datos (RGPD)[8]. De la misma manera, los contratos inteligentes dificultan el ejercicio de los derechos de supresión y rectificación, ya que operan dentro de una red que es, en principio, inmutable. Dicho carácter inmutable imposibilita, a su vez, la modificación del acuerdo ante cambios sobrevenidos en la relación contractual. Por último, aunque los contratos

[8] Reglamento (UE) 2016/679 del Parlamento Europeo y del Consejo, de 27 de abril de 2016, relativo a la protección de las personas físicas en lo que respecta al tratamiento de datos personales y a la libre circulación de estos datos y por el que se deroga la Directiva 95/46/CE (Reglamento General de Protección de Datos).

inteligentes están formulados con precisión, estos programas son delicados y no son inmunes a errores de programación (*bugs*) o posibles hackeos, tal como ocurrió con la DAO en 2016.

Aunque los *smart contracts* existen y se ejecutan exclusivamente dentro de la red, hay herramientas informáticas que permiten actualizar el estado del contrato inteligente con la incorporación de información externa. Son los denominados «oráculos» (*oracles* en inglés)[9], instrumentos indispensables para que un *smart contract* pueda interactuar con el mundo real, por ejemplo, obtener la cotización de una acción o divisa o si un paquete ha sido enviado por la empresa de transportes. Dicho esto, no todos los *smart contracts* existen exclusivamente en la cadena de bloques. Podemos encontrar contratos inteligentes puros, que solo operan en la red, pero también «traducciones» de contratos tradicionales a contratos inteligentes, así como contratos inteligentes combinados, en los que parte del articulado existe en la vida real y otra parte opera como código informático. Estos *smart contracts* híbridos incluyen los denominados *contratos ricardianos* (*Ricardian contracts*), término empleado por primera vez por el criptógrafo financiero Ian Grigg a mediados de los noventa del pasado siglo, en honor al economista inglés David Ricardo[10]. Se trata de contratos digitales que definen los términos y condiciones de una interacción entre dos o más partes, firmados y verificados criptográficamente. En los contratos ricardianos las cláusulas de lenguaje natural van «atornilladas» a un contrato inteligente. Es decir, la información de un texto legal se convierte a un formato que puede ser ejecutado por una computadora. En consecuencia, son legibles tanto para los humanos como para las máquinas[11].

Los contratos inteligentes suponen un reto para el Derecho en muchos sentidos. El primero de ellos es determinar si estamos o no ante verdaderos contratos y, en ese caso, si la teoría general del Derecho de contratos es aplicable o, por el contrario, encontramos elementos en estos instrumentos tecnológicos que hacen descartar esa op-

---

[9] M. Corrales *et al.* (ed.), *Legal Tech, Smart Contracts and Blockchain*, Springer, 2019, p. 21.

[10] J. Lampič, «Ricardian contracts: A smarter way to do *smart contracts*?», *Schoenherr Blog* (enero de 2019), https://medium.com/@jurij.lampic/ricardian-contracts-a-smarter-way-to-do-smart-contracts-b6743752bb8b

[11] Corrales, *op. cit.*, pp. 82 ss.

ción. Pero es que, además, los contratos inteligentes no se encuentran físicamente en ningún sitio, puesto que *blockchain* consiste en una red mundial basada en la confianza de sus integrantes. Ello puede dar lugar a una serie de conflictos legales porque ¿qué ordenamiento jurídico es aplicable para validar la existencia y operatividad de estos contratos?, ¿hay tradiciones jurídicas que responden mejor que otras a los retos planteados por esta tecnología?, ¿estamos verdaderamente ante contratos autoejecutables y autosuficientes sin que sea necesaria la intervención del monopolio jurídico del Estado?, ¿cómo se resuelven posibles fricciones entre los contratos inteligentes y la normativa estatal?

Algunas de estas cuestiones son difíciles de resolver y muchas de las respuestas, a día de hoy, tienen una naturaleza puramente especulativa.

3. NATURALEZA JURÍDICA

La primera pregunta a la que hay que dar respuesta es si los *smart contracts* son verdaderos contratos y para ello debemos establecer previamente qué se entiende por contrato.

Si tenemos en cuenta las diferentes definiciones de contrato y los elementos esenciales que se suelen exigir por los distintos ordenamientos para otorgarles fuerza vinculante, descubrimos de forma inmediata que los contratos inteligentes plantean una serie de problemas con relación a los principios e instituciones tradicionales del Derecho contractual. En el *common law*, por ejemplo, lo que diferencia a un contrato de meros acuerdos sociales o morales es la posibilidad de acudir a los tribunales en caso de incumplimiento. Es decir, un contrato es un acuerdo cuya infracción da lugar a acciones legales. Sin embargo, en un *smart contract* la ejecución no está asegurada mediante los mecanismos coercitivos del Estado, sino por los términos y mecanismos establecidos en el programa informático que le da origen[12]. Por otra parte, dado que las transacciones en la cadena de bloques, y, en general, en el metaverso, se pueden llevar a cabo de forma

[12] Raskin, *op. cit.*, p. 322.

seudónima, en caso de controversia, puede ser imposible identificar al demandado para iniciar acciones legales en su contra[13].

Por otra parte, los contratos inteligentes no crean obligaciones en sentido jurídico. La noción de obligación, que se origina en el Derecho romano y es clave en el Derecho de contratos del sistema continental, es ajena a los *smart contracts*. Según la clásica definición de Justiniano: «La obligación es un vínculo jurídico por el que somos constreñidos con la necesidad de pagar alguna cosa según las leyes de nuestra ciudad»[14]. Es decir, es el vínculo establecido entre dos personas (o grupos de personas), por el que una de ellas puede exigir de la otra la entrega de una cosa o el cumplimiento de un servicio o de una abstención[15]. Los elementos clave de la obligación son, por tanto: (1) su orientación hacia el futuro, y (2) un componente de «voluntad». Dado que el vínculo obligacional existe en la medida en que ciertas acciones u omisiones deban llevarse a cabo en el futuro y el deudor tenga cierta discreción para realizar o no para realizarlo, si nada depende de la voluntad del deudor, como en los *smart contracts*, donde el cumplimiento se ejecuta automáticamente, entonces no se puede hablar de obligación del deudor respecto del acreedor. Aunque los distintos ordenamientos suelen dar cobertura a contratos que se ejecutan instantáneamente en el momento de su celebración (*v. gr.*, *executed contracts* en el Derecho anglo-americano), según la doctrina, es más correcto afirmar que la principal consecuencia de la celebración de un *smart contract* no es la de dar origen a obligaciones, sino la *autolimitación de ciertos derechos por medios técnicos*[16]. Así pues, existe un vínculo entre las partes, pero ese vínculo es de carácter técnico y mucho más sólido que un vínculo jurídico.

---

[13] Norton Rose Fulbright, «Can *smart contracts* be legally binding contracts?» (noviembre de 2016), http://www.nortonrosefulbright.com/knowledge/publications/144559/can-smart-contracts-be-legally-binding-contracts

[14] «*Obligatio est iuris vinculum, quo necessitate adstringimur alicuius solvendae rei secundum nostrae civitatis iura*». Inst. iii, 13, pr.

[15] *V. gr.* artículo 1.088 Código Civil español.

[16] A. Savelyev, «Contract law 2.0: "Smart" contracts as the beginning of the end of classic contract law», *Information & Communications Technology Law*, vol. 26, núm. 2, 2017, pp. 116-134, p. 130.

3.1. Consentimiento

El elemento consensual presente en la mayoría de definiciones de contrato también da pie a problemas en el caso de los *smart contracts*, dado que se trata de *scripts* (códigos informáticos) escritos con lenguajes de programación. Esto quiere decir que los términos del contrato son puras sentencias y comandos en el código que lo forma, elaborados por un desarrollador y aceptados por la otra parte, independientemente de que los comprenda o no. En el mundo real, las partes no entienden habitualmente el lenguaje de programación de un *smart contract*, un lenguaje que tiene similitudes técnicas con *Java*, *Python* o *Solidity*, con una sintaxis orientada materialmente que solo puede ser ejecutada en la Máquina Virtual de Ethereum (EVM). Legalmente, por tanto, la cuestión que se plantea es si el hecho de que una parte no comprenda el código fuente de un *smart contract* tiene efectos en acto de voluntad bilateral que ha de estar en la base de todo contrato. Según la doctrina, las partes que celebran un *smart contract* aceptan la fuerza vinculante de sus términos técnicos, aunque realmente no entiendan todos los detalles tecnológicos. En definitiva, que cuando se acepta un *smart contract*, las partes están dando su consentimiento implícito al código de programación subyacente[17]. Por otra parte, puesto que la tecnología *blockchain* mantiene en secreto las identidades de los usuarios, también puede permitir operar a aquellos que legalmente no tienen permitido dar su consentimiento o incurrir en una prohibición legal (arts. 1.263 y 1.264 CC español).

De otro lado, la intervención de avatares que son agentes de IA genera dificultades para determinar si las partes involucradas tienen la capacidad legal para contratar. La identificación y verificación de las partes, así como la evaluación de su capacidad jurídica, se vuelven más complejas cuando los agentes autónomos actúan en nombre de individuos o entidades en el metaverso. Estas complicaciones podrían plantear la necesidad de desarrollar una normativa clara y adaptada para regular las contrataciones en el metaverso, asegurando que las transacciones se realizan de forma legal y válidamente. Incluso es una

---

[17] R. H. Weber, «*Blockchain* technology, *smart contracts* and cirtual currencies», en A. de Franceschi y R. Schulze (eds.), *Digital Revolution- New Challenges for Law*, C. H. Beck, Nomos, 2019, pp. 299-312, p. 304.

de las razones por la que una parte minoritaria de la doctrina alega la necesidad de otorgar personalidad jurídica a los sistemas de IA, como hemos visto en el Capítulo IV. No obstante, este argumento suele ser rechazado debido a que el uso de agentes electrónicos para llegar a acuerdos vinculantes no es una novedad. Un ejemplo de ello es el comercio de alta frecuencia (HFT), que emplea algoritmos y tecnología avanzada para ejecutar órdenes de compra y venta de activos a velocidades extremadamente rápidas, a menudo en milisegundos o microsegundos, en los mercados financieros en nombre de empresas y otras entidades legales. Aunque la autonomía de los sistemas de inteligencia artificial puede plantear desafíos a la aplicación de la doctrina existente en tales prácticas, especialmente cuando ocurren errores, estos problemas aún pueden resolverse, se subraya, sin necesidad de crear nuevas entidades legales[18].

3.2. Objeto

La necesidad de la existencia de un objeto lícito, posible y determinado se aplica a los contratos inteligentes de la misma manera, aunque el objeto debe referirse a una obligación que tenga un respaldo digital. Es decir, la obligación debe poder cumplirse dentro del ámbito digital. En este sentido es importante destacar que el Internet de las Cosas (IoT) y la tokenización de activos está incrementando la conexión de objetos comunes a Internet y gradualmente posibilitando respaldar obligaciones dentro de un ámbito digital en un contrato inteligente. Lo que está claro es que los *smart contracts* no pueden servir para infringir leyes o comerciar con cosas que están fuera del comercio[19].

El elemento causal tampoco presenta mayores obstáculos, siempre y cuando la celebración de un contrato inteligente no vaya orientada a ir contra la Ley, como simular operaciones inexistentes o evadir el

[18] S. Chesterman, «Artificial intelligence and the limits of legal personality», *International and Comparative Law Quarterly*, vol. 69, 2020, pp. 819-844, p. 826.

[19] T. Tulsidas, *Smart Contracts from a Legal Perspective*, https://rua.ua.es/dspace/bitstream/10045/78007/1/Smart_Contracts_from_a_Legal_Perspective_Utamchandani_Tulsidas_Tanash.pdf, 2018, p. 21.

pago de impuestos[20]. En este sentido, el metaverso, por sus características inherentes, puede ser propicio para la simulación de operaciones inexistentes o la evasión de impuestos mediante transacciones ficticias, uso de criptomonedas para evitar regulaciones, creación de entidades virtuales falsas, manipulación de precios digitales y falta de transparencia. Esto subraya la necesidad de regulaciones adaptadas y controles adecuados para mitigar riesgos fiscales y financieros en estos entornos virtuales[21].

3.3. Causa y *consideration*

La exigencia de *consideration* de los ordenamientos anglosajones no parece plantear ningún problema en el caso de los contratos inteligentes. La doctrina de la *consideration* está basada en la idea de que el elemento transaccional sirve para distinguir un contrato de una donación, que no proporciona a las partes los mismos mecanismos de acción judicial en caso de incumplimiento. Dado que los términos del contrato inteligente se establecen de marea explícita y los deberes y beneficios de cada parte son inmediatamente aparentes, la presencia de *consideration* en estas herramientas digitales estaría justificada[22]. Sin embargo, no hay nada que impida la codificación de una promesa de donación en la cadena de bloques. Tal promesa se ejecutaría irrevocablemente de la misma manera que cualquier otro contrato inteligente, aun sin mediar *consideration*[23].

3.4. Forma

El aspecto formal cobra una importancia destacada en los contratos inteligentes, puesto que los códigos informáticos no solo prueban

---

[20] *Ibid.*

[21] F. Reinoso Martínez, «El delito de blanqueo de capitales en el Metaverso», en L. I. Vicente del Olmo y J. L. Amat (coords.), *Aspectos jurídicos del metaverso*, Wolters Kluwer La Ley, Madrid, 2022, pp. 203-220.

[22] Raskin, *op. cit.*, p. 322.

[23] K. Werbach y N. Cornell, «Contracts Ex Machina», *Duke Law Journal*, vol. 67, 2017, pp. 313-382, p. 370.

la existencia del contrato, sino que también determinan su eficacia hasta el punto de hacer que pierda efecto cuando los códigos no están formulados correctamente o haciendo el cumplimiento imposible. Efectivamente, si no se concretan las acciones o beneficios de las partes, los códigos no pueden producir un resultado no programado. Además, *blockchain* claramente añade valor al facilitar la verificabilidad del contenido de los documentos contractuales. A este respecto es necesario traer a colación la Ley Modelo de la Comisión de las Naciones Unidas para el Derecho Mercantil Internacional (en adelante, CNUDMI) sobre Comercio Electrónico[24], que establece el principio de *equivalencia funcional*, es decir, la equivalencia entre los documentos en formato papel y los documentos en formato electrónico a efectos de cumplimentar el requisito de forma escrita. Este principio ha sido consagrado en España, entre otras normas, en el artículo 23 de la Ley 34/2002, de 11 de julio[25], que dispone que los contratos celebrados por vía electrónica producirán todos los efectos previstos en el ordenamiento jurídico, cuando concurran el consentimiento y los demás requisitos necesarios para su validez. Más recientemente, la Ley Modelo de la CNUDMI sobre Documentos Electrónicos Transferibles[26], recoge tanto el principio de equivalencia funcional a la vez que adopta el principio de *neutralidad tecnológica*. Ello permite incorporar el uso de cualquier método o tecnologías, incluido el *blockchain*[27].

No obstante, habría que estar atentos a determinados requisitos de forma *ad solemnitatem* recogidos en los distintos ordenamientos jurídicos, cuya inobservancia puede afectar a la validez del contrato. Algunos contratos exigen la forma escrita, lo que significa que las partes han de firmar el acuerdo. Así pues, tendría que hacerse utilizando una firma digital. Además, habría que estar a la normativa sobre condiciones generales de la contratación y sobre la defensa de

---

[24] Ley Modelo de la CNUDMI sobre Comercio Electrónico (1996). Artículo 5 bis aprobado en 1998.

[25] Ley 34/2002, de 11 de julio, de servicios de la sociedad de la información y de comercio electrónico, *BOE* núm. 166, de 12 de julio.

[26] Ley Modelo de la CNUDMI sobre documentos transmisibles electrónicos (2017).

[27] T. Lemay, «UN Commission on International Trade Law adopts the UNCITRAL Model Law on Electronic Transferable Records», Informe de Prensa de la CNUDMI, 17 de julio de 2017, http://www.unis.unvienna.org/unis/en/pressrels/2017/unisl251.html

consumidores y usuarios[28], si bien la mayoría de *smart contracts* son transacciones simples B2B con ejecución simultánea, con poca incidencia en materia de consumo. Por otra parte, cuando se trata de transmisiones de derechos reales, se ha puesto en cuestión la capacidad de los *smart contracts* para trasladar más allá de la posesión, sin ningún otro requisito formal adicional[29]. Ello, porque no todos los titulares de derechos en activos reales son usuarios de *blockchain*; por tanto, cualquier procedimiento de transmisión requiere mecanismos adicionales para asegurar que los intereses de estos titulares de derechos estén bien representados[30]. Así pues, sin el cumplimiento de otros mecanismos adicionales, la transmisión no tendría efectos *erga omnes*, sino meramente *inter partes*. No obstante, esta particularidad solo afecta de lleno a aquellos ordenamientos que contemplan la transmisión consensual del dominio, como es el caso del Derecho francés[31], no así a nuestro Derecho, donde además del negocio consensual, se exige la tradición[32].

3.5. Conclusión

Podemos concluir que los *smart contracts* no son necesariamente contratos desde el punto de vista legal en el Derecho comparado. Solo en los supuestos en los que un contrato inteligente presente el contenido y los términos de un contrato tradicional exigidos por los ordenamientos estatales estaríamos ante un verdadero contrato. En caso contrario, se trataría de un mero programa computacional, sin eficacia

[28] En el caso de España, vid. Ley 7/1998, de 13 de abril, sobre Condiciones Generales de la Contratación; Real Decreto Legislativo 1/2007, de 16 de noviembre, por el que se aprueba el texto refundido de la Ley General para la Defensa de los Consumidores y Usuarios y otras leyes complementarias, así como la Directiva 93/13/CEE del Consejo, de 5 de abril de 1993, sobre las cláusulas abusivas en los contratos celebrados con consumidores; Directiva 1999/44/CE del Parlamento Europeo y del Consejo, de 25 de mayo de 1999, sobre determinados aspectos de la venta y las garantías de los bienes de consumo y la Directiva 2011/83/UE del Parlamento Europeo y del Consejo, de 25 de octubre de 2011, sobre los derechos de los consumidores.

[29] B. Arruñada, «Limitaciones de *blockchain* en contratos y propiedad», *Revista Crítica de Derecho Inmobiliario*, núm. 769, 2018, pp. 2465-2493, p. 2477.

[30] *Ibid.*

[31] Artículo 711 Código Civil francés.

[32] Artículo 609 Código Civil español.

legal. Esta diferencia viene reflejada en los términos *smart contract* y *smart legal contract*[33]. El primero va referido al código informático que, presentes una condición o condiciones específicas, se ejecuta en *blockchain*. El segundo es un contrato desde el punto de vista tradicional que puede incluir un código o componentes de contratación inteligentes. A su vez, los *smart legal contracts* pueden resultar de la traducción a lenguaje computacional de todo o parte de un contrato en lenguaje natural preexistente, u originarse directamente en la cadena de bloques.

Para un análisis exhaustivo de otros aspectos relacionados con los contratos inteligentes, tales como su perfeccionamiento, validez, interpretación o las consecuencias derivadas de su incumplimiento, remitimos a otros estudios previamente publicados[34].

4. COMPETENCIA JUDICIAL Y LEY APLICABLE

El presente apartado analiza la capacidad del Derecho internacional privado para dar respuesta a los principales retos que origina la contratación en el metaverso. Con este fin, el primer apartado aborda las principales cuestiones sobre competencia judicial internacional bajo el RB I-bis, mientras que el segundo presenta el marco normativo aplicable dentro del régimen del Reglamento Roma I (en adelante, RR I) Además, se explorará cómo estas normativas se adaptan a los nuevos desafíos legales presentados por el metaverso, donde la contratación inteligente adquiere una dimensión adicional.

4.1. Competencia judicial internacional en materia de contratos celebrados en el metaverso

En el metaverso no solo se celebran *smart contracts*, sino que también pueden tener lugar contratos tradicionales, lo que plantea una

[33] V. M. García, «La regulación aplicable al *smart contract* y sus subtipos: *smart code contract & smart legal contract*», *FinTech & RegTech* (4 de enero de 2019), www.medium.com ; A. E. Vilalta Nicuesa, *Smart legal contracts y blockchain: la contratación inteligente a través de la tecnología blockchain*, Wolters Kluwer España, 2019.

[34] A. M. López Rodríguez, *Derecho comparado y digitalización*, Tecnos, Madrid, 2021.

diversidad de enfoques contractuales que requieren adaptación a las normativas legales vigentes.

Teniendo en cuenta las diferentes definiciones de contrato y los elementos esenciales que se suelen exigir por los distintos ordenamientos para otorgarles fuerza vinculante, descubrimos de forma inmediata que los contratos inteligentes plantean una serie de problemas con relación a la definición de obligación contractual. No obstante, el TJUE ha consolidado desde hace tiempo el concepto de «obligación contractual», definiéndolo de manera amplia como cualquier «compromiso libremente asumido por una parte frente a otra»[35]. A este respecto, las partes que celebran un *smart contract* aceptan la fuerza vinculante de sus términos técnicos, dando su consentimiento implícito al código de programación subyacente[36], de suerte que puede considerarse que asumen voluntariamente el vínculo creado.

Partiendo de esta premisa, y considerando que los interrogantes planteados por el uso de los *smart contracts* (especialmente en cuanto al cumplimiento de los requisitos necesarios para la producción de efectos jurídicos vinculantes) se resolverán conforme a la *lex contractus*, la competencia judicial internacional en controversias derivadas de contratos celebrados en el metaverso se determinará en nuestro ordenamiento conforme al RB I-bis para casos en que el demandado esté domiciliado en un Estado miembro; el Convenio de Lugano (CL) para demandados domiciliados en Noruega, Suiza o Islandia; y la Ley Orgánica del Poder Judicial (LOPJ), de carácter residual, aplicable únicamente cuando los anteriores instrumentos no lo sean. Estos instrumentos determinan qué tribunales conocerán de una con-

[35] STJCE de 22 de marzo de 1983, Peters, 34/82, Rec. 1983, p. 987; STJCE de 17 de junio de 1992, Handte, C-26/91, ECLI:EU:C:1992:268; STJCE de 17 de septiembre de 2002, 334/00, Tacconi, ECLI:EU:C:2002:499; STJCE de 5 de febrero de 2004, C-265/02, Frahuil, ECLI:EU:C:2004:77; STJCE de 27 de octubre de 1998, C-351/96, Réunion, ECLI:EU:C:1998:242; STJUE de 17 de octubre de 2013, C-359/12, OTP Bank, ECLI:EU:C:2014:325; STJUE de 10 de septiembre de 2015, C-47/14, Ferho, ECLI:EU:C:2015:574; STJUE de 21 de enero de 2016, C-359/14 y C-475/14, ERGO, ECLI:EU:C:2016:40; STJUE de 21 de abril de 2016, C-574/14, Austro-Mechana, ECLI:EU:C:2016:286; STJUE de 15 de junio de 2017, C-249/16, Kareda, ECLI:EU:C:2017:472; STJUE de 7 de marzo de 2018, C-274/16, C-447/16 y C-448/16, Air Nostrum, ECLI:EU:C:2018:160.

[36] R. H. Weber, «*Blockchain* technology, *smart contracts* and virtual currencies», en A. de Franceschi y R. Schulze (eds.), *Digital Revolution- New Challenges for Law*, Munich; C.H. Beck, *Nomos*, 2019, pp. 299-312, p. 304.

troversia civil y mercantil con elementos extranjeros, lo cual es relevante tanto para la contratación inteligente como para las transacciones en el metaverso, debido al carácter descentralizado de la tecnología *blockchain*.

El RB I-bis, permite a las partes elegir los tribunales competentes según su artículo 25, permitiendo esta elección tanto de forma previa como posterior al surgimiento de la controversia. En el metaverso, los acuerdos de elección de foro pueden insertarse en los términos y condiciones de las plataformas, en contratos inteligentes, en acuerdos virtuales empresariales, en plataformas de comercio virtual, o en aplicaciones y herramientas jurídicas virtuales. Estos métodos aseguran que los acuerdos sean claramente establecidos y aceptados por todas las partes, proporcionando una base sólida para la resolución de controversias. Esto aporta un margen de maniobra que facilita la adaptación de las normas de DIPr a la tecnología *blockchain* y al metaverso. Aunque la autonomía de la voluntad puede estar sujeta a condiciones, como la necesidad de un registro duradero del acuerdo, esto no representa un problema para la tecnología *blockchain* debido a su característica de inmutabilidad. Menos problemática aún es la sumisión tácita regulada en el artículo 26 RB I-bis.

Muchas plataformas de mundos virtuales incluyen pactos de sumisión en sus términos de uso. Sin embargo, dichas cláusulas pueden ser aplicables a las relaciones entre la plataforma y sus usuarios y no vincular a los usuarios o titulares de mundos virtuales entre sí en sus relaciones contractuales. Si las partes no ejercen su autonomía de la voluntad, los tribunales competentes se determinarán generalmente por el foro del domicilio del demandado (art. 4 RB I-bis, art. 22 ter.1 LOPJ) o por el foro alternativo en materia contractual [art. 7.1 RB I-bis, art. 22 quinquies.*a*) LOPJ]. El anonimato o desconocimiento de la identidad de las partes puede ser un obstáculo en la tecnología *blockchain* y el metaverso, bien porque se trate de una DAO o bien porque la identidad se oculte tras un avatar. Por lo general, se aplicará el foro del domicilio del demandado establecido en el artículo 4 RB I-bis. En relación con el domicilio o establecimiento del demandado, son relevantes las obligaciones generales de información establecidas en el artículo 5 de la Directiva sobre el Comercio Electrónico (DCE) y en el Reglamento de Servicios Digitales (en adelante, RSD).

Estas obligaciones incluyen proporcionar la identidad, la dirección geográfica y el número de identificación fiscal del prestador de servicios. Además, los prestadores deben designar puntos de contacto para facilitar la comunicación con los usuarios y las autoridades competentes (arts. 11 y 12 RSD). Los proveedores de mercados en línea también deben recopilar información que identifique claramente a los comerciantes que utilizan su plataforma (art. 30 RSD) y diseñar *interfaces* que permitan a los comerciantes introducir información identificativa para los consumidores y las autoridades competentes (art. 31 RSD).

No hay razón para que estas obligaciones no sean aplicables a las plataformas de mundos virtuales, ya que pueden considerarse prestadores de servicios de la sociedad de la información, servicios de intermediación o, en su caso, plataformas en línea según el RSD[37]. Por ello, resulta llamativo que plataformas como *Decentraland* o *The Sandbox* no ofrezcan esta información de manera clara y accesible en sus portales de acceso al servicio. Además, el RSD obliga a los prestadores establecidos en terceros Estados que ofrecen servicios en la Unión Europea a designar un representante legal con domicilio en un Estado miembro, requisito que algunas plataformas tampoco cumplen. En cualquier caso, estas plataformas no estarían sujetas a los foros de competencia previstos en el RB I-bis, a menos que operen en la Unión Europea a través de filiales, en cuyo caso pueden ser demandadas en los Estados miembros donde sus filiales están domiciliadas.

Para el foro alternativo en materia contractual, los tribunales competentes se determinarán según el lugar de entrega de las mercaderías o de prestación del servicio, según el caso, siendo más sencillo para bienes corporales y servicios físicos. En bienes y servicios intangibles o inmateriales, la complejidad de determinar el lugar de entrega o prestación fuera del metaverso es similar a la de los contratos electrónicos tradicionales[38]. Aquí, el lugar del establecimiento del prestador del servicio es una solución preferida por la jurisprudencia y la doc-

[37] M. R. Guilabert Vidal, «Adquisición de fincas virtuales en el metaverso y su problemática en el Derecho inmobiliario», *Cuadernos de Derecho Privado*, vol. 4, 2022, pp. 53-79, p. 59.

[38] R. Ruiz Rodríguez, «*Blockchain* y Derecho internacional privado», *Revista Electrónica de Estudios Internacionales*, vol. 43, 2022, p. 11.

trina[39]. En las entregas y servicios que se realizan completamente en el metaverso la cosa se complica, ya que no estaríamos hablando de un «lugar del Estado miembro en el que, según el contrato, hayan sido o deban ser entregadas las mercaderías», o un «lugar del Estado miembro en el que, según el contrato, hayan sido o deban ser prestados los servicios», tal como establece el artículo 7.1.*b*) RB I-bis.

Para contratos no encuadrados en categorías específicas, la competencia se determinará según el lugar de cumplimiento de la obligación base de la demanda [art. 7.1.*a*) RB I-bis, art. 22 quinquies.*a*) LOPJ]. La dificultad de determinar este lugar en transacciones en el metaverso puede requerir una remisión a la ley que rige el contrato. Dicha dificultad podría conducir, incluso, a la inaplicación de este precepto en aquellos supuestos en que no sea posible fijar un lugar lo suficientemente conectado al litigio, a tenor de lo establecido por la jurisprudencia del TJUE[40]. Dada la complejidad, se sugiere desarrollar una definición autónoma del «lugar de prestación de servicios» o un nuevo foro de competencia adaptado a la tecnología *blockchain*, los *smart contracts* y el metaverso[41].

Por todo ello y, en ausencia de desarrollo específico, los foros más comunes para la resolución de controversias contractuales en el metaverso serán la autonomía de la voluntad de las partes o el domicilio del demandado, si este es identificable.

4.2. Ley aplicable

En el contexto de los *smart contracts* y el metaverso, los potenciales obstáculos doctrinales para clasificar las obligaciones resultantes de los contratos inteligentes como auténticas obligaciones contrac-

[39] P. de Miguel Asensio, *Derecho Privado de Internet*, 6.ª ed, Civitas, Madrid, 2022, pp. 1462-1466. Por ejemplo, en el caso del contrato de préstamo, el TJUE entiende que el lugar de prestación del servicio es el lugar de domicilio de la entidad bancaria prestamista, STJUE de 15 de junio de 2017, C-249/16, «Kareda», ECLI:EU:C:2017:472.

[40] STJUE de 19 de febrero de 2002, C-256/00, *Besix*, ECLI:EU:C:2002:99.

[41] J. G. Horrach Armo, «Los *smart contracts* y la tecnología *blockchain* en el ámbito del Derecho internacional privado», en P. Jiménez y A. Espiniella, *Nuevos escenarios del Derecho internacional privado de la contratación*, 1.ª ed, Tirant lo Blanch, Valencia, 2021, pp. 683-708, p. 701.

tuales pueden resolverse sin dificultad dentro del marco del RR I. Como ya hemos apuntado, la noción de obligación contractual, definida como un vínculo jurídico voluntariamente asumido por las partes según el TJUE, se extiende al contexto de los *smart contracts*, donde las partes aceptan implícitamente la fuerza vinculante de los términos técnicos del contrato, incluyendo el código de programación subyacente. De esta manera, se considera que las partes asumen de manera voluntaria el vínculo creado mediante el *smart contract*, adaptándose así a las dinámicas contractuales emergentes en entornos virtuales como el metaverso.

La cuestión de si se trata o no de una vinculación jurídica válida deberá determinarse conforme a la ley aplicable al contrato, siguiendo lo prescrito en el artículo 10.1 RR I.

Por otra parte, no cabe duda de que la contratación inteligente implica un conflicto de leyes (art. 1 RR I) teniendo en cuenta que esta tecnología es transfronteriza por naturaleza.

A tenor del artículo 3.1 RR I, las partes pueden elegir la ley aplicable al contrato, por lo que las partes de un *smart contract* también disponen de este derecho subjetivo, aunque la ley elegida tiene que ser una ley estatal y en vigor. La denominada *Lex Cryptographia* o incluso la *Lex Metaversi* que examinaremos más adelante, u otros ejemplos autorregulatorios similares, no pueden funcionar como ley del contrato bajo el Reglamento. La elección de ley aplicable, siguiendo los dictados del texto europeo, deberá ser expresa o tácita, pero no presunta. En un *smart contract* la elección podrá ir inserta en el mismo código o en un documento separado. No obstante, en el caso de existir un pacto de sumisión celebrado del mismo modo, el Reglamento obliga al juez a tener presente una posible elección de ley tácita (Considerando 12).

En defecto de elección la ley aplicable, y, sin perjuicio de lo que el Reglamento establece en relación con los contratos de transporte, trabajo, consumo y seguros, el artículo 4.1 RR I precisa directamente la ley aplicable al contrato para ocho categorías contractuales típicas, se determinará en consonancia con las reglas que el mismo señala. Si la relación contractual no responde a esas categorías, el contrato se regulará por la ley de la residencia habitual del prestador característico (art. 4.2 RR I). A su vez, el Reglamento permite al juez una cierta flexibilidad para aplicar otra ley que presente vínculos más manifiestamente estrechos con la situación (art. 4.3 RR I). Junto a ello, cuando la ley aplicable al contrato no pueda determinarse con arreglo a los apartados 1 y 2 del artículo 4 RR I, este se regirá por la ley del país con el que presenta los vínculos más estrechos (art. 4.4 RR I). En principio, esto significa que, en ausencia de elección de ley aplicable, un *smart contract* quedará sujeto a la ley de la residencia habitual del prestador característico o por la ley de los vínculos más estrechos.

De otro lado, cuando estemos ante *smart contracts* con parte débil, los artículos 5-8 RR I, permiten la elección de la ley más favorable o en su defecto, ley de la residencia habitual de la parte más débil.

Por lo general, será posible localizar un contrato celebrado en el metaverso en un sistema jurídico estatal determinado, dado que el RR I no gira en torno al lugar de celebración ni el lugar de ejecución del contrato para determinar la legislación aplicable, sino que recurre a factores de conexión, como la elección de ley aplicable y la residencia habitual, que funcionan razonablemente bien en una sociedad globalizada y digitalizada[42].

Sin embargo, cuando un contrato se celebra directamente en el metaverso, mediante un *smart contract* que existe solamente en forma de lenguaje de programación, sin estar respaldado por un contrato subyacente fuera de la red, la ley aplicable ha de determinase exclusivamente en base al código. En este caso, la viabilidad de los puntos de conexión utilizados en el RR I es cuestionable. La opacidad y anonimidad de la cadena de bloques, por ejemplo, complica la aplicación de la ley de la residencia habitual del prestador característico. Además, hay que tener en cuenta que el contrato inteligente puede haber sido generado espontáneamente por agentes electrónicos, lo que, no solo suscita dudas acerca del papel como intermediario de

[42] A. Zimmermann, «*Blockchain*-Netzwerke und Internationales Privatrecht - oder: der Sitz dezentraler Rechtsverhältnisse», *IPRax*, vol. 6, 2018, pp. 566-573; G. Rühl, «The Law Applicable to *Smart contracts*, or Much Ado About Nothing?», Oxford Business Blog, 23 de enero de 2019, https://www.law.ox.ac.uk/business-law-blog/blog/2019/01/law-applicable-smart-contracts-or-much-ado-about-nothing; G. Rühl, «*Smart contracts* - Welches Recht gilt?», en T. Braegelmann y M. Kaulartz (eds.), *Smart Contracts*, Munich, C. H. Beck, 2019, pp. 147 ss.; G. Rühl, «Smart (legal) contracts, or: Which (contract) law for *smart contracts*?», en B. Cappiello y G. Carullo (eds.), *Blockchain, Law and Governance*, Springer, 2020, disponible en: https://ssrn.com/abstract=3552004

estos códigos[43], sino que, muchas veces, ni siquiera es posible identificar al demandado.

La aplicación de la ley del país con los vínculos más estrechos, por otra parte, no siempre se muestra como una solución factible, ya que estos contratos operan dentro de una arquitectura descentralizada. Un ejemplo curioso lo constituye el denominado *Plantoid*, un DAO completamente autónomo que se reproduce a sí mismo. Se trata de un robot u organismo sintético programado para actuar y crecer como una planta. Si un usuario aprecia las cualidades artísticas de *Plantoid*, puede enviar una donación en bitcoin directamente a una cartera digital propiedad de *Plantoid* en sí mismo. Una vez que el *Plantoid* ha recaudado fondos suficientes, el *Plantoid* oferta, selecciona y encarga a un artista la creación de un nuevo *Plantoid*[44]. Estamos, por tanto, ante transacciones que se desarrollan en la cadena de bloques con carácter exclusivo.

Los contratos inteligentes se incorporan a la cadena de bloques de forma distribuida y deslocalizada, donde cada nodo guarda una copia idéntica de la transacción. En la red, la implicación de cada nodo es aleatoria y ningún nodo tiene control sobre los demás. En otras palabras, las transacciones realizadas con esta tecnología se encuentran en todas partes y en ninguna. Ni siquiera hay un servidor central que pueda utilizarse como punto de referencia para establecer la ubicación de los datos[45]. Cuando no hay un contrato subyacente que aporte los datos necesarios para establecer la ley con los vínculos más estrechos a la situación, la solución prevista por el RR I, por tanto, no parece aportar la previsibilidad y seguridad jurídica necesarias; cualquier localización de la transacción en el ordenamiento jurídico de un país concreto es puramente aleatoria.

De lo anterior podemos deducir que, si bien el Derecho internacional privado puede regular de forma razonable un gran número de

---

[43] F. Guillaume, «Aspects of private international law related to *Blockchain* transactions», en D. Kraus, T. Obrist y O. Hari (eds.), *Blockchains, Smart Contracts, Decentralised Autonomous Organisations and the Law*, Edward Elgar Publishing, 2019, pp. 49-82.

[44] I'm a PLANTOID: A *Blockchain*-Based Life Form, https://plantoid.org (consultado el 7 de diciembre de 2020).

[45] D. J. B. Svantesson, *Private International Law and the Internet*, 3.ª ed., Kluwer Law International, 2016, p. 469. En este sentido, vid. la STJUE de 19 de abril de 2012, C-523/10, *Wintersteiger*, ECLI:EU:C:2012:220, donde se afirma que el lugar de localización del servidor es difícil de prever y puede ser manipulado fácilmente (pár. 36).

operaciones realizadas en el metaverso, sería conveniente prever una solución conflictual específica para la contratación inteligente, en aras de una mayor seguridad jurídica[46]. En ausencia de elección de ley, las limitaciones de las normas actuales son evidentes en el contexto deslocalizado de la cadena de bloques, sobre todo, cuando no existe un contrato subyacente fuera de la red que respalde la transacción. Una posible respuesta a esta pregunta podría encontrarse en la reciente regulación sobre *blockchain* del Principado de Mónaco. En particular, de acuerdo con el artículo 5 del proyecto de ley núm. 237, la ley monegasca es aplicable a *blockchains*, *smart contracts*, procesos algorítmicos y criptomonedas que produzcan efectos en el territorio del Principado de Mónaco. Se considera que el efecto tiene lugar en el territorio del Principado de Mónaco si uno de sus hechos constitutivos o una de sus consecuencias ocurre en este territorio[47]. Sin embargo, persiste la cuestión del lugar de cumplimiento en un contexto virtual o de tecnología de registros distribuidos (DLT) sin interacción con el mundo real. Circunstancia que también se predica respecto a las cuestiones sobre competencia judicial internacional y de eficacia extraterritorial de decisiones. Aunque en una mayoría de los casos las normas existentes sobre competencia judicial internacional son aplicables[48], no serían operativas en todos los supuestos. Pensemos, como ya hemos visto, en el caso de situaciones en las que la identidad de las partes es anónima y sus activos conocidos solo existen en la cadena de bloques.

4.3. Leyes de policía

Las leyes de policía (*overriding mandatory rules*, *Eingriffsnormen*) se definen como las «disposiciones nacionales cuya observancia se

---

[46] En el mismo sentido, A. Ortega Giménez, *«Smart Contracts» y Derecho internacional privado*, Navarra, Thomson Reuters Aranzadi, 2019, p. 80.

[47] Conseil National, «núm. 237 - Proposal for a law on *Blockchain*» (Conseil National, 4 december 2017) https://www.conseil-national.mc/2017/12/04/237-proposition-de-loi-relative-a-la-Blockchain/

[48] A. Ortega Giménez, *op. cit.*, pp. 61-68; R. Ruiz Rodríguez, «Las criptodivisas como medio de pago y el Derecho internacional privado», *Cuadernos de Derecho Transnacional*, vol. 12, núm. 2, octubre de 2020, pp. 740-757, p. 753.

considera crucial para la salvaguarda de la organización política, social o económica del Estado hasta el punto de hacerlas obligatorias para toda persona que se encuentra en el territorio nacional o a toda relación jurídica que se localiza en tal Estado» (STJCE de 23 de noviembre de 1999, *Arblade*)[49]. El mismo RR I se refiere a ellas como disposiciones «cuya observancia un país considera esencial para la salvaguardia de sus intereses públicos, tales como su organización política, social o económica, hasta el punto de exigir su aplicación a toda situación comprendida dentro de su ámbito de aplicación, cualquiera que fuese la ley aplicable al contrato según el presente Reglamento» (art. 9.1 RR I). En el contexto del metaverso, estas normas deberían incluir aquellas aplicables a contratos equivalentes fuera de los registros distribuidos, como los que protegen a partes más débiles como consumidores o trabajadores (vid. *infra*). En este sentido se ha argumentado por la doctrina que, dada la naturaleza de sus objetivos, el Reglamento sobre Servicios Digitales (RSD) puede considerarse una «ley de policía»[50], en los términos previstos en el artículo 9.2 RR I, esto es, normas imperativas del foro que se aplican independientemente del Derecho nacional designado por la norma de conflicto.

Asimismo, tendríamos que considerar aquellas normas que combatan el blanqueo de capitales, la financiación de actividades terroristas o la evasión fiscal, además la normativa destinada a garantizar la estabilidad del sistema financiero. Cuando los *smart contracts* se utilizan como herramientas de ejecución contractual, la aplicación de las normas imperativas del Estado donde surten efecto puede requerir considerar disposiciones de un estado extranjero según lo establecido en el artículo 9.3 RR I, que permite tomar en cuenta las leyes de policía del país en que las obligaciones derivadas del contrato tienen que ejecutarse o han sido ejecutadas en la medida en que

[49] Sentencia del Tribunal de Justicia de 23 de noviembre de 1999, *Procesos penales contra Jean-Claude Arblade y Arblade & Fils SARL* (C-369/96) y *Bernard Leloup, Serge Leloup y Sofrage SARL* (C-376/96), ECLI:EU:C:1999:575.

[50] T. Lutzi, «The Scope of the Digital Services Act and Digital Markets Act: Thoughts on the Conflict of Laws», *Dalloz IP/1T*, 22 de febrero de 2023, Lutzi, Tobias, *The Scope of the Digital Services Act and Digital Markets Act: Thoughts on the Conflict of Laws* (february 22, 2023). *Dalloz IP/IT, Forthcoming*, Available at SSRN: https://ssrn.com/abstract=4367531 or http://dx.doi.org/10.2139/ssrn.4367531

dichas leyes de policía hagan la ejecución del contrato ilegal. En resumen, la aplicación de estas normas dependerá del contexto específico y de la naturaleza del contrato legal ejecutado mediante *smart contracts*.

5. CONTRATOS CELEBRADOS POR CONSUMIDORES EN EL METAVERSO

El metaverso, en tanto que un entorno virtual inmersivo donde los usuarios interactúan en primera persona a través de avatares o en un espacio aumentado que superpone contenido virtual sobre el mundo real, promete transformar la manera en que las personas acceden y consumen contenido digital. Sin embargo, esta transformación no está exenta de riesgos, especialmente para los consumidores. Los apartados siguientes abordan los más relevantes.

5.1. EL *MARKETING* DIGITAL EN EL METAVERSO

La creciente dependencia tecnológica de la sociedad, incluso en los estratos más desfavorecidos, ha impulsado el desarrollo del *marketing* digital[51]. A medida que las fronteras entre el mundo virtual y el real se vuelven cada vez más borrosas es obligado revisar las estrategias de *marketing* para proteger la información personal de los usuarios, especialmente de la *Generación Z*, que será una de las más activas en estas plataformas[52]. En este sentido, se han identificado múltiples áreas de impacto del metaverso en el *marketing* digital, subrayando la importancia de establecer normativas adaptadas que protejan a los consumidores, desde la privacidad hasta la gestión de datos y la publicidad dirigida[53].

---

[51] F. I. Konyalioglu, «Consumer Behavior in the Metaverse», en F. S. Esen *et al.* (eds.), *Metaverse, Studies in Big Data*, Springer Nature, Singapore, 2023, pp. 161-176.

[52] J. Myers, *Digital Agency Network*, 2022, https://digitalagencynetwork.com/is-the-Metaverse-the-future-of-digital-marketing

[53] K. Ozkaynar, «Consumer Behavior, Marketing Approach, Branding, Advertising, and New Opportunities in the Metaverse Areas», en F. S. Esen *et al.* (eds.), *Metaverse, Studies in Big Data*, Springer Nature, Singapore, 2023, pp. 151-160.

5.2. Riesgos para los consumidores

Uno de los mayores riesgos del metaverso radica en la capacidad de las plataformas para monitorear extensivamente a sus usuarios. A diferencia de las redes sociales actuales que rastrean clics y desplazamientos, las plataformas del metaverso podrán registrar datos mucho más detallados y personales. Esto incluye movimientos oculares, expresiones faciales, inflexiones vocales, signos vitales y la interacción física con objetos virtuales y reales. Este nivel de seguimiento puede permitir a las empresas perfilar a los usuarios con una precisión sin precedentes, lo que podría llevar a un uso indebido de la información personal[54].

Tradicionalmente, los anunciantes han influido en la opinión pública utilizando espacios publicitarios en la radio y la televisión. Con la llegada de las redes sociales, esta influencia se ha intensificado, dado que la publicidad personalizada es considerablemente más efectiva. En el metaverso, sin embargo, la personalización es más intrusiva y difícil de detectar. Por ejemplo, los productos virtuales colocados en el metaverso (*Virtual Product Placements*, VPPs) pueden aparecer como elementos naturales del entorno, haciendo que los usuarios no los distingan del contenido orgánico. Este tipo de publicidad puede ser extremadamente efectiva, ya que incita a los usuarios a creer que estos encuentros con productos son coincidencias genuinas, cuando en realidad son estrategias publicitarias dirigidas específicamente al consumidor[55]. En este contexto, la capacidad de los usuarios para filtrar y gestionar la publicidad es fundamental, ya que es lo único que de momento le permite ejercer un control más eficaz sobre la información a la que están expuestos y mitigar algunos de los riesgos asociados con los estímulos comerciales en entornos virtuales[56].

Para complicar aún más la situación, la implementación de «personas virtuales» o *Veeple*, controladas por inteligencia artificial, puede llevar la manipulación a otro nivel. Se trata de agentes que interactúan

---

[54] L. B. Rosenberg, «Regulating the Metaverse, a Blueprint for the Future», en L. T. de Paolis *et al.* (eds.): *XR Salento 2022*, Springer Nature, Switzerland, 2022, pp. 263-272, p. 266.

[55] L. Moerel, «Metaverse and data protection», en L. A. DiMatteo, M. Cannarsa (eds.), *Research Handbook on the Metaverse and Law*, Elgar, 2024, pp. 118 ss.

[56] *Ibid.*, p. 267.

con los usuarios de manera tan auténtica que es difícil para los consumidores discernir entre una interacción genuina y una promoción encubierta, ya que los *veeples* están diseñados para influenciar basándose en datos personales detallados y en tiempo real, ajustando sus tácticas según las reacciones emocionales del usuario[57].

Dado que el objetivo principal de las plataformas del metaverso, al igual que el de las redes sociales actuales, es monetizar a sus usuarios, es habitual que recopilen y utilicen datos personales para crear experiencias publicitarias personalizadas que maximicen sus ingresos. Esta monetización podría tomar formas invasivas, como la inyección de publicidad en tiempo real dentro de las experiencias del usuario, utilizando datos personales y de comportamiento para hacer que estas interacciones sean altamente persuasivas. Por consiguiente, hay que introducir mecanismos para que las plataformas sean transparentes sobre las tácticas de publicidad y el uso de datos personales[58].

La Unión Europea ha mostrado su compromiso para que, en el metaverso, entre otros principios y valores, se respeten los derechos de los usuarios y consumidores[59]. Aquí hay que subrayar la importancia de varios textos legislativos como la Ley de Servicios Digitales (RSD)[60] y la Ley de Mercados Digitales (RMD)[61], que introducen un sistema exhaustivo de rendición de cuentas y obligaciones para las plataformas en línea. La Ley de Gobernanza de Datos[62] y la Ley de Datos[63], además, establecen directrices generales para el intercambio de datos y conceden a los usuarios el control sobre los datos generados por sus dispositivos conectados, mientras que la recién adoptada Ley de IA aborda los riesgos asociados con la inteligencia artificial (IA). Asimismo, los usuarios de los mundos virtuales se encuentran amparados por la legislación de la Unión Europea en materia de protección al consumidor, especialmente, el Reglamento sobre la seguridad ge-

---

[57] *Ibid.*

[58] L. B. Rosenberg, *op. cit.*, p. 268.

[59] Comunicación de 11 de julio de 2023 de la Comisión al Parlamento Europeo, al Consejo, al Comité Económico y Social Europeo y al Comité de las Regiones, «Iniciativa de la UE sobre la Web 4.0 y los mundos virtuales: en la vanguardia hacia la próxima transición tecnológica», COM(2023) 442 final.

[60] Reglamento (UE) 2022/2065.

[61] Reglamento (UE) 2022/1925.

[62] Reglamento (UE) 2022/868.

[63] Reglamento (UE) 2023/2854.

neral de los productos[64], así como por la Directiva sobre las prácticas comerciales desleales[65], que ofrece protección frente a las prácticas comerciales engañosas.

La doctrina ha apuntado, asimismo, que la reputación corporativa y la confianza del consumidor pueden transformarse en activos estratégicos esenciales para mitigar los riesgos asociados a las nuevas estrategias comerciales en el metaverso, donde las interacciones son cada vez más digitales y construir y mantener esta confianza son cruciales para el éxito a largo plazo de las empresas[66]. Asimismo, se ha propuesto sustituir el modelo basado en publicidad por uno de suscripción para reducir la segmentación de usuarios. Sin embargo, esto dependería de la disposición de los consumidores a pagar y, dado que el metaverso será clave para el acceso a contenido digital, evitar su uso sería comparable a renunciar a Internet y sus servicios esenciales[67].

En definitiva, no podemos confiar en que la industria se autorregule adoptando normas y prácticas de confianza que eliminen abusos sin supervisión. El legislador ha de mantener la iniciativa en este ámbito, pues la protección a los consumidores y usuarios es fundamental para construir un entorno digital seguro y sostenible, donde la confianza y la transparencia sean los pilares de la interacción entre las empresas y los consumidores.

5.3. COMPETENCIA JUDICIAL INTERNACIONAL Y LEY APLICABLE

La naturaleza transnacional y descentralizada del metaverso complica aún más la identificación de la jurisdicción competente y la aplicación de leyes específicas que puedan proteger de manera efectiva los derechos de los consumidores. El procedimiento inicial implica consultar siempre los Términos y Condiciones, dado que frecuentemente estos documentos no solo especifican la ley que rige, sino también la opción de recurrir a métodos alternativos de resolu-

[64] Reglamento (UE) 2023/988.
[65] Directiva 2005/29/CE.
[66] K. Ozkaynar, *op. cit.*, p. 156.
[67] L. B. Rosenberg, *op. cit.*, p. 269.

ción de disputas (ODR/ADR), sede arbitral y reglamentos aplicables[68].

5.3.1. *Competencia judicial internacional*

En la UE, ciertos contratos de consumo reciben un marco especial de protección según los artículos 17-19 RB I-bis. Esta protección se aplica a contratos celebrados entre un consumidor y un comerciante o profesional donde este último realiza su actividad comercial en ese país o dirige sus actividades de cualquier manera hacia ese país, y el contrato se celebra como resultado de tales actividades. Estos contratos presentan una conexión específica con el país de residencia habitual del consumidor, típicamente porque el consumidor ha sido «cazado» por el profesional extranjero. En consecuencia, cuando un contrato cae bajo esta categoría, al consumidor se le otorga un *foro actoris* en el artículo 18 del Reglamento, además de los tribunales del Estado miembro del domicilio del profesional. Sin embargo, el profesional solo puede iniciar acciones judiciales en los tribunales del Estado miembro en el que el consumidor esté domiciliado. Otros fundamentos de jurisdicción, en particular, el foro de competencia especial en materia contractual del artículo 7.1, no son aplicables a estos contratos de consumo. De conformidad con el artículo 17.1 RB I-bis, los contratos merecedores de protección son: «*a*) la venta a plazos de mercaderías; *b*) cuando se trate de un préstamo a plazos o de otra operación de crédito vinculada a la financiación de la venta de tales bienes, o *c*) en todos los demás casos, cuando la otra parte contratante ejerza actividades comerciales o profesionales en el Estado miembro del domicilio del consumidor o, por cualquier me dio, dirija tales actividades a dicho Estado miembro o a varios Estados miembros, incluido este último, y el contrato esté comprendido en el marco de dichas actividades».

En el contexto del metaverso, los criterios para determinar si un profesional dirige sus actividades hacia el Estado miembro del domi-

---

[68] https://observatorioblockchain.com/metaverso/el-metaverso-juridico-y-los-derechos-de-los-consumidores-en-el-espacio-metalaw/

cilio del consumidor serán parcialmente distintos a los aplicables a los sitios web. En primer lugar, será fundamental verificar si la aplicación necesaria para acceder a la plataforma de mundos virtuales está disponible en dicho Estado miembro. En este sentido, es plausible que la plataforma utilice medidas de bloqueo geográfico, similares a las empleadas por los sitios web actualmente, para limitar el acceso a usuarios ubicados en ciertos países, aunque esto pueda ir en contra del concepto de un metaverso ubicuo. Además, el idioma utilizado tanto en la plataforma como en el mundo virtual específico donde se presunta la infracción será un factor relevante, aunque podría no coincidir necesariamente. En el caso de existir un mercado virtual, también será importante conocer la moneda utilizada, aunque este aspecto puede no ser determinante en muchas ocasiones, especialmente cuando se emplean criptomonedas. La temática y la procedencia geográfica de los participantes en el mundo virtual también podrían servir como indicios para determinar si está orientado hacia el Estado miembro ante el cual se ha presentado la demanda. En todo caso, cada situación debe ser analizada de manera individual, ya que factores externos al mundo virtual, como la presencia de las empresas en sitios web, redes sociales y otros medios analógicos, también pueden influir significativamente[69].

Los pactos de sumisión que caen dentro del ámbito del régimen protector del Reglamento solo son válidos en las tres situaciones excepcionales previstas en el artículo 19: si son posteriores al litigio; si permiten al consumidor iniciar acciones judiciales en tribunales distintos a los indicados en el artículo 18 o si confieren jurisdicción a los tribunales de ese Estado miembro donde tanto el consumidor como el profesional estén domiciliados en el momento de la celebración del contrato, siempre que dicho acuerdo no sea contrario a la ley de ese Estado miembro. En este sentido, es conveniente recordar que numerosas plataformas virtuales incluyen acuerdos de elección de foro en sus Términos y Condiciones de Uso, pero casi ninguna tiene en cuenta estos límites asociados a ciertos contratos de consumo.

---

[69] A. López-Tarruella Martínez, «Jurisdicción y ley aplicable a las cuestiones de propiedad intelectual en el metaverso», en A. López-Tarruella Martínez (dir.), *Protección y gestión de la propiedad intelectual en el metaverso*, Madrid, Editorial Reus, 2023, pp. 241-278, p. 259.

Asimismo, merece la pena reiterar que el uso de criptodivisas vincula las interacciones realizadas en el metaverso con la vida real. De hecho, el metaverso proporciona experiencias inmersivas en diversos ámbitos cotidianos como la moda, los juegos, e incluso el trabajo, utilizando las criptomonedas como medio para las transacciones económicas entre el mundo virtual y el real. En la práctica, la mayoría de los usuarios finales de activos criptográficos suelen acceder al sector cripto a través de intermediarios, como intercambios de activos criptográficos y proveedores de monederos digitales. Dichos intermediarios serán, a menudo, profesionales según la definición del RB I-bis. Por tanto, cuando los usuarios finales sean consumidores según el Reglamento, es altamente probable que se apliquen las disposiciones sobre contratos de consumo[70]. Así, es improbable que la ubicación del activo criptográfico tenga relevancia cuando un tribunal determine la jurisdicción y/o la ley aplicable con respecto a contratos de consumo[71].

En cualquier caso, es necesario poner de manifiesto que los mecanismos alternativos de resolución de controversias son fundamentales en este tipo de asuntos. La Unión Europea, por ejemplo, ha implementado un «sistema europeo» de «resolución de litigios en línea» que promueve el consumo en línea, especialmente el transfronterizo entre consumidores residentes en la UE y empresarios establecidos en la UE. Este sistema ofrece una solución extrajudicial sencilla, eficiente, rápida y asequible para los litigios derivados de transacciones en línea. Está regulado por el Reglamento (UE) 524/2013, de 21 de mayo de 2013, sobre resolución de litigios en línea en materia de consumo y la Directiva 2013/11/UE de 21 de mayo de 2013, relativa a la resolución alternativa de litigios en materia de consumo.

[70] El 4 de noviembre de 2020, el Tribunal Supremo de Austria se pronunció sobre la aplicabilidad del foro de protección del artículo 18 RB I-bis a transacciones relacionadas con Bitcoin, 3 Ob 95/20x.; A. M. López Rodríguez, «Jurisdiction, Recognition and Enforcement of Judgments in Claims Arising Out of *Smart contracts* under The Brussels I Regulation (Recast) and on the *Blockchain*», *Freedom, Security and Justice*, vol. 1, 2022, pp. 151-171, p. 161.

[71] A. Held, «Crypto Assets and Decentralised Ledgers: Does Situs Actually Matter?», en A. Bonomi, M. Lehmann y S. Lalani, *Blockchain and Private International Law*, Brill, Leiden, 2023, pp. 209-258, p. 226.

Portales de Internet como *Yahoo!*, *eBay* o *Amazon*, así como plataformas virtuales como *Decentraland*, *Roblox* o *Epic*, también utilizan mecanismos alternativos de resolución de conflictos. Sin embargo, es importante aclarar que, salvo excepciones, estos mecanismos ODR están integrados por árbitros, no por jueces, siendo los tribunales estatales las únicas instancias de justicia ofrecidas por los Estados[72].

Las ventajas de estos mecanismos alternativos han llevado a las instituciones europeas a regular su uso en instrumentos aplicables a la mayoría de las plataformas de mundos virtuales. Por ejemplo, el artículo 17 de la Directiva sobre la Digitalización y Modernización de las Normas de Protección del Consumidor (DDAMUD), el Reglamento sobre Servicios Digitales (RSD), así como al Reglamento de Plataformas[73], obligan a las plataformas de mundos virtuales o mercados de activos digitales a establecer sistemas internos de gestión de reclamaciones y a ofrecer a sus usuarios la posibilidad de recurrir a mecanismos extrajudiciales de resolución de controversias[74]. En el Capítulo IX abordaremos con más detalle algunos de los mecanismos más novedosos para la resolución de controversias en el metaverso.

5.3.2. *Ley aplicable*

El artículo 6 RR I contiene una norma de conflicto especialmente diseñada para proteger a los consumidores, debido a la evidente desigualdad en el «poder de negociación» entre las partes. En estos contratos existe un alto riesgo de que la «elección de ley» sea impuesta por el empresario o profesional, dejando al consumidor sin otra opción que aceptar dicha elección si desea contratar. Por esta razón, el artículo 6 RR I y las Directivas de la UE en materia de protección del consumidor se aplican plenamente a la determinación de la ley

[72] A. L. Calvo-Caravaca y J. Carrascosa González (dirs.), *Sistema de Derecho internacional privado*, Tirant lo Blanch, Valencia, 2022, p. 3440.

[73] Reglamento (UE) 2019/1150 del Parlamento Europeo y del Consejo, de 20 de junio de 2019, sobre el fomento de la equidad y la transparencia para los usuarios profesionales de servicios de intermediación en línea, *DO* L 186 de 11.7.2019, pp. 57-79.

[74] Salvo que tengan la condición de microempresas o pequeñas empresas según la Recomendación 2003/361/CE.

aplicable en los contratos B2C. Ni la Directiva 2000/31/CE de 8 de junio de 2000 (sobre comercio electrónico en el mercado interior), ni la LSSI, ni las Directivas de la UE sobre contratos celebrados por consumidores contienen normas específicas para determinar la «ley aplicable» a los contratos internacionales B2C (art. 1.4 Dir. CE y art. 26 LSSI). Asimismo, el artículo 6 RR-I no introduce normas o precauciones específicas para los contratos en línea o electrónicos B2C[75].

Al igual que el RB I-bis, el artículo 6 RR I regula ciertos contratos internacionales celebrados por consumidores a la hora de fijar su ley aplicable. Estos incluyen aquellos en los que: 1) el profesional ejerza sus actividades comerciales o profesionales en el país donde el consumidor tenga su residencia habitual, o que, por cualquier medio, dirija estas actividades a ese país o a varios países, incluido ese país, y 2) el contrato esté comprendido en el ámbito de dichas actividades profesionales o comerciales. Aquí, nos remitimos a las observaciones hechas respecto a las plataformas virtuales y el foro de protección de ciertos contratos de consumo bajo el artículo 17 RB I-bis.

Por tanto, en primer término, el contrato de consumo se rige por la ley elegida por los contratantes (art. 6.2 y 3 RR I). En este contexto, como se ha apuntado, muchas plataformas del metaverso incluyen cláusulas de sumisión y de elección de ley aplicable en sus términos de uso. No obstante, dicha elección «no podrá acarrear, para el consumidor, la pérdida de la protección que le proporcionen aquellas disposiciones que no puedan excluirse mediante acuerdo en virtud de la ley que, a falta de elección, habría sido aplicable de conformidad con el apartado 1». Así, si la ley elegida por las partes ofrece una protección jurídica inferior a la brindada por las disposiciones imperativas de la ley del Estado de residencia habitual del consumidor, dicha ley elegida no se aplicará al contrato.

De otro lado, en ausencia de una elección válida de ley, el contrato de consumo se regirá por la ley del país de la residencia habitual del consumidor, tal como establece el artículo 6.1 RR I.

Un problema que puede surgir con relación a los contratos de prestación de servicios en el metaverso es la posible aplicación de la

---

[75] A. L. Calvo-Caravaca y J. Carrascosa González, *op. cit.*, p. 3479.

exclusión recogida en el artículo 6.4.*a*) RR I. Este precepto excluye de la protección que brinda el artículo 6 a los contratos de prestación de servicios cuando estos deban prestarse exclusivamente en un país distinto de aquel en el que el consumidor tenga su residencia habitual. Según la doctrina, esta exclusión está justificada en aquellas situaciones en las que los empresarios que organizan estos servicios tienen clientes de diversos países, pero los servicios se prestan exclusivamente en un solo país. La aplicación de la ley de la residencia habitual del consumidor incrementaría significativamente los costes de estos servicios y contratos, ya que el empresario tendría que informarse sobre una infinidad de leyes estatales distintas[76]. Sin embargo, la mencionada exclusión es difícil de articular en plataformas virtuales en las que no existen fronteras y en las que el consumidor no ha de desplazarse a otro «país» para recibir los servicios. Tendremos que esperar a que el TJUE aclare esta circunstancia cuando se le presente la oportunidad.

Finalmente, hemos de tener en cuenta que el artículo 11.4 RR I dispone que la forma de los contratos de consumidores «se regirá por la ley del país en que tenga su residencia habitual el consumidor», así como el impacto de posibles leyes de policía (art. 9 RR I)[77]. Aquí cabe traer a colación lo argumentado por la doctrina respecto a que, dada la naturaleza de sus objetivos, el Reglamento sobre Servicios Digitales (RSD) puede considerarse una ley de policía.

6. LA PROTECCIÓN DEL TRABAJADOR EN EL METAVERSO

Al igual que otros muchos ámbitos, el metaverso ha irrumpido en el ámbito laboral, campo en el que plantea una serie de cuestiones relacionadas con la protección de los derechos de los trabajadores[78].

[76] F. J. Garcimartín Alférez, *Derecho internacional Privado*, 4.ª ed., Aranzadi, Cizur Menor, 2017, p. 375.

[77] A. L. Calvo-Caravaca y J. Carrascosa González, *op. cit.*, p. 3494.

[78] I. Sagardoy de Simón, «El metaverso y los derechos laborales», *El Confidencial*, 22 de febrero de 2022, https://blogs.elconfidencial.com/juridico/tribuna/2022-02-22/elmetaverso-derechos-laborales_3375982/

La aparición de nuevas modalidades de trabajo semi-subordinadas, donde los trabajadores desempeñan sus funciones en un marco de flexibilidad y autonomía, pero aún bajo ciertas condiciones y supervisión de la empresa, cuestiona la aplicabilidad de las normativas laborales tradicionales y la necesidad de establecer derechos y obligaciones claros tanto para empleadores como para trabajadores en el metaverso. Asimismo, se ha de garantizar que todos los trabajadores del metaverso disfruten de un nivel básico de derechos y protección, independientemente de su ubicación geográfica. Esto incluye aspectos como la remuneración justa, las horas de trabajo razonables, y la protección contra el acoso y la discriminación en el entorno virtual. Otro problema que necesita atención es el *dumping* laboral, donde trabajadores de distintos países compiten en condiciones desiguales debido a las diferencias en las normativas laborales y los costes de vida, es otro problema que necesita atención. Es crucial, por tanto, desarrollar mecanismos que eviten la explotación y aseguren una competencia justa y equitativa entre los trabajadores del metaverso. A ello se une la tutela de los derechos a la salud de los meta-trabajadores. El trabajo en un entorno virtual puede plantear riesgos únicos para la salud física y mental de los trabajadores, por lo que es fundamental establecer medidas de protección adecuadas para garantizar su bienestar.

Finalmente, un aspecto crucial es el problema de la jurisdicción y el Derecho aplicable, al tratarse de vínculos a distancia. Dado que el metaverso permite a los trabajadores operar desde cualquier parte del mundo, surge la complejidad de determinar la competencia judicial y la legislación laboral aplicable para proteger adecuadamente a los trabajadores.

6.1. El trabajo en el metaverso

En un futuro próximo el metaverso se convertirá en un «lugar de trabajo» para muchos trabajadores. Este entorno permitirá la realización de actividades colaborativas y de teletrabajo, como la compraventa, las finanzas y la telemedicina. Profesionales del sector jurídico podrán utilizar sus identidades digitales para enseñar, participar en vistas virtuales o interactuar desde el departamento de recursos humanos con los trabajadores de una empresa.

Trabajar en esta nueva realidad virtual intensificará los problemas asociados al teletrabajo. Además de incrementar el aislamiento y las dificultades relacionadas con la conectividad digital, exigirá una mayor concentración y habilidades especiales para dar credibilidad al avatar que nos representará[79].

De otro lado, el metaverso amplifica la globalización del vínculo laboral, un fenómeno ya visible con el teletrabajo. En una economía globalizada, las empresas pueden producir y vender a nivel mundial; de igual manera, la globalización laboral en el metaverso permitirá a las empresas contratar trabajadores de cualquier parte del mundo para desempeñarse en entornos digitales. Plataformas como *Deel* ya ofrecen la posibilidad de contratar empleados en cualquier lugar del mundo, asumiendo la responsabilidad de cumplir con la legislación laboral local[80]. Esta modalidad de contratación global puede llevar a una competencia desleal a nivel mundial, con el riesgo de un *dumping* laboral que podría erosionar las protecciones laborales y favorecer la contratación en países con regulaciones laborales y fiscales más laxas[81].

Es probable que la economía de plataformas se convierta en el modelo predominante de contratación en el metaverso, caracterizado por vínculos de semidependencia o independencia. Según algunos autores, este modelo permite a las empresas combinar de manera lucrativa una mayor vigilancia, trabajo autónomo ficticio y «contratación masiva» de trabajadores en el sur global, aprovechando las enormes diferencias salariales y la falta de protección laboral[82].

Las contrataciones en el metaverso plantean, así, una serie de cuestiones relacionadas con los derechos de los trabajadores. Por ejemplo, el salario, incluyendo la legalidad de los acuerdos de pago en moneda extranjera o en criptomonedas. En este sentido, la elección de la moneda de pago también presenta cuestiones relacionadas con el cum-

---

[79] J. Raso Delgue, «Metaverso y Derecho del trabajo», *Informática y Derecho: Revista Iberoamericana de Derecho Informático* (segunda época), vol. 12, 2022, pp. 127-150, p. 134.

[80] https://www.deel.com/es

[81] J. Raso Delgue, *op. cit.*, p. 136.

[82] V. de Stefano, A. Aloisi y N. Countouris, «The Metaverse is a labour issue», 1 de febrero de 2022, https://www.socialeurope.eu/the-metaverse-is-a-labour-issue

plimiento de legislación sobre salarios mínimos. Además, es necesario fijar las condiciones básicas del trabajo en el metaverso, tales como horarios laborales, vacaciones o indemnizaciones, entre otras. Sin olvidarnos de la legislación aplicable en materia de seguridad social.

La mayoría de estos trabajadores serán contratados como autónomos, lo que generará debates sobre la verdadera independencia de su condición laboral. Además, la acción colectiva se verá limitada por la dispersión global de los trabajadores, quienes solo podrán «reunirse» a través de las plataformas propiedad de las mismas empresas para las que trabajan.

Finalmente, la contratación de trabajadores en el metaverso plantea interrogantes sobre la determinación del Derecho aplicable y la jurisdicción en materia de contratos individuales de trabajo. Pensemos, por ejemplo, conflicto entre un trabajador español contratado en el metaverso por una empresa norteamericana, pero cuyos servidores están ubicados en China. Estos desafíos, que ya se han puesto de manifiesto con relación al teletrabajo tradicional, se amplifican en el metaverso, destacando la vulnerabilidad creciente del trabajador en este nuevo contexto[83].

6.2. COMPETENCIA JUDICIAL Y LEY APLICABLE

Las nuevas tecnologías han traído cambios no solo en las estrategias operativas y de inversión de las empresas, sino también en sus políticas de empleo. En este contexto, los trabajo *freelance*, surgidos a través del establecimiento de contratos de consultoría, y los modelos de trabajo remoto e híbridos, que las empresas adoptaron obligatoriamente durante el período de la pandemia, han llegado en muchos casos para quedarse. Este aumento de modelos de trabajo híbridos ha acarreado modificaciones normativas y cambios en las políticas de empleo de algunas empresas.

En los contratos de teletrabajo es importante determinar la ley aplicable, especialmente cuando están involucradas empresas extranjeras o el elemento de extranjería está presente de alguna manera. En

---

[83] J. RASO DELGUE, *op. cit.*, p. 136.

el metaverso, estas cuestiones son siempre relevantes, pues las relaciones laborales se desarrollan en un contexto inherentemente transnacional. En consecuencia, surgen preguntas relativas a qué legislación se aplica al contrato de trabajo, cómo se remunera a los empleados o cómo se determinará la responsabilidad en caso de accidente laboral.

6.2.1. *Competencia judicial internacional*

Dentro de la UE, la competencia judicial internacional en materia de contratos individuales de trabajo se determina mediante las siguientes normativas: (a) el Reglamento Bruselas I-bis o, en su caso, el Convenio de Bruselas de 27 de septiembre de 1968 o el Convenio de Lugano II de 30 de septiembre de 2007; (b) únicamente en los casos no cubiertos por estos instrumentos legales, es aplicable el artículo 25 de la LOPJ, que actualmente funciona como una disposición subsidiaria.

Los foros de competencia judicial internacional del RB I-bis en materia de contratos individuales de trabajo son aplicables a cualquier trabajador que presente una demanda, independientemente del domicilio del empleador, ya sea en un tercer país o en un Estado miembro (art. 21.2 RB I-bis). Si el empleador está domiciliado en un tercer país, el trabajador también puede recurrir a los foros de competencia judicial establecidos en las normas nacionales del Estado miembro donde se presenta la demanda (art. 6.1 RB I-bis).

Los foros de competencia judicial internacional del RB I-bis, específicamente en la Sección 5.ª del Capítulo II (arts. 20-23), tienen como objetivo proteger al trabajador, considerado la parte más débil del contrato. Estos «foros de protección»[84] otorgan competencia a tribunales cercanos a los intereses del trabajador, permitiéndole elegir entre varios foros y limitando la capacidad del empleador para imponer un tribunal desfavorable mediante cláusulas bilaterales en el contrato de trabajo[85].

[84] Más recientemente, STJUE de 21 de junio de 2018, C-1/17, *Petronas*, FF.DD. 23-24.

[85] STJUE de 19 de julio de 2012, C-154/11, *Mahamdia*, FD 45.

El RB I-bis no define explícitamente los conceptos de «contrato de trabajo» ni de «trabajador». No obstante, estos conceptos deben interpretarse de manera autónoma, es decir, como términos propios del Reglamento y distintos de los definidos en los Derechos nacionales de los Estados miembros[86]. Para definir «contrato de trabajo», puede utilizarse la interpretación del Tribunal de Justicia de la Unión Europea en el contexto de la libre circulación de trabajadores. Según esta interpretación, existe un contrato de trabajo cuando una persona, durante un período de tiempo determinado, presta servicios bajo la dirección de otra persona a cambio de una retribución[87]. Se requiere, por tanto, un vínculo de dependencia entre el trabajador y el empleador[88], donde el contrato establece una subordinación y el empleador ejerce un control autónomo sobre la gestión y funciones del trabajador[89].

El RB I-bis exige, por tanto, un «vínculo de dependencia» para que se considere un contrato de trabajo, caracterizado por la subordinación del trabajador al empleador y la existencia de un control autónomo del empleador sobre las funciones del trabajador. Sin embargo, en la economía de plataformas del metaverso, este vínculo puede ser más difuso. Las plataformas, a menudo, clasifican a los trabajadores como autónomos, lo que implica que los trabajadores tienen un mayor grado de independencia y control sobre su trabajo. No obstante, en muchos casos, estos trabajadores pueden estar sujetos a directrices estrictas y monitoreo constante por parte de las plataformas, lo que cuestiona la autenticidad de su condición de autónomos. Si la relación laboral en el metaverso carece de un claro vínculo de dependencia, puede resultar complicado determinar si se trata realmente de un contrato de trabajo según los criterios autónomos del Reglamento. Esto, a su vez, afecta la protección que el Reglamento pretende ofrecer al trabajador como parte contratante más débil.

---

86 Más recientemente, STJUE de 25 de febrero de 2021, C-804/19, *BU VS. Markt24 GmbH*, FD 24.

87 Más recientemente, STJCE de 31 de mayo de 2001, C-43/99, *Leclere*.

88 Informe Jenard Möller, STJUE de 10 de septiembre de 2015, C-47/14, *Ferho*, FF.DD. 40-41.

89 STJUE de 25 de febrero de 2021, C-804/19, *BU VS. Markt24 GmbH*, FD 25.

De otro lado, las normas de competencia judicial internacional en materia de contratos de trabajo se aplican igualmente a aquellos desarrollados o ejecutados a través de Internet, conocidos como «Cyberwork»[90]. Nada parece impedir que las normas de competencia judicial internacional en materia de contratos de trabajo del RB I-bis sean igualmente aplicables a los contratos de trabajo desarrollados o ejecutados en el metaverso. Es crucial destacar, en este sentido, que el trabajador debe ser una persona física; por tanto, si un empleador contrata a una sociedad unipersonal, este acuerdo no se considera un contrato de trabajo según el RB I-bis[91]. Así pues, la incorporación de avatares controlados por entidades jurídicas o agentes de IA en el metaverso plantea desafíos a este respecto. En tales casos, la naturaleza del contrato debe ser cuidadosamente examinada para determinar si se trata realmente de un contrato de trabajo protegido bajo el RB I-bis o si debe ser clasificado de otra manera.

En el marco del RB I-bis, los empresarios domiciliados en un Estado miembro podrán ser demandados, a elección del trabajador, ante tribunales de los siguientes Estados miembros (art. 21): 1) Tribunales del Estado miembro en que estuvieren domiciliados los empresarios; 2) Tribunales del Estado miembro distinto al Estado miembro del domicilio del empresario, que corresponden al lugar en el que el trabajador desempeñare habitualmente su trabajo o ante el tribunal del último lugar en que lo hubiere desempeñado [art. 21.1.*b*).i)]; 3) Tribunales del Estado miembro distinto al Estado miembro del domicilio del empresario, que corresponden al lugar en que estuviera o hubiere estado situado el establecimiento que hubiere empleado al trabajador, pero solo en el caso de que el trabajador no desempeñare o no hubiere desempeñado habitualmente su trabajo en un único Estado [art. 21.1.*b*).ii)]; 4) Tribunales del Estado miembro correspondientes al lugar de prestación temporal de los servicios laborales, foro que puede emplearse en el caso de trabajadores desplazados temporalmente para prestar sus servicios en otro Estado miembro.

Cuando un trabajador celebre un contrato individual de trabajo con un empresario que no tenga su domicilio en un Estado miembro,

---

[90] A. L. Calvo-Caravaca y J. Carrascosa González, *op. cit.*, p. 3531.
[91] STSJ de Madrid, Sala de lo Social de 6 de julio de 2020.

pero posea una sucursal, agencia o cualquier otro establecimiento en un Estado miembro, se considerará, para todos los litigios derivados de la explotación de la sucursal, agencia o establecimiento, que el empresario tiene su domicilio en dicho Estado miembro. Además, el RB I-bis establece que cuando el empresario no esté domiciliado en un Estado miembro, el trabajador podrá demandarlo en los foros del artículo 21.1.*b*).

Para determinar el lugar en el que el trabajador desempeñare habitualmente su trabajo, deben considerarse «criterios fácticos», sin remitirse a la Ley de ningún Estado. Debe tenerse presente el lugar en el cual o a partir del cual el trabajador cumple «de hecho» lo esencial de sus obligaciones respecto de su empresa[92]. Si con arreglo a «criterios fácticos» no se puede identificar el país de «prestación habitual» de los servicios, este foro no operará[93]. En el metaverso, esta evaluación se torna desafiante debido a la naturaleza virtual y global de la plataforma. Los trabajadores pueden interactuar y cumplir con sus deberes desde cualquier ubicación geográfica, a través de avatares y entornos digitales. Por tanto, el concepto de «prestación habitual» o bien es reinterpretado para adaptarse a este nuevo entorno o bien no operará.

Por otra parte, la determinación del lugar donde ha sido «empleado» el trabajador es compleja. La tesis preferible consiste en estimar que es relevante el lugar donde radica el establecimiento que ha «captado» al trabajador[94]. En el metaverso, el establecimiento que «capta» al trabajador puede estar en cualquier ubicación virtual y no necesariamente coincide con el lugar físico donde el trabajador recibe la oferta o desde donde esta se originó. Por ejemplo, una empresa puede reclutar a un trabajador a través de una plataforma en el metaverso mientras opera desde múltiples ubicaciones geográficas, tanto físicas como virtuales.

El nuevo escenario del metaverso requiere, por tanto, una reevaluación de los criterios habituales para determinar tanto el lugar habitual de trabajo como el lugar de captación, siendo necesario estable-

---

[92] Más recientemente, STJUE de 25 de febrero de 2021, C-804/19, *BU VS.Markt24 Gmb*H, FD 40.

[93] STJCE de 27 de febrero de 2002, C-37/00, *Weber*.

[94] F. J. Garcimartín Alférez, *op. cit.*, p. 136.

cer nuevos parámetros que consideren la naturaleza descentralizada y digital de estas plataformas.

Si existe pacto de sumisión celebrado entre empresario y trabajador en favor de unos tribunales estatales, solo los trabajadores pueden demandar a los empresarios ante los tribunales elegidos por ambos, pero siempre que concurran estas circunstancias (art. 23 RB I-bis): 1) Los acuerdos atributivos de competencia deben ser posteriores al nacimiento del litigio, o que; 2) Tales acuerdos permitieren al trabajador formular demandas ante tribunales distintos de los indicados anteriormente en el artículo 21.

Si no se verifica ninguna de estas dos circunstancias, el pacto de sumisión no es válido ni eficaz.

Por último, los empresarios solo podrán demandar a los trabajadores ante el tribunal del Estado miembro en el que estos últimos tuvieren su domicilio (art. 22 RB I-bis).

6.2.2. *Ley aplicable*

La ley aplicable al contrato de trabajo internacional se determina con arreglo al artículo 8 RR I.

A la hora de definir qué se entiende por contrato individual de trabajo bajo el artículo 8 RR I nos remitimos a lo ya expuesto respecto a los artículos 20-23 RB I-bis, en particular, lo que concierne al vínculo de dependencia entre el trabajador y la empresa y lo difuso de este vínculo en algunos contextos virtuales.

El artículo 8 RR I tiene como objetivo evitar que los empresarios impongan una elección de ley que perjudique a los trabajadores. No se trata de buscar la aplicación de la ley más favorable, sino de proteger los derechos de los trabajadores según las normas imperativas del país de prestación[95].

En primer lugar, el contrato de trabajo se regirá por la ley que elijan las partes (art. 8.1 RR I). Sin embargo, esta ley elegida no puede privar al trabajador de la protección garantizada por las disposiciones que no pueden ser excluidas por acuerdo, pertenecientes

---

[95] STJUE de 15 de marzo de 2011, C-29/10, *Koelzsch*, FF.JJ. 40 y 46.

a la ley del Estado que regiría el contrato en ausencia de elección. De esta manera, se evita que el empresario obligue al trabajador a aceptar una ley estatal perjudicial, que en realidad no ha sido «elegida» por las partes, sino «impuesta» por la empresa. En este sentido, las normas sobre salario mínimo a las que se ha aludido anteriormente, se consideran normas no derogables mediante acuerdo a los efectos del artículo 8 RR I[96]. Esto también sería extensible, en el contexto del metaverso, a las cuestiones sobre la legalidad de los acuerdos de pago en moneda extranjera o en criptomonedas, horarios, vacaciones, etc.

En defecto de una elección válida de ley aplicable, el contrato individual de trabajo se regirá por la ley del país en el cual o, en su defecto, a partir del cual el trabajador, en ejecución del contrato, realice su trabajo habitualmente (*Lex Loci Laboris*). No se considerará que cambia el país de realización habitual del trabajo cuando el trabajador realice con carácter temporal su trabajo en otro país (art. 8.2 RR I). En el contexto del teletrabajo, no importa el país al que se envían los datos ni el país donde se encuentra la empresa que emplea al teletrabajador. Esta norma también se aplica a aquellos trabajadores que tienen una «sede laboral» en un país desde la cual prestan servicios a otros países diferentes[97]. En el metaverso, sin embargo, el concepto de «lugar de trabajo habitual» se complica debido a la naturaleza virtual del entorno laboral. Como ya se ha mencionado con relación a las normas sobre competencia judicial, los trabajadores pueden desempeñar sus funciones desde cualquier ubicación física, lo que dificulta la identificación de un país específico como base de su actividad laboral.

Cuando no pueda determinarse la ley aplicable en virtud del artículo 8.2 RR I, el contrato individual de trabajo se regirá por la ley del país donde esté situado el establecimiento a través del cual haya sido contratado el trabajador (art. 8.3 RR I). En este aspecto remitimos, igualmente, a lo ya expuesto en referencia al lugar de captación bajo el artículo 21.1.*b*).ii) RB I-bis. En efecto, las empresas pueden tener sedes virtuales en el metaverso que no están vinculadas a un

---

[96] STJUE de 15 de julio de 2021, *Gruber Sindicatul*, C-152/20 y C-218/20, FD 31.

[97] F. J. Garcimartín Alférez, *op. cit.*, p. 380.

territorio físico concreto, lo que plantea interrogantes sobre cuál debería ser la ley aplicable en ese caso.

No obstante, en el caso de que las partes no hayan elegido la ley aplicable al contrato individual de trabajo, si del conjunto de circunstancias se desprende que el contrato presenta vínculos más estrechos con un país distinto del indicado en el artículo 8, apartados 2 o 3 RR I, se aplicará la ley de ese otro país («cláusula de escape»). El metaverso, al ser un entorno virtual global y descentralizado difumina, en cualquier caso, las fronteras tradicionales y puede complicar la identificación de una jurisdicción específica con la que el contrato de trabajo tenga los vínculos más estrechos.

Podemos concluir, por tanto, que la protección de los trabajadores en el metaverso requiere una revisión y adaptación de la normativa laboral existente, así como la adopción de nuevas normas que respondan a las particularidades de este entorno digital. Es crucial garantizar que los trabajadores no pierdan protecciones esenciales debido a la falta de claridad sobre la ley aplicable. Por ejemplo, las disposiciones sobre salario mínimo, horas de trabajo y condiciones laborales deben ser respetadas independientemente del entorno virtual donde se trabaje[98].

7. CONCLUSIÓN

En el contexto del metaverso, la contratación y los contratos inteligentes, en particular, plantean desafíos significativos en cuanto a la determinación de la competencia judicial y la ley aplicable. Estos contratos, ejecutados en plataformas descentralizadas de *blockchain*, automatizan la ejecución de términos contractuales sin la intervención directa de autoridades judiciales. Pero, en general, la naturaleza global y virtual del metaverso dificulta la aplicación de las normas tradicionales de Derecho internacional privado basadas en factores geográficos como el domicilio del demandado, la residencia habitual del prestador característico o el lugar de ejecución del contrato.

[98] B. Tümer, «Avatar Law in the Metaverse», *Softtech 2023 Technology Report*, 22 de marzo de 2023, https://softtech.com.tr/2023-softtech-teknoloji-raporu/

En efecto, la falta de una ubicación física clara para muchas de las transacciones que se desarrollan en el metaverso desafía la aplicación de normativas jurídicas que dependen de estas conexiones territoriales. Por ejemplo, determinar dónde se produce la ejecución de un contrato en un entorno virtual donde las partes pueden estar distribuidas globalmente es problemático. Además, el anonimato o desconocimiento de la identidad de las partes puede ser un obstáculo en la tecnología *blockchain* y el metaverso, bien porque se trate de una DAO o bien porque la identidad se oculte tras un avatar.

Los foros de competencia del RB I-bis o las normas de conflicto recogidas en el RR I han sido diseñadas, al igual que otras normas similares en el Convenio de Lugano o la LOPJ, para ser aplicadas en un mundo físico y centralizado, pero pueden no ser adecuadas para resolver disputas contractuales en el metaverso. Para mitigar estos problemas, las partes pueden optar por incluir pactos de sumisión y de elección de Ley aplicable, bien en los Términos de Uso de las plataformas, en sus contratos correspondientes, etc. Estas medidas podrían establecer un marco claro para resolver disputas y determinar la ley aplicable de manera anticipada y consensuada entre las partes involucradas.

No obstante, y dada la creciente importancia de la tecnología de registros distribuidos y los contratos inteligentes, el legislador europeo debería aprovechar la oportunidad para introducir reglas específicas de jurisdicción y Derecho aplicable respecto a las transacciones en *blockchain* en una futura reforma del RB I-bis y del RR I. Mientras tanto, el TJUE deberá aclarar el marco aplicable cuando se le presente la oportunidad.

En última instancia, la evolución del metaverso implicará o bien la adopción de nuevas normas y principios que sean reconocidas y aceptadas internacionalmente, o bien podría desembocar en creación de normativas y prácticas estándar dentro del metaverso contribuyendo así a una mayor certeza y seguridad jurídica en las transacciones realizadas en este entorno digital emergente y que tenga en cuenta los derechos e intereses de todas las partes implicadas: empresas, consumidores y trabajadores. Este último aspecto será analizado con más profundidad en los Capítulos IX y X.

CAPÍTULO VI

RESPONSABILIDAD EXTRACONTRACTUAL EN EL METAVERSO

En el metaverso existe una mayor probabilidad de participación en actividades como el *trolling*, el acoso y el abuso sexual, probablemente, debido al anonimato y a una cierta falta de control. Independientemente de que estas conductas puedan ser constitutivas de delito[1], también pueden causar daños graves a los usuarios[2].

Los daños más frecuentes que se producen en el metaverso son principalmente de naturaleza psicológica y emocional, aunque también puede haber casos de pérdidas económicas y perjuicios financieros. Podemos pensar, por ejemplo, en la responsabilidad civil de las plataformas virtuales por el uso inadecuado de los datos personales de los usuarios[3], destrucción de propiedades virtuales, afectación a la infraestructura del metaverso, etc.

---

[1] J. López Gutiérrez, «Delitos en el metaverso: hacia un nuevo horizonte legislativo», *Economist & Jurist*, vol. 30, 2022, pp. 16-23; Vasco Gómez, «El Derecho penal español en los delitos sexuales cometidos en el metaverso. Aplicabilidad y soluciones frente a un problema presente y futuro», *Visual Review*, vol. 12, núm. 1, 2022, pp. 1-15.

[2] B. Cantley y G. Dietrich, «The Metaverse: A Virtual World with Real World Legal Consequences», *Rutgers Computer and Technology Law Journal*, vol. 49, núm. 1, 2022, pp. 1-25.

[3] A. Gallardo Rodríguez, «Identidad digital y responsabilidad civil de las plataformas digitales: de las redes sociales al metaverso», *Actualidad Jurídica Iberoamericana*, vol. 18, febrero de 2023, pp. 1008-1033.

Ante este nuevo panorama surgen dudas sobre el marco jurídico que rige estas cuestiones y, sobre todo, si las normas tradicionales de responsabilidad extracontractual son aplicables en el metaverso. Aquí debemos tener en cuenta todo lo ya expuesto en el Capítulo IV respecto a la responsabilidad civil de los avatares y la posible imputabilidad a los agentes de IA. De igual manera, hay que traer a colación las dificultades del Derecho internacional privado para acomodar fenómenos que carecen de una conexión suficientemente sustancial con el territorio de un ordenamiento jurídico particular. En efecto, las normas tradicionales de no se adaptan adecuadamente al ámbito de la responsabilidad civil en el metaverso por, al menos, tres razones. Primero, las partes no suelen estar vinculadas por ninguna relación preexistente que pueda ayudar a identificar la ley con la que el supuesto presenta vínculos más estrechos. Segundo, este es un campo donde el Derecho internacional privado tradicionalmente confía en conexiones puramente geográficas como el «lugar» donde se ha producido el daño, el cual es difícil de identificar. Finalmente, algunas de las características fundamentales del metaverso, como la descentralización y el seudonimato de sus usuarios, complican aún más la operabilidad de las normas tradicionales de Derecho internacional privado.

Las líneas que siguen abordan estas cuestiones, explorando cómo el Derecho sustantivo y el Derecho internacional privado pueden adaptarse para resolver algunos de los desafíos relacionados con la responsabilidad extracontractual en el metaverso.

1. DAÑOS EN EL METAVERSO

En el metaverso, un universo virtual donde, como hemos visto, los usuarios interactúan a través de avatares y realizan actividades que van desde el comercio hasta la socialización, pueden tener lugar conductas que den origen a responsabilidad extracontractual. Pensemos, por ejemplo, en interferencias en transacciones virtuales que provocan daños patrimoniales, situaciones de acoso o difamación virtual que resulten en daños personales, destrucción de propiedades virtuales, afectación a la infraestructura del metaverso o repercusiones en el mundo real debido al uso indebido de información personal, incitación a acciones fraudulentas fuera del entorno virtual, etc.

1.1. Tipos de daños

Una clasificación de posibles daños en el contexto del metaverso podría, por tanto, incluir las siguientes categorías:

a) Lesiones de derechos incorporales del mundo real: Tales como la imagen, el derecho de autor, la marca, la intimidad o los datos personales. Cabe destacar que un derecho de propiedad intelectual no puede ser lesionado en la realidad virtual si no existe en el mundo real. Las infracciones de marcas-token se consideran en la medida en que la conducta esté cubierta por las reglas de propiedad aplicables a las marcas registradas en el mundo real[4].

b) Daños económicos: Estos daños no afectan derechos de propiedad, pero implican la interrupción de un flujo de fondos esperados o el coste necesario para restaurar la situación anterior a la lesión. También abarcan los daños económicos consecuenciales relacionados con un incumplimiento o daño directo[5].

c) Daños morales: Aquí se engloban los daños no patrimoniales que no están relacionados con la lesión de derechos de propiedad incorporales[6].

d) Pérdida o destrucción de tokens: Se trata de daños referidos a la pérdida o destrucción de tokens almacenados en una cuenta o monedero (*wallet*) del sistema de metaverso o de una entidad subsidiaria del mismo[7].

---

[4] Este aspecto se aborda con más detalle en el Capítulo VIII.

[5] A. Carrasco Perera y C. Álvarez López, *Operadores y responsabilidad civil en el metaverso*, Publicaciones GA_P, 2022, pp. 4-6.

[6] *Ibid.*

[7] *Ibid.*

e) Desaparición o apagado del sistema: La pérdida de acceso al sistema, que puede ser controlada por el operador del metaverso, podría considerarse un daño contractual si se ha pagado por dicho acceso. Esto podría resultar en la pérdida de tokens o en su inutilización debido a la inexistencia del universo en el que operan[8].

f) Pérdida de valor de las criptomonedas: En el metaverso, existen daños potenciales que no son responsabilidad de ningún operador, ya que se derivan de riesgos asumidos por los participantes del sistema. La pérdida de valor de las criptomonedas frente a la moneda de curso legal no es responsabilidad del creador de la criptomoneda, los nodos del registro distribuido, la entidad que controla la red *Ethereum*, el *exchange* o el *market*, salvo que la deflación se origine en una infracción de las reglas de emisión de la moneda virtual. Aun así, es posible imaginar la existencia de «defectos de emisión» de la criptomoneda o el incumplimiento del documento informativo (*whitepaper*) que actúa como «folleto» de emisión[9].

g) Situaciones de enriquecimiento injusto y gestión de negocios ajenos: En el metaverso, también pueden darse situaciones de enriquecimiento injusto y la gestión de negocios ajenos. Por ejemplo, dobles pagos, o que un usuario explote recursos virtuales en una zona común del metaverso, destinada al uso gratuito por parte de todos los usuarios. También podemos pensar en situaciones donde un usuario acceda a la cuenta de otro usuario sin permiso y utilice los activos de esa cuenta para realizar transacciones comerciales dentro del metaverso. Aunque el usuario no se apropie directamente de los bienes, gestionaría estos activos sin autorización, afectando las decisiones comerciales del propietario original.

A día de hoy, los tipos más comunes de daños experimentados en el metaverso son de naturaleza psicológica y emocional, aunque a veces se tratará de pérdidas económicas reales y perjuicios financieros. Se afirma que, en el futuro, los avatares podrían llegar a ser tan avan-

---

[8] *Ibid.*

[9] *Ibid.*

zados que un enlace neural podría transmitir dolor físico experimentado en el metaverso al cerebro de la persona humana[10]. En ese caso, los daños físicos también deberían ser compensados legalmente.

Pero no es necesario esperar a que nos implanten un «chip» en el cerebro para sentir dolor físico. A medida que el metaverso se vuelve más inmersivo y realista, está surgiendo un fenómeno conocido como «realismo virtual», donde la realidad virtual es una realidad genuina y lo que ocurre en los mundos virtuales puede ser tan significativo como lo que sucede en el mundo físico. La ilusión de la encarnación hace que los usuarios sitúen su sentido del yo en el cuerpo virtual y muestren reacciones físicas ante los eventos virtuales. Algunos estudios muestran que la respuesta física a una bofetada en realidad virtual es muy similar, en cuanto a niveles de conductancia de la piel y frecuencia cardíaca, a la que se experimenta al ser abofeteado en la vida real[11]. La hipótesis de los expertos a este respecto es que, en esas situaciones, el cerebro está siendo engañado para creer que los eventos virtuales están ocurriendo en el mundo físico, codificando estas experiencias como lugares en los que hemos estado en lugar de cosas que hemos visto. En consecuencia, los estímulos son un elemento fundamental para comprender conceptos como el daño virtual y cómo aplicar el Derecho de la responsabilidad civil y penal a los actos ilícitos que tienen lugar en el metaverso[12].

1.2. ¿Daños en el mundo físico *vs.* daños virtuales?

Carrasco Perera y Álvarez López[13] afirman que la responsabilidad civil por daños en el metaverso es aplicable solo si los daños afectan a una persona física o jurídica en el mundo «real». En la actualidad, esta perspectiva constituye el punto de partida, pero podría-

[10] Y. Wang, «The Effectiveness of Brain-computer Interface Technology in the Metaverse», *Journal of Artificial Intelligence Practice*, vol. 6, 2023, pp. 13-22.

[11] B. Cantley y G. Dietrich, «The Metaverse: A Virtual World with Real World Legal Consequences», *Rutgers Computer and Technology Law Journal*, vol. 49, núm. 1, 2022, pp. 1-25, p. 11.

[12] *Ibid.*

[13] A. Carrasco Perera y C. Álvarez López, *Operadores y responsabilidad civil en el metaverso*, Publicaciones GA_P, 2022, p. 4.

mos pensar en metaversos evolucionados en un futuro que sean entornos autosuficientes con agentes autónomos de inteligencia artificial y aprendizaje profundo, operando sin intervención humana o de entidades del mundo real. Para los autores mencionados, estos metaversos necesitarían sus propias leyes y sistemas de resolución de conflictos, sin capacidad de influir en nuestro mundo ni ser influenciados por él[14]. En la era del metaverso, sin embargo, las fronteras entre el mundo físico y el virtual se desdibujan, lo que muchas veces impide una clara distinción entre ambos. Todo está interrelacionado, y el impacto de las acciones puede ser bidireccional. Por ejemplo, una traducción directa de los daños que pueden surgir en el metaverso, pero que se reflejan en el mundo físico, involucra el tema de los daños morales (por ejemplo, angustia mental) causados a un usuario por actos perjudiciales perpetrados por otro usuario a través de su propio avatar[15]. De la misma manera, una declaración difamatoria en el mundo físico podría ir referida solo a un avatar y no a ninguna persona que utilice dicho avatar. Este daño es real, no fruto de una ensoñación, aunque solo ocurra en un mundo virtual y no en el físico.

Incluso en un escenario futurista donde el metaverso esté cerrado, las actividades en ese entorno tendrán repercusiones reales, aunque no necesariamente en el mundo físico. Por esta razón, es fundamental reconsiderar los principios tradicionales del Derecho de daños que giran en torno a los daños producidos exclusivamente en el mundo «real». Porque todo es real, tanto lo físico como lo virtual. En determinados supuestos es hasta más apropiado tomar al mundo virtual concreto como referencia a la hora de identificar y cuantificar los daños acaecidos en el metaverso, que proyectar dicho análisis al mundo físico. El marco normativo debería, por tanto, adaptarse a esta nueva realidad híbrida.

En la actualidad, los distintos ordenamientos suelen optar por una conceptualización del daño como una realidad puramente fáctica y el daño como noción jurídica[16]. No todos los daños se consideran tales a

---

14 *Ibid.*

15 J. Wolfendale, «My avatar, my self: Virtual harm and attachment», *Ethics and Information Technology*, vol. 9, 2007, pp. 111-119, https://doi.org/10.1007/s10676-006-9125-z

16 J. S. Borghetti, «Los intereses tutelables y la dimensión de los perjuicios reparables en el Derecho francés de la responsabilidad civil extracontractual», *THĒMIS-Revista de Derecho*, vol. 66, 2014. pp. 285-307, p. 286.

ojos del legislador, aunque algunos sistemas adoptan un concepto jurídico «abierto» de daño, capaz de acomodar daños de todo tipo. Cada ordenamiento jurídico puede optar por un concepto de daño con un carácter marcadamente «fáctico» o «normativo». Un ordenamiento jurídico con un concepto de daño marcadamente fáctico considera todo tipo de daño «real» como tal y no reconoce como daño aquellas situaciones en las que no existe una lesión efectiva de alguna clase. Por el contrario, un ordenamiento que adopta un concepto de daño marcadamente normativo solo califica ciertos tipos de daños reales como tales desde el punto de vista normativo y puede reconocer la presencia de daño incluso cuando no es evidente de manera externa[17].

En ordenamientos jurídicos como el español o el francés, la presencia de un daño real es una condición *sine qua non* para obtener el derecho a una indemnización: *sans dommage, pas de droit à réparation*[18]. Por otra parte, el Derecho inglés recoge la tradición de los denominados «*torts actionable per se*»[19]. En tal caso, la presencia de daño efectivo no siempre es requisito necesario para que el demandante pudiera accionar. Esta doctrina abriría la posibilidad de regular la responsabilidad extracontractual en el metaverso, permitiendo la imputación de daños que no tengan un impacto directo en el mundo físico. En el *tort* de *negligence*, sin embargo, solo los daños «fácticos» son susceptibles de ser indemnizados[20]. Por ello, se ha apuntado a la necesidad de reconocer el *tort* de *virtual negligence*[21].

2. VÍCTIMAS Y SUJETOS RESPONSABLES

Es esencial identificar tanto a las víctimas como a las personas sujetas a responsabilidad por los daños que tienen lugar en el meta-

[17] S. Banakas, «Unde Venis et Quo Vadis? European tort law revisited», *RSDIE* 4/2008, pp. 295-320, p. 30.

[18] *Ibid.*

[19] *Ibid.*, p. 300.

[20] *Ibid.*

[21] G. Turcotte, «The tort of virtual negligence: a proposition to regulate virtual worlds», Université de Sherbrooke, Québec, 2023, https://www.usherbrooke.ca/chercher/?q=The%20tort%20of%20virtual%20negligence:%20a%20proposition%20to%20regulate%20virtual%20worlds#gsc.tab=0&gsc.q=The%20tort%20of%20virtual%20negligence%3A%20a%20proposition%20to%20regulate%20virtual%20worlds&gsc.page=1

verso. Las víctimas pueden sufrir daños que, aunque no sean físicos, tienen repercusiones reales en su vida personal y profesional. Por otro lado, quienes generan, controlan y operan estos entornos virtuales pueden ser considerados responsables de los perjuicios causados. Sin olvidar que es importante tener en cuenta que el estatus jurídico atribuido a los avatares jugará un papel fundamental en la determinación de la responsabilidad por los daños que puedan causar. Así pues, la complejidad del metaverso requiere un análisis de los roles y las interacciones de los diferentes agentes implicados.

2.1. Víctimas

Las acciones de los usuarios en el metaverso pueden potencialmente afectar a otro u otros avatares, infraestructuras en el metaverso, la persona detrás del avatar o terceros en el mundo físico. En cada uno de estos casos, las víctimas representan diferentes aspectos de la interacción humana y digital dado que, como hemos apuntado, las acciones virtuales pueden tener repercusiones significativas tanto dentro como fuera del entorno digital.

a) Otros avatares: Un usuario en el metaverso podría realizar acciones como acosar verbalmente a otro avatar, interferir con sus actividades o incluso atacarlo digitalmente dentro del entorno virtual. Las víctimas serían los propios avatares que sufren algún tipo de daño, ya sea emocional, reputacional o incluso físico dentro del metaverso debido a las acciones de otros usuarios.

b) Infraestructuras en el metaverso: Algunos usuarios podrían involucrarse en actividades dañosas, como sabotear edificaciones o dañar la infraestructura virtual del metaverso, afectando así la experiencia de otros usuarios o la estabilidad del entorno. Aquí las víctimas podrían ser los administradores o titulares del metaverso o los usuarios que utilizan las infraestructuras dañadas o afectadas.

c) La persona detrás del avatar: Las acciones dentro del metaverso pueden tener repercusiones, económicas, emocionales o psicológicas en la persona que controla el avatar en el mundo físico. Por ejemplo, como ya hemos apuntado, experiencias negativas dentro del metaverso podrían afectar el bienestar mental, psicológico o incluso social de la persona en el mundo real.

d) Terceros en el mundo físico: Las interacciones en el metaverso pueden causar daños a terceras personas fuera del entorno virtual. Por ejemplo, podrían ser los propietarios de derechos de propiedad intelectual en el mundo físico cuyos derechos son infringidos en el metaverso, resultando en pérdidas económicas o daños a su reputación.

Las ramificaciones que van más allá del propio entorno virtual, afectando a terceros serán estudiadas en el Capítulo VIII, al abordar la propiedad intelectual en el metaverso. En este apartado nos centraremos en analizar aquellos supuestos en los que los daños afectan tanto a otros avatares y usuarios como a personas y entidades dentro del mundo virtual. En particular, una cuestión que merece especial atención es si los daños sufridos por los avatares deben estar necesariamente vinculados a una persona del mundo físico, ya sea natural o jurídica.

Como ya se apuntó en el Capítulo IV, los usuarios seleccionan sus avatares con base en la autoexpresión, la protección de datos y la representación cultural. De esta manera, la relación entre el individuo y su avatar puede categorizarse en tres tipos: identificación profunda, independencia funcional y uso compensatorio para proyectar cualidades ideales. Además, los avatares pueden ser controlados no solo por personas físicas, sino también por entidades jurídicas, e incluso agentes de inteligencia artificial. Por tanto, la integración del avatar en la identidad del usuario variará según el contexto.

Los usuarios pueden elegir transformarse en cualquier entidad deseada, avatares humanos, fantásticos, animales o humanoides. Esta capacidad representa una ventaja significativa del metaverso, permitiendo a los individuos superar las limitaciones de la realidad física, la apariencia, el género y el color de piel, aspectos que, a menudo, pueden presentar desafíos en el mundo real. Al intentar distanciarse de su identidad real, algunos desarrollan personalidades de avatar totalmente diferentes a ellos mismos. En esta dinámica, el avatar se convierte en una entidad separada de quien lo controla; la persona subyacente ni siquiera aspira a parecerse a su avatar. A pesar de esto, surge el interrogante de si un avatar debe estar necesariamente vinculado a una persona del mundo físico[22].

Las declaraciones dirigidas hacia un avatar podrían considerarse como dirigidas hacia la persona que hay detrás, especialmente si hay una fuerte identificación entre ambos, dado que el avatar es la representación virtual del usuario. Sin embargo, incluso en tales circunstancias, es posible que ni el autor ni otros usuarios conozcan la identidad del usuario difamado, especialmente cuando este es anónimo, lo que suscita la cuestión sobre si la reputación del usuario se vería afectada en este caso.

Este fenómeno, el de la separación de identidades, ya se ha analizado en varias decisiones judiciales en Japón, como referimos en el Capítulo IV. En el caso *Vtubers*, el Tribunal de Osaka reconoció la vinculación entre la persona física y el avatar, rechazando la completa separación de identidades. Otros tribunales japoneses han señalado, igualmente, que el avatar, como una entidad en línea, no está completamente desconectado de la persona física que lo opera, manteniendo un tipo de vínculo entre ambas entidades[23].

El Derecho inglés no exige que la víctima sea identificable si puede demostrarse que la declaración difamatoria se refería a ella[24]. Esto plantearía la posibilidad (aunque rara) de considerar como difamación una declaración dirigida exclusivamente a un avatar y no a la persona que lo controla. Sin embargo, en tal caso, tampoco constituiría difamación según la legislación inglesa, dado que esta no reconoce la personalidad jurídica de los avatares[25]. De igual manera, aunque un avatar pueda tener un valor económico significativo como activo intangible debido a su personalidad y reputación en línea, los

---

[22] Y. Haga, «Avatars, personalities in the metaverse: introductory analysis on conflict-of-laws», *Rivista di diritto internazionale privato e processuale*, vol. 2, 2023, pp. 261-289, p. 266.

[23] Decisión del Tribunal de Distrito de Osaka de 31 de agosto de 2022 [Cas. núm. 10340 (wa), 2021]; Y. Haga, *op. cit.*, p. 277.

[24] E. Peel y J. Goudkamp, *Winfield and Jolowicz on Tort*, London, Sweet & Maxwell, 2014.

[25] C. H. Tan, «Agency, Artificial intelligence and algorithmic agreements», en P. S. Davies y C. H. Tan (eds.), *Intermediaries in commercial law*, Hart Publishing, 2022, pp. 193-211.

afectados por actos difamatorios no parecen tener ningún recurso en la legislación inglesa que los proteja, similar al existente en casos de responsabilidad por interferencia en relaciones contractuales (*tortious interference*)[26].

En resumen, observamos que muchos de los interrogantes sobre la consideración de los avatares como víctimas se resuelven de manera concluyente al rechazar el reconocimiento de su personalidad jurídica.

A medida que el metaverso vaya evolucionando, los conceptos actuales del Derecho de responsabilidad civil fundamentados en el mundo físico, se situarán en un estado de cuestionamiento permanente. Aunque las normas sobre responsabilidad se amplíen para incluir los daños virtuales, persistirán importantes desafíos, como la identificación del causante o la aplicación efectiva de la Ley, lo cual representa un obstáculo significativo para las víctimas y condiciona, en último término, el régimen de imputabilidad de la responsabilidad.

2.2. Atribución del daño

Al abordar la cuestión de la responsabilidad en el metaverso es esencial considerar los posibles sujetos a quienes se les podría atribuir el daño. Si ocurre un daño en este entorno virtual, la responsabilidad podría recaer: (i) en el propio avatar; (ii) en los desarrolladores de la plataforma o titulares del mundo virtual, o (iii) en la persona física que controla al avatar. Cada una de estas opciones plantea implicaciones jurídicas distintas, que deben analizarse para comprender mejor cómo se puede gestionar y regular la responsabilidad en el metaverso.

Como ya hemos visto en el Capítulo IV, el estatus jurídico que se les reconozca a los avatares desempeñará lógicamente un papel crucial en la atribución de responsabilidad de los daños que causen. Si se les otorgara personalidad jurídica, los avatares podrían ser considerados directamente responsables. Alternativamente, los usuarios también podrían

---

[26] T. Cheng-Han y D. Seng Kiat-Boon, «Online Harms in the Metaverse», en H.-Y. Chen, P. Jenweeranon y N. Alam (eds.), *Global Perspectives in the Metaverse. Law, Economics, and Finance*, pp. 9-32.

enfrentar responsabilidad indirecta por las acciones de sus avatares, similar al levantamiento del velo corporativo en el derecho societario[27]. Por el contrario, si no se les reconoce personalidad jurídica, los avatares podrían estar sujetos a diferentes regímenes jurídicos, como la responsabilidad por daños causados por objetos o por productos defectuosos[28].

Traemos de nuevo a colación, en relación con la imputación de responsabilidad a los avatares, el Informe del Grupo de Expertos de la Comisión Europea sobre Responsabilidad y Nuevas Tecnologías en 2019[29]. Este Informe descarta el reconocimiento de personalidad jurídica para robots autónomos o agentes de inteligencia artificial, extendiendo esta postura a todas las tecnologías digitales emergentes. Se enfatiza que no es necesario otorgar personalidad jurídica a dispositivos o sistemas autónomos, ya que los daños que puedan causar deben ser atribuibles a personas o entidades existentes.

Por tanto, según los expertos europeos, si una persona (física o jurídica) emplea una tecnología permitida que conlleva un riesgo incrementado de daño a terceros, como robots operados por IA en espacios públicos, debe asumir una responsabilidad objetiva por los daños resultantes. Incluso cuando la tecnología utilizada no represente un riesgo mayor, existen obligaciones de selección, operación, monitoreo y mantenimiento adecuados, cuyo incumplimiento, en caso de negligencia, conlleva responsabilidad por la infracción de dichos deberes. En última instancia, se establece que una persona que utiliza una tecnología con cierto grado de autonomía no debe ser menos responsable por los daños resultantes que si estos hubieran sido causados por un auxiliar humano[30].

3. RÉGIMEN DE RESPONSABILIDAD

Se han propuesto varios modelos conceptuales que podrían estructurar un sistema de responsabilidad extracontractual para el me-

[27] *Ibid.*, p. 481.

[28] L. Arismendy Mengual, *op. cit.*, p. 126.

[29] Comisión Europea, Dirección General de Justicia y Consumidores, «Liability for artificial intelligence and other emerging digital technologies», *Publications Office*, 2019, https://data.europa.eu/doi/10.2838/573689

[30] *Ibid.*, pp. 3-4.

taverso dentro del marco regulatorio europeo[31]. El sistema estaría basado en alguno de los siguientes modelos:

a) Directiva 2019/790 sobre la intermediación de plataformas: Este modelo establece que los proveedores de plataformas que no manipulan contenidos no son responsables de los mismos, excepto en casos de infracciones de propiedad intelectual. Los proveedores deben tomar medidas cuando se les notifica formalmente sobre contenidos ilícitos.

b) Reglamento (UE) 2016/679 de protección de datos personales: En este modelo, el «responsable del tratamiento» es responsable objetivamente de los datos, determinando los fines y medios del tratamiento bajo el principio de responsabilidad por el resultado.

c) Regulación de la responsabilidad por daños causados por sistemas de inteligencia artificial: Este modelo distingue entre el «operador final» (quien controla el riesgo asociado a la operación) y el «operador inicial» (quien define las características de la tecnología y proporciona soporte esencial)[32].

d) Directiva 85/374/CEE sobre responsabilidad por productos defectuosos: Este modelo tiene un alcance limitado en el metaverso, ya que este no se considera un «producto» en el sentido tradicional y los posibles defectos no causarían daños materiales.

Estos modelos, a los que habría que añadir los introducidos por la Ley de Servicios Digitales (DSA) y la Ley de Mercados Digitales (DMA), van referidos a la responsabilidad en un sentido amplio, incluyendo responsabilidad extracontractual, pero no abordan explícitamente la responsabilidad de los usuarios. Si bien, el modelo basado en la intermediación de plataformas podría implicar responsabilidad en casos de conductas ilícitas de los usuarios si se notifica formalmente al proveedor sobre ello y este no actúa al respecto.

---

[31] A. Carrasco Perera y C. Álvarez López, *op. cit.*, pp. 6-8.

[32] M. Martín Casals, «Las propuestas de la Unión Europea para regular la responsabilidad civil por los daños causados por sistemas de inteligencia artificial», *InDret*, 2023, 10.31009/InDret.2023.i3.02.

En muchos casos, las normas de responsabilidad civil tradicionales podrían aplicarse de manera análoga al metaverso. Por ejemplo, si un avatar causa daño a otro usuario o a propiedad virtual, podría plantearse un caso de responsabilidad por culpa, similar a cómo se aplicaría en el mundo físico. Esto podría implicar considerar si hubo un comportamiento negligente y si se causó un daño. Dejar la regulación de la responsabilidad por este tipo de incidentes únicamente en manos de los proveedores de mundos virtuales en sus Términos de Uso resulta insuficiente, ya que estas entidades no pueden prever todas las formas de interacciones no deseadas en el ámbito virtual[33]. Además, aunque el proveedor del mundo virtual pueda optar por prohibir al agresor el acceso al entorno virtual, la víctima no debería quedar sin opciones legales para buscar compensación por los daños sufridos. No obstante, como ya hemos visto, adaptar el derecho de daños al contexto de los mundos virtuales presenta desafíos significativos en términos de la personalidad jurídica de los avatares, identificación del infractor, reconocimiento de los daños virtuales, etc.

Por todo lo anterior, se viene proponiendo que la expansión del metaverso a través de sus plataformas incluya la responsabilidad objetiva de estas, basada en la aceptación de términos y condiciones de uso[34]. Esta aceptación debería además formalizar un contrato de seguro que cubra los daños sufridos por los usuarios, sin necesidad de demostrar más que el perjuicio económico. La exigencia de responsabilidad objetiva podría llevar a que, en un futuro, las plataformas del metaverso no sean completamente gratuitas para sus usuarios, más allá de la compra de NFTs. Esto se debe a que, junto con la publicidad y la recopilación de datos personales, también será necesario financiar el coste del seguro para cubrir esta responsabilidad[35].

---

[33] G. Turcotte, «The tort of virtual negligence: a proposition to regulate virtual worlds», Université de Sherbrooke, Québec, 2023, https://savoirs.usherbrooke.ca/bitstream/handle/11143/21445/turcotte_guillaume_LLM_2023.pdf?sequence=5&isAllowed=y

[34] C. Argelich Comelles, «Contratos de consumo, derechos reales inmobiliarios, privacidad y responsabilidad civil en el metaverso», en L. M.ª Martinez Velencoso y J. Plaza Penadés (dirs.), *Retos normativos del mercado único digital europeo*, Tirant lo Blanch, Valencia, 2023, pp. 51-70, p. 66.

[35] *Ibid.*

Será interesante ver qué régimen de responsabilidad resulta finalmente aplicable en el metaverso. En cualquier caso, deberemos tener presente que la deslocalización y la ocultación de la identidad real de los usuarios detrás de avatares o identidades virtuales puede llevar a que la determinación de responsabilidad y la obtención de compensación por los daños sufridos sea aún más difícil y menos directa que en el mundo físico tradicional.

4. COMPETENCIA JUDICIAL Y LEY APLICABLE

La determinación de los tribunales competentes y de la legislación aplicable en materia de responsabilidad extracontractual también plantea cuestiones complejas en el contexto del metaverso, como ya adelantamos.

Muchos ordenamientos remiten en materia de responsabilidad extracontractual a los tribunales y a la legislación del lugar donde se hubiere producido o pudiere producirse el daño. Si un litigio involucra a un profesional que opera tanto en el metaverso como en el mundo físico, los tribunales deberán determinar si el daño ocurrió exclusivamente en el metaverso, en el mundo físico o en ambos. Esta evaluación se complica aún más si la empresa infractora es una entidad controlada por inteligencia artificial, sin presencia física discernible. Además, como ya hemos apuntado, surge la pregunta de si el régimen de responsabilidad civil es aplicable solo si los daños afectan a una persona física o jurídica en el mundo real. Estas cuestiones exigen un análisis específico y cuidadoso a la hora de establecer la competencia judicial y la legislación aplicable, especialmente considerando la falta de fronteras físicas claras en el metaverso y la capacidad de los actores de operar de manera anónima o bajo identidades múltiples.

4.1. COMPETENCIA JUDICIAL INTERNACIONAL

La competencia judicial internacional de los tribunales españoles en el ámbito de la responsabilidad extracontractual se regula por varias normas de Derecho internacional privado europeas y de normas de Derecho internacional privado españolas, siendo el texto legal más relevante el RB I-bis.

Bajo el RB I-bis, la «materia delictual o cuasidelictual» es un concepto autónomo y residual que comprende toda pretensión con la que se exija la responsabilidad de un demandado y que no esté relacionada con la materia contractual[36]. De manera hipotética, esta definición permitiría encuadrar dentro de este concepto daños virtuales que, por no tener impacto en el mundo físico, no son reconocidos como tales daños en los ordenamientos de algunos Estados miembros.

En los litigios sobre responsabilidad extracontractual son de aplicación los artículos 25 y 26 (pactos de sumisión expresa y tácita); los artículos 4 (domicilio del demandado en un Estado miembro de la UE) y 7.5 (establecimiento del demandado), junto con el artículo 7.2 RB I-bis, o en su defecto, el artículo 22 LOPJ, cuando el demandado no está domiciliado en la UE.

El Reglamento permite la determinación del tribunal competente mediante cláusulas de elección de foro, contempladas en los artículos 25 (sumisión expresa) y 26 RB I-bis (sumisión tácita). De hecho, muchas plataformas de mundos virtuales incluyen estas cláusulas en sus términos de uso. Sin embargo, dichas cláusulas solo vinculan a la plataforma y a sus usuarios, no frente a terceros[37].

En ausencia de pacto de sumisión, la competencia judicial se determinará conforme al domicilio del demandado, según lo dispuesto en el artículo 4 RB I-bis. Si la infracción se ha cometido a través de un establecimiento que el demandado tiene en otro Estado miembro, la demanda también podría presentarse ante los tribunales de ese Estado, de acuerdo con el artículo 7.5 del mismo Reglamento. En casos de daños cometidos en el metaverso, el foro del domicilio del demandado puede resultar poco práctico por dos razones principales: *a*) Este foro es inadecuado para acciones de cesación si es una plataforma deslocalizada o que se encuentra en un país distinto al del

---

[36] STJUE de 27 de septiembre de 1988, C-189/87, *Kalfelis Schröder*, Rec. p. 5565, apartado 17.

[37] M. Maciejewskl, «Metaverse», *Policy Department - European Parliament*, 2023, pp. 97 ss., https://www.europarl.europa.eu/RegData/etudes/STUD/2023/751222/IPOL_STU(2023)751222_EN.pdf

domicilio del demandado; *b*) A menudo, el presunto responsable actúa desde entornos virtuales globales, lo que dificulta al demandante conocer o averiguar fácilmente su identidad o ubicación real. En los pleitos por difamación en el metaverso, por ejemplo, el presunto difamador puede haber utilizado avatares y seudónimos y no se identifica tras haber difamado. Para identificar a la persona que se oculta detrás de un avatar, recordemos que, aunque no todas las plataformas cumplan[38], normativas como la Directiva sobre el Comercio Electrónico (DCE) y el Reglamento de Servicios Digitales (RSD) establecen obligaciones de identificación y contacto del prestador de servicios (RSD, arts. 11 y 12) o los comerciantes que utilizan la plataforma (RSD, arts. 30 y 31).

De forma alternativa al foro del domicilio del demandado, el artículo 7.2 RB I-bis contiene un foro especial en materia extracontractual disponiendo que será competente el órgano jurisdiccional del lugar del Estado miembro donde se hubiere producido o pudiere producirse el hecho dañoso. Este foro se justifica porque designa como competentes a los tribunales ante los cuales el coste de litigación internacional es el más reducido para ambas partes. Si no se puede identificar el «lugar» específico en un Estado miembro donde se ha producido el daño, el foro del artículo 7.2 RB I-bis no será aplicable. En tal caso, el demandante deberá recurrir a los foros de los artículos 4 y 7.5 RB I-bis para ejercer sus acciones en materia de responsabilidad extracontractual[39].

El artículo 7.2 RB I-bis suscita complicados problemas en su aplicación con relación a los lícitos a distancia, esto es, cuando el hecho generador se produce en un país, mientras el daño se verifica en otro país o países distintos. Así, en estos supuestos debe decidirse si el lugar del «hecho dañoso» es aquel donde se produce el «hecho causal» o es el lugar donde ser verifica el «daño» o «resultado lesivo».

El TJUE ha dictaminado que, en los casos de ilícitos a distancia, el «lugar donde se hubiere producido o pudiere producirse el hecho dañoso», es tanto el lugar del Estado miembro donde ha ocurrido el

[38] Plataformas como *Decentraland* o *The Sandbox* no ofrecen esta información de manera clara y fácilmente accesible en sus portales de acceso al servicio.

[39] A. L. Calvo-Caravaca y J. Carrascosa González (dirs.), *Sistema de Derecho internacional privado*, Tirant lo Blanch, Valencia, 2022, p. 3797.

«hecho causal», como el lugar del Estado miembro en cuyo territorio se verifica el «resultado lesivo» o el «daño»[40], de modo que el demandante puede optar por uno o por otro foro. En el metaverso estos conceptos se tornan complejos debido a la naturaleza virtual y transnacional del entorno.

Con relación a Internet, el TJUE ha interpretado que el lugar del acto ilícito es donde el demandado introduce la información para crear el contenido infractor, no donde está ubicado el servidor[41]. Esto suele coincidir con el domicilio del demandado o uno de sus establecimientos, favoreciendo que el tribunal se declare competente según los foros del artículo 4 o 7.5 RB I-bis, que permiten una competencia más amplia. Sin embargo, la ubicación del acto causal puede ser ambigua en el metaverso, ya que los usuarios pueden realizar acciones desde diversos puntos geográficos virtuales sin una correspondencia directa con su ubicación física real. Esto se complica aún más con la posibilidad de que el demandado sea una DAO o que los avatares o representaciones virtuales actúen en nombre de los usuarios desde cualquier lugar dentro del metaverso, sin necesidad de estar físicamente presentes en un solo lugar.

Por otra parte, el acto dañoso puede ocurrir dentro del metaverso, donde, por ejemplo, los comentarios o acciones virtuales tienen impacto en la reputación o el bienestar emocional de la víctima. Sin embargo, es difícil determinar si este daño es exclusivamente virtual o si tiene repercusiones en el mundo físico, donde reside la persona afectada. Asimismo, al igual que en Internet, la difusión global e instantánea de los contenidos, la dificultad para cuantificar la audiencia específica en cada Estado y la incapacidad de controlar el acceso de terceros, complican la evaluación del daño real en jurisdicciones específicas[42]. Por esto último, en supuestos de daños a derechos de la personalidad verificados en Internet, la jurisprudencia del TJUE ha establecido que el «lugar del daño» se concreta en dos lugares al mismo tiempo: el Estado donde la víctima tiene su «centro de intereses»

[40] STJCE de 30 de noviembre de 1976, C-21/76, *Mines de Potasse d'Alsace*. La tesis ha sido posteriormente ratificada por abundante jurisprudencia.

[41] STJUE de 19 de abril de 2012, C-523/10, *Wintersteiger*.

[42] STJUE de 25 de octubre de 2011, *eDate/Olivier Martínez*, C-509/09 y C-161/10, FF.DD. 45-47.

y, además, el lugar del Estado miembro en cuyo territorio un contenido publicado en Internet sea, o haya sido, accesible[43].

El «centro de intereses» de la víctima es lugar en el que la víctima tiene su «centro de intereses», que es, normalmente, el Estado donde dispone de su «residencia habitual», aunque dicho «centro de intereses» también podría radicar en otro país, como es el país donde la presunta víctima desarrolla su actividad profesional. Ahora bien, tal como ha indicado el TJUE[44], el tribunal del Estado donde se localiza el centro de intereses de una persona que afirma que sus derechos de personalidad han sido violados por un contenido en línea es competente para conocer de la totalidad de los daños reclamados en una acción legal presentada por esa persona, siempre que el contenido en cuestión permita identificar, ya sea directa o indirectamente, a la persona afectada. Esto dificulta su aplicación a actos lesivos realizados en el metaverso, donde la víctima puede estar actuando tras un avatar cuya identidad o residencia habitual son desconocidas para el demandado. De otro lado, podría argumentarse que el centro de interés de la víctima es el propio metaverso, un ámbito distinto del mundo físico, donde los usuarios forman una sociedad o comunidad independiente en la cual interactúan. En el caso de difamación, por ejemplo, la reputación social de la víctima podría quedar más dañada en una comunidad virtual que en el mundo físico[45]. En este sentido, como ha apuntado Nisa Ávila, «debemos entender el metaverso como otro lugar con un desempeño y regulación legal que debe ser idéntico al que haya fuera del mismo, pero adaptado a su realidad, por ser un Estado dentro de un Estado; pero privado»[46].

Los tribunales del Estado miembro donde un contenido publicado en Internet es o ha sido accesible son, igualmente, competentes para conocer exclusivamente del daño causado en su territorio[47]. Es-

[43] STJUE de 21 de diciembre de 2021, C-251/20, *Gtflix*, FF.DD. 29-30; STJUE de 17 de octubre de 2017, C-194/16, *Handel*, FF.DD. 31-33; STJUE de 25 de octubre de 2011, *eDate/Martínez*, C-509/09.

[44] STJUE de 17 de junio de 2021, C-800/19, *Mittelbayerischer*, FD 34.

[45] Y. Haga, *op. cit.*, p. 285.

[46] J. A. Nisa Ávila, «El Metaverso: conceptualización jurídica, retos legales y deficiencias normativas», *Elderecho.com.*, 30 de noviembre de 2021, https://elderecho.com/metaverso-conceptualizacion-juridica

[47] STJUE de 21 de diciembre de 2021, C-251/20, *Gtflix*, FF.DD. 29-30; STJUE de 17 de octubre de 2017, C-194/16, *Handel*, FF.DD. 31-33; STJUE de 25 de octubre de 2011, *eDate/Martínez*, C-509/09.

tos tribunales carecen, sin embargo, de competencia cuando se trata de una demanda que tenga por objeto la rectificación de los contenidos y/o su supresión[48]. Se ha criticado, con razón, que la accesibilidad de contenidos en un sitio web puede implicar infracción en un Estado miembro, pero no asegura una conexión adecuada con el tribunal competente ni respeta el principio de proximidad razonable[49]. Esto afecta el derecho de defensa del demandado y genera incertidumbre legal para las empresas sobre la protección de sus contenidos en múltiples jurisdicciones[50]. Sin olvidar que iniciar demandas contra un titular o usuario de mundo virtual donde este carece de vínculos económicos o actividad plantea desafíos de eficiencia judicial, especialmente en casos de daños limitados. En su el lugar se ha propuesto la tesis de la focalización, esto es, entender que el daño se produce en los Estados miembros a los que el responsable del contenido difundido por Internet «dirige» o «focaliza» su actividad. Pero tal interpretación ha sido rechazada por el TJUE[51]. Con relación al metaverso, esta tesis no presentaría dificultades excesivas para su aplicación, pudiendo analizarse, en cada caso concreto, si el titular de la plataforma, del mundo virtual o el infractor dirigen claramente su actividad hacia ese Estado en particular, para lo cual podrían considerarse factores como las medidas de bloqueo geográfico, el uso del idioma, etc.

Así pues, la ambigüedad del acto causal, la dificultad para localizar el centro de intereses de la víctima, cuya identidad muchas veces se desconoce, o la facilidad con la que los contenidos pueden ser accesibles desde múltiples ubicaciones en todo el mundo, dificulta establecer con claridad dónde exactamente se verifica el daño en el metaverso. El TJUE ha indicado que el artículo 7.2 RB I-bis hace competente al tribunal del Estado miembro que corresponde al lugar donde se produce el daño, pero siempre que dicho lugar sea «previsible» para las

---

[48] A. L. Calvo-Caravaca y J. Carrascosa González, *op. cit.*, p. 3820.

[49] A. López-Tarruella Martínez, «Jurisdicción y ley aplicable a las cuestiones de propiedad intelectual en el metaverso», en A. López-Tarruella Martínez (dir.), *Protección y gestión de la propiedad intelectual en el metaverso*, Madrid, Editorial Reus, 2023, pp. 241-278, p. 251.

[50] *Ibid.*

[51] STJUE de 25 de octubre de 2011, *eDate/Olivier Martínez*, C-509/09 y C-161/10, FD 46; A. L. Calvo-Caravaca y J. Carrascosa González, *op. cit.*, p. 3827.

partes implicadas[52]. No obstante, si el lugar del daño no puede ser previsto por el demandado, el artículo 7.2 RB I-bis debería ser reconsiderado en términos de su objetivo original y, por consiguiente, podría no ser aplicable[53].

4.2. Ley aplicable

El texto legal más relevante para determinar la ley aplicable a las obligaciones extracontractuales en el metaverso es el Reglamento (CE) 864/2007 del Parlamento Europeo y del Consejo, de 11 de julio de 2007, relativo a la ley aplicable a las obligaciones extracontractuales («Reglamento Roma II», en adelante, RR II). Este reglamento establece la ley aplicable a la mayoría de las obligaciones extracontractuales que pueden generar litigios internacionales. Además, abarca tanto la «responsabilidad por culpa» como la «responsabilidad objetiva» (Considerando 11 RR II), además de incluir el enriquecimiento injusto, la gestión de negocios y la *culpa in contrahendo*. Sin embargo, no abarca todas las posibles obligaciones extracontractuales que pueden presentarse ante los tribunales de los Estados miembros. En particular, el Reglamento excluye del ámbito de aplicación ciertas materias, como las obligaciones extracontractuales derivadas de la violación de la intimidad o de los derechos relacionados con la personalidad, incluida la difamación [art. 1.2.*g*)]. A diferencia del Reglamento Roma I, el Reglamento Roma II incluye en su ámbito de aplicación cuestiones relativas al estado y la capacidad jurídica de las personas físicas.

En primer lugar, las obligaciones extracontractuales se regirán por la Ley elegida por las partes siempre y cuando el acuerdo de elección de ley entre las partes cumpla con los requisitos establecidos en el artículo 14 RR II: que sea «posterior al hecho generador del daño», o bien si todas las partes implicadas realizan una actividad comercial. Este aspecto es relevante en el contexto de los mundos virtuales, donde los términos de uso de las plataformas suelen incluir cláusulas de elección de ley.

---

[52] STJCE de 11 de enero de 1990, C-220/88, *Dumez*, FD 21; STJCE de 19 de septiembre de 1995, C-364/93, *Marinari*, FD 19.

[53] A. L. Calvo-Caravaca y J. Carrascosa González, *op. cit.*, p. 3799.

En ausencia de una elección válida de Ley por las partes y también en ausencia de una residencia habitual común (*lex communis*, conforme al art. 4.2 RR II), las obligaciones extracontractuales se regirán por la Ley del país donde se produce el daño. Esto es independiente del país donde se haya producido el hecho generador del daño y de los países en los que se manifiesten las consecuencias indirectas del mismo, así como del país en el que residan las víctimas indirectas. Este enfoque, conocido como *lex damni*, aplica la Ley del lugar donde la víctima directa sufre un daño directo derivado de un hecho ilícito (art. 4.1 RR II). En los supuestos de daños plurilocalizados, como puede ocurrir en el metaverso, la Ley reguladora de los mismos debe determinarse «país por país» con arreglo a la «tesis del mosaico» (art. 4.1 RR II)[54]. Aquí serían de aplicación las mismas observaciones realizadas en cuanto a las dificultades para establecer el *locus damni* cuando el acto dañoso ocurre dentro del metaverso. No obstante, el lugar físico de materialización del daño puede no ser previsible para el demandado[55]. Cuando un avatar causa daño a otro, tanto el infractor y la víctima son usuarios la misma plataforma y se comunican entre sí en la misma realidad virtual, pero pueden vivir, sin saberlo, en el mismo país o muy lejos uno del otro.

Excepcionalmente, si la *lex damni* o la *lex communis* no presentan una conexión significante con el caso y el hecho dañoso presenta vínculos manifiestamente más estrechos con otro país (como, por ejemplo, debido a la existencia de un contrato previo), la Ley de este último país será de aplicación (art. 4.3 RR II). En ausencia de un vínculo contractual previo, como algún autor ha apuntado, esta cláusula de escape no tiene mucha operabilidad dadas las características del metaverso[56]. Factores como la ubicación de las partes en el mundo físico pueden carecer de relevancia desde la perspectiva de establecer los vínculos más estrechos. Porque, quizá, los vínculos más estrechos se presenten con el propio metaverso.

Recordemos, además, que en supuestos de obligaciones extracontractuales derivadas de la violación de la intimidad o de los derechos relacionados con la personalidad en el metaverso, incluida la difama-

---

[54] A. L. Calvo-Caravaca y J. Carrascosa González, *op. cit.*, p. 3884.
[55] Y. Haga, *op. cit.*, p. 282.
[56] *Ibid.*

ción, no es de aplicación el RR II [art. 1.2.*g*)]. En su lugar, se debe recurrir al artículo 10.9 CC, que establece que la Ley aplicable es la del «lugar donde ha ocurrido el hecho del que deriva la obligación» (STS de 10 de mayo de 2007, sobre la responsabilidad civil de los administradores de una sociedad anónima por actos realizados en Inglaterra). Especialmente en casos de ilícitos a distancia, la redacción del precepto parece inclinarse por el «lugar del hecho causal» en lugar del «lugar del daño». Sin embargo, la doctrina mayoritaria en España ha indicado que el artículo 10.9 CC permite considerar como relevante tanto el lugar del «hecho causal» como el lugar del «evento dañoso»[57]. Así pues, los actos difamatorios o lesivos de la intimidad o derechos de la personalidad cometidos en el metaverso, estarían regidos bien, por la *lex loci delicti commisi* o bien por la *lex damni*, aplicándose todas las dificultades ya expuestas con relación a la competencia judicial internacional para determinar los lugares del acto ilícito y del daño, respectivamente.

Por otro lado, en caso de litigios por productos defectuosos, los puntos de conexión utilizados por el artículo 5 RR II: ley de la residencia habitual o establecimiento de la víctima si el producto se comercializó en dicho país con el consentimiento de la persona cuya responsabilidad se alega (= fabricante, intermediario o vendedor); en su defecto, la ley del país donde se adquirió el producto, si este también fue comercializado en ese país con el consentimiento de la persona cuya responsabilidad se alega [letra *b*)] o finalmente, la ley del país en que se produjo el daño, si el producto se comercializó en dicho país [letra *c*)], presentan las mismas dificultades para su determinación, teniendo en cuenta la seudoanimidad de los usuarios y el desconocimiento de su ubicación física. Cuando el productor no ha dado su consentimiento o no podía prever la comercialización del producto en los países arriba mencionados, será de aplicación la ley del país donde la persona cuya responsabilidad se alega tenga su residencia habitual. Por último, la *lex communis* (art. 4.2 RR II) y el test de los vínculos más estrechos también son aquí de aplicación (art. 5.2 RR II).

En cuanto a los daños por competencia desleal y actos que restrinjan la libre competencia, el artículo 6 RR II establece que se apli-

---

[57] A. L. Calvo-Caravaca y J. Carrascosa González, *op. cit.*, p. 4033.

cará la ley del país en cuyo territorio las relaciones de competencia o los intereses colectivos de los consumidores resulten o puedan resultar afectados, siguiendo la regla del *lex damni*. Los artículos 4.2 y 4.3 RR II no son aplicables en este supuesto. La dificultad para determinar el mercado afectado radica en que, en realidad, el mercado impactado es el del mundo virtual correspondiente, a menos que esos actos estén claramente dirigidos a un mercado físico concreto. Cuando un acto de competencia desleal afecte exclusivamente a los intereses de un competidor en particular, como en el caso del espionaje industrial, se aplicará la regla general del artículo 4 (art. 6.2 RR II). Si el mercado resulta o puede resultar afectado en más de un país, la persona que reclama la indemnización por el daño puede elegir la *lex fori* como el derecho aplicable, siempre que el demandado esté domiciliado en el foro y este sea uno de los países afectados de manera directa y sustancial por la restricción de la competencia.

Si se tratase de daños causados por una acción de conflicto colectivo, el artículo 9 RR II remite a la Ley del país en el que se haya emprendido o vaya a emprenderse una acción de conflicto colectivo futura o realizada. No obstante, como se apuntó en el Capítulo V, en el metaverso, la acción colectiva se verá limitada por la dispersión global de los trabajadores, quienes solo podrá «reunirse» a través de las plataformas propiedad de las mismas empresas para las que trabajan.

Finalmente, la problemática sobre la Ley aplicable a las infracciones de derechos de propiedad intelectual se examinará con cierto detalle en el Capítulo VIII.

5. CONCLUSIONES

En este Capítulo se han explorado diversas cuestiones jurídicas complejas que surgen en materia de responsabilidad extracontractual debido a la naturaleza virtual y descentralizada del metaverso. Se han destacado los desafíos asociados con la identificación de las partes responsables y las víctimas, así como la aplicación de normas tradicionales de responsabilidad civil y de Derecho internacional privado en este contexto.

Los daños más comunes en el metaverso son de naturaleza psicológica y emocional, aunque también pueden incluir pérdidas económicas reales. Este entorno plantea dudas sobre la aplicabilidad de las normas tradicionales de responsabilidad extracontractual y sobre cómo adaptarlas a las características únicas del metaverso.

De otro lado, la deslocalización y el seudonimato de los usuarios complican la identificación del domicilio o la residencia habitual para determinar la jurisdicción competente y la legislación aplicable. Asimismo, los foros y puntos de conexión basados en el «lugar» del acto causal o del daño, plantean desafíos cuando los daños ocurren en un entorno virtual sin una conexión geográfica clara[58].

Podemos concluir, por tanto, que el metaverso presenta un conjunto único de desafíos para el marco jurídico de responsabilidad extracontractual, lo cual podría requerir la adaptación de las normas tradicionales. En ese caso, sería necesario adoptar un enfoque innovador y flexible que considerase la naturaleza descentralizada y anónima del metaverso, así como la necesidad de proteger adecuadamente a los usuarios frente a daños psicológicos, emocionales y económicos.

[58] En el mismo sentido, C. Pellegrini, «Applicable law in the metaverse: A European Private International Law Perspective», en DiMatteo, L. A. y Cannarsa, M. (eds.), *Research Handbook on the Metaverse and Law*, Elgar, 2024, pp. 375 ss.

CAPÍTULO VII

LOS BIENES VIRTUALES Y LA PROPIEDAD EN EL METAVERSO

Las nociones de bienes y propiedad adquieren nuevas dimensiones y plantean cuestiones jurídicas complejas en el metaverso, tanto para los usuarios como para el legislador. Tenemos ante nosotros un contexto inmersivo donde los usuarios pueden socializar, trabajar y realizar transacciones económicas, mediante la adquisición, el intercambio o la monetización de terrenos virtuales, objetos coleccionables, avatares personalizados y otros recursos. Estos bienes virtuales hacen cuestionarnos si su uso y disfrute responde a verdaderos bienes o simplemente estamos hablando de licencias de *software,* amén de suscitar cuestiones relacionadas con la propiedad intelectual, la ciberseguridad o cuestiones sobre competencia judicial internacional y Derecho aplicable.

A medida que el metaverso crece en complejidad y popularidad, surge la necesidad de definir claramente los derechos de propiedad y los mecanismos de protección de estos bienes digitales. La irrupción de los denominados NFTs, facilitada por tecnologías como *blockchain* que permiten certificar la propiedad de bienes digitales, junto con la aparición de mercados de bienes inmuebles virtuales cuyas dinámicas son muy similares a los mercados inmobiliarios del mundo físico, requiere un marco regulatorio que garantice la seguridad jurídica y la protección de derechos para todas las partes involucradas.

Este Capítulo analiza los aspectos jurídicos más significativos relacionados con los bienes virtuales y la propiedad en el metaverso. En particular, aborda la naturaleza y los marcos regulatorios de los NFTs y los inmuebles virtuales, así como la resolución de controversias relacionadas con ellos a la luz del Derecho internacional privado.

Por limitaciones de espacio, nuestro estudio no incluye otros aspectos relevantes como las cuestiones tributarias o la transferencia y el reconocimiento de la propiedad de bienes digitales a través de diversos entornos virtuales. A este respecto, se remite al lector a obras especializadas en la materia para un análisis detallado y exhaustivo[1].

1. NFTS (TOKENS NO FUNGIBLES)

Desde varios años atrás hemos asistido al *boom* de los denominados NFTs (*non-fungible tokens*). Hay quien ha desembolsado 2,5 millones de dólares por el primer tuit o 600.000 dólares por el meme del *Nyan Cat.* ¿Por qué se invierten sumas cuantiosas de dinero por ser dueño de un vídeo, fotografía u obra de arte digital que todos pueden ver *online* e incluso descargar de forma gratuita y legal? El vídeoclip del mate de LeBron James a Sacramento Kings durante el encuentro del 15 de noviembre de 2019 fue vendido al usuario «Kyloren» como NFT por más de 208.000 dólares (180.055,22 euros), a pesar de que el propio vídeo se puede ver en la plataforma *TopShot* gratuitamente[2].

---

[1] E. Harana Suano, «Explorando el laberinto fiscal de los activos digitales: el caso de los NFTs», *Crónica Tributaria*, vol. 190, núm. 1, 2024, pp 79-101; I. Belda, «Metaverso y NFT, nuevos retos tecnológicos en la imposición indirecta e internacional», *IDP: Revista de Internet, Derecho y política*, vol. 37, 2023; C. Muñoz Ferrandis y V. Zafrilla Díaz-Marta, «Interoperabilidad y metaverso: dinámicas de mercado, acceso y derecho de la competencia», en A. López-Tarruella Martínez (dir.), *Protección y gestión de la propiedad intelectual en el metaverso*, Madrid, Editorial Reus, 2023, pp. 43-72.

[2] El video está disponible en: https://nbatopshot.com/moment/kyloren+5408a71c-50f1-4588-86e3-354b40519ce3

1.1. Definición y funcionamiento

Los Tokens No Fungibles (NFTs) son certificados de propiedad almacenados en una cadena de bloques y respaldados por la tecnología *blockchain* (por ejemplo, *Ethereum*) que suelen estar asociados a un activo digital, como las artes visuales, los vídeos, la música o los objetos de colección.

A diferencia del dinero fiduciario o las criptomonedas, que pueden ser fácilmente remplazables y sustituibles, cada NFT es único o «no fungible» y no puede eliminarse ni falsificarse. Haciendo un símil, un euro en mi bolsillo vale lo mismo que un euro en el bolsillo de mi vecino, mientras que el cuadro *El Jardín de las Delicias* que cuelga en el salón de mi casa y el cuadro *El Jardín de las Delicias* que se exhibe en el Museo Nacional del Prado no son intercambiables. Esta es la esencia del concepto de NFT.

El proceso de creación de un NFT se conoce como *minting* o «acuñado» y, *a priori*, no es muy complicado. El primer paso es elegir una plataforma donde crear y comercializar una obra como NFT, tener un *wallet* o «billetera» de *Ethereum* que admita NFT como pueden ser *Metamask*, *Trust Wallet* o *Coinbase*, conectarse a la cuenta de la plataforma, seleccionar los contenidos que se quieren convertir en NFT y abonar la tasa que se exige por la plataforma para su creación o *gas*. Una de las plataformas más populares en el comercio de NFTs es *OpenSea*, que ha llegado a registrar un volumen de operaciones mensuales de 3 billones de dólares. Otros *marketplaces* en los que podemos encontrar NFTs son *Rarible*, *Decentraland*, *SuperRare*, etc.

Los NFTs parecen estar superando a la cadena de bloques y a las criptomonedas en popularidad. La tecnología *blockchain* autentifica la propiedad de las obras, elimina intermediarios y abarata, consecuentemente, el coste de la operación. Ello crea oportunidades para nuevos modelos de negocio que antes no existían. Presentan una nueva forma de pensar sobre la propiedad artística, lo que en parte explica que los NFTs han puesto patas arriba el mundo del arte.

Las obras digitales, por su propia naturaleza, pueden ser copiadas y replicadas infinitamente. Los NFTs no eliminan ese riesgo, pero generan un registro digital único que autentifica la propiedad de una versión concreta de una obra digital. La casa de subastas Christie's vendió el año pasado como NFT por más de 69 millones de dólares una obra de arte digital, *Everydays: The First 5000 Days*, de Beeple, situándose junto a pinturas hechas por Picasso, Rothko, Van Gogh y Monet como una de las piezas de arte más caras vendidas mediante subasta. Cualquiera puede ver la obra gratuitamente[3] y existen varias copias de la obra, pero solo el comprador puede reclamar la propiedad de la versión autentificada por el propio artista.

Los NFTs ofrecen nuevas posibilidades de ingresos para los artistas, cada vez más sometidos a mayores restricciones, reproducciones ilegales, productos falsificados o pirateados, precios elevados, cadenas de distribución saturadas, necesidad de interacción física, etc. En el mundo del arte tradicional, todo creador necesita de una galería para exponer y captar a posibles compradores. Para el artista la creación del NFT sobre su obra es muy interesante, ya que está eliminando barreras de entrada, suprimiendo costes, globalizando su obra a través de Internet sin necesidad de espacios físicos, y aumentando su beneficio al recortar intermediarios. De otro lado, las ventas de NFTs se llevan a cabo a través de contratos inteligentes que permiten al artista configurar los términos del acuerdo de tal forma que la obra llegue a tener unos rendimientos constantes a lo largo del tiempo. Sin olvidar que los usuarios de la era digital pasan ya como media más tiempo *online* que durmiendo[4], por lo que los *marketplaces* de NFTs son estupendos escaparates donde poder mostrar el talento artístico a un público más numeroso. A ello se añade otra disrupción artística asociada a los NFTs como es el arte generativo: artistas que programan algoritmos de forma que sea el azar el que decida los trazos exactos de cada obra. Al acuñarlos como NFTs en plataformas como *Art Blocks* o *fxhash*, estas obras se convierten en objetos digitales escasos, susceptibles de ser guardados, exhibidos y revendidos[5].

---

[3] Véase https://onlineonly.christies.com/s/beeple-first-5000-days/beeple-b-1981-1/112924

[4] A tal efecto, véase Foro Económico Mundial, https://www.elmundo.es/tecnologia/2016/01/20/569f8a1522601df9308b4622.html

[5] Como se explica en el siguiente artículo del *Diario El País* publicado el 9 de enero de 2022: https://elpais.com/tecnologia/2022-01-09/la-artista-digital-anna-carreras-y-el-pelotazo-de-los-nft-flipo-jamas-pense-que-podria-ganar-millones-con-esto.html

Más allá del mercado del arte, la industria musical también se ha adentrado en el mundo de los NFTs buscando expandir las bases de fans, conectar con los existentes y generar nuevas fuentes de ingresos. Y no solamente para proporcionar acceso a la música: también se están creando NTFs asociados a bienes tangibles y experiencias en vivo[6]. De la misma forma, en la industria del juego existen distintos tipos de NFTs destinados a que los usuarios puedan comprar terrenos y propiedades de mundos virtuales o juegos de simulación. Cada juego tiene coleccionables únicos, lo cual hace atractivo jugar para cualquier *gamer* a nivel global, quien ahora puede administrar o transferir sus artículos digitales a través de una plataforma segura y venderlos en mercados en línea[7].

Por su parte, en el sector editorial la tecnología *blockchain* permite a los escritores vender directamente sus obras en Internet y aporta una mayor trazabilidad a sus trabajos y al uso que se hace de ellos. Además, los NFTs están llenos de posibilidades de cara a involucrar y fidelizar a los lectores con el mundo creativo del autor. Un libro firmado por su autor y tokenizado siempre tendrá más valor que un ejemplar idéntico del libro sin firmar. De otro lado, en el caso de que el autor decida formalizar un contrato de edición, la comercialización de ejemplares a través de tiradas de NFTs permite una mejor trazabilidad de la obra, agilización y transparencia respecto a los beneficios obtenidos por autor y editorial, recogiéndose todas estas cuestiones en los *smart contracts* que respaldan las transacciones de NFTs.

Se prevé que el próximo ámbito de expansión de la tokenización sea la vinculación de los NFTs con objetos del mundo físico, propiedades inmobiliarias incluidas[8]. Pero, sobre todo, los NFTs pare-

---

[6] Por ejemplo, el grupo *Kings of Leon* ha subastado un NFT que incluye cuatro entradas de primera fila para un show de su gira en cualquier lugar en el mundo, un encuentro con la banda, *merchandising* de la gira, y uso de una limusina, véase https://www.rollingstone.com/pro/news/kings-of-leon-when-you-see-yourself-album-nft-crypto-1135192; De forma análoga, el productor de música electrónica 3LAU ha acuñado un NFT que se puede canjear por una canción personalizada, además de música inédita y un disco de vinilo firmado. Véase https://3lau.com

[7] A. Sadler, «Legal Uncertainty in Virtual Worlds and Digital Goods: Do the Same Laws Apply?», *University of Miami Business Law Review*, vol. 32, núm. 3, 2024, pp. 381-408, https://repository.law.miami.edu/umblr/vol32/iss3/7

[8] En 2021 se vendió la primera propiedad del mundo, sita en Kiev, como NFT a través de la plataforma Propy: https://observatorio*Blockchain*.com/nft/el-creador-de-techcrunch-subasta-el-primer-apartamento-como-nft-en-kiev.

cen estar llamados a jugar un papel clave en el metaverso, donde tecnologías como la realidad virtual y la realidad aumentada actúan como proveedores de componentes visuales, y que ofrece oportunidades de negocio e interacción social ilimitadas. El arte es solo una parte del mundo virtual basado en *blockchain* donde los avatares, la tierra, los edificios, los nombres, etc. se pueden vender y comprar como NFT. En estos entornos digitales se pueden visitar edificios y se puede asistir a eventos. Poseer NFT de avatar permite ser miembro virtual de una infinidad de experiencias exclusivas en el metaverso y en el mundo físico, mejorando así las experiencias sociales y en la comunidad. Con los NFTs, por ejemplo, los usuarios pueden tener la plena propiedad de sus tierras y espacios en el metaverso. La cadena de bloques subyacente permite a los usuarios demostrar la propiedad del activo y desarrollar sus bienes inmuebles virtuales como quieran[9]. De tal forma no nos ha de extrañar el creciente interés de grandes empresas como *Facebook* (ahora *Meta*), *Ferrari*, *Adidas*, *H&M*, *Nike* o *Warner Bros.* por el metaverso y los NFTs[10]. *Adidas* o *H&M*, por ejemplo, ya han realizado exposiciones virtuales de moda, donde los diseños han sido subastados como NFTs. En definitiva, el metaverso, el *blockchain* y los NFTs están relacionados entre sí y están llamados a configurar un nuevo modelo de economía imparable.

1.2. Naturaleza y marco regulador de los NFTs

La creación, la distribución, la propiedad y el comercio de los NFTs son fenómenos nuevos que, obviamente, plantean multitud de cuestiones jurídicas, muchas de las cuales son ambiguas o no están resueltas.

---

[9] Véase https://www.binance.com/es/blog/nft/por-qu%C3%A9-los-nft-son-la-clave-para-acceder-al-metaverso-421499824684903085.

[10] E. Hazan *et al.*, «Marketing in the metaverse: An opportunity for innovation and experimentation», Mckinsey, 2022, https://www.mckinsey.com/capabilities/growth-marketing-and-sales/our-insights/marketing-in-the-metaverse-an-opportunity-for-innovation-and-experimentation

1.2.1. *Naturaleza jurídica*

La cuestión sobre la naturaleza jurídica de los NFTs gira en torno a si deben considerarse meros *software* o bienes intangibles con valor propio. Quienes sostienen que los NFTs son simplemente *software* argumentan que estos tokens, basados en tecnología *blockchain*, no son más que códigos informáticos que contienen instrucciones para un ordenador. Desde esta perspectiva, el valor del NFT radica en su funcionalidad técnica, similar a cualquier otro *software.*

Por otro lado, aquellos que defienden la consideración de los NFTs como bienes intangibles argumentan que su valor proviene de la exclusividad y la conexión con un activo subyacente, ya sea una obra de arte digital, un objeto coleccionable o cualquier otro contenido digital único. De acuerdo con esta visión, los NFTs poseen un valor comercial intrínseco, más allá de su mera estructura de código, similar a otros bienes intangibles como derechos de autor o marcas registradas.

Según Gong[11], la propiedad virtual se puede asemejar a la propiedad intelectual, no existiendo distinción alguna entre ambas categorías. Sin embargo, para Nekit[12] la naturaleza jurídica y el contenido de la propiedad virtual es similar a la de los bienes intangibles y, por tanto, ha de estar sujeta al régimen de los bienes muebles de esta naturaleza. En este contexto, es crucial diferenciar entre la propiedad virtual y la propiedad intelectual[13]. En efecto, cuando compramos un libro físico, la distinción entre la propiedad intelectual y la propiedad del bien está clara. Puedo revender el libro, pero no puedo alterar la obra o distribuirla sin permiso del titular del derecho de propiedad intelectual. Hasta la aparición de los NFTs no era posible vender o transferir una obra digital, pues por su propia naturaleza, pueden ser

---

[11] J. Gong, «Defining and Addressing Virtual Property in International Treaties», *Boston University Journal of Science and Technology Law*, vol. 17, núm. 1, 2011, pp. 101-137.

[12] K. Nekit, «Legal Nature and Types of Digital Assets in the Activities of Technology-Oriented Startups». *Juridical Tribune*, vol. 13, núm. 2, 2023, pp. 304-326 [disponible en línea]: https://doi.org/10.24818/TBJ/2023/13/2.08.

[13] I. Davydova *et al.*, «Legal nature and inheritance of virtual property in Ukraine and the world: current status, problems, prospects», *Revista de Derecho*, vol. 10, núm. 2, 2021, pp. 1-26.

copiadas y replicadas infinitamente. Tras la irrupción de los NFTs, cuando se adquiere una obra tokenizada, por ejemplo, un edificio virtual, no se está comprando la obra digital en sí. El comprador adquiere únicamente una colección de códigos o metadatos que están vinculados a la «versión auténtica» de la obra en cuestión. Estos metadatos son registrados en la cadena de bloques y contienen información sobre la ubicación del trabajo original y el propietario de esa instancia específica del trabajo. En consecuencia, la adquisición no implica los derechos de autor asociados a la obra digital, sino más bien el derecho general a poseer, vender, prestar o transferir el NFT en sí, según las condiciones particulares del mercado digital en el cual se realiza la transacción[14]. De la misma manera, cuando un activo virtual no resulta de un trabajo creativo, como es el caso del Bitcoin, no queda sujeto a ningún marco legal de propiedad intelectual[15].

A favor de la categorización de los bienes virtuales como verdaderos bienes cabe mencionar la reciente jurisprudencia de los tribunales norteamericanos en *Yuga Labs*[16]. El 15 de marzo de 2023, Yuga Labs, Inc., creadora de la reconocida colección de NFTs «Bored Ape Yacht Club», presentó una demanda por infracción de marca (no registrada) ante los tribunales estadounidenses contra *Ryder Ripps*, un artista conceptual que «reinventó» dicha colección de NFTs para crear la suya propia: «RR/BAYC». El demandado en el caso, *Ripps*, argumentó que su colección RR/BAYC critica la imaginería neonazi y de extrema derecha encontrada en la colección original de *Bored Ape* y presentaron una contrademanda en diciembre de 2022, alegando que *Yuga Labs* estaba intentando silenciar a unos artistas que habían usado el arte para denunciar a una empresa construida sobre el racismo y que utilizaba símbolos neonazis. Sin embargo, en 21 de abril de

---

14 A. M. López Rodríguez, «Competencia Judicial Internacional en Controversias Relativas a Tokens No Fungibles (NFT)», *op. cit.*, p. 304.

15 Para una exposición más detallada, remitimos a estudios especializados sobre la protección y gestión de la propiedad intelectual en el metaverso, como, por ejemplo, A. López-Tarruella Martínez (dir.), *Protección y gestión de la propiedad intelectual en el metaverso*, Madrid, Editorial Reus, 2023; P. de Miguel Asensio, «*Blockchain* and *Smart contracts* Relating to Copyright: Jurisdiction and Applicable Law», en D. de Angelis *et al.* (eds.), *La tecnologia blockchain e il diritto d'autore: miraggio o realità?,* ALAI Italia, 2021, pp. 41-53.

16 *Yuga Labs, Inc. v. Ripps*, núm. CV22-4355, 2023 WL 3316748, at *12-13 (C.D. Cal., apr. 21, 2023).

2023, el Juzgado del Distrito Central de California falló a favor de *Yuga Labs*, dictaminando que existía riesgo de confusión y dilución de la marca no registrada de la demandante. Los demandados habían alegado que los NFTs son intangibles y, por tanto, quedan fuera de la protección de marcas registradas. Pero el tribunal dictaminó que la tangibilidad no es un requisito para la responsabilidad por infracción de marca bajo la *Ley Lanham* (Ley de Marcas de 1946). Por tanto, aunque virtuales, los NFTs son bienes a efectos de la *Ley Lanham*.

Así pues, de la resolución referida puede inferirse que los NFTs se consideran como bienes a efectos del derecho de marchas. Sigue, de esta manera, la corriente marcada por la sentencia en el caso *Metabirkin*, que analizaremos en el Capítulo VIII, sosteniendo que cuando los consumidores adquieren un NFT lo hacen con el propósito de obtener exclusividad sobre el contenido asociado al mismo. *Yuga Labs* tiene especial relevancia para la interpretación de futuros casos relacionados con NFTs, al posicionarse en contra de entenderlos como mero *software* basado en *blockchain*. Por el contrario, la sentencia sostiene que el motivo principal por el cual alguien decide adquirir un NFT es precisamente su vinculación con el activo subyacente al que se asocia y su valor comercial, derivándose de ello su consideración como bienes intangibles.

1.2.2. *Marco regulador*

Ningún país ha regulado todavía de manera específica los NFTs. La UE lanzó en 2023 el Reglamento sobre Mercados de Criptoactivos (MiCA), destinado a optimizar la tecnología de contabilidad distribuida (DLT) y la regulación de activos virtuales en la Unión Europea (UE) para proteger a usuarios e inversores[17]. Sin embargo, los NFTs están excluidos de su ámbito de aplicación[18]. En España, la

[17] Reglamento (UE) 2023/1114 del Parlamento Europeo y del Consejo, de 31 de mayo de 2023, relativo a los mercados de criptoactivos y por el que se modifican los Reglamentos (UE) núm. 1093/2010 y (UE) núm. 1095/2010 y las Directivas 2013/36/UE y (UE) 2019/1937, *DO* L 150/40.

[18] El Considerando 10 del Reglamento menciona expresamente que no debe aplicarse a los criptoactivos que sean únicos y no fungibles con otros criptoactivos, incluidos las colecciones y el arte digitales.

CNMV, publicó en enero de 2022 una circular sobre el control de publicidad de los criptoactivos y ha dejado fuera los NFTs al excluir «determinados activos únicos no fungibles»[19]. Por ello, se habrá de estar a la aplicación de la legislación existente en cada Estado por analogía.

Es especialmente importante tener en cuenta la normativa en materia de propiedad intelectual, particularmente, sobre derechos de autor, tanto morales como patrimoniales. Cuando se adquiere un NFT, no se compra la obra digital como tal. El comprador solo obtiene una colección de códigos o metadatos que enlazan con la versión «verdadera» de la obra en cuestión. Estos metadatos se escriben en la cadena de bloques y contienen información sobre la ubicación del trabajo original y el propietario de esa versión particular del trabajo. Por tanto, no se adquieren los derechos de autor de la obra de arte digital, sino generalmente el derecho a poseer, vender, prestar o transferir el propio NFT, según las condiciones específicas del mercado digital en el que se realiza la transacción[20]. Además de lo anterior, también deberemos tener presente la normativa sobre prevención de blanqueo de capitales, tributación, protección de datos, de defensa de la competencia o de protección al consumidor a la hora de obtener una publicidad e información clara y accesible del token en cuestión.

La tarea que tiene el legislador ante sí es altamente compleja, entre otras cosas, porque la normativa aplicable depende normalmente de cada país, mientras que los NFTs pueden cambiar de manos sin límite de jurisdicción a través de los mercados digitales. El anonimato proporcionado por la tecnología *blockchain* también dificulta que las partes de una transacción con NFTs puedan iniciar acciones legales en caso de una posible infracción. Ante este complejo contexto, las líneas que siguen analizan la competencia judicial internacional en controversias relativas a tokens no fungibles, con especial atención al Derecho europeo, haciendo asimismo referencia a la jurisprudencia reciente de terceros Estados en materia de criptoactivos.

---

[19] Circular 1/2022, de 10 de enero de 2022, de la Comisión Nacional del Mercado de Valores, relativa a la publicidad sobre criptoactivos, *BOE* núm. 14, de 17 de enero.

[20] A. Ramos Gil de la Haza, «Protección de las creaciones intelectuales en el metaverso», en A. López-Tarruella Martínez (dir.), *Protección y gestión de la propiedad intelectual en el metaverso*, *op. cit.*, pp. 119-166.

1.3. COMPETENCIA JUDICIAL INTERNACIONAL

Los NFTs pueden plantear varios desafíos al sistema de foros de competencia judicial internacional recogidos en el RB I-bis, que es el texto más significativo en este aspecto. Para empezar, no está claro si las reclamaciones derivadas de los NFTs se incluyen dentro del ámbito de aplicación del Reglamento. Además, las principales características de esta tecnología, a saber, la descentralización, el anonimato/opacidad, la inmutabilidad, la interconectividad y la automatización no encajan bien con las reglas jurisdiccionales basadas en factores de conexión territorial, como el domicilio, el lugar de ejecución, etc. ¿Se pueden presentar reclamaciones en asuntos relacionados con NFTs ante los tribunales de los Estados miembros sobre la base de los foros de competencia previstos en el del Reglamento?

1.3.1. *Litigios sobre la propiedad de NFTs*

Si consideramos los bienes virtuales como verdaderos bienes, la competencia para resolver litigios patrimoniales derivados de estos objetos correspondería a los tribunales del Estado miembro donde el demandado tiene su domicilio, conforme a lo establecido en el artículo 4.1 RB I-bis. El Reglamento no prevé un foro especial de competencia relativo a los derechos reales sobre bienes muebles, con la excepción de los bienes culturales[21]. Más adelante, con relación a la competencia judicial sobre inmuebles virtuales, profundizaremos en este aspecto.

1.3.2. *Litigios contractuales*

Las transacciones con NFTs se materializan a través de *smart contracts*. Se trata de contratos digitales en los que los términos del

[21] Artículo 7(4). F. J. GARCIMARTÍN ALFÉREZ y S. SÁNCHEZ, «El nuevo Reglamento Bruselas I: qué ha cambiado en el ámbito de la competencia judicial», *Revista Española de Derecho Europeo*, vol. 48, octubre-diciembre 2013, pp. 9-35, p. 11.

acuerdo están escritos en el código y están incrustados dentro de los tokens[22]. Los contratos inteligentes suelen estar programados para funcionar de forma automática cuando se cumplen una serie de condiciones predefinidas. Por ejemplo, el código del *smart contract* podría realizar automáticamente el pago de derechos al creador al revender el NFT.

Pues bien, como ya hemos apuntado en el Capítulo V, en la medida en que el RB I-bis sea aplicable a reclamaciones derivadas de transacciones efectuadas mediante contratos inteligentes, como puede ser una operación con NFTs, existen posibles obstáculos relacionados con el hecho de que los foros de competencia judicial del Reglamento están fundamentados en factores de conexión territorial, como son el domicilio o el lugar de ejecución.

Salvo en el caso de los foros de competencia exclusiva o de los pactos de sumisión, el Reglamento se aplica, en principio, únicamente cuando el demandado tiene su domicilio en un Estado miembro de la UE. Las definiciones de «domicilio» se recogen en el artículo 63 del Reglamento, así como en el artículo 62, que remite a las normas de Derecho internacional privado para determinar el «domicilio» de las personas físicas. Pero es problemático identificar la identidad o el domicilio de una parte en el contexto de contratos inteligentes porque las partes pueden usar seudónimos en transacciones dentro de la cadena de bloques y, más, en el contexto del metaverso. Lógicamente, esto genera desafíos en cuanto a la aplicación de la regla general del domicilio del demandado prevista en el artículo 4 RB I-bis.

Las operaciones con NFTs plantean, asimismo, una serie de cuestiones complejas en relación con el foro especial en materia contractual recogido en el artículo 7.1 RB I-bis. A este respecto, el primer

---

[22] R. Unsworth, «Smart Contract This! An Assessment of the Contractual Landscape and the Herculean Challenges it Currently Presents for "Self-executing" Contracts», en M. Corrales *et al.* (eds.), *Legal Tech, Smart Contracts and Blockchain*, Singapur, Springer, 2019, pp. 17-61, p. 21; A. Ortega Giménez, *«Smart Contracts» y Derecho internacional privado*, Navarra, Thomson Reuters Aranzadi, 2019, pp. 30-31. A. E. Vilalta Nicuesa, *Smart legal contracts y blockchain: la contratación inteligente a través de la tecnología blockchain*, Madrid, Wolters Kluwer España, 2019, cap. 4; A. Legerén-Molina, «Los contratos inteligentes en España. (La disciplina de los *smart contracts*)», *Revista de Derecho Civil*, vol. V, núm. 2, abril-junio de 2018, pp. 193-241, pp. 205 ss.; C. Argelich Comelles, «*Smart contracts* o *Code is Law*: soluciones legales para la robotización contractual», *Indret*, vol. 2, 2020, pp. 1-41.

obstáculo que plantean estas transacciones es su caracterización como contratos de compraventa o como licencia.

El valor de los NFTs se basa, en apariencia, en una idea simple: el comprador de un token no fungible adquiere su propiedad de forma clara y sin limitaciones. Sin embargo, esta premisa no es del todo cierta. En primer lugar, la tecnología que sustenta los NFTs posibilita que los vendedores sigan ejerciendo un control prolongado sobre activos que han sido transmitidos y pagados en su totalidad. De esta forma, algunos tokens están programados para que sus creadores recuperen una parte de las ganancias cada vez que se revenden, circunstancia que no parece casar bien con la idea que subyace las operaciones con NFTs, esto es, la transmisión de su propiedad. En segundo lugar, el régimen de propiedad intelectual que actualmente rige en Internet se ha caracterizado como «hostil» a la propiedad digital, tal como demuestra la imposición generalizada del régimen de contrato de licencia de propiedad intelectual[23].

La empresa *Axie Infinity*, por ejemplo, vende expresamente *axies* (criaturas tokenizadas) sobre la base de que los compradores adquieren su propiedad y pueden revenderlos con fines de lucro. Sin embargo, si examinamos detenidamente las condiciones impuestas por *Axie*, descubrimos que todos los gráficos (incluidos los de los *axies* vendidos) siguen siendo propiedad de la empresa:

> *Unless otherwise indicated, the Site and the App and the Smart Contracts are our proprietary property and all source code, database, functionality, software, website design, audio, video, text, photographs, and graphics on the Site and the Apps (collectively, the «Content») and trademarks, service marks and logos contained therein (the «Marks») are owned, controlled by us or licensed to us, and are protected by copyright and trademark laws and various other intellectual property rights and unfair competition laws of the Cayman Islands, foreign jurisdiction and international conventions*[24].

---

[23] J. Fairfield, «Tokenized: The Law of Non-Fungible Tokens and Unique Digital Property», *Indiana Law Journal*, 2021, p. 69. Disponible en SSRN: https://papers.ssrn.com/sol3/papers.cfm?abstract_id=3821102

[24] Terms of Use, AXIE INFINITY, disponibles en https://axieinfinity.com/terms-of-use

Axie, por tanto, retiene expresamente los derechos de autor y el derecho a realizar reproducciones, lo que es absolutamente necesario para transmitir un elemento digital de una persona a otra. No existe una excepción específica para una reventa posterior y, de hecho, los propietarios no pueden explotar sus *axies* para obtener ganancias comerciales.

Así pues, es plausible que se originen controversias cuando vendedores y *minters* intenten obtener ganancias y otros intereses sobre NFTs que han transmitido, amparándose en los Términos de Uso o en el código informático que da soporte a la transacción. En ese caso, los tribunales habrán de caracterizar cada operación como contrato de compraventa o como contrato de licencia. Un acuerdo de licencia le otorga al licenciatario la capacidad de usar la propiedad intelectual propiedad del licenciante, quien continúa ejerciendo derechos sobre el licenciatario. Además, al final de la duración del contrato, el licenciatario pierde el objeto de la licencia. Por el contrario, si se trata de un contrato de compraventa, una vez perfeccionada y ejecutada, la propiedad se transmite y el vendedor no retiene por lo general ningún derecho sobre el comprador.

Salvo la reciente jurisprudencia en *Yuga Labs*, hay autores que vaticinan que los tribunales pueden mostrar reticencias a caracterizar las transacciones con NFTs como contratos de compraventa[25]. En los Estados Unidos, por ejemplo, en *Vernor v. AutoDesk*[26] el Noveno Circuito caracterizó un contrato de compraventa de *software* como contrato de licencia. El tribunal dictaminó que la denominación que las partes habían dado al contrato no era determinante, indicando

> «[...] tres aspectos que se pueden aplicar para establecer si un usuario de *software* es un licenciatario, en lugar del propietario de una copia. Primero, hay que considerar si el propietario de los derechos de autor especifica que otorga una licencia al usuario. En segundo lugar, se ha de examinar si el propietario de los derechos de autor restringe significativamente la capacidad del usuario para transferir el *software*. Finalmente, se ha de analizar si el propietario de los derechos de autor impone restricciones de uso notables»[27].

[25] J. Fairfield, *op. cit.*, p. 85
[26] 621 F.3d 1102 (9th Cir. 2010).
[27] *Ibid.*, 1111.

Así las cosas, en la medida que los tribunales caractericen la transacción como contrato de licencia, será de aplicación el artículo 7.1.*a*) y *c*) RB I-bis para determinar el foro de competencia especial en materia contractual. Por el contrario, si el contrato es caracterizado como compraventa, la competencia judicial internacional se fijará conforme al artículo 7.1.*b*).1.º RB I-bis. En este sentido, cabe destacar que los NFTs parecen reunir los requisitos necesarios para ser caracterizados como bienes[28]. Incluso la doctrina extranjera se ha aventurado a calificarlos como mercaderías, apuntando a su inclusión dentro del ámbito de aplicación de la Convención de Viena de 1980 sobre compraventa internacional de mercaderías[29]. Siendo así, aun en situaciones en las que la obligación que sirve de base a la demanda no sea la entrega de tokens, también será de aplicación el artículo 7, apartado 1, letra *b*) para establecer la competencia del tribunal[30].

¿Cuál es el lugar de ejecución de la obligación que sirve de base a la demanda? En las transacciones en línea la identificación del lugar de entrega de bienes o de ejecución de la obligación que sirve de base a la demanda puede establecerse teniendo en cuenta elementos relevantes tales como: la ubicación del servidor que alberga el contenido digital que se suministra o los datos relevantes para la prestación del servicio; el lugar desde donde se subió dicho contenido al servidor o se administra el servicio; el domicilio del vendedor o proveedor; el lugar de recepción, acceso o descarga de la información y el domicilio del destinatario[31]. Sin embargo, algunos de estos puntos de conexión no siempre son determinables en el caso de los contratos inteligentes, puesto que las obligaciones contractuales expresadas en código informático son verificadas y ejecutadas por los nodos de la cadena de bloques. La intervención de los nodos es aleatoria y ningún nodo tiene control sobre los otros nodos. Ni siquiera hay un servidor central que pueda usarse como referencia para

---

[28] J. Campuzano Gómez-Acebo y J. Sieira Gil, «Tokenización de activos», en M. Barrio, *Criptoactivos retos y desafíos normativos*, Wolters Kluwer, Madrid, 2021, pp. 196-199.

[29] B. Hayward, «To Boldly Go, Part II: Data as the CISG's Next (But Probably Not Final) Frontier», *University of New South Wales Law Journal*, vol. 44, 2021, núm. 4, pp. 1482-1523, p. 1516.

[30] P. de Miguel Asensio, «*Blockchain* and *Smart contracts* Relating to Copyright: Jurisdiction and Applicable Law», en D. de Angelis *et al.*, *La tecnologia blockchain e il diritto d'autore: miraggio o realità?*, ALAI Italia, 2021, pp. 41-53, p. 46.

[31] *Ibid.*

establecer la ubicación de los datos. De esta forma, puede afirmarse que las transacciones de NFTs que se llevan a cabo a través de *smart contracts* no se ejecutan en *ninguna* parte y en *todas* partes[32]. En consecuencia, el artículo 7, apartado 1, letras *a*) y *c*) RB I-bis puede llegar a ser irrelevante. Los contratos inteligentes *per se* no tienen ningún lugar particular de ejecución. La deslocalización es, de hecho, una de las principales características de la tecnología *blockchain*, dificultando con ello la determinación del *forum solutionis*. Tal como ha expresado la *English Law Commission*: «Smart contracts may pose certain unique challenges when seeking to identify the geographical location of performance, actions and enrichment, such as where the obligations under a smart contract are performed on a distributed ledger rather than involving any physical performance in the real world»[33].

Las partes de una transacción con NFTs también pueden optar por someterse a los tribunales de un Estado miembro en caso de controversia. El pacto de sumisión puede ir incluido en un contrato subyacente o directamente en el contrato inteligente que sustenta la operación. Los acuerdos atributivos de competencia también pueden ir referidos en las condiciones aplicables a la plataforma de comercialización de NFTs correspondiente[34]. Cuando los tribunales designados sean los de un Estado miembro, se aplicará el artículo 25 RB I-bis. Ello implica que la elección de foro deberá hacerse por escrito o confirmada por escrito[35]. Se considerará hecha por escrito toda transmisión efectuada por medios electrónicos que proporcione un registro duradero del acuerdo[36]. Si el acuerdo atributivo de competencia forma parte de los términos y condiciones generales puede aceptarse mediante el método de *clickwrap*, siempre que se dé a la otra parte la posibilidad de obtener un registro duradero de acuerdo antes de celebrar el contrato[37].

---

[32] F. Guillaume, *op. cit.*, p. 70.

[33] En este sentido, véase *English Law Commission on Smart Contracts*, disponible en: https://lawcom.gov.uk/document/smart-contracts-2/, 2.11, p. 23.

[34] F. Guillaume, *op. cit.*, p. 76.

[35] Artículo 25.1.*a*) RB I-bis.

[36] Artículo 25.2 RB I-bis.

[37] Sentencia del TJUE de 21 de mayo de 2015, *Jaouad El Majdoub v Cars OnTheWeb.Deutschland GmbH*, Asunto C-322/14, ECLI:EU:C:2015:334.

Si existe un contrato subyacente, el pacto de sumisión será extensible a las controversias surgidas entre las partes relacionadas con el cumplimiento de las obligaciones resultantes codificadas en el contrato inteligente. Lo mismo ocurre con los pactos de sumisión codificados directamente en el *smart contract* o aplicable a los términos y condiciones de la correspondiente plataforma de comercialización de NFTs. Lo relevante es que el acuerdo atributivo de competencia pueda establecerse efectivamente[38]. Sin embargo, el Reglamento también prevé que el acuerdo atributivo de competencia adopte una forma conforme a los usos que las partes conozcan o deban conocer y que, en dicho comercio, sean ampliamente conocidos y regularmente observados por las partes en los contratos del mismo tipo en el sector comercial considerado[39]. A este respecto, algunos autores argumentan que el despliegue generalizado de transacciones en *blockchain* y en plataformas de comercialización conducirá a la expansión de un nuevo cuerpo normativo denominado *Lex Cryptographia*, conformado por las reglas aplicables a los contratos inteligentes y a las organizaciones autónomas descentralizadas (DAOs)[40]. Es prematuro afirmar que ya existen usos y prácticas originadas en la cadena de bloques o plataformas de NFTs[41]. Sin embargo, con el tiempo es probable que surjan normas, prácticas y códigos observados y conocidos por los usuarios de determinadas plataformas que puedan llegar a ser caracterizados como acuerdos atributivos de competencia.

De otro lado y de conformidad con el Reglamento, la ley del Estado miembro de los tribunales elegidos por las partes rige la validez material del acuerdo atributivo de competencia[42]. Esta ley será de aplicación, por ejemplo, para determinar si el acuerdo ha sido celebrado por una parte que no tiene capacidad para dar su consentimiento o que incurre en una prohibición legal para contratar. Dado que la

---

[38] F. Guillaume, *op. cit.*, p. 77.

[39] Artículo 25.1.*b*) y *c*). Sentencia del Tribunal de Justicia (Primera Instancia) de 20 de abril de 2016, *Profit Investment SIM SpA v Stefano Ossi and Others*, Asunto C-366/13, ECLI:EU:C:2016:282.

[40] A. Wright y P. De Filippi, *Decentralized Blockchain Technology and the Rise of Lex Cryptographia*. Trabajo publicado *online* el 10 de marzo de 2015, p. 4. Disponible en: https://ssrn.com/abstract=2580664.

[41] F. Guillaume, *op. cit.*, p. 77.

[42] Artículo 25.1 RB I-bis.

tecnología *blockchain* suele mantener en secreto la identidad de los usuarios, en la práctica pueden aparecer problemas complejos para determinar la validez del pacto de sumisión[43].

1.3.3. *Foros de competencia en operaciones de NFTs con consumidores*

Algunas transacciones con NFTs pueden entrar en la categoría de contratos de consumo protegidos en el sentido de los artículos 17-19 RB I-bis, como ya hemos visto en el Capítulo V y a cuyas conclusiones nos remitimos. Aquí conviene traer a colación la decisión del Tribunal Supremo de Austria de 4 de noviembre de 2020, en materia de criptoactivos. En esta decisión el *Oberster Gerichtshof* resolvió aplicar el foro en materia de contratos de consumo del artículo 18 RB I-bis a las transacciones relacionadas con *Bitcoin*[44].

Más recientemente, el importante fallo del Tribunal Comercial del Circuito de Londres en *Amir Soleymani v. Nifty Gateway LLC*[45] es el primero en referirse a los NFTs. La sentencia representa un desarrollo interesante en el establecimiento de la competencia judicial internacional en los casos de criptoactivos. La demanda fue presentada por Amir Soleymani, un conocido coleccionista de NFTs contra Nifty Gateway LLC, una empresa con sede en Nueva York que opera una plataforma de comercialización de NFTs. El Sr. Soleymani había participado en una subasta de NFT asociados con la obra de arte *Abundance* del artista digital Mike Winkleman, conocido como Beeple (quien atrajo la atención mediática cuando un NFT asociado con su trabajo *Everydays: The First 5000 Days*, se vendió en Christies por 69,4 millones de dólares estadounidenses). Según Nifty Gateway, el Sr. Soleymani había realizado una puja ganadora por ciertos NFTs, pero posteriormente se había negado indebidamente a pagarlos. Nifty Gateway inició entonces un arbitraje con sede en Nueva York para

[43] Vid. J. G. Horrach Armo, «Los acuerdos atributivos de jurisdicción en el ámbito de los *smart contracts* y la tecnología *blockchain*», *REEI*, núm. 42, diciembre 2021, pp. 1-38, p. 9.

[44] 3 Ob 95/20x.

[45] [2022] EWHC 773 (Comm).

recuperar esa suma, de conformidad con un acuerdo de arbitraje en los términos de uso de Nifty Gateway. El Sr. Soleymani, sin embargo, rechazó la competencia del tribunal arbitral y, en paralelo, presentó una demanda ante los tribunales ingleses, solicitando una declaración de que el convenio arbitral inserto en los términos de uso de Nifty Gateway no era válido bajo la legislación inglesa de protección al consumidor. El Sr. Soleymani fundamentó la competencia de los tribunales ingleses en la Sección 15A-E de la Ley de Jurisdicción y Sentencias Civiles de 1982, que recientemente replica en la ley inglesa, tras el *Brexit*, las disposiciones del RB I-bis, en relación con los contratos de consumo. Nifty Gateway respondió impugnando la jurisdicción del tribunal inglés y, alternativamente, solicitando una suspensión del procedimiento en virtud del artículo 9 de la Ley de Arbitraje de 1996. El tribunal finalmente confirmó la impugnación de Nifty Gateway y desestimó las alegaciones del Sr. Soleymani sosteniendo que la Sección 15A-E de la Ley de Jurisdicción y Sentencias Civiles de 1982 no era aplicable para invalidar el acuerdo de arbitraje, ya que la pretensión entraba dentro de la exclusión en materia arbitraje que recoge el RB I-bis en el artículo 1.2.*d*)[46]. Al hacerlo, el Tribunal evitó de esta manera pronunciarse sobre la caracterización de las operaciones con NFTs como contrato de consumo, dando preferencia al convenio arbitral. La decisión, aun siendo correcta, no es obstáculo a que, si los árbitros declaran la falta de validez del convenio arbitral, la demanda pueda ser interpuesta en Inglaterra en virtud del foro de protección en materia de consumo[47].

---

[46] Véase T. Hartley, «Arbitration and the Brussels I Regulation - Before and After Brexit», *Journal of Private International Law*, vol. 17, 2021, núm. 1, pp. 53-73.

[47] Véase A. Feld, «Decentralised and borderless NFT auction is outside the reach of English consumer protection legislation», *Lexology*, 2022, disponible en: https://www.lexology.com/library/detail.aspx?g=b44abe8f-1ee0-4ab1-9848-74ba68eea096

1.3.4. *Foros de competencia en reclamaciones por responsabilidad civil extracontractual relacionadas con NFTs*

Para emitir un NFT de una obra no es necesario el permiso del autor ni acreditar serlo. Una de las principales plataformas de comercialización de NFTs, *Open Sea*, ha indicado a través de un tuit que el 80 por 100 de los NFTs «plagian» obras, colecciones o son spam. La plataforma ya ha empezado con medidas para evitar que este tipo de infracciones se sigan cometiendo a través de su sitio web[48]. Dentro del contexto europeo, un demandante que desee reclamar sus derechos de autor o posibles infracciones sobre la propiedad intelectual y quiera evitar los tribunales del Estado miembro del domicilio del demandado puede no tener más remedio que tratar de interponer la demanda en virtud del artículo 7, apartado 2 RB I-bis. Si se trata de una violación de un derecho de autor, el TJUE asentó las bases para interpretar el foro especial en materia extracontractual en el caso de los derechos patrimoniales de autor en el ámbito de Internet en el asunto *Pinckney*[49]. Al igual que en la sentencia *Wintersteiger*[50], el TJUE distingue entre la aplicación del artículo 7.2 RB I-bis a las infracciones a través de Internet sobre los derechos de la personalidad, cuya protección tiene carácter universal, y sobre los derechos con alcance territorial, como los derechos patrimoniales de autor, cuya salvaguarda no puede invocarse fuera del territorio en el que se halle protegido. De esta forma, la doctrina *eDate*[51] que fija el criterio del centro de intereses de la víctima como lugar de materialización del daño, no es aplicable a los derechos patrimoniales de autor. Sin embargo, la Di-

---

[48] T. LINCE, «OpenSea: how trademark infringement is rampant on the biggest NFT marketplace». WTR. Disponible en: https://www.worldtrademarkreview.com/article/opensea-how-trademark-infringement-rampant-the-biggest-nft-marketplace

[49] Sentencia del Tribunal de Justicia de 3 de octubre de 2013, *Peter Pinckney contra KDG Mediatech AG*, Asunto C-170/12, ECLI:EU:C:2013:635.

[50] Sentencia del Tribunal de Justicia de 19 de abril de 2012, *Wintersteiger AG contra Products 4U Sondermaschinenbau GmbH*, Asunto C-523/10, ECLI:EU:C:2012:220.

[51] Sentencia del Tribunal de Justicia de 25 de octubre de 2011, *eDate Advertising GmbH y otros contra X y Société MGN LIMITED*, Asuntos acumulados C-509/09 y C-161/10, ECLI:EU:C:2011:685

rectiva 2001/29[52] establece que los derechos de autor nacen de forma automática desde el momento de su creación en todos los Estados miembros sin necesidad de registro. En consecuencia, el TJUE extendió a *Pinckney* la regla del mosaico que fijó en el asunto *Shevill*[53] declarando que el supuesto perjudicado podrá demandar, bien en el lugar donde se originó el hecho causal por la totalidad de los daños alegados, bien en cada uno de los lugares en los que este se verifique, quedando en ese caso restringida la competencia del tribunal al «daño causado en el territorio del Estado miembro al que pertenezca»[54]. Posteriormente, el TJUE confirmó esta jurisprudencia en el asunto *Hejduk*[55], donde concretó cómo establecer el lugar del daño y aplicar el foro de competencia del artículo 7.2 RB I-bis en caso de alegarse una infracción de derechos afines a los derechos patrimoniales de autor en el ámbito de Internet. La cuestión prejudicial presentada por el *Handelsgericht Wien* tenía su origen en la demanda interpuesta por la Sra. *Hejduk*, una fotógrafa profesional residente en Austria, frente a la compañía alemana *EnergieAgentur* por difundir a través de su página web unas fotografías tomadas por la actora sin consentimiento de esta. La compañía alegó falta de competencia de los tribunales austriacos, por considerar que puesto que su domicilio se situaba en Alemania y la página web operaba bajo el dominio de primer nivel alemán (.de), serían competentes para conocer del asunto los tribunales alemanes. El TJUE, reafirmando la doctrina *Pinckney*, optó por considerar que el lugar de materialización del daño es aquel donde el derecho esté protegido[56] y resolvió que con arreglo al artículo 7.2 RB I-bis son competentes para conocer de las demandas por infracción de los derechos patrimoniales de autor y derechos afines a través de Internet, tanto los tribunales del lugar donde se originó el daño,

---

52 Directiva 2001/29/CE del Parlamento Europeo y del Consejo, de 22 de mayo de 2001, relativa a la armonización de determinados aspectos de los derechos de autor y derechos afines a los derechos de autor en la sociedad de la información, *DOUE* L 2001, de 22 de junio de 2001.

53 Sentencia del Tribunal de Justicia de 7 de marzo de 1995, *Fiona Shevill, Ixora Trading Inc., Chequepoint SARL y Chequepoint International Ltd. contra Presse Alliance SA.*, Asunto C-68/93, ECLI:EU:C:1995:61.

54 FJ 36.

55 Sentencia del Tribunal de Justicia de 22 de enero de 2015, *Pez Hejduk y EnergieAgentur.NRW GmbH*, Asunto C-441/13, ECLI:EU:C:2015:28.

56 FJ 29.

esto es, los tribunales del lugar donde tiene su sede el responsable del desencadenamiento del proceso técnico que da lugar a la infracción de los contenidos protegidos, como los tribunales de cada uno de los lugares donde se manifieste el daño, estando limitada la competencia de estos últimos a los daños sufridos dentro de su jurisdicción. Así pues, con base en el artículo 7.2 RB I-bis, para conocer de la totalidad del daño solo serán competentes los tribunales del Estado miembro del titular del sitio de Internet[57], que coincidirá con el foro general del domicilio del demandado[58].

Esta doctrina jurisprudencial podría extenderse a las demandas por infracciones de derechos patrimoniales de autor en operaciones con NFTs. Sin embargo, la naturaleza descentralizada y el carácter anónimo de la cadena de bloques que da soporte a dichas operaciones plantea algunos obstáculos. Si, en línea con lo establecido por el TJUE en relación con infracciones marcarias[59], entendemos que las plataformas comercializadoras de NFTs no son generalmente responsables de las posibles infracciones de derechos patrimoniales de autor que tengan lugar dentro de las mismas, nos encontraremos con que la anonimidad característica de la cadena de bloques dificultará en muchas ocasiones determinar la identidad del responsable a efectos de determinar el foro general del domicilio del demandado del artículo 4.1 RB I-bis. De igual manera, será complicado fijar la sede del desencadenamiento del proceso técnico que da lugar a la infracción de los contenidos protegidos en tanto que lugar donde se originó el daño bajo el foro especial de competencia en materia de responsabilidad civil extracontractual del artículo 7.2 RB I-bis.

En otro orden de cosas, si la reclamación está fundamentada en otro tipo de daños extracontractuales, la naturaleza descentralizada de las cadenas de bloques que dan soporte a los NFTs plantea algunos

---

[57] FF.JJ. 25 y 26.

[58] P. A. de Miguel Asensio, «Competencia judicial internacional en materia de infracciones de derechos patrimoniales de autor cometidas a través de Internet». Blog disponible en: http://pedrodemiguelasensio.blogspot.com.es/2013/10/competencia-judicial-internacional-en.html; M. B. Sáenz Cardenal, «El lugar del daño en el caso de infracción de los derechos de propiedad industrial e intelectual en internet», *Revista Jurídica*, vol. 34, 2016, pp. 441-470.

[59] Sentencia del TJUE de 2 de abril de 2020, *Coty Germany GmbH v Amazon Services Europe Sàrl*, Asunto C-567/18, ECLI:EU:C:2020:267.

obstáculos particularmente interesantes. La sentencia del TJUE en el asunto *Kolassa*[60] constituye un importante punto de partida. En dicho asunto, el TJUE resolvió sobre la base de jurisprudencia anterior que el mero hecho de haber sufrido un perjuicio económico no es suficiente para fijar un foro de responsabilidad civil extracontractual en un lugar determinado, los tribunales de los Estados miembros son competentes cuando el «daño alegado ocurrió directamente en la cuenta bancaria de la solicitante mantenida con un banco establecido dentro del área de competencia de esos tribunales»[61].

Adaptando el mismo razonamiento a las transacciones con NFTs, podría argumentarse que los tribunales de un Estado miembro son competentes en virtud del artículo 7, apartado 2 RB I-bis si la clave de cifrado privada a través de la cual el reclamante accedió a su billetera (por ejemplo, *Ethereum*) se almacenó en un dispositivo ubicado en ese Estado miembro. Debe notarse, sin embargo, que la analogía no es totalmente adecuada; las cadenas de bloques están descentralizadas y, por tanto, una billetera digital que almacena tokens es no totalmente comparable con una cuenta bancaria. Más concretamente, en el caso de tokens, la ubicación física de los activos solo se puede establecer de forma indirecta, teniendo en cuenta la ubicación de la clave privada, en lugar de los tokens, que solo existen en un libro mayor distribuido global sin coordenadas geográficas específicas. Además, el propio TJUE en la sentencia *Universal Music*[62], ha sostenido que para que exista jurisdicción extracontractual la ubicación de una cuenta bancaria no es suficiente en sí misma, debiéndose tomar en consideración otras circunstancias de hecho. Así pues, dado que la ubicación física de una clave de cifrado privada puede ser difícil de determinar en la práctica y fácil de manipular, se deben establecer criterios adicionales para determinar si el artículo 7, apartado 2 RB I-bis es aplicable a los casos de reclamaciones por daños extracontractuales en operaciones con NFTs. La jurisprudencia del TJUE ofrece otras

---

[60] *Kolassa*, párrafo 48 con referencia a *Kronhofer*, Sentencia del Tribunal de Justicia de 10 de junio de 2004, *Rudolf Kronhofer contra Marianne Maier y otros*, Asunto C-168/02, ECLI:EU:C:2004:364.

[61] Párrafos 42-57.

[62] Sentencia del Tribunal de Justicia (Sala Segunda) de 16 de junio de 2016, *Universal Music International Holding BV contra Michael Tétreault Schilling y otros*, Asunto C-12/15, ECLI:EU:C:2016:449.

indicaciones importantes a este respecto. En *Löber*[63], el TJUE aunando los criterios de *Kolassa* y *Universal Music*, ha afirmado que, si bien la ubicación de una cuenta bancaria puede en sí mismo no ser suficiente para establecer jurisdicción en una reclamación por daños y perjuicios puramente financieros, puede ser posible establecer la competencia del Tribunal en aquellos casos en que otros factores específicos (aparte de la ubicación de la cuenta bancaria del inversor) apunten hacia el territorio del mismo Estado miembro. Trasladando la sentencia *Löber* a las operaciones con NFTs, parece que al menos algunos de los factores antes mencionados pueden ser relevantes para establecer la competencia judicial internacional. En particular, la ubicación del *wallet* correspondiente o el lugar de celebración del contrato podrían proporcionar una conexión importante entre este tipo de casos y el territorio de un Estado miembro de la UE. Aunque, de nuevo, la descentralización de las cadenas de bloques que dan soporte a este tipo de operaciones puede dificultar la tarea[64]. Cabe destacar aquí la reciente decisión *Ion Sciences*[65], en la que un tribunal inglés ha establecido su competencia en virtud de los siguientes factores: que al adquirente de criptoactivos se le facilitó la información en Inglaterra; que la cuenta que financió la adquisición de los criptoactivos era inglesa; que los activos fueron sustraídos del control de los demandantes en Inglaterra; que el ordenador utilizado para comprar los criptoactivos estaba situado en Inglaterra y, por último, que los criptoactivos referidos estaban ubicados en Inglaterra y Gales antes de su transferencia. Esta sentencia parece indicar que, con toda probabilidad, los tribunales ingleses tratarán las cuestiones jurisdiccionales que surjan en controversias relativas a criptoactivos de forma análoga a la de otros tipos de bienes[66].

---

[63] Sentencia del Tribunal de Justicia (Sala Primera) de 12 de septiembre de 2018, *Helga Löber y Barclays Bank plc*, Asunto C-304/17, ECLI:EU:C:2018:701.

[64] P. Ortolani, «The impact of Blockchain technologies and smart contracts on dispute resolution: arbitration and court litigation at the crossroads», *Uniform Law Review*, 2019, pp. 430-448.

[65] *Ion Sciences vs Persons Unknown and Others (unreported)*, 21 de diciembre de 2020, *op. cit.*

[66] R. B. Packer, M. Munk y R. Lynch, «In *Ion Sciences*, the English courts take a traditional approach to determining governing law and jurisdiction in a dispute relating to cryptoassets», Blog, Linklaters, de 19 de marzo de 2021, https://www.linklaters.com/

1.4. Ley aplicable

1.4.1. *Cuestiones patrimoniales. NFTs en tanto que criptoactivos*

La ubicación del bien es el criterio utilizado por el artículo 10 CC para determinar la ley aplicable en litigios relacionados con derechos reales sobre bienes muebles. Sin embargo, dada la complejidad de localizar bienes intangibles, podríamos aplicar el enfoque iusprivatista utilizado para los valores o *securities*, como abordaremos en el apartado 2.

1.4.2. *Cuestiones contractuales*

A tenor del artículo 3.1 RR I, las partes pueden elegir la ley aplicable al contrato, por lo que las partes de un *smart contract* también disponen de este derecho subjetivo. La elección de ley aplicable, siguiendo los dictados del texto europeo, deberá ser expresa o tácita, pero no presunta. No obstante, en el caso de existir un pacto de sumisión celebrado del mismo modo, el Reglamento obliga al juez a tener presente una posible elección de ley tácita (Considerando 12). A este respecto, surgen varias preguntas: ¿Debe estar el acuerdo de elección de ley aplicable en el código del *smart contract* que da soporte a la transmisión de un NFT? ¿Cuál es el efecto de una cláusula de elección de ley que forma parte de las condiciones generales aplicables a una determinada plataforma de comercialización de NFTs? ¿Es necesario que la ley elegida por las partes reconozca los contratos inteligentes como verdadera fuente de obligaciones contractuales para poder regular la transmisión?

De otro lado, dado que la tecnología *blockchain* puede mantener en secreto la identidad de las partes, pueden darse casos de transacciones realizadas por usuarios que no tengan capacidad para dar su consentimiento o que incurran en una prohibición legal (por ejemplo, *ex* arts. 1.263 y 1.264 CC español).

---

es-es/insights/blogs/fintechlinks/2021/march/the-english-courts-take-a-traditional-approach-to-determining-governing-law-and-jurisdiction

El acuerdo de elección de ley puede ir incluido en un contrato subyacente o directamente en el contrato inteligente que sustenta la operación. También puede ir referido en las condiciones aplicables a la plataforma de comercialización de NFTs correspondiente[67]. Si existe un contrato subyacente, el acuerdo de elección de ley aplicable será extensible a las obligaciones resultantes codificadas en el contrato inteligente. Lo mismo ocurre con las cláusulas de elección de ley directamente programadas en el *smart contract* o insertas en los términos y condiciones de la correspondiente plataforma de comercialización de NFTs. Lo relevante es que el acuerdo de elección de ley aplicable pueda establecerse efectivamente[68]. Por otra parte, y de conformidad con el Reglamento, la ley elegida por las partes rige la validez material del acuerdo de elección de la ley aplicable[69]. Esta ley será de aplicación, por ejemplo, para determinar si el acuerdo ha sido celebrado por una parte que no tiene capacidad para dar su consentimiento o que incurre en una prohibición legal para contratar. Dado que la tecnología *blockchain* suele mantener en secreto la identidad de los usuarios, en la práctica pueden aparecer problemas complejos para determinar la validez del acuerdo de elección de ley[70].

La ley elegida tiene que ser una ley estatal y en vigor. En relación con esta cuestión cabe destacar la aparición incipiente de la denominada *Lex Cryptographia*, entendida como el conjunto de normas que operan a través de contratos inteligentes autoejecutables y organizaciones autónomas descentralizadas[71]. Algún autor ha apuntado a que la solución óptima a la problemática que plantean los contratos inteligentes puede estar en la incipiente *Lex Cryptographia* y en la resolución de conflictos en línea[72], e incluso se vaticina que los algoritmos

[67] F. Guillaume, «Aspects of private international law related to *Blockchain* transactions», en D. Kraus *et al.* (eds.), *Blockchains, Smart Contracts, Decentralised Autonomous Organisations and the Law*, Edward Elgar Publishing, 2019, pp. 49-82, p. 76.

[68] *Ibid.*, p. 77.

[69] Artículos 3.5 y 10 RR I.

[70] Vid. J. G. Horrach Armo, «Los acuerdos atributivos de jurisdicción en el ámbito de los *smart contracts* y la tecnología *blockchain*», *REEI*, núm. 42, diciembre de 2021, doi: https://reei.tirant.com/reei/issue/view/137

[71] A. Wright y P. De Filippi, «Decentralized *Blockchain* Technology and the Rise of Lex Cryptographia» (10 de marzo de 2015), p. 4, https://ssrn.com/abstract=2580664

[72] F. Guillaume, *op. cit.*, pp. 71 ss.

terminarán por desplazar a la Ley y a jueces y tribunales, una vez se consolide la *Lex Cryptographia*[73].

De todas formas, en caso de controversia está claro que a nivel contencioso judicial ni la *Lex Cryptographia* ni otros ejemplos autorregulatorios similares pueden funcionar como ley del contrato bajo el RR I. De conformidad con lo establecido en el Considerando 13 del Reglamento la controversia habrá de decidirse conforme al Derecho estatal aplicable y la elección por las partes de la *Lex Cryptographia* solo tendrá efecto en la medida y con el alcance que permita la ley estatal aplicable en defecto de lección. Situación diferente es que a nivel no contencioso las partes puedan referirse en el *smart contract* que respalda la transmisión de un NFT, en un contrato subyacente o las condiciones de participación en una plataforma de comercialización a las prácticas y costumbres reconocidas por los participantes y ajustar su proceder conforme a estas[74]. De la misma manera, a nivel contencioso no judicial, *v. gr.*, en una plataforma de resolución de conflictos *online*, la controversia se resolverá, dependiendo de la plataforma en cuestión, bien por todos los miembros de la comunidad, bien por un órgano compuesto por miembros elegidos por los participantes, ya sea a título consultivo, ya sea mediante una decisión adoptada por votación, pero con arreglo a las normas elegidas por las partes para solventar el litigio. La incidencia del Derecho estatal en este caso es prácticamente inexistente, especialmente, si la decisión ha de ejecutarse directamente en la red. Estos aspectos serán abordados con más detalle en el Capítulo IX.

En defecto de elección y, sin perjuicio de lo que el Reglamento establece en relación con los contratos de transporte, trabajo, consumo y seguros, el artículo 4.1 RR I precisa directamente la ley aplicable para ocho categorías contractuales típicas. Si la relación contractual no responde a esas categorías, el contrato se regulará por la ley de la residencia habitual del prestador caracteristico (art. 4.2 RR I). A su vez, el Reglamento permite al juez una cierta flexibilidad para aplicar otra ley que presente vínculos más manifiestamente estrechos con la

---

73 A. Wright y P. De Filippi, *op. cit.*

74 Solución similar a la propuesta por algunos autores respecto a la *lex mercatoria*. Véase A. L. Calvo Caravaca y J. Carrascosa González (dirs.), *Sistema de Derecho internacional privado*, Tirant lo Blanch, Valencia, 2022, p. 937.

situación (art. 4.3 RR I). Asimismo, cuando la ley aplicable al contrato no pueda determinarse con arreglo a los apartados 1 y 2 del artículo 4 RR I, este se regirá por la ley del país con el que presenta los vínculos más estrechos (art. 4.4 RR I). En principio, esto significa que en ausencia de elección de ley aplicable el *smart contract* que sirve de soporte a una transmisión de NFTs quedará sujeto a la ley de la residencia habitual del vendedor, del prestador característico o por la ley de los vínculos más estrechos.

De otro lado, cuando estemos ante transmisiones de NFTs protegidas por el artículo 6 RR I se permite a las partes la elección de la ley aplicable siempre que no acarree la pérdida para el consumidor de la protección que le proporciona la ley aplicable en defecto de elección, esto es, la ley de la residencia habitual del consumidor.

Asimismo, las operaciones con NFTs llevan a plantearnos una serie de cuestiones jurídicas que impactan sobre lleno en la determinación de la ley aplicable. La primera de ellas es si estas transacciones pueden caracterizarse como contratos de compraventa o si, por el contrario, se trata de contratos de licencia, problemática derivada de la conceptualización de los NFTs como bienes intangibles o como meras licencias, como ya hemos visto con relación a la competencia judicial internacional.

En la medida en que los tribunales caractericen la transacción como contrato de licencia, será de aplicación el artículo 4.2 RR I para determinar la ley aplicable en defecto de elección conforme al artículo 3 RR I). Esto es, se aplicará la ley de la residencia habitual del licenciatario, a menos que el contrato presente vínculos manifiestamente más estrechos con la ley de otro país (art. 4.3 RR I). Sin embargo, puede que el contrato sea caracterizado como de compraventa, teniendo en cuenta que los NFTs parecen reunir las características necesarias para ser caracterizados como bienes, como ya se ha mencionado anteriormente[75]. Incluso la doctrina extranjera se ha aventurado a calificarlos como mercaderías, apuntando a su inclusión dentro del ámbito de aplicación de la Convención de Viena de 1980 sobre com-

[75] J. Campuzano Gómez-Acebo y J. Sieira Gil, «Tokenización de activos», en M. Barrio, *Criptoactivos retos y desafíos normativos*, Madrid, Wolters Kluwer, 2021, pp. 196-199.

praventa internacional de mercaderías[76]. En este sentido, de conformidad con el artículo 1.1.*a*) de la Convención, el texto vienés será de aplicación entre partes que tuvieran sus establecimientos en Estados contratantes diferentes. Aquí se plantearía el problema recurrente de determinar quiénes son las partes y dónde se encuentran sus establecimientos, dados el carácter generalmente anónimo con el que se opera en las plataformas de comercialización y la deslocalización de la cadena de bloques. De otro lado, con arreglo al artículo 1.1.*b*), la Convención de Viena también entrará en liza si las normas de Derecho internacional privado remiten a la ley de un Estado contratante. A este respecto y según lo previsto en el artículo 4.1.*a*) RR I, la ley nacional aplicable será la ley del país de la residencia habitual del vendedor, a menos que el contrato de compraventa de NFTs presentase una conexión manifiestamente más estrecha con la ley de otro país (art. 4.3 RR I).

Tanto en el caso de aplicación directa como indirecta de la Convención, será necesario adaptar su articulado a las particularidades de los NFTs, posibilidad que encontraría respaldo en el deber de interpretación autónoma recogido en el artículo 7.2 de la misma[77].

Otro aspecto a tener en cuenta a la hora de determinar la ley aplicable es que para comprar y vender NFTs se suelen utilizar criptomonedas[78] y determinados monederos que suelen trabajar con *Ethereum*. En este sentido, la jurisprudencia existente no es clara a la hora de pronunciarse sobre la caracterización del *bitcoin* o criptomonedas similares como dinero. En caso de no tratarse de un medio de pago, sino de bienes muebles, sería complejo encuadrar las transmisiones de NFTs como contratos de compraventa o licencia, puesto que las operaciones o transacciones en las que interviniesen criptodivisas serían calificadas más bien como permutas. Cabe mencionar que el TJUE ha concluido que en el que en el marco de la Directiva

---

[76] B. Hayward, «To Boldly Go, Part II: Data as the CISG's Next (But Probably Not Final) Frontier», *University of New South Wales Law Journal*, vol. 44, núm. 4, 2021, pp. 1482-1523.

[77] E. Muñoz, «Software Technology in CISG Contracts», *Uniform Law Review*, vol. 24, núm. 2, 2019, pp. 281-301, p. 287.

[78] Vid. «Mastercard ahora permite la compra de NFT con fiat», *Criptoinforme*, 12 de junio de 2022, https://criptoinforme.com/nft/mastercard-ahora-permite-la-compra-de-nft-con-fiat/

2006/112/CE del IVA, las criptomonedas, cuyo principal ejemplo conocido por todo el mundo es el «bitcoin», es una divisa virtual, y como tal la trata como «medio de pago»[79]. No obstante, se trata de una decisión en materia fiscal, cuya aplicación a otros ámbitos no queda clara. Si finalmente es caracterizado como dinero, serían de aplicación la Convención de Viena de 1980 sobre compraventa internacional de mercaderías y las normas de conflicto especiales en materia de compraventa de mercaderías y prestación de servicios del artículo 4.1.*a*) y *b*) RR I. De lo contrario, cualquier operación que involucrase *criptodivisas* quedaría sujeta al artículo 4.4 del citado Reglamento. En este último supuesto, la ley aplicable sería la ley del país con el cual el contrato presente los vínculos más estrechos.

1.4.3. *Problemas de localización*

Por lo general es posible localizar un contrato inteligente en un ordenamiento jurídico estatal determinado ya que el RR I no gira en torno al lugar de celebración ni el lugar de ejecución del contrato para determinar la legislación aplicable, sino que recurre a factores de conexión tales como la autonomía de la voluntad y la residencia habitual, que funcionan razonablemente bien en una sociedad globalizada y digitalizada[80].

Sin embargo, cuando los elementos relevantes relacionados con la transmisión de un NFT existen solamente en la red la viabilidad de los puntos de conexión utilizados en el RR I es cuestionable. La opacidad y anonimidad de la cadena de bloques, por ejemplo, complica la aplicación de la ley de la residencia habitual del prestador característico o del vendedor. Además, hay que tener en cuenta que el con-

---

[79] Sentencia del Tribunal de Justicia (Sala Quinta) de 22 de octubre de 2015, *Skatteverket contra David Hedqvist*, Asunto C264/14, ECLI:EU:C:2015:718.

[80] A. Zimmermann, «*Blockchain*-Netzwerke und Internationales Privatrecht - oder: der Sitz dezentraler Rechtsverhältnisse», *IPRax*, vol. 6, 2018, pp. 566-573; G. Rühl, «The Law Applicable to Smart contracts, or Much Ado About Nothing?», Oxford Business Blog, 23 de enero de 2019, https://blogs.law.ox.ac.uk/business-law-blog/blog/2019/01/law-applicable-smart-contracts-or-much-ado-about-nothing; G. Rühl, «Smart contracts - Welches Recht gilt?», en T. Braegelmann y M. Kaulartz (eds.), *Smart Contracts*, Munich, C. H. Beck, 2019, pp. 147 ss.; G. Rühl, «Smart (legal) contracts, or: Which (contract) law for smart contracts?», en B. Cappiello y G. Carullo (eds.), *Blockchain, Law and Governance*, s.l., Springer, 2020, https://ssrn.com/abstract=3552004

trato inteligente puede haber sido generado espontáneamente por agentes electrónicos, lo que, no solo suscita dudas acerca del papel como intermediario de estos códigos[81], sino que, muchas veces, ni siquiera es posible identificar a las partes.

La aplicación de la ley del país con los vínculos más estrechos, por otra parte, no siempre se muestra como una solución factible, ya que estos contratos, como vimos en el Capítulo V, operan dentro de una arquitectura descentralizada. Cuando no hay un contrato subyacente que aporte los datos necesarios para establecer la ley con los vínculos más estrechos a la situación, la solución prevista por el RR I, por tanto, no parece aportar la previsibilidad y seguridad jurídica necesarias; cualquier localización de la transacción en el ordenamiento jurídico de un país concreto es puramente aleatoria.

De lo anterior podemos deducir que, si bien el Derecho internacional privado puede regular de forma razonable un gran número de transmisiones de NFTs, sería conveniente prever una solución conflictual específica para la contratación inteligente, en aras de una mayor seguridad jurídica[82]. En ausencia de elección de ley, las limitaciones de las normas actuales son evidentes en el contexto deslocalizado de la cadena de bloques, sobre todo, cuando no existen elementos subyacentes fuera de la red que respalden la transacción. Circunstancia que también se predica respecto a las cuestiones sobre competencia judicial internacional y de eficacia extraterritorial de decisiones. Aunque en una mayoría de los casos las normas existentes sobre competencia judicial internacional son aplicables, no serían operativas en todos los supuestos[83].

2. INMUEBLES VIRTUALES

Con inversiones cercanas a los 2.000 millones de dólares en inmuebles virtuales, se observa una creciente competencia entre par-

[81] F. Guillaume, *op. cit.*, pp. 49-82.

[82] En el mismo sentido, A. Ortega Giménez, *op. cit.*, p. 80.

[83] *Ibid.*, pp. 61-68; R. Ruiz Rodríguez, «Las criptodivisas como medio de pago y el Derecho internacional privado», *Cuadernos de Derecho Transnacional*, vol. 12, núm. 2, octubre de 2020, pp. 740-757, p. 753.

ticulares y empresas por estar presentes en el metaverso. A medida que particulares, negocios y entidades se involucran e invierten en plataformas como *Decentraland*, *The Sandbox*, *The Otherside*, *Axie Infinity* y *Voxels*, el concepto de propiedad virtual adquiere importancia económica, reflejando la misma dinámica de los mercados inmobiliarios tradicionales. Si tenemos en cuenta que los conflictos del mundo real tienden a replicarse en el metaverso, podemos anticipar una gran variedad de litigios relacionados con la propiedad y derechos reales sobre inmuebles virtuales, así como controversias derivadas de contratos de compraventa o arrendamiento de estos bienes. Sin embargo, no existe un marco normativo claro ni los métodos tradicionales de resolución de conflictos parecen estar alineados con las complejidades que presentan los entornos virtuales. Esto último es fundamental para garantizar la seguridad jurídica de las inversiones. En este contexto, este apartado examina la naturaleza jurídica de los inmuebles virtuales y la adaptabilidad de la normativa internacional iusprivatista a las peculiaridades de estos últimos.

2.1. Introducción

Se estima que el 30 por 100 de las grandes empresas globales estarán presentes en el metaverso antes de 2026. En este sentido, un informe de realizado por *BrandEssence® Market Research* pronostica que el mercado inmobiliario del metaverso experimentará un crecimiento anual del 31 por 100 en el período comprendido entre 2022 y 2028[84]. La actividad se centra, principalmente, en cuatro plataformas: *Decentraland*, *Sandbox*, *Cryptovoxels* y *Somnium Space*. Marcas como *Chanel*, *Jimmy Choo*, *Nike* o *Adidas* ya están tratando de encontrar una forma de establecer una presencia y una estrategia en el metaverso[85]. Si bien la interacción con programas, sitios web y plataformas digitales no será completamente reemplazada por el metaverso,

[84] Metaverse Real Estate Market Size, Share & Trends Analysis Report By Component (Hardware, Software), By End-User (Commercial, Residential) Based On Region, And Segment Forecasts, 2022-2028 [disponible en línea]: https://brandessenceresearch.com/technology-and-media/metaverse-real-estate-market

[85] «15 Fashion Brands leveraging the Metaverse», *Sensorium Arc*, Blog, 6 de octubre de 2002, https://sensoriumarc.com/articles/fashion-brands-in-the-metaverse

industrias que abarcan no solo la moda, sino la banca, la ingeniería, el *marketing*, las comunicaciones, los medios o el comercio minorista se verán significativamente influenciadas por esta tecnología[86].

En estos mundos virtuales basados en *blockchain*, avatares, fincas, edificios, nombres, etc., pueden comprarse y venderse como Tokens No Fungibles (NFTs). A través de los NFTs, por ejemplo, los usuarios pueden ser propietarios de terrenos y espacios en el metaverso. La cadena de bloques subyacente permite a los usuarios acreditar la propiedad del terreno en cuestión y construir un bien inmueble virtual si así lo desean. En este sentido, el término *propiedad virtual* va referido a aquellos activos intangibles, derechos o posesiones existentes en entornos digitales o virtuales, a menudo representados por datos, tokens u objetos digitales que tienen valor, y que pueden ser poseídos, transferidos o intercambiados dentro de plataformas en línea o espacios virtuales[87]. Dentro de la propiedad virtual se encuentran bienes *inmuebles virtuales*, que incluyen diversas formas de terrenos, propiedades o espacios que los usuarios pueden adquirir, poseer, desarrollar, intercambiar o utilizar dentro de los dominios digitales. Estas propiedades, aunque intangibles, pueden tener características, límites y atributos distintos, similares a los bienes raíces físicos y pueden incluir parcelas de tierra, edificios, activos o espacios dentro de paisajes digitales o entornos virtuales[88].

---

[86] E. SUNG *et al.*, «NFT Luxury Brand Marketing in the Metaverse: Leveraging *Blockchain*-Certified NFTs to Drive Consumer Behavior», *Psychology & Marketing*, vol. 40, núm. 11, 2023, pp. 2306-2325; A. SESTINO *et al.*, *Non-Fungible Tokens (NFTs): Examining the Impact on Consumers and Marketing Strategies*, 1.ª ed., Springer International Publishing AG, 2022; D. MOURTZIS *et al.*, «Human centric platforms for personalized value creation in metaverse», *Journal of Manufacturing Systems*, vol. 65, 2022, pp. 653-669.

[87] J. FAIRFIELD, «Virtual Property», *Boston University Law Review*, vol. 85, núm. 4, 2005, pp. 1047-1102; J. DIBBELL, *Play Money: Or, How I Quit My Day Job And Made Millions Trading Virtual Loot,* Basic Books 2006); R. A. BARTLE, «Hearts, Clubs, Diamonds, Spades: Players Who Suit MUDs», *Journal of Virtual Environments*, vol. 1, núm. 1, 1996 [disponible en línea]: https://mud.co.uk/richard/hcds.htm; R. A. BARTLE, *Designing Virtual Worlds*, New Riders Publishing, 2003; E. CASTRONOVA, *Synthetic Worlds: The Business and Culture of Online Games*, University of Chicago Press, 2005; P. LUDLOW, *Crypto Anarchy, Cyberstates, and Pirate Utopias*, MIT Press, 2001.

[88] D. HUNTER, *The Oxford Handbook of Virtuality*, Oxford University Press, 2014; A. HIKEN, «Why Brands Are Buying Land in the Metaverse; Marketers Are Eager to Explore the Profit Potential in Virtual Real Estate», *Advertising Age,* vol. 93, núm. 4, 2022.

Aunque el valor de inmuebles virtuales se ha depreciado durante el último año[89], ya se han invertido casi 2.000 millones de dólares en bienes inmuebles en plataformas como *Decentraland*, *The Sandbox*, *Otherside*, *Axie Infinity* o *Voxels*. *Metaverse Group*, una subsidiaria de la empresa de inversión en criptomonedas *Tokens.com*, ha adquirido, por ejemplo, la parcela de tierra más costosa de *Decentraland*, ubicada en el distrito de *Fashion Street*, por $2,4 millones[90]. El tamaño, la proximidad a lugares populares o si la propiedad está cerca de una vía de comunicación son factores que influyen en el valor del inmueble[91]. En consecuencia, es plausible que en algún momento la evolución de las transacciones con bienes raíces virtuales reflejen las dinámicas del mercado inmobiliario *offchain*. Dentro de este contexto, es indispensable proporcionar un marco normativo claro y mecanismos efectivos de resolución de conflictos para que las inversiones en el metaverso sean seguras.

2.2. Litigios relacionados con inmuebles virtuales

Como ha apuntado la doctrina, los conflictos característicos del mundo físico tienden a replicarse en el metaverso[92]. De esta forma, podemos anticipar posibles pleitos entre usuarios y plataformas virtuales, como, por ejemplo, expropiaciones o limitaciones de derechos sobre inmuebles virtuales sin justiprecio[93]. Recordemos que, por ser la entidad expropiadora una plataforma privada, el propietario no podría invocar directamente la garantía constitucional del derecho a un valor o precio justo y equitativo para compensar a la parte afecta-

---

[89] A. Sarkar, «Top metaverse property investments suffer massive losses: Report», *CoinTelegraph*, mayo de 2023, https://cointelegraph.com/news/top-metaverse-property-investments-suffer-massive-losses-report

[90] «Inside the real estate opportunity for brands in the metaverse», *Glossy*, 18 enero de 2022, https://www.glossy.co/fashion/inside-the-real-estate-opportunity-for-brands-in-the-metaverse

[91] «Most Expensive Land in the Metaverse«, *DappRadar*, abril de 2023, https://dappradar.com/blog/most-expensive-land-in-the-metaverse

[92] P. Singh y D. K. Rajput, *op. cit.*; D. Mourtzis *et al.*, *op. cit.*

[93] R. B. Koonin *et al.*, «Real Estate in the Metaverse: A Few Risks to Know Before Investing», *National Law Review*, 29 de julio de 2022), https://natlawreview.com/article/real-estate-metaverse-few-risks-to-know-investing

da por la pérdida o transferencia de sus propiedades como, por ejemplo, recoge el artículo 33.3 de la Constitución Española[94]. Asimismo, podemos prever la aparición de conflictos relacionados con la propiedad u otros derechos reales sobre bienes inmuebles virtuales; litigios vinculados a derechos de terceros o controversias de usuarios entre sí surgidas de contratos de compraventa o de arrendamiento de bienes inmuebles virtuales, por mencionar algunos problemas potenciales.

Dentro del contexto de la UE, debemos prestar especial atención a la ya mencionada Directiva sobre contratos de suministro de contenidos y servicios digitales, adoptada con el objetivo de facilitar las transacciones dentro del Mercado Único Digital y asegurar un alto nivel de protección para el consumidor, como ya abordamos en el Capítulo V[95]. Sin embargo, es importante señalar que no todos los usuarios de las plataformas virtuales pueden ser considerados como consumidores, y que el Considerando 12 de la mencionada Directiva afirma explícitamente que «la naturaleza jurídica de los contratos de suministro de contenidos o servicios digitales, y la cuestión de si tales contratos constituyen, por ejemplo, un contrato de compraventa, de servicios, de alquiler o un contrato atípico, debe dejarse a la determinación del Derecho nacional». Por tanto, el estudio del marco normativo aplicable a las operaciones realizadas en plataformas virtuales no se entiende sin analizar en el Derecho nacional aplicable[96].

---

[94] De la misma forma, en los Estados Unidos, las salvaguardias constitucionales que protegen a los propietarios de bienes inmuebles no se extienden a los bienes virtuales. Mientras que la Quinta y Decimocuarta Enmienda de la Constitución de los Estados Unidos garantizan el derecho a un justiprecio en caso de expropiación para un uso público o de reducciones de la utilidad económica del bien, las entidades privadas, incluidos los operadores de plataformas, generalmente operan sin tales limitaciones constitucionales. En consecuencia, los inmuebles virtuales carecen de protección constitucional y las plataformas pueden eliminar o bloquear permanentemente el acceso a dicha propiedad sin compensación. Los Términos de Uso de *Decentraland*, por ejemplo, limitan la responsabilidad de la plataforma a los pagos reales del usuario en los 12 meses anteriores o a un máximo de $100 en caso de reclamaciones; vid. R. B. Koonin *et al.*, *op. cit.*

[95] Directiva (UE) 770/2019, de 20 de mayo de 2019, relativa a determinados aspectos de los contratos de suministro de contenidos y servicios digitales, *DOUE* L 136/1; J. Cruz Ángeles, «Las Obligaciones Jurídico-Comunitarias de las Grandes Plataformas Proveedoras de Servicios Digitales en la Era del Metaverso», *Cuadernos de Derecho Transnacional*, vol. 14, núm. 2, 2022, pp. 294-318.

[96] C.-G. Goanta, «Selling LAND in Decentraland: The Regime of Non-fungible Tokens on the Ethereum *Blockchain* Under the Digital Content Directive», en A.

Los litigios sobre inmuebles virtuales que puedan originarse en el futuro estarán relacionados de alguna manera con la cadena de bloques, ya que la constitución, el registro o la transferencia de derechos sobre estos bienes se realiza a través de la tecnología DLT. A este respecto, conviene poner de relieve la falta de reconocimiento universal del registro descentralizado de la propiedad y la ausencia de normativa alguna que admita este tipo de inscripciones como medio de acreditación y oposición *erga omnes* del dominio y demás derechos reales sobre bienes inmuebles. No olvidemos, además, que los distintos ordenamientos estatales suelen exigir una serie de requisitos formales y documentales para la inscripción de cualquier título sobre bienes inmuebles, como la constancia en documento público (como recoge, entre otros, el art. 1.280 CC español)[97]. El registro descentralizado de derechos sobre inmuebles virtuales origina, a su vez, preocupaciones relativas a la protección de datos y la privacidad, puesto que la información relacionada con una propiedad inscrita en la cadena de bloques puede, en teoría, ser accesible para cualquier persona que entre en la red[98]. De la misma forma, el uso de *smart contracts* en las transacciones con bienes inmuebles virtuales puede derivar en litigios sobre la interpretación y alcance de los términos del contrato —algunas veces redactados directamente en lenguaje computacional—. Además, aunque la cadena de bloques ofrezca cierta seguridad frente posibles alteraciones fraudulentas, pueden existir fallos *ex initio* como inscripciones que contengan datos incorrectos o falsos y cuya subsanación es de extrema complejidad dada la naturaleza inmutable de la información contenida en la cadena de bloques[99].

Lehavi y R. Levine-Schnur (eds.), *Disruptive Technology, Legal Innovation, and the Future of Real Estate*, Springer, 2020, pp. 139-154.

[97] L. M.ª Martínez Velencoso *et al.* (eds.), *Transfer of Immovables in European Private Law*, Cambridge University Press, 2017.

[98] M. Graglia y C. Mellon, «*Blockchain* and Property In 2018. At the End of the Beginning», *Innovations*, vol. 12, núm. 1-2, 2018, pp. 90-116, https://direct.mit.edu/itgg/article/12/1-2/90/9843/Blockchain-and-Property-in-2018-At-the-End-of-the; B. Verheye, «Land Registration in the Twenty-First Century: Blockchain Land Registers from a Civil Law Perspective», en A. Lehavi y R. Levine-Schnur (eds.), *Disruptive Technology, Legal Innovation, and the Future of Real Estate*, Springer, 2020, pp. 123-135.

[99] J. Sklaroff, «*Smart contracts* and the Cost of Inflexibility», *University of Pennsylvania Law Review*, vol. 166, núm. 1, 2017, pp. 263-303; K. Werbach, «Trust, but Verify: Why the *Blockchain* Needs the Law», *Berkeley Technology Law Journal*, vol. 33,

En sus comienzos se creía que la cadena de bloques era un entorno sin conflictos, pero tal como se ha demostrado con el paso del tiempo, al haber participación humana, los conflictos son inevitables[100]. Asimismo, al tratarse de entornos descentralizados, estos litigios tienen conexiones transfronterizas mucho más amplias cualquier transacción que se lleve a cabo *offchain*[101]. De ello se desprende que los mercados inmobiliarios virtuales se enfrentan a obstáculos considerables a la hora de garantizar la interoperabilidad entre varios sistemas de *blockchain* y la conformidad de las transacciones con la normativa aplicable en los diferentes ordenamientos.

En el caso de surgir una controversia relativa a un derecho real sobre un bien inmueble virtual o el arrendamiento de un inmueble virtual, no está del todo claro sobre qué tribunales recaería la competencia judicial internacional o cuál sería la ley aplicable. A este respecto, se abren tres escenarios principales, dependiendo de la caracterización de los inmuebles virtuales como verdaderos bienes inmuebles, como bienes muebles intangibles, o como meros contratos de licencia.

2.3. Naturaleza jurídica

Las plataformas virtuales suelen referirse a los inmuebles virtuales como «terrenos» (*land*). En este sentido, *Decentraland* promueve la compra y venta de terrenos (*land*), *Estates*, avatares y nombres en su *marketplace*. Asimismo, *MyLand Earth Metaverse*, basado en la plata-

núm. 2, 2018, pp. 487-550; M. Raskin, *op. cit.*; J. Lingwall y R. Mogallapu, «Should Code Be Law? Smart contracts, Blockchain, and Boilerplate», *UMKC Law Review*, vol. 88, núm. 2, 2019, pp. 285-322.

[100] W. Kaal y C. Calcaterra, «Crypto Transaction Dispute Resolution», *The Business Lawyer*, vol. 73, núm. 1, 2017, pp. 109-152; O. Rabinovich-Einy y E. Katsch, «*Blockchain* and the Inevitability of Disputes: The Role for Online Dispute Resolution», *Journal of Dispute Resolution*, vol. 2019, núm. 2, 2019, pp. 25-72; N. Jevremović, *Blockchain, Smart Contracts and ADR* (marzo de 2021), Verona Summer School, disponible en: https://www.researchgate.net/publication/346996525_Blockchain_Smart_Contracts_and_ADR; C. Kumtepe, «A Brief Introduction to *Blockchain* Dispute Resolution», *John Marshall Law Journal*, vol. 14, núm. 2, 2021, pp. 138-144.

[101] F. Guillaume, «Aspects of private international law related to Blockchain transactions», en D. Kraus, T. Obrist y O. Hari (eds.), *Blockchains, Smart Contracts, Decentralised Autonomous Organisations and the Law*, Cheltenham, Edward Elgar Publishing, 2019, pp. 49-82.

forma web3 www.myland.earth, es un gemelo digital del planeta Tierra con una proporción 1:1, ofreciendo 5,1 billones de lotes de 10 x 10 metros cada uno. Este servicio planea trasladar casi todas las actividades de la Tierra real a esta réplica digital, comparando el potencial de apreciación de la tierra virtual con la fiebre del oro en San Francisco y el auge tecnológico en Silicon Valley. *MyLand Earth* enfatiza que su objetivo es distribuir parcelas a propietarios capacitados que puedan maximizar su valor a través de diversos métodos de inversión y desarrollo. Por su parte, *The Sandbox* incentiva a convertirse en propietario de terrenos (*land*), ofreciendo tierras regulares y premium a través de *OpenSea*. Su metaverso, compuesto por 166.464 terrenos, permite a los jugadores crear y monetizar experiencias, lo que genera una sensación de urgencia entre los compradores debido a la disponibilidad limitada. Finalmente, otras plataformas como *Somnium Space* y *Axie Infinity* también tienen secciones dedicadas a la compra de terrenos, mientras que *Bloktopia*, a través de su evento de distribución de tokens BLOK (TGE), permite a los usuarios adquirir bienes raíces, especular con su valor y obtener ingresos pasivos mediante el arrendamiento.

Ahora bien, ¿se trata de verdaderos inmuebles, de criptoactivos, de simples licencias o de algo distinto?

2.3.1. *Bienes inmuebles*

Autores como FAIRFIELD[102] propugnan que el régimen jurídico aplicable a la propiedad virtual ha de ser necesariamente distinto al régimen aplicable a la propiedad intelectual. El autor señala que gran parte de lo que llamamos virtual se ha creado tomando el mundo real como modelo. Por tanto, deberán aplicarse a este ámbito instrumentos de regulación similares. Dado que, en el mundo real, existen regímenes jurídicos de propiedad (por ejemplo, derechos de propiedad) y derechos de propiedad intelectual, el mismo esquema debería exis-

[102] J. FAIRFIELD, «Property as the law of virtual things», *Frontiers in Research Metrics and Analytics*, vol. 7, 2022, pp. 981964-981964 [disponible en línea]: https://www.frontiersin.org/journals/research-metrics-and-analytics/articles/10.3389/frma.2022.981964/full

tir para los mundos virtuales. De esta manera, el régimen aplicable a la propiedad inmueble virtual será semejante al marco normativo aplicable a los bienes inmuebles. El desarrollador, por su parte, mantendría sus derechos de propiedad intelectual sobre el código del programa concreto[103].

Los partidarios de considerar estos «terrenos» como verdaderos bienes inmuebles argumentan que su compra se asemeja a la adquisición de bienes raíces en el mundo físico: cada terreno tiene su título, está matriculado en un registro y el propietario puede obtener una copia para probar su título[104]. Los críticos argumentan, por el contrario, que comprar bienes raíces en el metaverso no es equivalente a las transacciones inmobiliarias en el mundo físico porque los compradores no poseen el código subyacente en el que se basa la plataforma, sino que solo adquieren una licencia para usar ese código. Aunque los compradores puedan recibir un título NFT registrado en *blockchain*, esto no les otorga la propiedad real del código y su contenido, sino solo una «ilusión colectiva de propiedad»[105].

A pesar de que la posición mayoritaria sostiene que la propiedad en el metaverso es simplemente una licencia, los terrenos comparten muchas características con la propiedad real. Adquirir una parcela en *Decentraland* o *The Sandbox* otorga derechos de posesión, control, exclusión, generación de ingresos y disposición. Los usuarios del metaverso que sean propietarios de estos bienes disfrutan, por tanto, de muchos derechos similares al de los propietarios de inmuebles en el mundo físico. De otro lado, el papel del creador de la plataforma o del mundo virtual se asemeja al de «Dios» en el mundo real[106].

Otro de los factores a favor de esta teoría partidaria de considerar los inmuebles virtuales como auténticos inmuebles es su inherente

---

[103] J. Fairfield, «Virtual Property», *op. cit.*

[104] K. Waterworth, «An Introduction to Digital Real Estate in the Metaverse», *The Motley Fool*, marzo de 2022, https://www.fool.com/research/digital-real-estate-metaverse/

[105] S. Goossens y N. Breen, «NFTs - Ownership in the Metaverse», *Reed Smith*, julio de 2021, https://www.reedsmith.com/en/perspectives/2021/07/nfts-ownership-in-the-metaverse

[106] B. Cantley y G. Dietrich, «The Metaverse: A Virtual World with Real World Legal Consequences», 49(1) *Rutgers Computer and Technology Law Journal*, 2022, pp. 1-25, p. 20.

falta de portabilidad, estableciendo así una distinción crucial con otros activos digitales[107].

La situación de los inmuebles también emerge como una circunstancia determinante en este análisis. Contrariamente a la naturaleza efímera de ciertos elementos virtuales, los inmuebles digitales en el metaverso anclan su existencia a ubicaciones específicas, lo que a su vez conlleva implicaciones jurídicas y económicas significativas. Esta fijación geográfica establece la base para argumentar que, al igual que en el mundo físico, la posesión y propiedad de inmuebles virtuales están sujetas a consideraciones espaciales y geográficas. Resulta interesante observar cómo incluso comunidades indígenas han alzado su voz, reclamando participación en la distribución de tierras en el metaverso para prevenir la repetición de injusticias pasadas[108]. De la misma manera, la *ijara*, un tipo de arrendamiento arraigado en principios islámicos de la *Shariah*, está siendo objeto de estudio para su aplicabilidad en el ámbito virtual[109]. Además, ya han comenzado a surgir conflictos de zonificación en el metaverso. Por ejemplo, un usuario pagó miles de dólares para que un «meta-arquitecto» francés construyera un monasterio con una capilla y una catacumba subterránea llena de calaveras. Tan pronto como se completó el monasterio, el meta-arquitecto recibió una solicitud de un usuario estadounidense que quería construir una granja en el terreno adyacente, con gallinas, caballos, cabras, un granero rojo, un tractor y heno. Al propietario del monasterio, evidentemente, no le hizo gracia la instalación de una granja en funcionamiento junto a su santuario en el metaverso, pero carecía de herramientas normativas efectivas para hacer frente a la situación. En respuesta a esta problemática, se ha propuesto la necesidad de implementar normas de zonificación mediante códigos integrados en ciertas áreas del me-

[107] R. Belk *et al.*, «Money, Possessions, and Ownership in the Metaverse: NFTs, Cryptocurrencies, Web3 and Wild Markets», *Journal of Business Research*, vol. 153, 2022, pp. 198-205, p. 199.

[108] B. Barba *et al.*, «Discussion Paper: First Nations' Culture in the Metaverse», 16 de marzo de 2022, http://dx.doi.org/10.2139/ssrn.4058777

[109] K. Katterbauer *et al.*, «Islamic Finance in the Metaverse - A Meta-Finance framework for Supporting the Growth of Shariah-Compliant Finance Options in the Metaspace», 2022, https://www.researchgate.net/publication/357958316_Islamic_finance_in_the_metaverse_-a_metafinance_framework_for_supporting_the_growth_of_Shariah-Chocompliant_finance_options_in_the_metaspace

taverso, que delimiten las actividades permitidas para cada propietario[110].

Todo ello no es nada más que un reflejo de la idea del metaverso como realidad inmersiva, donde lo físico y lo virtual se entrelazan de manera indisoluble, creando una única realidad en la que ambas dimensiones coexisten y se complementan.

2.3.2. *Bienes muebles intangibles*

Los bienes inmuebles suelen distinguirse por su falta de movilidad, su carácter permanente, su ubicación geográfica fija y su notable durabilidad[111]. O como se ha mencionado anteriormente, por ser bienes corporales cuyo destino natural es permanecer en un país. Siguiendo esta interpretación, se podría concluir que los inmuebles virtuales no son realmente bienes raíces, sino, más bien, bienes muebles intangibles o criptoactivos[112]. Pensemos que, a falta de portabilidad, si una plataforma virtual cesa sus actividades, el inmueble virtual desaparece como tal. Por ejemplo, *AltSpaceVR* cerró el 10 de marzo de 2023 para enfocarse en el desarrollo de *Microsoft Mesh*[113]. Así pues, estaríamos ante bienes muebles intangibles cuya propiedad está respaldada por un token no fungible (NFT). Cabe destacar, como ya se ha apuntado, que los NFTs no están sujetos a la normativa MiCA sobre mercados de criptoactivos, a menos que desempeñen la función

[110] B. McLaren, «Zoning in on Commercial Real Estate in the Metaverse», *Forbes*, 2022, https://www.forbes.com/sites/forbesbusinesscouncil/2022/03/23/zoning-in-on-commercial-real-estate-in-the-metaverse/?sh=647840be2b55

[111] Núms. 1, 2, 3, y 8 del artículo 334 CC; Á. M. López y López, *Fundamentos de Derecho civil*, Tirant lo Blanch, 2012, p. 254.

[112] De conformidad con el artículo 3(1)(5) del Reglamento (UE) 2023/1114 un criptoactivo es «una representación digital de valor o derechos que puede transferirse y almacenarse electrónicamente, mediante la tecnología de registro descentralizado o una tecnología similar». J. Campuzano Gómez-Acebo y J. Sieira Gil, «Tokenización de activos», en M. Barrio, *Criptoactivos: retos y desafíos normativos*, Madrid, Wolters Kluwer, 2021, pp. 196-199; R. Ruiz Rodríguez, «Las criptodivisas como medio de pago y el Derecho internacional privado», *Cuadernos de Derecho Transnacional*, vol. 12, núm. 2, octubre de 2020, pp. 740-757, p. 755.

[113] «Microsoft cerrará AltSpaceVR el 10 de marzo para impulsar Mesh», *Europa Press*, martes, 24 de enero de 2023, https://www.europapress.es/portaltic/internet/noticia-microsoft-cerrara-altspacevr-10-marzo-impulsar-mesh-20230124100743.html

de «llaves de acceso a servicios», y lo mismo ocurre con las DAOs, estructura organizativa que adoptan algunas plataformas virtuales[114]. Recordemos, a este respecto, además, que en el caso *Yuga Labs v. Ripps*, se ha considerado que los NFTs son productos a efectos del derecho marcario, siguiendo una línea jurisprudencial que reconoce su valor comercial y su vinculación con el contenido subyacente. Esta postura sugiere una tendencia hacia el reconocimiento de los NFTs como bienes intangibles, lo que podría influir en futuras regulaciones y litigios en el ámbito digital.

2.3.3. *Licencias*

Para concluir el análisis sobre la naturaleza jurídica de los inmuebles virtuales, cabe señalar que la mayoría de la doctrina, hasta la fecha, se ha mostrado contraria a considerarlos como bienes intangibles y, se ha limitado a caracterizarlos como simples licencias de *software*[115]. Así, pues, los derechos del usuario respecto a su NFT de terreno virtual han de determinarse por el derecho contractual, en la forma de los términos y condiciones de la plataforma correspondiente. Cifrino[116], por ejemplo, aboga por abordar los desafíos en el ámbito de los mundos virtuales desde el derecho contractual. Rechaza, en este sentido, que se les aplique el marco normativo propio de los bienes reales, señalando que ninguno de los enfoques teóricos sobre el concepto de propiedad casa bien con las particularidades de los dominios virtuales. Indica, además, que este tipo de controversias se suele resolver con base a los términos y condiciones de los Acuerdos de Licencia de Usuario Final («EULAs») celebrados entre usuarios y plataformas.

---

[114] Reglamento (UE) 2023/1114 del Parlamento Europeo y del Consejo, de 31 de mayo de 2023, relativo a los mercados de criptoactivos y por el que se modifican los Reglamentos (UE) núm. 1093/2010 y (UE) núm. 1095/2010 y las Directivas 2013/36/UE y (UE) 2019/1937, *DOUE* L 150, 9.6.2023, pp. 40-205, Considerandos 10 y 22.

[115] M. Maciejewski, *op. cit.*

[116] C. J. Cifrino, «Virtual Property, Virtual Rights: Why Contract Law, Not Property Law, Must Be the Governing Paradigm in the Law of Virtual Worlds», *Boston College Law Review*, vol. 55, núm. 1, 2014, pp. 235-264.

A favor de esta teoría, se puede argumentar que el valor de los NFTs en los que se respalda la propiedad de los bienes virtuales se fundamenta, en apariencia, en una idea simple: el comprador de un token no fungible adquiere clara y sin limitaciones la propiedad de dicho token. Sin embargo, esta afirmación no es del todo cierta: la tecnología que respalda los NFTs permite que los vendedores mantengan un control prolongado sobre activos que han sido transmitidos y pagados en su totalidad. De esta manera, algunos tokens están programados para que sus desarrolladores recuperen una parte de las ganancias cada vez que se revenden, situación que parece no concordar adecuadamente con la premisa subyacente en las operaciones con inmuebles virtuales, a saber, la transmisión de la propiedad. A esto se une que el régimen de propiedad intelectual que impera en Internet, ha sido, hasta la fecha, «hostil» hacia la propiedad personal digital, lo que resulta en la imposición generalizada del régimen de contrato de licencia de propiedad intelectual[117].

3. COMPETENCIA JUDICIAL INTERNACIONAL

La determinación de los tribunales competentes para resolver un litigio sobre inmuebles virtuales dependerá, por tanto, de su caracterización como bien raíz, como bien mueble intangible o como contrato de licencia.

3.1. Bienes raíces

3.1.1. *Litigios patrimoniales y arrendamientos de inmuebles virtuales*

Si sujetamos los inmuebles virtuales al mismo marco jurídico de los bienes inmuebles, la competencia judicial sobre litigios patrimoniales y arrendamientos estarán normalmente sometidos al *Forum Rei*

[117] En sentido crítico, J. Fairfield, «Tokenized: The Law of Non-Fungible Tokens and Unique Digital Property», *Indiana Law Journal (Bloomington)*, vol. 97, núm. 4, 2022, pp. 1261-1313.

Sitae. En el Derecho norteamericano, por ejemplo, los conflictos sobre derechos reales, transferencia de bienes inmuebles o contratos de arrendamientos de inmuebles son competencia de la jurisdicción estatal. Cada Estado tiene su propio sistema judicial, y los conflictos relacionados con asuntos inmobiliarios generalmente se dilucidan ante los tribunales estatales, en particular, ante los tribunales del Estado donde se halla sito el inmueble[118]. De la misma manera, en la Unión Europea, según lo establecido en el artículo 24.1 RB I-bis, en procedimientos que tengan como objeto derechos reales inmobiliarios y contratos de arrendamiento de bienes inmuebles, la competencia judicial recae sobre los tribunales del Estado miembro donde se halle sito el inmueble. No obstante, en contratos de arrendamiento de bienes inmuebles celebrados para un uso particular durante un plazo máximo de seis meses consecutivos, serán igualmente competentes los órganos jurisdiccionales del Estado miembro donde esté domiciliado el demandado, bajo ciertas condiciones. Por su parte, el artículo 24.3 del mencionado Reglamento, en materia de validez de las inscripciones en los registros públicos, remite a los órganos jurisdiccionales del Estado miembro en que se encuentre el registro. En relación con estos litigios, los pactos de sumisión no están permitidos, tal como establece el artículo 25.4 RB I-bis.

Centrándonos en el RB I-bis, no está del todo claro que los inmuebles virtuales entren actualmente dentro de la noción autónoma de «bien inmueble», entendido como «bien corporal cuyo destino natural es permanecer en un país»[119]. Pero, aun haciéndolo, también se suscita la duda de cuál es la ubicación de una propiedad virtual, registrada en una plataforma descentralizada con nodos distribuidos en múltiples jurisdicciones. Si concluimos que no se encuentra localizada en un Estado miembro de la Unión Europea o si resulta imposible determinar la situación del inmueble, podríamos plantear la aplicación del Reglamento haciendo referencia a las diversas teorías sobre litigios

[118] *Pennoyer v. Neff*, 95 U.S. 714 (1877); J. W. Singer, *Property Law*, 7.ª ed., Wolters Kluwer, 2018; A. J. Casner *et al.*, *American Law of Real Property*, Boston, Little, Brown & Co., 1952.

[119] Por interpretación, *a contrario sensu*, de la STJUE de 10 de febrero de 2022, C-595/20, *ShareWood Switzerland*, ECLI:EU:C:2022:86, FF.DD. 28-29; A. L. Calvo Caravaca y J. Carrascosa González (coords.), *Tratado de Derecho internacional privado*, Valencia, Tirant lo Blanch, 2022, p. 3593.

con inmuebles ubicados fuera de la UE[120]. Esto es, la teoría del efecto reflejo, que remitiría la determinación de la competencia judicial a las normas de producción interna; la teoría de la multilateralización del artículo 24 RB I-bis, según la cual los tribunales de un Estado miembro deberían declararse incompetentes cuando la materia fuera objeto de competencia exclusiva de un «tercer Estado»; la teoría mixta, que distingue si la decisión resultante puede ser ejecutada en el territorio de los Estados miembros y deba o no deba ser ejecutada en el tercer Estado en cuestión o la teoría la teoría «anti-denegación de Justicia», a tenor de la cual los tribunales de un Estado miembro deben conocer del asunto si concurre, según el RB I-bis, algún foro de competencia judicial, como la sumisión o el domicilio del demandado en un Estado miembro.

De otro lado, en el caso de arrendamientos de corta duración, ¿cómo se determinaría el domicilio de un avatar o una parte cuya identidad es anónima? ¿Y cuál sería el lugar de localización de un registro que opera como DAO a efectos de aplicar el artículo 24.4 RB I-bis? En este sentido, las DAOs (*Decentralised Autonomous Organisation*), como ya vimos en el Capítulo III, son estructuras utilizadas por algunas plataformas virtuales como forma de gobernanza. Se trata de entidades organizativas que operan de manera descentralizada mediante contratos inteligentes (*smart contracts*) en una plataforma *blockchain*. Las DAOs son gestionadas por sus miembros a través de la toma de decisiones automatizada y transparente, sin necesidad de una estructura centralizada de autoridad[121]. En consecuencia, podemos inferir, que las conexiones previstas en el artículo 24.1 y 4 RB I-bis para determinar la competencia judicial en litigios relacionados con derechos reales sobre inmuebles o arrendamientos de bienes inmuebles, como son el lugar en el Estado miembro donde esté situado el inmueble, el domicilio del arrendatario o de la sede del registro ni contemplan ni están alineadas con las particularidades de los inmuebles virtuales.

---

[120] A. L. Calvo Caravaca y J. Carrascosa González, *op. cit.*, pp. 2618-2620.

[121] F. Guillaume y S. Riva, *op. cit.*; W. Kaal, *Decentralized Autonomous Organizations: Internal Governance and External Legal Design*, Now Publishers, 2021; D. Kraus, T. Obrist y O. Hari (eds.), *Blockchains, Smart Contracts, Decentralised Autonomous Organisations and the Law*, Cheltenham, Edward Elgar Publishing, 2019.

La situación física en un país también suele utilizarse como conexión para determinar la ley aplicable en litigios relacionados con derechos reales sobre inmuebles[122]. Efectivamente, una mayoría de ordenamientos recogen la regla *Lex Rei Sitae*[123], como también hace el artículo 10.1 CC español al prescribir que: «La posesión, la propiedad y los demás derechos sobre bienes inmuebles, así como su publicidad, se regirán por la ley del país donde se hallen». A este respecto, el concepto de derecho real debe definirse a partir de la ley española (art. 12.1 CC)[124]. Pero dada la naturaleza virtual y descentralizada de algunas de las plataformas donde se ubican los inmuebles virtuales, la conexión recogida en el artículo 10 CC no puede aspirar a tener mucho recorrido.

Los arrendamientos y otras transacciones con estos bienes estarían sujetos a la ley prevista bajo el Reglamento Roma I[125], tal como exponemos a continuación.

3.1.2. *Litigios contractuales*

Ante controversias originadas de transacciones con inmuebles virtuales, por ejemplo, una compraventa, deberíamos tener en cuenta,

---

[122] C. S Rupp, «The *lex rei sitae* and Its Neighbours-Debates, Developments, and Delineating Boundaries Between PIL Rules», *European Property Law Journal*, vol. 7, 2018, pp. 267-292; J. W. Singer, «Property Law Conflicts», *Washburn Law Journal*, vol. 54, 2014, pp. 129-160; J. Y. Stern, «Property Exclusivity, and Jurisdiction», *Virginia Law Review*, vol. 100, 2014, pp. 111-182; R. J., Weintraub, *Commentary on the Conflict of Laws*, 6.ª ed., Foundation Press, 2010, pp. 573-627.

[123] G. Garriga Suau y C. A. Whytock, «Choice of Law for Immovable Property Issues: New Directions in The European Union and The United States», *Revista Española de Derecho Internacional*, vol. 74, núm. 1, 2022, pp. 81-108; B. Akkermans y E. Ramaekers, «*Lex rei sitae* in perspective: National Developments of a common rule?», *Maastricht University Private Law Institute Working Paper*, núm. 2012/14, pp. 1-26, 2012, pp. 2-5; J. Y. Stern, *op. cit.*, p. 111; R. J. Weintraub, *op. cit.*; M. Hancock, «Conceptual Devices for Avoiding the Land Taboo in Conflict of Laws: The Disadvantage of Disingenuousness», *Stanford Law Review*, vol. 20, núm. 1, 1967, pp. 1-40.

[124] A. L. Calvo Caravaca y J. Carrascosa González, *op. cit.*, p. 3610; F. J. Garcimartín Alférez, *Derecho internacional privado*, 4.ª ed., Thomson Reuters, 2017, p. 424.

[125] Reglamento (CE) núm. 593/2008 del Parlamento Europeo y del Consejo, de 17 de junio de 2008, sobre la ley aplicable a las obligaciones contractuales (Roma I), *DOUE* L 177, de 4 de julio de 2008, p. 6.

en primer lugar, la existencia de posibles pactos de sumisión. En caso de remitir dicho acuerdo a los tribunales de un Estado miembro de la UE, sería necesario examinar su validez formal conforme al artículo 25 RB I-bis y su validez material de acuerdo con el derecho sustantivo del Estado mencionado[126]. Aquí cobrarían especial relevancia cuestiones como el reconocimiento de los contratos inteligentes como verdadera fuente de obligaciones contractuales por los tribunales elegidos, la dificultad de determinar si partes dieron su consentimiento inicial o la capacidad de un avatar anónimo o DAO (por ejemplo, según lo establecido en los arts. 1.263 y 1.264 CC español)[127].

Los pactos de sumisión pueden ir insertos bien en un contrato subyacente, bien en el código del contrato inteligente que respalda la transferencia del inmueble o bien en las condiciones generales de la plataforma virtual correspondiente[128]. Estas plataformas desempeñan ciertamente un papel crucial al establecer las normas y condiciones que gobiernan las interacciones virtuales, principalmente, entre plataformas y usuarios. A modo de ejemplo, se muestran las condiciones de uso de diferentes plataformas:

> *Horizon World's Terms of Use: General. The use of, and any claim relating to the Sites and the materials contained herein is governed by the laws of the State of Washington. You consent to the exclusive jurisdiction of the state and federal courts located in King County, Washington. A printed version of these Terms are admissible in judicial and administrative proceedings based upon or relating to these Terms to the same extent and subject to the same conditions as other business documents and records originally generated and maintained in printed form.*
>
> *VRChat TOS. 24. Governing Law: This TOS is governed by the laws of the State of California without regard to conflict of law principles that would result in the application of the laws of another jurisdiction. If a lawsuit or court proceeding is permitted under this TOS, then you and VRChat agree to submit to the personal and exclusive jurisdiction of the state courts and federal courts located within San Francisco, California for the purpose*

---

126 A. L. Calvo Caravaca y J. Carrascosa González, *op. cit.*, p. 2645.

127 A. M. López Rodríguez, «Competencia judicial internacional en controversias relativas a tokens no fungibles (NTFs)», *op. cit.*, p. 313.

128 *Ibid.*

of litigating any dispute. We operate the Platform primarily from the United States, and we make no representation that Materials included in the Platform are appropriate or available for use in other locations.

Decentraland's Terms of Use. 18.1 Initial Dispute Resolution.

The parties shall use their best efforts to engage directly to settle any dispute, claim, question, or disagreement and engage in good faith negotiations which shall be a condition to either party initiating a lawsuit or arbitration.

18.2 Binding Arbitration.

If the parties do not reach an agreed upon solution within a period of 30 days from the time informal dispute resolution under the Initial Dispute Resolution provision begins, then either party may initiate binding arbitration as the sole means to resolve claims, subject to the terms set forth below. Specifically, any dispute that is not resolved under the Initial Dispute Resolution provision shall be finally settled under the Rules of Arbitration of the International Chamber of Commerce. The following shall apply in respect of such arbitration: (i) the number of arbitrators shall be three (one nominated by each party and one nominated by the ICC); (ii) the decision of the arbitrators will be binding and enforceable against the parties and a judgment upon any award rendered by the arbitrators may be entered in any court having jurisdiction thereto (provided that in no event will the arbitrator have the authority to make any award that provides for punitive or exemplary damages or to award damages excluded by these Terms or in excess of the limitations contained in these Terms); (iii) the seat, or legal place, of arbitration shall be the City of Panama, Panama; and (iv) the language to be used in the arbitral proceedings shall be English.

Ninguna de las mencionadas condiciones de uso hace referencia a tribunales de un Estado miembro de la Unión Europea, por lo que para determinar la validez de los referidos pactos de sumisión nos remitiríamos a lo establecido en las normas internacionales o de producción internas correspondientes[129]. En algunos casos también será necesario tener en cuenta la normativa protectora de determinados

[129] A. L. Calvo Caravaca y J. Carrascosa González, *op. cit.*, p. 2668.

contratos de consumo (arts. 17-19 RB I-bis), siempre que una de las partes esté actuando para un uso que pueda considerarse ajeno a su actividad profesional y la transacción se encuentre comprendida dentro del supuesto recogido en el artículo 17.1.*c*) RB I-bis. La plataforma *Roblox* tiene en cuenta esta posibilidad y establece lo siguiente en la Sección 8 (b) de sus Términos de Uso (en español):

> *En la medida en que un acuerdo entre Roblox y el Usuario se considere un contrato de consumo en el sentido del artículo 17 del Reglamento UE 1215/2012, no se aplicará la elección de jurisdicción y sede, de conformidad con la Sección 12 de los Términos del usuario.*

Excluyendo los contratos de consumo y posibles pactos de sumisión conforme al artículo 25 RB I-bis, se aplicaría el artículo 7.1 del mismo Reglamento cuando el demandado tenga su domicilio en un Estado miembro. En esta situación, la competencia se establecería de manera alternativa ante el tribunal del domicilio del demandado (art. 4 RB I-bis) o el lugar donde se haya cumplido o deba cumplirse la obligación que motiva la demanda, según lo indicado en los apartados *a*) y *c*) del artículo 17 RB I-bis. Si el demandado no tiene domicilio en un Estado miembro, las normas de producción internas suelen remitir a los tribunales del lugar de ejecución, como lo establece el artículo 22 quinquies.*a*) de la Ley Orgánica del Poder Judicial[130]. Sin embargo, determinar cuál es el lugar de ejecución en este tipo de transacciones es una tarea compleja, pues se desarrollan a través de contratos inteligentes ejecutados simultáneamente en todos los nodos de la cadena de bloques. En otras palabras, la obligación se sitúa en todas partes y en ninguna en particular[131].

A la hora de determinar la *lex causae*, nos enfrentaríamos a desafíos análogos a los descritos anteriormente respecto a la situación del inmueble. En efecto, a menos que las partes hayan acordado válidamente la ley aplicable, el artículo 4.1.*c*) RR I[132] remite a la ley del país

[130] Ley Orgánica 6/1985, de 1 de julio, del Poder Judicial, *BOE* de 2 de julio de 1985.

[131] F. Guillaume, «Aspects of private international law related to Blockchain transactions», *op. cit.*, p. 70.

[132] Reglamento (CE) núm. 593/2008 del Parlamento Europeo y del Consejo, de 17 de junio de 2008, sobre la ley aplicable a las obligaciones contractuales (Roma I), *DOUE* L 177, de 4 de julio de 2008, p. 6.

donde esté ubicado el bien inmueble, cuando el contrato tenga por objeto un derecho real inmobiliario o el arrendamiento de un bien inmueble, a menos que el contrato tenga vínculos manifiestamente más estrechos con otro país diferente (art. 4.5 Convenio de Roma y art. 4.3 RR I). No obstante, aun esta cláusula de escape resultaría impracticable en algunas ocasiones, dada la naturaleza descentralizada de la cadena de bloques[133]. Por último, aun en el caso de contratos celebrados con un consumidor, no sería aplicable el artículo 6 RR I, puesto que este precepto excluye expresamente en su apartado 4.*c*), los «contratos que tengan por objeto un derecho real inmobiliario o contratos de arrendamiento de un bien inmueble».

3.2. BIENES MUEBLES INTANGIBLES

3.2.1. *Litigios patrimoniales*

Si consideramos los inmuebles virtuales como bienes intangibles, y dejando al margen posibles pactos de sumisión en favor de los tribunales de un Estado miembro conforme al artículo 25 RB I-bis, la competencia para resolver litigios patrimoniales recaería en los tribunales del Estado miembro donde el demandado tiene su domicilio, según lo establecido en el artículo 4.1 RB I-bis. Como se ha apuntado anteriormente, no existe en el Reglamento un foro especial de competencia relativo a los derechos reales sobre bienes muebles, salvo para los bienes culturales[134].

Fuera del régimen de RB I-bis, se aplicaría lo establecido en las normas de competencia internas que remiten al *Forum Rei Sitae*, como, por ejemplo, el artículo 22 quinquies.*f*) de la LOPJ. Una solución que se torna compleja en el caso de los bienes intangibles, tal

---

[133] F. GUILLAUME, «Aspects of private international law related to Blockchain transactions», *op. cit.*, pp. 49-82.

[134] Artículo 7.4. En este sentido, vid. C. PARRA RODRÍGUEZ, «La competencia judicial en materia de derechos reales mobiliarios, ¿una cuestión olvidada por el Reglamento Bruselas I-bis?», *Anuario Español de Derecho Internacional Privado*, t. XXIII, 2023, pp. 337-358; F. J. GARCIMARTÍN ALFÉREZ y S. SÁNCHEZ, «El nuevo Reglamento Bruselas I: qué ha cambiado en el ámbito de la competencia judicial», *Revista Española de Derecho Europeo*, vol. 48, 2013, pp. 9-35, p. 11.

como se evidencia en las normas de localización establecidas en el Reglamento de Insolvencia[135]. De otra parte, en el Reino Unido, la competencia judicial respecto a litigios sobre criptoactivos recae en el domicilio del propietario con anterioridad a la controversia, estableciendo, *de facto*, un foro general de competencia en el domicilio del demandante[136]. Este foro es especialmente útil en situaciones en las que resulta imposible o extremadamente complejo determinar la situación del bien o el domicilio del demandado, sobre todo en entornos digitales donde, como hemos visto, la interacción se lleva a cabo a través de avatares que, en muchas instancias, actúan bajo identidades anónimas, u organizaciones deslocalizadas.

3.2.2. *Litigios contractuales*

Cuando estemos ante litigios de carácter contractual, y dejando al margen posibles pactos de sumisión conforme al artículo 25 RB I-bis, así como la normativa protectora de determinados contratos de consumo (arts. 17-19 RB I-bis), se aplicaría el artículo 7.1 RB I-bis para fijar la competencia judicial cuando el demandado tenga su domicilio en un Estado miembro. La competencia recaería de forma alternativa, ante el órgano jurisdiccional del lugar en el Estado miembro donde esté domiciliado el demandado, de conformidad con el artículo 4.1 RB I-bis, o ante los tribunales del Estado miembro donde haya de cumplirse la obligación que sirve de base a la demanda. Si se tratase de una compraventa, ese lugar sería donde ha de realizarse la entrega según el contrato, tal como establece el artículo 7.1.*b*).1.º del Reglamento. Es importante destacar en este sentido, que los NFTs que respaldan la propiedad de la propiedad virtual parecen reunir las características esenciales para ser clasificados como mercaderías[137]. De hecho, la doctrina extranjera ha sugerido la posibilidad de incluirlos en el ámbito de aplicación de la Convención de Viena de 1980 sobre compraventa

[135] Artículo 2.9 del Reglamento (UE) 2015/848 del Parlamento Europeo y del Consejo, de 20 de mayo de 2015, sobre procedimientos de insolvencia, *DOUE* L 141, de 5 de junio de 2015, pp. 19-72.

[136] *Ltd. v. Persons Unknown* [2021] EWHC 2254; *D'Aloia v. Persons Unknown* [2022] EWHC 1723.

[137] J. Campuzano Gómez-Acebo y J. Sieira, *op. cit.*, pp. 196-199.

internacional de mercaderías[138]. De esta forma, incluso si el litigio no va referido a la entrega del inmueble virtual, también sería aplicable el artículo 7.1.*b*).1.º RB I-bis para determinar la competencia del tribunal. De no estar domiciliado el demandado en un Estado miembro, algunas normas de producción interna suelen remitir a los tribunales del lugar de ejecución, como el artículo 22 quinquies.*a*) LOPJ. Sin embargo, fijar el *Forum Solutionis* resulta complejo en ambos escenarios, dado que las transacciones con bienes virtuales están respaldadas por contratos inteligentes que, como ya hemos mencionado, se ejecutan simultáneamente en todos los nodos de la cadena.

En tanto que criptoactivos, estos contratos estarían sujetos a la ley elegida por las partes conforme a lo establecido en el artículo 3 RR I. A falta de elección de ley aplicable, si se trata de una compraventa, se regirían por la ley del país donde el vendedor tenga su residencia habitual [art. 4.1.*a*) RR I] y si se trata de un arrendamiento, sería de aplicación la ley de la residencia habitual del prestador característico (art. 4.2 RR I), a menos que, en ambos casos, el contrato presente vínculos manifiestamente más estrechos con otro país distinto (art. 4.3 RR I). De la misma manera, algunas transacciones podrían ser merecedoras de la protección establecida en el artículo 6 RR I, sobre ciertos contratos de consumo. Finalmente, los contratos de garantía se regirían por la ley aplicable conforme a los apartados anteriores (art. 14 RR I).

Por lo demás, son pertinentes las consideraciones expuestas en secciones anteriores acerca de las dificultades para determinar el domicilio de las partes o el lugar de los vínculos más estrechos en entornos descentralizados.

3.3. Contratos de licencia

Cuando surjan desacuerdos entre vendedores, compradores y desarrolladores de inmuebles virtuales, los tribunales deberán considerar si están ante un contrato de compraventa o un contrato de licencia.

[138] B. Hayward, «To Boldly Go, Part II: Data as the CISG's Next (But Probably Not Final) Frontier», *University of New South Wales Law Journal*, vol. 44, núm. 4, 2021, pp. 1482-1523.

A pesar de la reciente jurisprudencia en el caso *Yuga Labs, Inc.*[139] algún autor ha sugerido que los tribunales podrían manifestar ciertas reservas respecto a clasificar las transacciones con propiedad virtual como verdaderos contratos de compraventa[140]. Así pues, en la medida en que los tribunales clasifiquen las transacciones con inmuebles virtuales como contratos de licencia y, dejando al margen posibles pactos de sumisión (art. 25 RB I-bis) o contratos de consumo merecedores de protección (arts. 17-19 RB I-bis), siempre que el demandado esté domiciliado en un Estado miembro, se aplicará el artículo 7.1.*a*) y *c*) RB I-bis para determinar el foro de competencia especial en asuntos contractuales. De la misma manera, la ley aplicable se determinará, a falta de elección, conforme al artículo 4.2 del RR I, esto es, por la ley del país donde tenga su residencia habitual la parte que deba realizar la prestación característica del contrato, a menos que el contrato presente vínculos manifiestamente más estrechos con otro país distinto (art. 4.3 RR I)[141].

De lo expuesto anteriormente se deduce, por tanto, que, independientemente de la calificación legal que se le otorgue a los bienes inmuebles virtuales —verdaderos inmuebles, bienes muebles intangibles o licencias— las características fundamentales de la tecnología *blockchain* que opera en el metaverso, en especial, la descentralización, el anonimato/opacidad, la inmutabilidad, la interconectividad y la automatización, generan inconsistencias con las normas de Derecho internacional privado basadas en puntos de conexión territorial, como son la ubicación de la propiedad, el lugar de ejecución o el domicilio de las partes. Todo ello nos lleva a cuestionar la viabilidad de la resolución de litigios sobre inmuebles virtuales ante jueces y tribunales nacionales, conforme a las normas de competencia judicial existentes. Por ello, han surgido diversas plataformas que buscan ofrecer un sistema de justicia descentralizada fuera del ámbito jurisdiccional estatal, contexto que analizaremos en el Capítulo IX.

---

139 *Yuga Labs, Inc. v. Ripps*, No. CV22-4355, 2023 WL 3316748, at *12-13 (C.D.Cal., apr. 21, 2023).

140 B. Hayward, *op. cit.*

141 A. M. López Rodríguez, «Ley aplicable a los contratos de transmisión de tokens no fungibles», en Luz M.ª Martinez Velencoso y J. Plaza Penadés (dirs.), *Retos normativos del mercado único digital europeo*, Tirant lo Blanch, Valencia, 2023, pp. 255-280.

4. LEY APLICABLE

Los litigios sobre inmuebles virtuales estarán de alguna manera relacionados con la tecnología *blockchain*, ya que el establecimiento, registro o transferencia de derechos sobre estos activos se realiza a través de la Tecnología de Registro Distribuido (DLT). A diferencia de los bienes raíces tradicionales, que se registran a través de registros de propiedad establecidos y marcos legales que suelen requerir una serie de requisitos formales y documentales para el registro, como la exigencia de un documento público, los terrenos virtuales existen en redes *blockchain* o plataformas virtuales que pueden carecer de sistemas de registro universalmente reconocidos. Además, la inmutabilidad de los registros *blockchain* complica la corrección de errores o entradas fraudulentas, dificultando aún más la capacidad de oponerse a reclamaciones de terceros.

El registro descentralizado de derechos sobre bienes raíces virtuales también plantea preocupaciones sobre la protección de datos y la privacidad, ya que la información relacionada con una propiedad registrada en la *blockchain* puede ser teóricamente accesible para cualquiera en la red. De manera similar, el uso de contratos inteligentes en transacciones de bienes raíces virtuales puede llevar a disputas sobre la interpretación y el alcance de los términos del contrato, que a veces se redactan directamente en lenguaje computacional. Además, aunque la tecnología *blockchain* proporciona cierta seguridad contra posibles alteraciones fraudulentas, pueden existir fallos inherentes, como entradas que contienen datos incorrectos o falsos, cuya rectificación resulta extremadamente compleja debido a la naturaleza inmutable de la información contenida en la *blockchain*.

Pues bien, cuando surja una controversia relacionada con un derecho real sobre un inmueble virtual o el arrendamiento o venta de terreno virtual, no está completamente claro qué ley sería aplicable. Surgen diferentes escenarios, dependiendo de la caracterización de los bienes raíces virtuales como verdadera propiedad inmueble, como propiedad mueble intangible o como simples contratos de licencia.

4.1. CARACTERIZACIÓN COMO BIENES INMUEBLES

La ubicación física de un bien inmueble dentro de un país se utiliza comúnmente como un factor de conexión para determinar la ley aplicable en disputas relacionadas con derechos reales[142]. Sin embargo, la *lex rei sitae* no parece tener mucha viabilidad en el metaverso. En plataformas virtuales y descentralizadas, no existe un país físico que permita situar la relación jurídica bajo un sistema legal específico. Por tanto, si caracterizamos los terrenos virtuales como bienes raíces, las normas actuales de elección de ley aplicable no serían operativas.

En cuanto a cuestiones contractuales, los arrendamientos y otras transacciones que involucren estos bienes estarían sujetos en la Unión Europea a la ley proporcionada bajo el RR I. A menos que las partes hayan acordado válidamente la ley aplicable, el artículo 4.1.*c*) RR I se refiere a la ley del país donde se encuentre situado el inmueble, cuando el contrato vaya referido a un derecho real sobre un inmueble o al arrendamiento de un inmueble, a menos que el contrato tenga vínculos manifiestamente más estrechos con otro país (art. 4.3 RR I). Para arrendamientos vacacionales, el contrato se rige por la ley del país donde el arrendador tiene su residencia habitual, siempre que el arrendatario sea una persona física y tenga su residencia habitual en el mismo país [art. 4.1.*d*) RR I, y sujeto a la existencia de una ley con un vínculo manifiestamente más estrechos bajo el art. 4.3]. Estos puntos de conexión no tienen mucha operatividad con terrenos virtuales y la cláusula de escape sería a menudo impracticable, dada la dificultad de encontrar una conexión manifiestamente más estrecha para transacciones que se llevan a cabo automáticamente dentro de redes

[142] C. RUPP, «The *lex rei sitae* and Its Neighbours-Debates, Developments, and Delineating Boundaries Between PIL Rules», *European Property Law Journal*, vol. 7, 2018, p. 267; J. SINGER, «Property Law Conflicts», *Washburn Law Journal*, vol. 54, 2014, p. 129; J. STERN, «Property Exclusivity, and Jurisdiction», 100 *Virginia Law Review*, 2014, p. 111; R. WEINTRAUB, *Commentary on the Conflict of Laws*, 6.ª ed. (Foundation Press, St. Paul MN 2010) p. 573; G. GARRIGA SUAU y C. WHYTOCK, «Choice of Law for Immovable Property Issues: New Directions in The European Union and The United States», *Revista Española de Derecho Internacional*, vol. 74, 2022, p. 81; J. STERN, *op. cit.*, p. 111; R. WEINTRAUB, *op. cit.*; M. HANCOCK, «Conceptual Devices for Avoiding the Land Taboo in Conflict of Laws: The Disadvantage of Disingenuousness», *Stanford Law Review*, vol. 20, 1967, p. 1.

descentralizadas. Además, ¿cómo se determinaría el domicilio de un avatar o de una parte con identidad anónima? ¿Y cuál sería la ubicación de una entidad que opera como una DAO para el propósito de aplicar el artículo 4.1.*d*) RR I? En consecuencia, podemos inferir que las conexiones proporcionadas en el artículo 4 RR I ni contemplan ni se alinean con las peculiaridades de los terrenos virtuales.

4.2. Caracterización como bienes muebles intangibles

La ubicación del bien es también la conexión empleada por el artículo 10 CC para determinar la ley aplicable en litigios relacionados con derechos reales sobre bienes muebles. Sin embargo, ante la complejidad de localizar los bienes intangibles, podríamos seguir el tratamiento iusprivatista de los valores o *securities*. El problema es que los instrumentos normativos relevantes en este campo, por ejemplo, el Convenio de La Haya de 5 de julio de 2006[143], se fundamentan en el criterio PRIMA (*Place of the Relevant Intermediary Approach*), el cual, no puede adaptarse de manera satisfactoria a activos deslocalizados[144]. Algunos países han adoptado recientemente legislación sobre ley aplicable a criptoactivos no sujetos a intermediación. Así, por ejemplo, de conformidad con el artículo 32.1 de la Ley alemana de Valores Electrónicos (eWpG)[145], las normas de conflicto establecidas en el artículo 17.*a*) de la Ley de Custodia (DepotG) son de aplicación preferente para valores intermediados, pero los valores no intermediados se rigen por la ley del Estado donde se encuentre el organismo supervisor del registro. En situaciones no sujetas a supervisión, la norma remite a la ley de la sede de la entidad que mantiene el registro. Por último, si esta información no estuviera disponible, se aplica la ley del domicilio registrado

[143] Convenio de La Haya de 5 de julio de 2006, relativa a la ley aplicable a ciertos derechos sobre valores depositados en un intermediario.

[144] M. Lehmann, «How to determine the law applicable to crypto assets?», Blog, *The European Association of Private International Law Eapil*, 2021 [disponible en línea]: https://eapil.org/2021/04/02/how-to-determine-the-law-applicable-to-crypto-assets

[145] *Gesetz über elektronische Wertpapiere vom 3.* Juni 2021, «eWpG», BGBl. I S. 1423).

de la entidad emisora[146]. No obstante, la eficacia de estas conexiones es cuestionable si nos enfrentamos a entidades deslocalizadas como las DAOs. Por ello, los Principios de UNIDROIT sobre activos digitales[147], introducen una cláusula de cierre en el artículo 5.*d*), que remite a la *Lex Fori* o a las normas de Derecho internacional privado del foro cuando no es posible utilizar ninguna de las conexiones empleadas en los apartados *a*), *b*) y *c*) (autonomía de la voluntad, ley del Estado expresamente especificada en el sistema en el cual se registra el activo digital o ley del domicilio de la entidad emisora)[148]. Por su parte, los Principios de ELI sobre utilización de activos digitales como garantía[149], utilizan conexiones geográficas como la ley del establecimiento o administración del garante, la ley de su residencia habitual o la vinculación del activo con una jurisdicción específica[150].

Si nos centramos en las cuestiones contractuales, la aplicación de la Convención de las Naciones Unidas sobre los Contratos de Compraventa Internacional de Mercaderías (CISG), comúnmente conocida como la Convención de Viena, a los bienes intangibles, como los activos digitales representados por NFTs, está sujeta a interpretación y debate. Algunos autores argumentan que la noción de «mercadería» en la Convención de Viena podría abarcar ciertos activos intangibles, particularmente si son capaces de ser entregados y transferidos según los términos el contrato[151]. Sin embargo, la identidad específica de quienes realizan transacciones en el metaverso no es fácilmente accesible, lo que dificulta determinar si las partes tienen sus establecimientos en diferentes Estados contratantes, como se requiere para la aplicación de la Convención de Viena según el artículo 1.1.*a*). Asimismo,

---

146 C. Wendehorst, «Chapter 5. Proprietary Rights in Digital Assets and the Conflict of Laws», en A. Bonomi *et al.* (eds.), *Blockchain and Private International Law. Brill*, Nijhoff, 2023, pp. 101-127.

147 *UNIDROIT Principles on Digital Assets and Private Law*, Roma, UNIDROIT, 2023.

148 UNIDROIT Digital Assets and Private Law Principle 5(1)(d) (A) y (B); B. S. Jiménez-Gómez, «Los principios de UNIDROIT sobre activos digitales: entre el Derecho mercantil y el Derecho internacional privado», *Anuario Español de Derecho Internacional Privado*, t. XXIII, 2023, pp. 269-312.

149 *ELI Principles on the Use of Digital Assets as Security*, European Law Institute, Viena, 2022.

150 Principios Tercero y Cuarto.

151 B. Hayward, *op. cit.*, p. 1482.

si las normas de Derecho internacional privado remiten a la Ley de un Estado contratante, la Convención de Viena se aplicará, igualmente, conforme al artículo 1.1.*b*). No obstante, no hay consenso definitivo sobre este asunto y la aplicabilidad de la CISG a transacciones que involucren NFTs u otras formas de propiedad mueble intangible puede variar dependiendo de las circunstancias específicas e interpretaciones de los tribunales o tribunales arbitrales.

En caso contrario, estos contratos estarían sujetos a la Ley nacional elegida por las partes. Ya sea incluida en los términos y condiciones aplicables, cuando la transacción se realiza con la plataforma del metaverso, o en el contrato entre las partes, por ejemplo, cuando se compran o arriendan edificios y terrenos en mercados secundarios. Según los Términos de Servicio de *VRChat*, por ejemplo: «Estos Términos de Servicio se rigen por las leyes del estado de California sin tener en cuenta los principios de conflicto de leyes que resultarían en la aplicación de las leyes de otra jurisdicción»[152]. En contraste, los Términos de Uso de *Decentraland* no contienen ninguna elección de ley aplicable[153].

En ausencia de elección de ley, las compraventas se regirían por la ley del país donde el vendedor tiene su residencia habitual [art. 4.1.*a*) RR I] y, si se trata de un arrendamiento, se aplicaría la ley de la residencia habitual del prestador característico (art. 4.2 RR I),a menos que, en ambos casos, el contrato tenga vínculos manifiestamente más estrechos con otro país (art. 4.3 RR I). De manera similar, ciertas transacciones pueden quedar bajo el ámbito de protección proporcionada por el artículo 6 RR I, relativo a ciertos contratos de consumo, mientras que los contratos de garantía se regirían por la ley aplicable según lo determinado por las disposiciones mencionadas anteriormente (art. 14 RR I).

---

152 https://hello.vrchat.com/legal

153 https://decentraland.org/terms/

4.3. Caracterización como contratos de licencia

Como se ha mencionado anteriormente, algunos autores han expresado reservas respecto a la caracterización de los bienes virtuales como auténticos bienes. En su opinión, estas transacciones constituyen simples acuerdos de licencia de utilización del *software* subyacente. En ese caso, y dejando de lado la autonomía de la voluntad (art. 3 RR I) o contratos de consumidores merecedores de protección (art. 6 RR I), la ley aplicable se determinaría, en ausencia de elección, conforme al artículo 4.2 RR I, es decir, por la ley del país donde la parte que realiza la prestación característica del contrato tiene su residencia habitual, a menos que el contrato presente vínculos manifiestamente más estrechos con otro país (art. 4.3 RR I). Aquí son, por tanto, igualmente aplicables las reflexiones realizadas en párrafos anteriores acerca de la dificultad de determinar la identidad y residencia habitual de las partes, o la ley con conexiones manifiestamente más cercanas en entornos virtuales y descentralizados.

5. CONCLUSIONES

El análisis realizado a lo largo del presente Capítulo sobre la naturaleza jurídica de los bienes virtuales y su tratamiento en el Derecho internacional privado conduce, en consecuencia, a una conclusión inequívoca: independientemente de la caracterización de estos bienes —ya sea como auténticos bienes, inmuebles o bienes muebles intangibles, o como contratos de licencia—, las características fundamentales de la tecnología *blockchain* que opera en el metaverso, particularmente la descentralización y el anonimato/opacidad, plantean desafíos a los foros de competencia y puntos de conexión basados en factores territoriales como la situación del bien en un país o la residencia habitual de las partes. Además, la aplicación de la ley basada en los vínculos más cercanos no siempre es efectiva en entornos descentralizados, donde las transacciones se realizan simultáneamente a través de los nodos de una cadena de bloques. Aunque a veces se puede determinar la ley aplicable basándose en factores o relaciones jurídicas fuera de la cadena (*offchain*), si esto no es factible, la determinación de la ley aplicable puede resultar compleja.

Al igual que en el mundo físico, la seguridad jurídica y la implementación de mecanismos efectivos de resolución de conflictos desempeñan un papel crucial en el metaverso, proporcionando un marco sólido para las transacciones y relaciones contractuales. En un futuro, donde la compraventa, transferencia y arrendamiento de bienes virtuales sean actividades recurrentes, la seguridad jurídica será un pilar fundamental. La existencia de una normativa sustantiva e internacional iusprivatista clara, respaldadas por un buen sistema de resolución de conflictos, contribuirá sin duda alguna a incrementar la confianza entre las partes involucradas. En los Capítulos IX y X. abordaremos estas cuestiones con más detalle.

CAPÍTULO VIII

PROPIEDAD INTELECTUAL EN EL METAVERSO

El metaverso está transformando diversos aspectos de la protección de la propiedad intelectual (PI) e industrial. A medida que se desarrollan nuevos entornos y plataformas virtuales, surge la necesidad de adoptar nuevas leyes y adaptar el marco normativo para proteger adecuadamente las creaciones y derechos en estos espacios innovadores. Por razones de espacio y dado que la doctrina ya ha abordado este tema, este Capítulo explora brevemente algunos desafíos y estrategias para la protección de la PI en el metaverso, centrándose en los aspectos más relevantes sobre competencia judicial internacional y ley aplicable. Para un análisis más detallado, remitimos a trabajos especializados que ya han tratado en profundidad cuestiones sustantivas como la interoperabilidad, las dinámicas de competencia y acceso, la protección de las creaciones intelectuales, los derechos de explotación o la moderación de contenidos en el metaverso[1].

[1] A. López-Tarruella Martínez (dir.), *Protección y gestión de la propiedad intelectual en el metaverso*, Madrid, Editorial Reus, 2023; J. C. Erdozaín *et al.*, «Propiedad intelectual e industrial en el metaverso», en L. I. Vicente del Olmo y J. L. Amat (coords.), *Aspectos jurídicos del metaverso,* Wolters Kluwer La Ley, Madrid, 2022, pp. 223-273; E. M. Domínguez Pérez, «La marca en el metaverso: metaverso: avances y cuestiones abiertas», *Revista La Propiedad Inmaterial,* Universidad Externado de Colombia, vol. 36, 2023, pp. 149-175, doi: https://doi.org/10.18601/16571959.n36.07;

1. MARCAS EN EL METAVERSO

Una marca es un signo distintivo que permite identificar productos o servicios de una empresa o individuo en el mercado. Puede consistir en palabras, nombres, logotipos, símbolos, colores, sonidos o cualquier combinación de estos elementos, utilizados para diferenciar los productos o servicios de una empresa de los de otras empresas en el comercio. El propósito principal de una marca es crear una identidad única y reconocible que permita a los consumidores identificar y asociar los productos o servicios con una fuente específica, garantizando así la calidad y origen de lo que están adquiriendo.

Las marcas están experimentando una evolución significativa que desafía las convenciones tradicionales del derecho de propiedad intelectual. El metaverso no solo amplía las fronteras de la interacción humana y comercial a través de entornos virtuales, sino que también presenta complejas cuestiones legales y estratégicas para las empresas. En este contexto, las marcas no solo deben adaptarse a la virtualidad y a la representación digital de productos y servicios, sino también proteger su identidad frente a nuevos riesgos como el uso no autorizado, la gestión de avatares y la necesidad de establecer nuevas normativas y prácticas de vigilancia[2].

1.1. Las marcas y su protección en la Unión Europea

Para ser considerada una marca, un signo debe cumplir con tres requisitos en la Unión Europea: ser un signo, tener la capacidad de ser representado y tener aptitud distintiva.

La normativa actual de la Unión Europea no limita el tipo de signos que pueden constituir una marca. Según la Directiva (UE)

S. Chesterman, «Artificial intelligence and the limits of legal personality», *International and Comparative Law Quarterly*, vol. 69, 2020, pp. 819-844.

[2] R. Ferrero Guillén y A. Kyrylenko, «Marcas y diseños en el metaverso: como adentrarse en la "nueva" realidad virtual», en A. López-Tarruella Martínez (dir.), *Protección y gestión de la propiedad intelectual en el metaverso*, *op. cit.*, pp. 167-192.

2015/2436[3], se permite registrar diferentes tipos de marcas, como marcas denominativas, figurativas, de forma, de posición, de patrón, de color, sonoras, de movimiento, multimedia o de holograma, siempre que puedan representarse de manera clara y precisa utilizando la tecnología disponible en ese momento. Esto demuestra que la normativa es flexible y adaptable a la evolución de los signos distintivos en el mercado.

Las empresas están cada vez más interesadas en el metaverso y buscan establecer su presencia registrando marcas para productos y servicios virtuales que planean lanzar en mercados digitales. Las solicitudes de registro revelan que se están clasificando principalmente bajo las Clases 9 (productos virtuales descargables), 35 (servicios de distribución minorista de bienes virtuales) y 41 (entretenimiento en línea con accesorios digitales). Debido al aumento de solicitudes relacionadas con los tokens no fungibles (NFTs), la Oficina de Propiedad Intelectual de la Unión Europea (EUIPO) ha emitido orientaciones para clarificar su correcta clasificación bajo la última edición de la Clasificación de Niza. En este sentido, han sido clasificados bajo la Clase 9 por considerarse contenido digital autenticado. La EUIPO también ha enfatizado la necesidad de especificar con precisión los productos virtuales, como los archivos digitales descargables, para evitar ambigüedades. Además, establece que el término genérico «non-fungible token» debe ser detallado para especificar el tipo de artículo digital autenticado que representa. Las Directrices de examen de marcas de la UE, vigentes desde marzo de 2024, reflejan estas consideraciones, destacando los esfuerzos regulatorios para adaptarse a las nuevas realidades del entorno virtual Web 3.0, como los NFTs en el metaverso. Por tanto, no hay nada que parezca impedir la protección de productos y servicios virtuales, así como los NFTs en los entornos digitales actuales y en aquellos que se vayan construyendo, aunque se debe identificar y describir estos elementos de forma correcta para su protección[4].

---

[3] Directiva (UE) 2015/2436 del Parlamento Europeo y del Consejo, de 16 de diciembre de 2015, relativa a la aproximación de las legislaciones de los Estados miembros en materia de marcas (versión refundida), *DO* L 336 de 23.12.2015, pp. 1-26.

[4] J. C. Erdozaín *et al.*, *op. cit.*, p. 227.

Sin embargo, hemos de tener en cuenta que las marcas son derechos territoriales que deben protegerse mediante registro. Aunque en algunos territorios es posible contar con protección sin registro basada en el uso (*first to use*), es conveniente obtener el registro de marca para garantizar una protección efectiva y exclusiva en el mercado y esta territorialidad entra en conflicto con la deslocalización y globalidad del metaverso. Por otro lado, la protección de la marca en el metaverso plantea desafíos únicos debido a la naturaleza descentralizada y transfronteriza de este entorno. La cuestión de la jurisdicción competente, la identificación de infractores y la regulación de la propiedad intelectual son aspectos que requieren una atención especial por parte de las autoridades y las empresas que operan en este espacio virtual, como veremos más adelante[5].

1.2. EL PAPEL ESENCIAL DE LA MARCA Y RIESGOS DE SU USO EN EL METAVERSO

Las marcas desempeñan un papel crucial en el metaverso. Sirven como identificadores de origen, garantizan la calidad y crean asociaciones emocionales con los consumidores. En este contexto las marcas se utilizan de diversas formas, desde logotipos en avatares y bienes virtuales hasta anuncios y eventos patrocinados. La presencia de una marca en el metaverso puede influir significativamente en la percepción y lealtad de los consumidores.

En efecto, la marca desempeña un papel fundamental y estratégico en el metaverso que va más allá de la simple identificación de productos o servicios. La presencia de marcas en este entorno virtual no solo busca diferenciar a las empresas y sus ofertas, sino que también se convierte en un activo intangible de gran valor en un espacio donde la interacción y la transacción se realizan de manera digital.

Las marcas en el metaverso son clave para generar confianza y lealtad entre los usuarios, ya que representan la reputación, la calidad y los valores de una empresa en un entorno completamente virtual. Al igual que en el mundo físico, las marcas buscan conectar emocio-

---

[5] *Ibid.*

nalmente con su audiencia, creando experiencias únicas y personalizadas que contribuyan a la construcción de una identidad sólida y reconocible.

Además, en un entorno donde la competencia es global y las barreras de entrada son más difusas, las marcas se convierten en un elemento diferenciador clave que puede influir en la percepción de los usuarios y en su decisión de compra. Es por ello que la gestión adecuada de la marca en el metaverso se vuelve esencial para destacar en un mercado saturado de estímulos y opciones.

Sin embargo, también existen riesgos asociados al uso de las marcas en el metaverso, entre ellos, que un tercero pueda solicitar el registro de la marca para productos y servicios digitales ante una Oficina de Marcas, el denominado *trademark squatting*, o solicitud de marcas para usos virtuales. Este término se refiere a registrar marcas con el objetivo de obtener beneficios económicos o ventajas competitivas en plataformas digitales, sin la intención genuina de usarlas en el mundo real. Ello ha ocurrido en EE.UU. con marcas como *Prada* y *Gucci*, abarcando clases como la 9 (productos digitales), 35 (servicios de distribución) y 41 (entretenimiento digital). Este escenario parece menos probable ante la Oficina Española de Patentes y Marcas (OEPM), dado que las solicitudes de terceros para marcas renombradas en productos digitales generalmente no se admitirían. Esto se debe a la interpretación restrictiva de la marca renombrada más allá del ámbito específico de su uso, lo que llevaría a la OEPM a rechazar tales solicitudes para inscribir el signo como marca en productos y servicios digitales[6].

De otro lado, la infracción de la marca renombrada también se presenta como un supuesto de violación de los derechos de propiedad intelectual que plantea desafíos legales y éticos significativos. Este concepto se refiere a la utilización no autorizada de marcas reconocidas y reputadas en entornos virtuales, con el objetivo de capitalizar su prestigio y reputación para obtener beneficios económicos o ventajas competitivas.

---

[6] M. Domínguez Pérez, «La marca en el metaverso: metaverso: avances y cuestiones abiertas», *op. cit.*, p. 161.

Las infracciones pueden manifestarse de diversas formas, como la creación de avatares, productos virtuales o espacios digitales que imitan o se apropian de marcas reconocidas sin la debida autorización de los titulares legítimos. Estas prácticas no solo pueden causar daños a la reputación de las marcas originales, sino que también puede confundir a los consumidores y afectar la competencia leal en el entorno virtual.

Un ejemplo concreto de infracción de marca en el metaverso fue el caso *Juventus*[7] y el de la marca *Nike*[8], donde se identificó la venta de productos falsificados con el logo y diseño característico de la marca en entornos virtuales sin autorización. Otro caso relevante fue el asunto *Metabirkin*[9], donde se discutió la utilización no autorizada de la marca *Birkin* de *Hermès* en un entorno virtual para la producción artística sin consentimiento del titular legítimo. El caso de *Nike* se resolvió mediante medidas legales para detener la venta no autorizada de productos con el logo y diseño de la marca. Por su parte, en el asunto *Metabirkin*, el Tribunal Federal del Distrito Sur de Nueva York falló a favor de la marca francesa, otorgándole una compensación de 133.000 dólares por daños y perjuicios. Esto se debió a la infracción de derechos de marca registrada, la dilución de la marca y la ciberocupación indebida, ya que el artista había registrado el dominio MetaBirkins para vender sus NFTs. Por su parte, en una resolución de 20 de julio de 2022, un Tribunal de Primera Instancia en Roma determinó que *Blockeras* infringió los derechos de marca de la *Juventus F.C.* al comercializar NFTs con imágenes de futbolistas, incluido *Christian Vieri*, quien aparecía con la camiseta de la Juventus. La Juventus demandó para retirar estos NFTs de inmediato. El Tribunal falló a favor de la Juventus, basándose en tres puntos: el renombre de la marca y el riesgo de confusión, la existencia de registros de marca en la Clase 9 (aunque no específicamente para NFTs), y que el permiso de Vieri no eximía a *Blockeras* de obtener el permiso de la *Juventus*.

---

[7] Sentencia del Tribunal de Roma de 20 de julio de 2022, caso núm. 32072/2022, Juventus F.C., https://www.ga-p.com/wp-content/uploads/2023/01/Rome-Court-NFTs.pdf

[8] *Nike, Inc. V. Stockx, Llc.*, Tribunal del Distrito Sur de Nueva York, 22-CV-00983 (VEC)(SN) (S.D.N.Y., jan. 9, 2023).

[9] *Hermes Int'l v. Rothschild*, Tribunal del Distrito Sur de Nueva York, 22-CV-384 (JSR) (S.D.N.Y., may. 18, 2022).

Es fundamental, por consiguiente, que las empresas estén alerta y adopten medidas proactivas para proteger sus derechos de propiedad intelectual en este nuevo y complejo entorno digital. Esto incluye la implementación de estrategias de monitoreo de marcas en plataformas virtuales, la vigilancia de posibles infracciones y la adopción de medidas legales para hacer valer sus derechos. Además, las autoridades competentes y los organismos reguladores deben desarrollar normativas específicas que aborden la infracción de la marca renombrada en el metaverso, estableciendo mecanismos eficaces para la resolución de conflictos y la protección de los derechos de propiedad intelectual en este espacio virtual en constante evolución. Todo ello es esencial para garantizar la integridad de la propiedad intelectual, fomentar la competencia leal y preservar la confianza de los consumidores en el mundo digital.

1.3. El cumplimiento de la obligación de uso y el derecho de agotamiento de la marca en el metaverso

La obligación de uso consiste en la necesidad de utilizar efectivamente una marca en el mercado para mantener su registro y exclusividad. Según la Directiva (UE) 2015/2436, las marcas deben ser utilizadas en conexión con los productos o servicios para los cuales están registradas, o en caso de no serlo, pueden ser objeto de una declaración de caducidad. Es esencial que las marcas se utilicen de manera efectiva para cumplir con esta obligación[10].

Con relación a lo anterior, una de las cuestiones más pertinentes y aún no completamente resueltas es si, en el contexto de marcas registradas para bienes físicos en el mundo real, se produce el agotamiento de los derechos cuando dichas marcas son utilizadas en el metaverso por terceros sin la autorización del titular de la marca.

El agotamiento del derecho de marca en el metaverso se refiere, por tanto, a si cuando una marca registrada para bienes en el mundo real es utilizada en entornos virtuales por un tercero sin autorización

---

[10] J. C. Erdozaín *et al.*, *op. cit.*, p. 230.

del titular, se produce el agotamiento de dicho derecho. Por otro lado, el principio de territorialidad, característico de los derechos de propiedad industrial, plantea la cuestión de cómo coordinar este principio con el carácter universal y global del metaverso.

La reciente sentencia del Tribunal de Manhattan en el caso *Metabirkin* ha abordado esta problemática al considerar que el agotamiento de la marca no se produce cuando el titular de la marca la utiliza en el mundo real pero no en el mundo virtual, lo que parece resultar en una infracción de la marca por parte de un tercero en el metaverso. Esta decisión destaca la importancia de proteger los derechos de exclusiva y la situación de monopolio del titular de la marca, incluso en nuevos usos como el metaverso[11].

Las empresas están empezando a registrar sus marcas para productos virtuales para protegerlas contra el uso no autorizado en el metaverso, evitando así la necesidad de vigilancia constante. Aunque algunas consideran registrar marcas defensivas para este fin, es importante recordar que las marcas deben utilizarse activamente dentro de cinco años desde su registro para evitar su cancelación por falta de uso. Por tanto, es crucial que los registros de marcas para entornos virtuales se realicen con la intención real de usarlas, asegurando así su validez a largo plazo[12].

No obstante, como se ha apuntado, el tema clave en este contexto es la relación entre el principio de territorialidad de los derechos de propiedad industrial y la naturaleza global y descentralizada del metaverso, accesible desde cualquier parte del mundo a través de estructuras descentralizadas como las Organizaciones Autónomas Descentralizadas (DAOs). Este entorno plantea serias dificultades para determinar la jurisdicción competente en casos de infracción de marcas, además de la complicación para identificar al infractor, asuntos que trataremos más adelante[13].

[11] M. Domínguez Pérez, *op. cit.*, p. 169.
[12] *Ibid.*
[13] J. C. Erdozaín *et al.*, *op. cit.*, p. 230.

2. PROTECCIÓN DE LA PROPIEDAD INMATERIAL EN EL METAVERSO

El metaverso posibilita la creación de obras artísticas e intelectuales de diversas formas. Desde el programa de ordenador que da vida a este entorno hasta las creaciones que se encuentran en su interior, como avatares y edificios virtuales, lo que plantea la cuestión de la titularidad de los derechos de autor en este contexto. Los desarrolladores de estos mundos virtuales suelen ser los titulares de estos derechos, pudiendo obtenerlos a través de acuerdos con los creadores. Asimismo, los usuarios tienen la posibilidad de introducir sus propias creaciones en el metaverso, cuya titularidad se regula mediante acuerdos de licencia. Además, en este espacio virtual se encuentran objetos encriptados gestionados por contratos inteligentes, lo que resalta la importancia del derecho a la identidad digital y la protección de la información personal[14].

Mayores desafíos plantean los contenidos generados por inteligencia artificial (IA). En términos de protección, la cuestión principal radica en determinar si las obras creadas por IA pueden ser consideradas como propiedad intelectual y, por tanto, protegidas por derechos de autor. Tradicionalmente, los derechos de autor se otorgan a obras creadas por seres humanos, lo que plantea interrogantes sobre la autoría y titularidad de los contenidos generados por IA.

El artículo 10 de la Ley de Propiedad Intelectual (en adelante, LPI)[15] establece que todas las creaciones originales literarias, artísticas o científicas, expresadas por cualquier medio conocido o futuro, están protegidas por la propiedad intelectual. A este respecto, la doctrina ha argumentado que, aunque el metaverso no se menciona explícitamente en la LPI, su régimen de protección se aplica igualmente. Esto incluye tanto los programas informáticos que gestionan el metaverso como las diversas obras creativas presentes en él, tales como literarias, musicales, audiovisuales, esculturas y fotografías. Por ejem-

[14] M. L. Lacruz Mantecón, «Metaverso y NFT de obras artísticas o intelectuales», *Revista de Estudios Jurídicos y Criminológicos*, vol. 8, Universidad de Cádiz, 2023, pp. 15-44.

[15] Real Decreto Legislativo 1/1996, de 12 de abril, por el que se aprueba el texto refundido de la Ley de Propiedad Intelectual, regularizando, aclarando y armonizando las disposiciones legales vigentes sobre la materia, *BOE* núm. 97, de 22 de abril.

plo, en la *Makers Place Gallery* de *Cryptovoxels*, el espacio y su dinámica son obra del programador, mientras que las obras expuestas pertenecen a sus respectivos autores. Para proteger estos elementos, la doctrina sugiere la aplicación directa de la LPI[16]. Además, señalan que, aunque no haya precedentes de infracciones de derechos en el metaverso, en España la LPI no limita la protección de una creación, incluso si el uso infractor ocurre en un entorno virtual, similar a lo que ha ocurrido con Internet[17].

Sin ánimo de exhaustividad, las siguientes líneas esbozan la protección de las obras y creaciones de los propietarios de las plataformas virtuales y de las desarrolladas por usuarios, respectivamente. Finalmente se abordará la protección de las obras desarrolladas por IA.

2.1. Obras desarrolladas por los propietarios de las plataformas virtuales

Los entornos virtuales están conformados por una diversidad de elementos, como calles, parques, vegetación, señales de tráfico, rascacielos, vehículos y cuerpos de agua como lagos, junto con una amplia variedad de otros objetos y estructuras que enriquecen la experiencia virtual. Desde una perspectiva jurídica, cada uno de estos elementos está protegido solo si son originales, es decir, reflejan la personalidad de su creador y muestran decisiones libres y creativas. Este criterio contrasta con el enfoque hiperrealista de algunas plataformas que buscan una alta fidelidad con la realidad, a menudo, sacrificando la originalidad estética en favor de aspectos técnicos y funcionales más prioritarios en la renderización gráfica en tiempo real. A medida que avanza la tecnología, estos objetos pueden perder su singularidad, especialmente en sus componentes individuales. Los objetos en un metaverso hiperrealista pueden carecer de originalidad y, por ende, no estar protegidos por derechos de autor en su aspecto visual, aunque el código subyacente podría ser susceptible de protección. Sin embargo,

[16] Á. Martínez Crespo e I. Molina Álvarez, «La Propiedad Intelectual en el metaverso», *Comunicaciones en propiedad industrial y derecho de la competencia*, ISSN 1579-3494, núm. 97, septiembre-diciembre 2022, p. 90.

[17] *Ibid.*

el conjunto de estos elementos podría ser protegido bajo el concepto tradicional de obra multimedia según la LPI[18].

En línea con un sector de la doctrina que aboga por la protección de páginas web mediante el régimen de colecciones o bases de datos del artículo 12 LPI[19], podría argumentarse la inclusión de los aspectos gráficos y sonoros del metaverso en la definición de dicho precepto. Para ello, el entorno virtual debe cumplir con cuatro requisitos: estar compuesto por obras, datos u otros elementos independientes; estar dispuestos de manera sistemática o metódica; ser accesibles individualmente; y ser accesibles por medios electrónicos u otras formas[20].

No parece complejo alinear los aspectos visuales del metaverso con los requisitos mencionados, excepto por el tercero, que demanda la accesibilidad autónoma de cada obra o dato dentro de la colección. El concepto de bases de datos bajo el artículo 12 LPI requiere que los elementos sean percibidos individualmente y separados por el usuario. En un entorno virtual, aunque cada elemento pueda ser mostrado en pantalla cuando se requiere, no siempre se garantiza que cada componente sea accesible según el deseo del usuario. Aunque no se exige explícitamente esta accesibilidad completa, es una característica inherente al concepto de base de datos. Por tanto, es crucial que cada elemento del entorno virtual pueda ser accesible individualmente bajo demanda del usuario[21].

Esto implica un análisis detallado de las características de cada entorno virtual y cómo se presenta al usuario, incluyendo cómo se puede acceder a dicho conjunto de datos organizados sistemáticamente. En muchos videojuegos, donde la narrativa está predefinida por el desarrollador y los elementos se desbloquean a medida que progresa el juego, existe cierta interactividad. Sin embargo, esta in-

---

[18] A. Ramos Gil de la Haza, «Protección de las creaciones intelectuales en el metaverso», en A. López-Tarruella Martínez (dir.), *Protección y gestión de la propiedad intelectual en el metaverso, op. cit.*, pp. 119-166, pp. 129.

[19] G. Minero Alejandre, «Reflexiones acerca de la protección jurídica de las páginas web y la potencial capacidad del derecho de autor y del derecho *sui generis* sobre bases de datos para adaptarse a las peculiaridades técnicas de las primeras», en *Revista de Propiedad Intelectual*, vol. 39, 2011, pp. 37-114.

[20] A. Ramos Gil de la Haza, *op. cit.*, p. 129.

[21] *Ibid.*

teracción no siempre proporciona un control total sobre qué elementos se pueden acceder, lo que no cumple con los requisitos del artículo 12.2 LPI. Una situación similar puede surgir, aunque en menor medida, en la mayoría de los entornos virtuales dentro del metaverso[22].

En entornos virtuales inmersivos, los usuarios tienen libertad para moverse y decidir con qué elementos interactuar, a menudo a través de avatares. Aunque no hay una estructura de juego predeterminada o metas específicas, la interacción con elementos individuales del entorno no siempre es factible. Por tanto, los entornos gráficos del metaverso generalmente no cumplen con los requisitos jurídicos para ser considerados bases de datos debido a la falta de acceso individual a cada componente[23].

Sin embargo, una herramienta que permita a los usuarios personalizar sus avatares mediante un extenso catálogo de elementos como prendas de vestir y accesorios podría cumplir con la definición de base de datos *sui generis* según el artículo 133 LPI. Este tipo de herramienta, organizada sistemáticamente con miles de objetos virtuales, podría ser protegida como una base de datos original, permitiendo al creador o fabricante ejercer derechos sobre actos específicos de terceros, como la reproducción no autorizada de estos elementos. En consecuencia, el titular de los derechos de autor podría impedir que terceros ofrezcan su obra en otros entornos virtuales al proteger el contenido organizado sistemáticamente, de la misma manera que el fabricante de una base de datos *sui generis* puede evitar la extracción de una parte sustancial de su contenido[24].

De otro lado, dado que la interoperabilidad es crucial en el metaverso, los usuarios podrían potencialmente interactuar entre sí en diferentes plataformas utilizando avatares creados en entornos distintos, por ejemplo, moviendo un avatar de *Fortnite* a *Roblox* para interactuar en *Minecraft*. Esta interoperabilidad requiere que el entorno virtual original transmita los archivos necesarios para insertar el objeto en otro espacio elegido por el usuario, implicando actos técnicos de transmisión y reproducción. Dichos actos están típicamente regulados

---

[22] *Ibid.*, p. 130.

[23] *Ibid.*

[24] *Ibid.*, p. 131.

a través de contratos de adhesión que establecen las condiciones para compartir información. En casos donde el entorno virtual original no proporciona una interfaz de programación de aplicaciones (API) o no establece condiciones específicas para su uso, se aplicarán las presunciones establecidas en los artículos 43 y 48 LPI, o incluso el límite del artículo 31.1 en relación con procesos meramente técnicos. En este contexto, se ha debatido sobre el agotamiento de los derechos cuando un usuario adquiere una obra o prestación protegida dentro del metaverso. La doctrina ha rechazado esta posibilidad argumentando que el agotamiento es un requisito del derecho de distribución, no aplicable en entornos en línea[25]. Además, este principio solo opera cuando hay una venta o transferencia del soporte físico de la obra, mientras que, para un sector de la doctrina, en los espacios virtuales los usuarios obtienen una autorización o licencia limitada en lugar de un derecho de propiedad[26]. Por último, los traslados entre entornos virtuales requerirán al menos la reproducción de ciertos archivos (que pueden contener obras) en los servidores del operador del mundo virtual de destino, actos que no estarán cubiertos por el agotamiento del derecho[27].

Asimismo, se ha planteado la posibilidad de que actos como el almacenamiento de obras en servidores remotos o las transmisiones no estén cubiertos por las disposiciones tradicionales de derechos de autor, planteando dudas sobre si el marco legal actual, como el artículo 43.5 LPI, abarca adecuadamente estos nuevos medios de difusión. También se cuestiona si la cesión de derechos sobre obras o prestaciones adquiridas en estos entornos virtuales queda excluida de dichas disposiciones legales. Este debate surge porque los entornos virtuales, aunque no son un medio de difusión nuevo como lo fue Internet en su momento, se basan en la migración digital para crear un entorno inmersivo[28].

Finalmente, como se ha discutido en el Capítulo VII sobre NFTs, en estos espacios virtuales con economía propia surge la discusión

---

[25] *Ibid.*, p. 134.

[26] C. J. Cifrino, «Virtual Property, Virtual Rights: Why Contract Law, Not Property Law, Must Be the Governing Paradigm in the Law of Virtual Worlds», *Boston College Law Review*, vol. 55, núm. 1, 2014, pp. 235-264.

[27] A. Ramos Gil de la Haza, *op. cit.*, p. 133.

[28] *Ibid.*, p. 134.

sobre los derechos respecto de los artículos adquiridos dentro de ellos, especialmente con la llegada de tecnologías como la *blockchain*. Es generalmente aceptado que el adquirente de un objeto virtual (como un arma, un vehículo o un avatar) no adquiere los derechos de autor sobre el mismo, aunque la cuestión sobre si adquiere algún derecho de propiedad es diferente.

Con relación a la problemática de los NFTs cabe destacar el denominado caso *Mango*[29]. Esta empresa había expuesto obras de Barceló, Tapiés y Miró, de las que era propietaria, en una tienda en Nueva York y en el metaverso mediante NFTs. La demandante, VEGAP (Visual Entidad de Gestión de Artistas Plásticos), alegó que esta exhibición violaba derechos morales y patrimoniales de las obras. Sin embargo, el Juzgado de lo Mercantil núm. 9 de Barcelona, resolvió a favor de *Punto Fa, S.A.* (*Mango*), entendiendo que los derechos de divulgación ya estaban agotados porque las obras habían sido previamente exhibidas y que *Mango* tenía derecho a la exposición pública de las obras como propietario de los soportes físicos. Asimismo, en la opinión del tribunal, la creación de NFTs constituía un uso justo, ya que no tenía fines comerciales y respetaba la autoría de las obras. En conclusión, el tribunal declaró que *Mango* no infringió derechos, actuó de buena fe y benefició a los autores.

2.2. Obras desarrolladas por los usuarios

Aunque el metaverso está siendo construido, principalmente, por empresas con suficientes medios y recursos para desarrollar un entorno virtual tan ambicioso, los usuarios son, sin lugar a dudas, copartícipes de su creación. En efecto, los usuarios pueden utilizar las herramientas ofrecidas por los operadores de las plataformas para crear una amplia variedad de contenidos, como avatares personalizados, espacios virtuales, objetos digitales, arte, juegos, narrativas, eventos, *plugins*, y materiales educativos. Estos contenidos permiten la expresión creativa y pueden generar ingresos, pudiendo estar protegidos por leyes

[29] Sentencia 776/2022 del Juzgado de lo Mercantil núm. 9 de Barcelona, de 11 de enero de 2024.

de propiedad intelectual. Las tensiones vividas en las dos últimas décadas en relación con los contenidos generados por usuarios, incluyendo la normativa específica adoptada al efecto, constituyen un punto de partida para intentar solventar algunos de los problemas que plantea el metaverso, junto con una jurisprudencia aperturista, que recuerda que los límites a los derechos de autor suponen una lista cerrada, pero que, al mismo tiempo, reconoce ciertas circunstancias en las que obras y prestaciones de terceros pueden ser explotadas sin autorización de sus titulares, sobre la base de principios generales y de limitaciones propias de otros contextos jurídicos[30].

Por ejemplo, la excepción a los derechos exclusivos de los autores del artículo 31 bis LPI permite la reproducción de obras que cumplan el doble requisito de estar situadas en la vía pública y de manera permanente, pudiendo, el beneficiario de dicho límite, por ejemplo, reproducir las obras arquitectónicas que se encuentran en una ciudad para recrearlas en el metaverso. Sin embargo, este límite no se encuentra positivizado en todas las normativas nacionales de los Estados miembros de la Unión Europea y, aún menos en otros territorios extracomunitarios, lo cual le resta relevancia para el caso de estudio, sobre todo por el carácter transnacional que tiene el metaverso[31].

Del mismo modo, los usuarios pueden crear contenido utilizando obras y recursos de otros para transformarlos o integrarlos en su propio trabajo, resultando en una obra que puede o no atribuirse al autor original. A este respecto, si un usuario desea desarrollar, por ejemplo, un minijuego para el metaverso, utilizando para ello canciones, obras plásticas o fotografías de terceros, salvo que tal persona esté autorizada o pueda acogerse a alguno de los límites tasados entre los artículos 31 y 39 LPI, la reproducción total o parcial de tales obras o prestaciones de terceros requerirá su autorización previa. De entre todas las excepciones a los derechos exclusivos, la que pudiera ser relevante a estos efectos es la dispuesta en el artículo 32.1 LPI, es decir, la excepción de citas y reseñas, la cual permite a las personas físicas o jurídicas incluir fragmentos de obras ajenas, siempre que se realice a título de cita, con una finalidad de análisis, comentario o juicio críti-

---

[30] A. Ramos Gil de la Haza, *op. cit.*, p. 139.

[31] *Ibid.*

co y se haga con fines docentes o de investigación, citando siempre la fuente y el nombre del autor. Sin embargo, parece que este límite no podría ser aplicado en el metaverso para justificar la inclusión de citas o fragmentos a obras de terceros, por cuanto estas no se realizarían con una finalidad educativa o investigadora. En cualquier caso, tanto la jurisprudencia del TJUE como los tribunales nacionales han demostrado ser considerablemente más flexibles al permitir reproducciones parciales de contenidos de terceros que consideran razonables y justificadas[32].

A diferencia del sistema continental, que se caracteriza por un enfoque tradicionalmente restrictivo y donde se recurre solo a límites específicos para legitimar la utilización de obras de terceros, el sistema anglosajón de derechos de propiedad intelectual establece límites definidos y defensas como el *fair use*, que permiten la utilización de obras ajenas en ciertos contextos[33]. Esta doctrina, entre otras, ha sido utilizada para legitimar la explotación de obras o prestaciones de terceros en casos específicos[34].

Por otro lado, los usuarios creadores que, de forma *amateur* o profesional, desarrollen contenidos para el metaverso, al utilizar herramientas habilitadas por la plataforma en la cual se explotará el resultado, y aceptar las condiciones generales de contratación, pueden encontrarse con posibles cesiones impuestas sobre los derechos de explotación de sus propias obras, como sucede actualmente en otros entornos virtuales como *Second Life*, *Minecraft*, *Roblox* o *Sandbox*. A este respecto se ha apuntado, sin embargo, que, en ausencia de una regulación precisa, la normativa especial (como la Ley de Propiedad Intelectual en nuestro país) tendrá prevalencia sobre las condiciones generales de contratación establecidas por los proveedores de un servicio específico[35].

---

[32] Sentencia del Tribunal de Justicia (Gran Sala) de 29 de julio de 2019, C-476/17, *Pelham GmbH y otros contra Ralf Hütter y Florian Schneider-Esleben*, ECLI:EU:C:2019:624; Sentencia del Tribunal de Justicia (Gran Sala) de 3 de septiembre de 2014, C-201/13, *Johan Deckmyn y Vrijheidsfonds VZW contra Helena Vandersteen y otros*, ECLI:EU:C:2014:2132.

[33] A. Ramos Gil de la Haza, *op. cit.*, p. 142.

[34] Sentencia del Juzgado de lo Mercantil núm. 6 de Madrid, de 13 de enero de 2010 (1327/2007), *Aserejé*, ECLI:ES:JMM:2010:30; Sentencia del Tribunal Supremo (Sala Primera), de 3 de abril de 2012 (172/2012), ECLI:ES:TS:2012:3942.

[35] A. Ramos Gil de la Haza, *op. cit.*, p. 147.

Así pues, podemos concluir que los contenidos creados por usuarios dentro del metaverso tienen un impacto significativo en la propiedad intelectual. En primer lugar, durante el proceso de creación en el cual es habitual que el usuario incorpore obras ajenas para transformarlas o unirlas a la suya y, en segundo lugar, con relación a las facultades que los operadores del metaverso tienen sobre la producción de dicho contenido, derivado de las herramientas habilitadas y las condiciones contractuales impuestas.

2.3. Autoría y protección de obras creadas por IA

Los derechos de autor presentan desafíos complejos en el metaverso, especialmente cuando se trata de contenidos generados por inteligencia artificial (IA). Los derechos de autor, en términos generales, protegen las creaciones originales de individuos o entidades, otorgándoles derechos exclusivos para utilizar y beneficiarse de su obra. Sin embargo, la situación se complica con los contenidos creados por IA, ya que surge la incertidumbre sobre quién debe ser considerado el autor real de la obra, quién tiene derecho a reclamar la autoría y la titularidad[36], y cómo se pueden proteger estos derechos en un entorno virtual como el metaverso.

En el caso de los contenidos generados por IA, la noción de autoría se vuelve ambigua. Tradicionalmente, los derechos de autor se asignan a un autor humano que ha creado la obra de manera original y creativa, tal como exige el artículo 5 LPI. Sin embargo, con los contenidos generados por IA, no existe un autor humano en el sentido convencional, lo que plantea la pregunta de si la IA misma puede ser considerada como el autor de la obra. Algunos sostienen que la autoría debería atribuirse al programador o a la entidad que posee y opera la IA, mientras que otros abogan por reconocer a la IA como el autor legítimo[37]. En este sentido, el *Copyright Office* estadouniden-

[36] C. Saiz García, «Las obras creadas por sistemas de inteligencia artificial y su protección por el derecho de autor», *InDret* 1/2019, https://raco.cat/index.php/InDret/article/view/354489/446475

[37] Vid., en este sentido, «Mission intelligence artificielle et culture: Rapport final», *Mission du CSPLA sur les enjeux juridiques et économiques de l'intelligence artificielle dans les secteurs de la création culturelle*, 27 de febrero de 2020, p. 36, disponible en: https://

se y la *Review Board* rechazaron la solicitud de registro de la obra *A recent entrance to Paradise* creada por IA, argumentando que esta no cumplía con los requisitos de originalidad necesarios para obtener protección de derechos de autor[38]. Por el contrario, un tribunal de distrito en China dictaminó en diciembre de 2019 que un artículo producido por un algoritmo no podía ser copiado sin permiso. El artículo en cuestión era un informe financiero publicado por *Tencent* con una nota que indicaba que había sido «escrito automáticamente» por *Dreamwriter*, un programa de redacción de noticias desarrollado por la empresa en 2015. *Tencent* demandó a la empresa *Shanghai Yingxun Technology Company* por haber copiado el artículo sin permiso, y esta fue condenada a pagar ¥1,500 (US $216) por «pérdidas económicas y protección de derechos»[39]. El caso chino refleja una razón distinta para reconocer los derechos de autor, que es la protección de la inversión inicial en procesos creativos. Este enfoque asume que, en ausencia de dicha protección, la inversión disminuirá y habrá una menor oferta de obras creativas. Esto puede no estar disponible en jurisdicciones de Derecho civil que ponen un mayor énfasis en los derechos morales de un autor humano. El caso chino ilustra una razón distinta para reconocer los derechos de autor: la protección de la inversión inicial en procesos creativos. Este enfoque supone que, sin dicha protección, la inversión disminuirá y se reducirá la oferta de obras creativas. Sin embargo, esta argumentación puede difícilmente aplicarse en ordenamientos continentales que dan mayor importancia a los derechos morales de un autor humano[40]. En la misma línea, el Parlamento Europeo emitió en abril de 2020 un informe preliminar en el que argumentaba que las obras generadas por inteligencia artificial podrían considerarse «equivalentes» a las obras intelectuales y, por tanto, ser susceptibles de protección por derechos de autor. Sin embargo, el informe se opuso a otorgar personalidad de cualquier tipo a la propia IA, proponiendo en su lugar que la propiedad recaiga en

https://www.enssib.fr/bibliotheque-numerique/documents/69406-mission-intelligence-artificielle-et-culture-rapport-final.pdf

[38] U.S. Copyright Office, Federal Register/Vol. 88, núm. 51, 16 de marzo de 2023, https://www.govinfo.gov/content/pkg/FR-2023-03-16/pdf/2023-05321.pdf

[39] Shanghai Yingxun Technology Co. Ltd. (24 december 2019) (Shenzhen Nanshan District People's Court).

[40] S. Chesterman, *op. cit.*, p. 836.

«la persona que prepara y publica una obra de manera legal, siempre que el diseñador de la tecnología no haya reservado expresamente el derecho a utilizar la obra de esa manera». Esta «equivalencia» a la obra intelectual es interesante y se justifica sobre la base de un cambio propuesto en el reconocimiento de las obras, basado en un «resultado creativo» más que en un proceso creativo[41].

La situación se complica aún más en el metaverso. Las IA son frecuentemente propiedad de empresas o entidades que financian su desarrollo, lo que suscita la cuestión de si los derechos de autor deben pertenecer al propietario de la IA o al creador de la obra generada por la IA. Además, en un entorno virtual como el metaverso, donde la colaboración entre humanos y IA es común, determinar la titularidad de los derechos de autor puede ser aún más complejo[42].

Para enfrentar estos desafíos, es crucial revisar y ajustar las leyes de propiedad intelectual existentes para reflejar de manera precisa la realidad del metaverso y la creación de contenidos por IA. Hay quien aboga, en este sentido, por la existencia de una figura interpuesta que resuelva el problema de la falta de personalidad jurídica de la IA para poder asignarle la autoría de la obra[43]. Por otro lado, surge la pregunta de si los derechos que emerjan sobre obras creadas por IA serían equivalentes a los de los autores tradicionales, o si se establecería alguna categoría especial para ellos[44]. Se hace, por tanto, necesario establecer mecanismos claros para determinar la autoría y la titularidad de los derechos de autor en estos casos, y garantizar la protección adecuada de los derechos de los creadores, ya sean humanos o artificiales.

Se trata, en resumen, de encontrar un equilibrio que proteja los derechos de los creadores, fomente la innovación y la creatividad, y asegure una distribución justa de los beneficios derivados de las obras generadas en este emergente entorno virtual.

---

[41] S. Séjourné, «Draft Report on Intellectual Property Rights for the Development of Artificial Intelligence Technologies», Parlamento Europeo, Comisión de Asuntos Jurídicos [2020/2015(INI)], 24 de abril de 2020, pp. 9-10; En la misma dirección se pronunció la Resolución del Parlamento Europeo, de 20 de octubre de 2020, sobre los derechos de propiedad intelectual para el desarrollo de las tecnologías relativas a la inteligencia artificial [2020/2015(INI)].

[42] A. Ramos Gil de la Haza, *op. cit.*, p. 148.

[43] J. C. Erdozaín *et al.*, *op. cit.*, p. 249.

[44] C. Saiz García, *op. cit.*, p. 29.

3. COMPETENCIA JUDICIAL INTERNACIONAL Y LEY APLICABLE A LAS CONTROVERSIAS SOBRE PROPIEDAD INTELECTUAL EN EL METAVERSO

En el mundo físico las infracciones de derechos de propiedad intelectual están generalmente sujetas a leyes nacionales y resueltas dentro de las jurisdicciones territoriales donde ocurren. Sin embargo, en el metaverso, las actividades transcurren en un entorno digital sin fronteras, donde la ubicación geográfica de los usuarios y las plataformas es, a menudo, irrelevante. Esto suscita importantes cuestiones sobre qué leyes se deben aplicar y qué tribunales son competentes para resolver disputas que pueden afectar a usuarios y empresas en múltiples países simultáneamente.

Un ejemplo de esta complejidad se observa en casos donde avatares o entidades virtuales participan en actividades que violan derechos de autor, marcas registradas o patentes. Dado que estos actos pueden tener lugar en múltiples jurisdicciones y afectar a partes en diversos territorios, determinar la jurisdicción adecuada para litigar estos asuntos es un reto considerable. Además, las plataformas que facilitan estas interacciones pueden tener sedes en diferentes países, complicando aún más el panorama legal.

Las normas tradicionales de Derecho internacional privado, centradas en la territorialidad, son insuficientes para abordar un metaverso global e interconectado, como hemos visto en los capítulos anteriores. Aunque existe jurisprudencia relativa a litigios surgidos en Internet, como infracciones de propiedad intelectual en línea, su aplicación al metaverso es limitada y presenta dificultades crecientes en este nuevo entorno digital.

Como se analizará a continuación, esta situación se presenta de manera particularmente notable al intentar establecer la competencia judicial internacional. Dejando a un lado las controversias sobre inscripciones o validez de marcas, diseños y demás derechos análogos sometidos a depósito o registro (sujetas al foro de competencia exclusivo del art. 24.4 RB I-bis) y los litigios sobre la titularidad de los derechos sobre bienes incorporales (sujetos a los foros generales del RB I-bis o, en su defecto, a lo dispuesto en el art. 22 LOPJ), específicamente, surgen complicaciones al aplicar el foro del lugar donde se produjo el hecho dañoso según lo dispuesto en los artículos 7.2 RB I-bis y 22 quinquies.*b*) de la Ley Orgánica del Poder Judicial (LOPJ). Asimismo, se presentan desafíos al aplicar el foro general correspondiente al domicilio del demandado bajo el artículo 4 RB I-bis. Además, determinar la ley aplicable a estos litigios también resulta problemático, dado que la norma de conflicto pertinente, establecida en el artículo 8.1 y 2 RR II, indica que se debe aplicar la ley del Estado en cuyo territorio se busca la protección (*lex loci protectionis*). Complejidad a la que se une la cuestión del cumplimiento de las resoluciones judiciales.

De otro lado, la adopción de leyes digitales por la UE, como el Reglamento de Servicios Digitales (RSD), el Reglamento de Mercados Digitales (RMD), el Reglamento General de Datos (RGD), la Directiva sobre los Derechos de Autor en el Mercado Único Digital (DDAMUD), la Ley de Inteligencia Artificial y la Propuesta de Reglamento de Datos (PRD) genera preguntas, especialmente para empresas extranjeras que operan dentro del metaverso, sobre qué plataformas virtuales deben cumplir con sus obligaciones y cuáles están sujetas a la jurisdicción de las autoridades nacionales[45].

3.1. Competencia judicial internacional en litigios por infracciones de derechos de propiedad intelectual en el metaverso

Los litigios que pueden originarse por infracción de derechos de propiedad intelectual en el metaverso pueden ser variados. Por ejemplo, la copia de elementos protegidos, como fotografías u obras musicales, para crear mundos virtuales o diseñar artículos digitales que se integran en avatares sin autorización. O el ofrecimiento de activos digitales que infringen derechos de propiedad intelectual de terceros bien en plataformas como *Roblox*, *Decentraland* o *Second Life*, o en un mercado de NFTs como *OpenSea*, para utilizarlos en diversos mundos

[45] A. López-Tarruella Martínez, «Jurisdicción y ley aplicable a las cuestiones de propiedad intelectual en el metaverso», en A. López-Tarruella Martínez (dir.), *Protección y gestión de la propiedad intelectual en el metaverso*, Madrid, Editorial Reus, 2023, pp. 241-278, p. 245.

virtuales. También se pueden producir infracciones por empresas que proporcionen servicios en mundos virtuales, como la gestión de espacios publicitarios o la incorporación de contenidos audiovisuales sin los permisos necesarios. En estos casos, los demandados podrían ser los desarrolladores de mundos virtuales, los titulares de estos mundos, las plataformas que los alojan o gestionan mercados virtuales, o los operadores de mercados de NFT donde se divulgan las obras.

3.1.1. *Foros de competencia*

En este tipo de litigios se aplican las normas generales sobre responsabilidad extracontractual, como son los artículos 4, 7.5, 25 y 26, así como el artículo 7.2 RB I-bis, o en su caso, el artículo 22 LOPJ. Si la infracción de estos derechos ha ocurrido en el contexto de un contrato y constituye una violación de las obligaciones derivadas del mismo, se aplican las normas generales para determinar los tribunales competentes en materia contractual[46].

Es cierto que el Reglamento Bruselas I permite la determinación del tribunal competente a través de cláusulas de elección de foro recogidas en el artículo 25 y la sumisión tácita del artículo 26 RB I-bis, respectivamente. De hecho, muchas plataformas de mundos virtuales incluyen estas cláusulas en sus términos de uso. Sin embargo, dichas cláusulas solo vinculan a la plataforma y a sus usuarios. Un tercero cuyos derechos de propiedad intelectual han sido infringidos en un mundo virtual no está vinculado por estas cláusulas de sumisión, y resulta difícil imaginar que, una vez surgido el litigio, las partes lleguen a un acuerdo[47].

Por lo general, será de aplicación del foro del domicilio del demandado establecido en el artículo 4 RB I-bis y, si la infracción hubiera sido cometida por un establecimiento que el demandado tiene en otro Estado miembro, la demanda podría presentarse, además, ante los tribunales de ese otro Estado conforme a lo previsto en el artículo 7.5 del mismo texto. Con relación al domicilio o establecimiento

[46] Vid. Capítulo V.

[47] M. Maciejewski, *op. cit.*

del demandado son relevantes las obligaciones generales de información establecidas en el artículo 5 de la Directiva sobre el Comercio Electrónico (DCE) y en el Reglamento de Servicios Digitales (en adelante, RSD), como ya se ha apuntado en capítulos anteriores. Estas obligaciones incluyen proporcionar la identidad, la dirección geográfica y el número de identificación fiscal del prestador de servicios. Además, los prestadores deben designar puntos de contacto para facilitar la comunicación con los usuarios y las autoridades competentes (arts. 11 y 12 RSD). En cuanto a los proveedores de mercados en línea, deben recopilar información que permita identificar claramente a los comerciantes que utilizan su plataforma (art. 30 RSD) y diseñar sus *interfaces* de manera que los comerciantes puedan introducir información identificativa para los consumidores y las autoridades competentes (art. 31 RSD).

Estas obligaciones son aplicables a las plataformas de mundos virtuales, dado que pueden adquirir fácilmente la condición de prestadores de servicios de la sociedad de la información, prestadores de servicios de intermediación o, en su caso, plataformas en línea según el RSD[48]. No obstante, plataformas como *Decentraland* o *The Sandbox* no ofrecen esta información de manera clara y fácilmente accesible en sus portales de acceso al servicio. Además, el RDS exige a los proveedores de fuera de la UE que designen un representante legal en un Estado miembro, lo cual algunas plataformas tampoco cumplen. Sin embargo, no están sujetas al RB I-bis, a menos que operen en la UE mediante filiales, en cuyo caso pueden ser demandadas donde estas filiales estén domiciliadas.

Como ya se ha visto en los capítulos que preceden, la aplicación del foro del demandado enfrenta problemas particulares cuando se demanda a una plataforma administrada por una DAO. Determinar dónde se encuentra el domicilio de la DAO es crucial, ya que de ello depende no solo saber dónde puede ser demandada, sino también si resultan aplicables los foros de competencia del Reglamento o los previstos en las normas de producción interna. De igual manera, el anonimato o seudonimato propio del metaverso, que enmascara la

[48] M. R. Guilabert Vidal, «Adquisición de fincas virtuales en el metaverso y su problemática en el Derecho inmobiliario», 4 *Cuadernos de Derecho Privado*, 2022, pp. 53-79, p. 59.

identidad del demandado detrás de nombres de usuario o direcciones de *wallets*, también plantea problemas en caso de controversia por infracción de la propiedad intelectual, ya que puede resultar complejo identificar al demandado para iniciar una acción legal en su contra.

De forma alternativa, el demandante podrá interponer la demanda en el foro especial de competencia en materia de responsabilidad extracontractual previsto en el artículo 7.2 RB I-bis o, en el artículo 22 quinquies.*b*) LOPJ, de no estar el demandado domiciliado en un Estado miembro. Los foros especiales de competencia responden al principio de proximidad[49]. En efecto, estos foros se establecen basándose en un «vínculo suficiente» entre el litigio y el tribunal, y no necesariamente entre el demandado y el tribunal, como sucede en el caso del foro del domicilio del demandado. Asimismo, los foros especiales de competencia internacional se fundamentan en el principio de «previsibilidad de la competencia», lo cual significa que deben permitir a las partes identificar de manera sencilla cuál es el tribunal competente. Si esto no se cumple y el foro contradice el principio que lo inspira, entonces el foro especial queda inaplicable[50].

El foro especial en materia de obligaciones extracontractuales es el «lugar donde se hubiere producido o pudiere producirse el hecho dañoso». Este foro permite una «buena administración de la justicia» y una «sustanciación adecuada del proceso»[51]. El tribunal correspondiente al «lugar del daño» puede ejercer su función de manera efectiva y eficiente, con calidad jurídica y a un coste reducido. Al tratarse del lugar donde se produjo el daño, es probable que se encuentren las pruebas, datos y hechos necesarios para que los tribunales puedan resolver el litigio adecuadamente.

Como se ha visto en el Capítulo VI, el TJUE interpreta que el foro de competencia del lugar de producción del hecho dañoso según el artículo 7.2 RB I-bis atribuye la competencia tanto a los tribunales del lugar donde ocurre la acción dolosa como a los tribunales del lugar donde se produce el daño. A este respecto, el TJUE ha inter-

---

[49] Considerando 16 RB I-bis; STJCE de 25 de febrero de 2010, C-381/08, *Car Trim*, FF.DD. 5 y 48.

[50] A.L. Calvo-Caravaca y J. Carrascosa González (dirs.), *Sistema de Derecho internacional privado*, Tirant lo Blanch, Valencia, 2022, p. 2696.

[51] STJUE de 21 de diciembre de 2021, C-251/20, *Gtflix*, FF.DD. 24 y 26, más recientemente.

pretado que el lugar de la acción dolosa es desde donde el demandado introduce la información en Internet para crear el contenido infractor, no donde se encuentra el servidor[52]. Este lugar, a menudo, coincide con el domicilio del demandado o uno de sus establecimientos, haciendo preferible que el tribunal se declare competente según los foros de los artículos 4 y 7.5 RB I-bis que permiten una competencia de mayor alcance. Cuando el lugar de la acción dolosa no coincide con el domicilio del demandado o uno de sus establecimientos, no se garantiza el principio de proximidad razonable, pues dicho lugar no presenta una vinculación suficiente con el litigio, por lo que la competencia de los tribunales de ese Estado no estaría justificada[53].

Como alternativa a los tribunales del lugar donde ocurre la acción dolosa, el artículo 7.2 RB I atribuye competencia a los tribunales del lugar donde se produce el daño. En casos de infracciones de derechos de propiedad intelectual a nivel nacional verificadas en Internet, el TJUE ha afirmado repetidamente que la mera accesibilidad del sitio web que contiene el contenido infractor es suficiente para que el tribunal se declare competente[54]. La simple accesibilidad de contenidos en un sitio web presuntamente infractor puede implicar que se cometa una infracción de derechos en un Estado miembro, pero este criterio no garantiza una conexión adecuada con el tribunal competente y contradice el principio de proximidad razonable. Además, afecta al derecho de defensa del demandado, ya que podría ser demandado en cualquier Estado miembro desde donde sea accesible el mundo virtual. Esto también genera incertidumbre legal para las empresas, que enfrentan dificultades para determinar si los signos distintivos y contenidos en su sitio web están protegidos en todos los Estados miembros desde los cuales el sitio es accesible[55]. En este sentido, se ha afirmado, con razón, que demandar en Estados donde el titular del mundo virtual no tiene conexión ni actividad económica plantea pro-

[52] STJUE de 19 de abril de 2012, C-523/10, *Wintersteiger*.

[53] A. López-Tarruella Martínez, *op. cit.*, p. 251.

[54] Más recientemente, STJUE de 22 de enero de 2015, C-441/13, *Hejduk*, ECLI:EU:C:2015:28.

[55] INTA, *White Paper - Trademarks in the Metaverse*, 2023, pp. 37-38, https://www.inta.org/wp-content/uploads/public-files/perspectives/industry-research/METAVERSE_REPORT-070323.pdf

blemas de eficiencia judicial, especialmente en casos de daños limitados[56].

Por el contrario, sí responde al principio de proximidad razonable el criterio según el cual los tribunales del lugar donde se verifica el daño solo pueden declararse competentes si el demandado dirigía sus actividades hacia ese Estado (doctrina de las «actividades dirigidas»). Este criterio se aplica en casos de infracción de derechos unitarios de propiedad industrial, como la marca de la UE y el diseño comunitario, para determinar el lugar donde ocurre la infracción. En este sentido, el TJUE ha interpretado que el artículo 125.5 del Reglamento de Marcas de la UE debe entenderse de manera que el Estado miembro donde ocurre la infracción es aquel donde están ubicados los consumidores y distribuidores a quienes se dirige la publicidad o las ofertas de venta de productos infractores de la marca europea realizadas en su sitio web[57]. Por ello, López-Tarruella sugiere aplicar el criterio de «actividades dirigidas» tanto a las demandas por infracción de derechos de propiedad intelectual en línea a nivel estatal como a las infracciones cometidas en mundos virtuales. Según su interpretación, los tribunales de un Estado miembro solo deberían considerarse competentes si el mundo virtual o el mercado electrónico infractor están claramente orientados hacia ese Estado en particular, para lo cual podrían considerarse factores como las medidas de bloqueo geográfico o el uso del idioma[58].

3.1.2. *Alcance de las medidas judiciales en materia de infracciones de propiedad intelectual en el metaverso*

La efectividad de las medidas judiciales contra infracciones de propiedad intelectual en el metaverso es limitada debido a la dificultad de determinar la competencia y la complejidad de aplicar órdenes

[56] A. López-Tarruella Martínez, *op. cit.*, p. 253.

[57] Sentencias *AMS Neve*, C-172/18, 5 de septiembre de 2019) y *Lännen*, C-104/22, 27 de abril de 2023.

[58] A. López-Tarruella Martínez, *op. cit.*, pp. 258-259.

de bloqueo o retirada de contenido a nivel global, lo que supone importantes desafíos para proteger estos derechos.

Los foros de los artículos 4 y 7.5 RB I-bis permiten a los tribunales adoptar medidas con alcance global, es decir, ordenar al demandado que cese una actividad infractora no solo en el Estado donde se presenta la demanda, sino también en otros Estados donde se haya infringido el derecho de propiedad intelectual. Asimismo, los tribunales del lugar de comisión de la acción dolosa según el artículo 7.2 RB I-bis también pueden tomar decisiones con efectos globales. No obstante, como se ha observado, este foro no siempre asegura una proximidad razonable entre el litigio y el tribunal competente, ya que permite que los tribunales declaren su competencia basándose únicamente en la accesibilidad de un sitio web desde su territorio. Esto puede llevar a situaciones donde los tribunales de un Estado miembro decidan sobre medidas territoriales en relación con una infracción que afecta a múltiples jurisdicciones, lo cual puede generar inseguridad jurídica y complejidades operativas para las empresas y plataformas digitales. De otro lado, los tribunales del lugar donde se produce el daño derivado de la infracción según el artículo 7.2 RB I-bis solo tienen autoridad para aplicar medidas dentro del territorio de ese Estado. Es decir, si se presenta una demanda ante los tribunales de un Estado miembro donde el sitio web que contiene el contenido infractor es accesible, las medidas adoptadas se limitan a la infracción de derechos dentro de ese Estado[59].

De manera similar, el artículo 126 del Reglamento de Marcas de la UE (RMEU) y el artículo 82 del Reglamento sobre el Diseño Comunitario (RCD) restringen la competencia de los tribunales del lugar donde se ha producido la infracción de una marca europea o un diseño comunitario al territorio de ese Estado.

A todo ello hay que añadir las decisiones del TJUE sobre la interpretación de las órdenes de bloqueo o retirada de contenidos ilícitos, como en los casos *Google France*[60] o *Glawischnig-Piesczek*[61]. Estas ór-

---

[59] Más recientemente en *Hejduk*, *op. cit.*

[60] STJUE de 24 de septiembre de 2019, C-507/17, *Google France*, ECLI:EU:C:2019:772.

[61] STJUE de 3 de octubre de 2019, C-18/18, *Glawischnig-Piesczek*, ECLI:EU:C:2019:821.

denes pueden aplicarse globalmente cuando se trata de foros que garantizan una mayor conexión con el litigio, como el domicilio del demandado o su establecimiento permanente. Por tanto, solo los tribunales del domicilio del demandado, según el artículo 4 RB I-bis o de su establecimiento permanente, según el artículo 7.5 RB I-bis tendrían competencia para decidir si una orden de bloqueo o retirada de contenidos que violan derechos de propiedad intelectual aplica a nivel territorial o extraterritorial. En cambio, los tribunales mencionados en el artículo 7.2 RB I-bis solo pueden aplicar medidas territoriales y no podrían utilizar la jurisprudencia establecida en el caso *Glawischnig-Piesczek*[62].

Finalmente, además de las dificultades arriba descritas, en el metaverso existen desafíos adicionales. Por ejemplo, la falta de personalidad jurídica clara en las DAOs complica la ejecución de sentencias judiciales, especialmente cuando se trata de medidas coercitivas como el embargo de fondos o la eliminación de activos digitales. Asimismo, como también se ha visto, la inmutabilidad de la *blockchain* también plantea problemas, ya que una vez que se registra un token que infringe derechos de propiedad intelectual, puede ser difícil o imposible destruir esa anotación.

Por consiguiente, no podemos sino estar de acuerdo con la doctrina más especializada y concluir que la jurisprudencia actual del Tribunal de Justicia de la Unión Europea no siempre asegura el principio de proximidad razonable en todos los contextos vinculados al metaverso, ni garantiza la operatividad de las medidas que pueden adoptarse según los foros establecidos[63].

3.2. Ley aplicable a las infracciones de derechos de propiedad intelectual en el metaverso

La ley aplicable en casos de infracciones de derechos de propiedad intelectual se fundamenta en el principio de territorialidad, según el cual la ley del país donde se reclama la protección rige las

[62] A. López-Tarruella Martínez, *op. cit.*, p. 261.
[63] A. López-Tarruella Martínez, *op. cit.*

infracciones. Este principio está recogido en el artículo 5.1 del Convenio de Berna y el artículo 8.1 RR II. Sin embargo, la actividad en Internet y el metaverso genera incertidumbre sobre qué leyes se aplican, planteando desafíos para garantizar la seguridad jurídica y la previsibilidad en disputas sobre propiedad intelectual en estos entornos.

3.2.1. *La* lex loci protectionis

El Derecho internacional privado de la UE establece en el artículo 8.1 RR II que la ley aplicable a las obligaciones extracontractuales resultantes de daños derivados de infracciones a derechos de la propiedad intelectual se rige por la ley del país cuya protección se reclama para su territorio. Sin embargo, en Internet y en el metaverso, donde la actividad económica se desarrolla de manera ubicua y conectada con múltiples Estados, la regla *lex loci protectionis*, no aporta seguridad jurídica, ya que los operadores económicos no pueden conocer de antemano todas las leyes relevantes de los Estados conectados.

Ni siquiera se reconoce la autonomía de las partes para elegir ley aplicable al litigio recogida en el artículo 14 RR II, ya que las normas de propiedad intelectual requieren una aplicación uniforme y predecible (art. 8.3 RR II). Este aspecto es relevante en el contexto de los mundos virtuales, donde los términos de uso de las plataformas suelen incluir cláusulas de elección de ley o referencias a cuerpos normativos extranjeros, como la *Digital Millenium Copyright Act* estadounidense. Sin embargo, dichas cláusulas no tienen efecto en litigios por infracción de propiedad intelectual presentados ante tribunales europeos, sino únicamente en las relaciones contractuales entre la plataforma y sus usuarios, conforme a la legislación aplicable.

La determinación del país para el cual se reclama la protección en casos de infracciones en un mundo virtual accesible desde múltiples Estados tampoco es fácil. Dicho país es aquel donde se presume que se ha infringido el derecho de propiedad intelectual. Pero en situaciones de contenido ilícito en Internet o en el metaverso, la infracción puede considerarse que existe en el país donde el contenido se pone a disposición del público, así como en todos los países donde el contenido es accesible o dirigido. Esto podría llevar a la aplicación de múltiples leyes estatales según la *lex loci protectionis*: los Estados donde están registrados los derechos o, en el caso de derechos de autor, todos los Estados involucrados.

Por último, la interpretación del TJUE sobre la ley aplicable en casos de infracción de títulos unitarios de propiedad industrial establece que se aplica la ley del Estado miembro donde se origina el acto que causa el daño[64]. Esto beneficia la protección de los títulos al permitir demandas bajo una única ley en casos de infracciones que ocurren en múltiples Estados miembros. Sin embargo, esta regla solo se aplica a situaciones plurilocalizadas y no cubre infracciones limitadas a un solo Estado, ni se extiende a infracciones originadas en países que no protegen el Derecho comunitario[65].

3.2.2. *Leyes de policía*

Se ha argumentado por la doctrina que, dada la naturaleza de sus objetivos, el RSD puede considerarse una «ley de policía»[66], en los términos ya analizados en el Capítulo VII, esto es, normas imperativas que se aplican independientemente del Derecho nacional designado por la norma de conflicto. En este sentido, el artículo 16 RR II dispone que: «Las disposiciones del presente Reglamento no afectarán a la aplicación de las disposiciones de la ley del foro en aquellas situaciones en que tengan carácter imperativo, cualquiera que sea la ley aplicable a la obligación extracontractual». De igual manera, se discute la aplicación del artículo 17 de la Directiva de Derechos de Autor en el Mercado Único Digital (DDAMUD) a

---

[64] STJUE de 27 de septiembre de 2017, C-24/16 y C-25/ 16, *Nintendo*, ECLI:EU:C:2017:724.

[65] A. López-Tarruella Martínez, *op. cit.*, p. 268.

[66] T. Lutzi, «The Scope of the Digital Services Act and Digital Markets Act: Thoughts on the Conflict of Laws», *Dalloz IP/1T,* 22 de febrero de 2023, Lutzi, *The Scope of the Digital Services Act and Digital Markets Act: Thoughts on the Conflict of Laws* (february 22, 2023). *Dalloz IP/IT, Forthcoming*, Available at SSRN: https://ssrn.com/abstract=4367531 or http://dx.doi.org/10.2139/ssrn.4367531

plataformas de mundos virtuales establecidas fuera de la Unión Europea.

Se destaca, en este sentido, que estas normativas se aplican cuando las plataformas dirigen sus servicios hacia uno o varios Estados miembros de la UE, como establece el artículo 2.1 RSD. Esto implica que deben cumplir con los requisitos y obligaciones establecidos en dichas regulaciones para evitar sanciones, especialmente en casos de infracción de derechos de propiedad intelectual. Que se trate de «actividades dirigidas» determina la aplicabilidad de la legislación europea, no solo por la accesibilidad desde la UE, sino también por la orientación específica hacia sus mercados. Sin embargo, las altas cargas de cumplimiento y las posibles sanciones podrían llevar a algunas plataformas pequeñas a restringir el acceso desde la UE, lo que podría fragmentar el metaverso en distintos mundos virtuales accesibles desde diferentes países[67].

4. CONCLUSIONES

Al igual que ocurre en otros ámbitos que se han analizado en la presente obra, la gran incertidumbre existente respecto a los foros de competencia en materia de propiedad intelectual en el contexto del metaverso reclama urgentemente la exploración y adopción de mecanismos alternativos de resolución de conflictos. La complejidad y la multiplicidad de jurisdicciones en las que pueden manifestarse las infracciones de propiedad intelectual en los mundos virtuales requieren soluciones innovadoras y eficaces que garanticen la protección de los derechos y la seguridad jurídica para todas las partes involucradas.

La promoción de mecanismos privados para la resolución de controversias en los mundos virtuales como la mediación y el arbitraje, quizá ofrezcan vías más eficientes y especializada para resolver conflictos en entornos virtuales, garantizando mayor rapidez y adaptabilidad a las particularidades de estos casos. Estas herramientas no son novedosas; se emplean comúnmente en diversos sectores del comercio internacional y son conocidos por las plataformas de mundos virtua-

[67] A. López-Tarruella Martínez, *op. cit.*, pp. 268-271.

les. Ejemplos de la sumisión de controversias a arbitraje se encuentran en los términos de uso de plataformas como *Decentraland*, *Roblox* y *Epic Games*. Sin embargo, el uso de estas cláusulas en litigios de propiedad intelectual es limitado debido a la ausencia de una relación contractual previa entre las partes en disputa. No obstante, estas cláusulas son aplicables en litigios entre usuarios y la plataforma.

Las ventajas de estos mecanismos han motivado a las instituciones europeas a regular su uso en instrumentos legales que pueden aplicarse a la mayoría de las plataformas de mundos virtuales. Por ejemplo, el artículo 17.9 de la Directiva de Derechos de Autor en el Mercado Único Digital establece que los Estados miembros deben garantizar la disponibilidad de mecanismos de solución extrajudicial de litigios, lo que respalda la promoción de estos enfoques alternativos para resolver disputas en los mundos virtuales.

En definitiva, la creación de títulos unitarios, la armonización legislativa, el uso de métodos alternativos de resolución de controversias y la implementación de plataformas de resolución de disputas en línea pueden ser pasos necesarios para abordar los desafíos que presenta el metaverso y mejorar el sistema de protección de la propiedad intelectual en el ámbito digital.

Precisamente, en el siguiente capítulo, abordamos detalladamente los mecanismos innovadores de resolución de conflictos. En él reflexionamos sobre el futuro del Derecho internacional privado en el metaverso, explorando las potencialidades y desafíos de estos nuevos enfoques para garantizar una protección efectiva de los derechos de todas las partes involucradas.

CAPÍTULO IX

RESOLUCIÓN, RECONOCIMIENTO Y EJECUCIÓN DE CONTROVERSIAS EN EL METAVERSO

Como hemos visto en los capítulos anteriores, el metaverso ha introducido una nueva dimensión de interacción social, económica y jurídica que plantea desafíos significativos para los marcos normativos tradicionales. A medida que los usuarios participan en transacciones y actividades dentro de estos entornos virtuales, surge la necesidad de establecer mecanismos efectivos para el reconocimiento y ejecución de resoluciones judiciales, así como para la resolución de conflictos que puedan surgir en este contexto.

Garantizar la eficacia extraterritorial de las resoluciones judiciales presenta complejidades únicas debido a la naturaleza descentralizada y global de algunas plataformas virtuales, lo que plantea cuestiones como la identificación de las partes y la validez de las decisiones judiciales extranjeras en un entorno donde las fronteras físicas son irrelevantes. En estos casos, donde las formas tradicionales de resolución de conflictos no son adecuadas para abordar las características únicas de este entorno, la innovación en los mecanismos de resolución de conflictos se vuelve crucial.

Este Capítulo explora, en consecuencia, distintas estrategias y herramientas emergentes que buscan proporcionar soluciones efectivas y equitativas, adaptadas a las particularidades del metaverso. Entre otros aspectos, se analizan enfoques innovadores, como el uso de contratos inteligentes y sistemas de resolución de disputas basados en la tecnología *blockchain*, que prometen mejorar la eficiencia y transparencia en la resolución de conflictos virtuales.

1. EFICACIA EXTRATERRITORIAL DE RESOLUCIONES JUDICIALES EN EL METAVERSO

Una vez concluido un proceso con elementos internacionales mediante una resolución judicial, el siguiente desafío en Derecho internacional privado es garantizar la eficacia extraterritorial de dicha resolución en otro Estado. Debido a la exclusividad de la soberanía estatal, una decisión judicial solo produce efectos en el territorio del Estado donde fue dictada (art. 117.3 CE).

Esta limitación es problemática para la continuidad de las relaciones y la seguridad jurídica, ya que obligaría a las partes que han obtenido una resolución favorable a reiniciar el proceso en el Estado donde desean hacer valer sus derechos, aumentando el riesgo de duplicidad de soluciones. Para superar este principio de soberanía territorial, se han establecido mecanismos que aseguran la eficacia extraterritorial de las resoluciones judiciales, dado que el Derecho internacional no obliga a los Estados a conceder dicha eficacia. Los argumentos a favor incluyen el principio de cooperación internacional, la seguridad jurídica, la economía procesal y la continuidad de las relaciones jurídicas[1].

Los mecanismos utilizados por los sistemas de Derecho internacional privado para garantizar la eficacia extraterritorial de las resoluciones judiciales extranjeras son el reconocimiento y el *exequatur*[2].

El reconocimiento se define como la aceptación por parte del Derecho del foro de que la resolución extranjera resolvió la controversia y puede tener efectos en su territorio. No obstante, conceder eficacia a una resolución extranjera no implica su aceptación incondicional en el Estado requerido (Estado del reconocimiento), ya que se requiere

---

[1] A. L. Calvo-Caravaca y J. Carrascosa González (dirs.), *Sistema de Derecho internacional privado*, Tirant lo Blanch, Valencia, 2022, pp. 850 ss.

[2] *Ibid.*

verificar que dicha resolución cumpla con ciertas condiciones de regularidad. Las normas establecen diversas soluciones sobre cómo se realiza el reconocimiento y cuáles son los requisitos necesarios.

El *exequatur* o declaración de ejecutividad, por otro lado, es el procedimiento mediante el cual se convierte una resolución extranjera en título ejecutivo en el Estado requerido, permitiendo su ejecución efectiva, incluso con medidas coercitivas si el demandado no cumple voluntariamente. El *exequatur*, por tanto, es un requisito previo para la ejecución. Solo las resoluciones de condena obtienen el *exequatur*; no así las declarativas ni constitutivas que no son susceptibles de ejecución (arts. 521.1 y 523 LEC). Aunque el procedimiento de *exequatur* tradicionalmente se realiza en el Estado requerido, la tendencia reciente en las normas europeas es su supresión, permitiendo que la sentencia sea ejecutiva en origen y extendiendo su efecto al Estado requerido mediante solicitudes directas al tribunal.

Estos mecanismos se enfrentan a desafíos significativos en el contexto del metaverso, cuya naturaleza seudónima y descentralizada dificulta la identificación del demandado y la localización de sus activos, los cuales a menudo no están vinculados a un territorio o jurisdicción específica. Además, en entornos virtuales donde las fronteras físicas y la autoridad estatal tienen una relevancia limitada, los mecanismos tradicionales de reconocimiento y *exequatur* pueden no resultar efectivos, sobre todo, por la ausencia de una autoridad estatal concreta que pueda otorgar un *exequatur* o decretar la ejecución de una resolución judicial extranjera

1.1. Reconocimiento y ejecución

Dentro de la UE, además de la detallada regulación sobre competencia judicial internacional bajo el RB I-bis, el Capítulo III (arts. 36 a 57) contiene normas relativas al reconocimiento y ejecución de resoluciones judiciales. El principio subyacente es la confianza mutua entre los Estados miembros, estableciendo el reconocimiento automático y el *exequatur* (sin ningún procedimiento) de las resoluciones emitidas en otros Estados miembros, para permitir la libre circulación de resoluciones en la UE.

Generalmente, las resoluciones emitidas por un tribunal de un Estado miembro deben ser reconocidas automáticamente en el Estado miembro requerido. Según el artículo 36.1 RB I-bis: «Una resolución dictada en un Estado miembro será reconocida en los demás Estados miembros sin que se requiera ningún procedimiento especial». El reconocimiento automático significa que cualquier decisión de un tribunal de un Estado miembro puede ser invocada directamente ante las autoridades de cualquier otro Estado miembro, sin necesidad de un procedimiento *ad hoc*. La resolución debe ser plenamente reconocida y los efectos derivados de ella se extienden al Estado miembro requerido. El reconocimiento solo puede ser rechazado, a petición de cualquier parte interesada, con base en las excepciones enumeradas en el artículo 45 RB I-bis. La solicitud de denegación de reconocimiento deberá hacerse de acuerdo con el procedimiento establecido para la denegación de ejecución.

El RB I-bis ha eliminado el procedimiento de *exequatur*, es decir, la necesidad de declaraciones de ejecutoriedad en el Estado requerido. Según el artículo 39 RB I-bis: «Una resolución dictada en un Estado miembro que sea ejecutable en ese Estado miembro será ejecutable en los demás Estados miembros sin que se requiera una declaración de ejecutoriedad». Esto significa que la parte ganadora puede solicitar directamente la ejecución en el Estado requerido.

A petición de la parte interesada, el tribunal del Estado de origen emitirá un certificado utilizando el formulario establecido en el Anexo I, que deberá ser presentado por el solicitante a la autoridad competente de ejecución (en España, por ejemplo, el Juzgado de Primera Instancia), junto con una copia de la resolución que cumpla con las condiciones necesarias para establecer su autenticidad. El certificado será notificado a la persona contra quien se solicita la ejecución, quien podrá solicitar la denegación de la ejecución bajo cualquiera de los motivos establecidos en el artículo 45 RB I-bis: contradicción con el orden público; violación de los derechos de defensa; inconsistencia de resoluciones e infracción por parte del juez del Estado de origen de las normas sobre jurisdicción internacional consagradas en el Reglamento en materias de jurisdicción exclusiva (art. 24 RB I-bis), seguros, empleo y contratos con consumidores (arts. 10-23 RB I-bis).

En el caso de resoluciones judiciales vinculadas al metaverso dictadas en un Estado miembro de la UE, la aplicación de la normativa europea sobre reconocimiento y ejecución presenta varios problemas. Uno de los principales problemas radica en la dificultad de identificar cuál es el Estado requerido para el reconocimiento o ejecución de una resolución judicial.

Los procedimientos recogidos en el RB I-bis se basan en la premisa de que existe una conexión clara entre la resolución judicial y el Estado miembro en cuestión, facilitando así la cooperación y la aplicación de las decisiones judiciales. Sin embargo, en el metaverso, establecer este vínculo territorial resulta complicado. Los avatares, que representan a los usuarios en el entorno virtual, operan de manera seudónima y sin una conexión definida a una jurisdicción específica. Esto dificulta a los demandantes la tarea de hacer valer una resolución judicial obtenida en otro Estado miembro de la UE, ya que no siempre es evidente a qué jurisdicción acudir para su reconocimiento o ejecución.

Aunque existen normas de producción interna que establecen un *forum actoris* en ciertas situaciones, estas tampoco proporcionan una solución clara que facilite el reconocimiento y la ejecución en el contexto del metaverso. Así pues, la aplicación efectiva de la normativa europea dependerá, en última instancia, de identificar algún tipo de contacto significativo con un Estado miembro de la UE que pueda servir de base para el reconocimiento o la ejecución. Esto podría implicar la necesidad de buscar pruebas de que el demandado tiene activos, realiza actividades comerciales o mantiene una presencia significativa en un Estado miembro, lo cual puede ser extremadamente complicado en un entorno virtual tan fluido y descentralizado.

1.2. Despacho de ejecución

Una vez dictada sentencia u obtenido el *exequatur* de una resolución judicial extranjera o laudo arbitral, el demandante deberá recurrir a los métodos de ejecución disponibles. En el caso de España, deberá solicitar el despacho de ejecución según lo previsto en los artículos 548 a 555 LEC, esto es, aquella orden judicial de dar inicio al proceso de ejecución con realización de las actuaciones encaminadas al efectivo cumplimiento de la obligación (de pago, dar, hacer o no hacer) que derive del título ejecutivo. Después de que el Juez o Magistrado emita el auto correspondiente, el Letrado de la Administración de Justicia expedirá un decreto que incluirá las medidas ejecutivas específicas que sean apropiadas, junto con las medidas para localizar y averiguar los bienes del ejecutado que resulten pertinentes para la ejecución.

No obstante, cuando la medida ejecutiva haya de realizarse directamente en una plataforma virtual por la naturaleza de la medida en sí, o por carecer el deudor de activos más allá del metaverso, ejecutar la resolución mediante los métodos tradicionales disponibles puede convertirse en un esfuerzo poco productivo, especialmente si la identidad del deudor no es rastreable[3].

En algunas ocasiones, por ejemplo, la ejecución puede consistir en revertir una transacción en una plataforma descentralizada, por ejemplo, si la resolución o laudo declaran nulo o anulable un contrato debido a un error, falta de capacidad o coacción. También pueden consistir en modificar un contrato en caso de acaecer una excesiva onerosidad sobrevenida o un cambio de normativa dificultades cuando un tribunal ha emitido un remedio que excusa el cumplimiento futuro cuando un contrato inteligente se ejecuta automáticamente una vez iniciado. Sin embargo, modificar un contrato inteligente puede ser difícil debido a su naturaleza inmutable y descentralizada. Aunque se están explorado soluciones como contratos actualizables o protocolos que permiten actualizaciones controladas y seguras de los *smart contracts* en ciertos casos, estos enfoques deben equilibrar la flexibilidad con la necesidad de mantener la seguridad y la confianza en el ecosistema *blockchain*, esto es, que el código del contrato se va a ejecutar según lo acordado sin cambios imprevistos[4].

Si lo que se trata de hacer efectivo es una obligación de pago, en principio parece que los criptoactivos son susceptibles de ejecución si encajan en alguna de las categorías de bienes embargables previstos

[3] Chamber of Digital Commerce, «Smart contracts, Is the Law Ready?», 2018 [disponible en línea]: https://digitalchamber.org/smart-contracts-paper-press/, p. 62.

[4] *Ibid.*, p. 59.

en el artículo 592.2 LEC[5]. Una decisión que exige el pago en criptomonedas conllevaría, por ejemplo, la incautación y venta de activos para adquirir criptomonedas o su equivalente, o el embargo de criptomonedas o derechos equivalentes. De la misma manera, si el fallo exige la devolución de un criptoactivo, habría que conminar al deudor a que proporcionara la clave privada de su billetera digital. No obstante, las direcciones de las billeteras digitales no revelan directamente la identidad de las partes involucradas, lo que puede dificultar la identificación de la parte deudora. Además, la intangibilidad, encriptación, inmutabilidad y naturaleza descentralizada de la tecnología *blockchain* obstaculizan considerablemente la ejecución de las resoluciones judiciales. En el asunto de *U.S. v. 50.44 Bitcoin*[6], el tribunal no necesitó compeler al deudor a transferir bitcoins utilizando métodos de ejecución directamente en la cadena de bloques, ya que este los transfirió voluntariamente al gobierno. En el caso contrario, la ejecución de criptoactivos solo podría haberse realizado a través de medios físicos, como la confiscación de portátiles o de ordenadores no encriptados[7].

Por consiguiente, podemos inferir que, en general, la localización de criptoactivos y la ejecución de resoluciones judiciales y laudos en plataformas de realidad virtual presentan importantes dificultades prácticas, especialmente en metaversos descentralizados.

---

[5] M. Fariña Santana *et al.*, «La recuperación de criptoactivos como parte de la ejecución de laudos arbitrales y sentencias extranjeras», *Diario La Ley*, 11 de julio de 2023 [disponible en línea]: https://diariolaley.laleynext.es/dll/2023/07/12/la-recuperacion-de-criptoactivos-como-parte-de-la-ejecucion-de-laudos-arbitrales-y-sentencias-extranjeras

[6] *United States of America, Plaintiff, v. 50.44 BITCOINS, Defendant*, United States District Court for the District of Maryland, 31 may 2016, Civil Action No. ELH-15-3692.

[7] Z. Er Low, «Execution of Judgements on the *Blockchain* - A Practical Legal Commentary», *Harvard Journal of Law & Technology. Digest*, 2021 [disponible en línea]: https://jolt.law.harvard.edu/digest/execution-of-judgements-on-the-*Blockchain*-a-practical-legal-commentary

2. MECANISMOS INNOVADORES DE RESOLUCIÓN DE CONFLICTOS

La incertidumbre sobre los foros de competencia y el reconocimiento y ejecución de resoluciones relacionadas con el metaverso pone de manifiesto la necesidad urgente de explorar y adoptar mecanismos alternativos para la resolución de conflictos. Dada la complejidad y la multiplicidad de jurisdicciones en los mundos virtuales, es crucial encontrar soluciones innovadoras y efectivas que aseguren la protección de los derechos y la seguridad jurídica para todas las partes involucradas.

En este contexto, mecanismos privados como la mediación y el arbitraje podrían ofrecer soluciones más eficientes y especializadas. Estos métodos, utilizados desde hace décadas en el comercio internacional, podrían adaptarse a las particularidades de los conflictos en entornos virtuales, proporcionando rapidez y flexibilidad. Por ello, plataformas como *Decentraland*, *Roblox* y *Epic Games*, prevén su aplicación en disputas entre usuarios y las plataformas.

Las ventajas de estos mecanismos han llevado, de igual manera, a las instituciones europeas a regular su uso en instrumentos legales aplicables a la mayoría de las plataformas virtuales. Por ejemplo, de conformidad con el artículo 12 del Reglamento sobre Plataformas[8], las plataformas de mundos virtuales están obligadas a designar a dos o más mediadores con los que se comprometen a colaborar. Estos mediadores tienen la facultad de conocer las reclamaciones relacionadas con las decisiones adoptadas dentro de los sistemas internos de resolución de controversias de las plataformas. De manera similar, las plataformas de mundos virtuales que puedan calificarse como «prestadores de plataformas en línea», según el Reglamento sobre Servicios Digitales (RSD), deben ofrecer a los usuarios la posibilidad de someter las controversias a un órgano de resolución extrajudicial de litigios. Esto incluye las reclamaciones contra decisiones tomadas en el marco del sistema interno de tramitación de reclamaciones. Los órganos

[8] Reglamento (UE) 2019/1150 del Parlamento Europeo y del Consejo, de 20 de junio de 2019, sobre el fomento de la equidad y la transparencia para los usuarios profesionales de servicios de intermediación en línea, *DO* L 186 de 11.7.2019, pp. 57-79.

de resolución de disputas deben estar certificados por los coordinadores de servicios digitales de los Estados miembros y actuar como mediadores.

En ambos casos, el uso de mecanismos extrajudiciales es opcional para el usuario profesional o el destinatario del servicio.

Por otro lado, el artículo 17.9 de la Directiva sobre Derechos de Autor en el Mercado Único Digital (DDAMUD) establece que «[l]os Estados miembros garantizarán [...] que se disponga de mecanismos de solución extrajudicial de litigios», sin especificar en detalle los procedimientos aplicables.

Como acertadamente ha apuntado LÓPEZ-TARRUELLA, el uso de sistemas internos de gestión de reclamaciones y mecanismos extrajudiciales de resolución de controversias se ajusta a la idea de que los litigios en el metaverso están más vinculados a las plataformas virtuales que a los territorios estatales. Por tanto, es lógico que las disputas en mundos virtuales se resuelvan a través de los sistemas de reclamaciones de la plataforma que gestiona el entorno o mediante órganos extrajudiciales a los que la plataforma esté adscrita[9].

No obstante, es crucial que la justicia no dependa únicamente de las plataformas. Los derechos de los usuarios, especialmente el derecho a un proceso justo, deben estar garantizados adecuadamente. Pero ni el RSD ni la Directiva DDAMUD abordan cómo asegurar estas garantías en la resolución de controversias.

Este problema se agrava en plataformas descentralizadas, donde las reclamaciones pueden ser resueltas por un sistema también descentralizado, en el que los participantes votan para tomar decisiones. Esto plantea serios desafíos para proteger adecuadamente los derechos de los usuarios y garantizar un proceso justo. En efecto, en los últimos años han surgido diversas plataformas que buscan ofrecer un sistema de justicia descentralizada fuera del ámbito jurisdiccional estatal[10]. A pesar de que algunas de ellas se han auto-

[9] A. LÓPEZ-TARRUELLA MARTÍNEZ, «Jurisdicción y ley aplicable a las cuestiones de propiedad intelectual en el metaverso», en A. LÓPEZ-TARRUELLA MARTÍNEZ (dir.), *Protección y gestión de la propiedad intelectual en el metaverso*, Madrid, Editorial Reus, 2023, pp. 241-278, p. 275.

[10] N. JEVREMOVIĆ, *Blockchain, Smart Contracts and ADR* (marzo de 2021), Verona Summer School, p. 10, disponible en https://www.researchgate.net/publication/346996525_Blockchain_Smart_Contracts_and_ADR

denominado como «el sistema de justicia para la próxima era del metaverso»[11], no solo pretenden resolver litigios surgidos en entornos descentralizados, sino también aquellos que tienen su origen *offchain*[12]. Algunas plataformas operan en sectores muy específicos, como *Bisq*[13] y *Bitrated*[14], mientras que otras centran sus modelos de negocio en proporcionar servicios de resolución de conflictos, como es el caso de *Metacourt*, *Codelegit*[15], *Kleros*[16], *Aragon Court*[17] y *Jur*[18]. Este último grupo destaca por sus características únicas, especialmente, que basan su modelo de negocio en conceptos de *crowdsourcing*, justicia descentralizada y teoría de juegos. Aunque los métodos y características específicas pueden variar entre ellas, las mencionadas plataformas suelen incorporar algún tipo de token o sistema de criptodivisas para incentivar la participación de los árbitros y recompensar o sancionar comportamientos específicos[19]. Las secciones de este Capítulo que siguen describen y conceptualizan estos nuevos mecanismos de resolución alternativa de conflictos y analizan el régimen normativo aplicable al reconocimiento y *exequatur* de las decisiones que emiten, así como su ejecución efectiva.

2.1. El arbitraje en *Blockchain* (BDR)

La doctrina se ha referido a las nuevas plataformas descentralizadas de resolución de conflictos como BDR (*Blockchain Dispute*

---

[11] F. Ast y B. Deffains, «When Online Dispute Resolution Meets Blockchain: The Birth of Decentralized Justice», *Stanford Journal of Blockchain Law & Policy*, vol. 4, 2021 [disponible en línea]: https://stanford-jblp.pubpub.org/pub/birth-of-decentralized-justice/release/1

[12] *Metacourt White Paper*, https://medium.com

[13] *Exchange, Decentralized*, Bisq, https://bisq.network/

[14] *Bitcoin Trust Platform*, Bitrated, https://www.bitrated.com

[15] *Codelegit*, Datarella, http://codelegit.com

[16] *The Just Protocol*, Kleros, https://kleros.io

[17] *Dashboard*, Aragon Court, https://court.aragon.org/#/dashboard

[18] *Jur is the Blockchain for Creating New Societies*, Jur, https://jur.io

[19] O. Rabinovich-Einy y E. Katsch, «*Blockchain* and the Inevitability of Disputes: The Role for Online Dispute Resolution», *Journal of Dispute Resolution*, vol. 2, 2019, pp. 25-72.

Resolution)[20], *smart dispute resolution*[21], *blockchain online dispute resolution*[22], *crypto transaction dispute resolution*[23], *distributed jurisdiction*[24], *decentralized justice*[25], *blockchain-based dispute resolution*[26], *blockchain-based arbitration*[27], *blockchain ODR*[28], *self-enforcing online dispute resolution*[29], *blockchain arbitration*[30] y también, *on-chain ADR procedures which utilize enforcement via blockchain*[31]. Estas expresiones tienen en común la de ir referidas a mecanismos de resolución de conflictos *intra-blockchain* donde las identidades, tanto de las partes litigantes como de los árbitros, suelen permanecer anónimas o pseudoanónimas[32]. Las plataformas de BDR generalmente se estructuran como DAOs, esto es, como organizaciones descentralizadas dirigidas y mantenidas por una comunidad

---

[20] C. Kumtepe, «A Brief Introduction to *Blockchain* Dispute Resolution», *John Marshall Law Journal*, vol. 14, núm. 2, 2021, pp. 138-144.

[21] A. U. Janssen y T. Vennmanns, «Smart Dispute Resolution in the Digital Age: The Potential of Smart contracts and Online Dispute Resolution for Dispute Prevention and Resolution in Consumer Law Cases», *The International Journal on Consumer Law and Practice*, vol. 9, 2021, pp. 52-73.

[22] F. Guillaume y S. Riva, «Blockchain Dispute Resolution for Decentralized Autonomous Organizations: The Rise of Decentralized Autonomous Justice», en D. Kraus, T. Obrist y O. Hari (eds.), *Blockchain and Private International Law*, Cheltenham, Edward Elgar, 2022, pp. 549-641.

[23] W. Kaal y C. Calcaterra, «Crypto Transaction Dispute Resolution», *The Business Lawyer*, 2017, vol. 73, núm. 1, pp. 109-152, p. 143.

[24] *Ibid.*

[25] F. Ast y B. Deffains, *op. cit.*

[26] N. Jevremović, *op. cit.*

[27] S. Hourani, «Access to Justice and *Blockchain*-based Arbitration: New Platforms Could Be Useful Tool for Resolving Commercial Disputes», *Dispute Resolution Magazine*, vol. 26, núm. 2, 2020, pp. 20-23.

[28] O. Tiamiyu, «The Impending Battle for the Soul of ODR: Evolving Technologies and Ethical Factors Influencing the Field», *Cardozo Journal of Conflict Resolution*, vol. 23, 2022, https://papers.ssrn.com/sol3/papers.cfm?abstract_id=3934543

[29] P. Ortolani, «The Impact of *Blockchain* Technologies and *Smart contracts* on Dispute Resolution: Arbitration and Court Litigation at the Crossroads», *Revue de Droit Uniforme*, vol. 24, núm. 2, 2019, pp. 430-448.

[30] L. Bergolla *et. al.*, «Kleros: A Socio-Legal Case Study of Decentralized Justice & *Blockchain* Arbitration», *Ohio State Journal on Dispute Resolution*, vol. 37, núm. 1, 2022, pp. 55-98.

[31] M. Dylag y H. Smith, «From Cryptocurrencies to Cryptocourts: Blockchain and the Financialization of Dispute Resolution Platforms», *Information, Communication & Society*, vol. 26, núm. 2, 2023, pp. 372-87; J. Metzger, «The Current Landscape of Blockchain-based, Crowdsourced Arbitration», *Macquarie Law Journal*, vol. 19, 2019, pp. 81-101, p. 8.

[32] L. Bergolla *et al.*, *op. cit.*

de participantes[33]. Operan de manera autónoma, sin intervención del Estado. Ello es posible porque el contrato inteligente donde se plasma la decisión de la controversia se ejecuta automáticamente en la cadena de bloques sin necesidad de terceros[34]. Esta autonomía distingue al BDR de todos los demás tipos de mecanismos de resolución de conflictos en línea (*Online Dispute Resolution*, ODR)[35].

Las plataformas de BDR pueden clasificarse en cuatro grupos[36]: 1) Plataformas que resuelven exclusivamente disputas de *Blockchain* o sobre contratos inteligentes, como *Aragon*, *Bisq* y *Bitrated*; 2) Plataformas que también se ocupan de controversias *offchain*, como *Mattereum*[37] y *Kleros*; 3) Plataformas que facilitan la negociación y mediación, como la extinta *Sagewise*; y 4) Plataformas basadas en principios de votación colectiva y teoría de juegos, como *Aragon*, *Jur*, *Kleros*, *Metacourt* y *Rhubarb*[38]. Las características específicas de cada una de estas plataformas ya se han descrito por la doctrina, a la cual remitimos en aras de brevedad[39].

Son de particular interés las plataformas de BDR que utilizan incentivos económicos y giran alrededor de teoría de juegos y la sabiduría de las masas (*wisdom of the crowds*)[40]. Los operadores clave

---

[33] F. Guillaume y S. Riva, *op. cit.*, p. 551.

[34] P. Ortolani, *op. cit.*, p. 430.

[35] F. Guillaume, y S. Riva, *op. cit.*

[36] C. Kumtepe, *op. cit.*, p. 144.

[37] *Mattereum*, https://mattereum.com

[38] *Metacourt*, https://www.metacourt.gg, (consultado el 6 de diciembre de 2023); *Rhubarb*, *Rhubarb*, https://www.rhucoin.com

[39] Vid. J. Metzger, *op. cit.*; C. Kumtepe, *op. cit*; Y. Aouidef *et. al.*, «Decentralized Justice: A Comparative Analysis of Blockchain Online Dispute Resolution Projects», *Frontiers in Blockchain*, vol. 4, 2021, https://doi.org/10.3389/fbloc.2021.564551 ; N. Jevremović, *op. cit.*; M. Kontak, «Modern Tools to Lower the Costs of Disputes: Digitalisation and the New Venues of Online Dispute Resolution», 2021, *Harmonius: Journal for Legal and Social Studies in South East Europe*, 2021, pp. 113-132; O. Tiamiyu, *op. cit.*; L. Bergolla *et al.*, *op. cit.*; M. Kasatkina, «Dispute Resolution Mechanism for Smart contracts», *Masaryk University Journal of Law and Technology*, vol. 16, núm. 2, 2022, pp. 143-162; F. Ast y B. Deffains, *op. cit.*

[40] T. Schelling, *The Strategy of Conflict*, Harvard University Press, 1960; M. Shubik, *Game Theory in the Social Sciences: Concepts and Solutions*, MIT Press, 1982; R. Myerson, *Game Theory: Analysis of Conflict*, Harvard University Press, 1997; J. Simmons *et al.*, «Intuitive Biases in Choice Versus Estimation: Implications for the Wisdom of Crowds», *The Journal of Constructional Steel Research*, vol. 38, núm. 1, 2011, pp. 1-15.

son *Kleros*[41], *Aragon*[42], *Jur*[43] y *Metacourt*[44]. Cada una de estas cuatro plataformas utilizan tokens para su gobernanza: *PNK* (*Kleros*), *Polkadot* (*Jur*), *ANJ* (*Aragon*) y *$COURT* (*Metacourt*). Mientras que *Kleros*, *Aragon* y *Metacourt* operan en *blockchains* totalmente descentralizadas, *Jur*, se basa en *VeChain*, que utiliza un algoritmo de consenso de Prueba de Autoridad con nodos confiables[45]. Sin embargo, las cuatro emplean incentivos económicos fundamentados en el denominado *Punto de Schelling*[46]. Esta teoría sugiere que los incentivos económicos pueden ayudar a un grupo de personas cuyos miembros no confían entre sí o no pueden comunicarse entre sí para alinear sus expectativas de comportamiento[47]. *Kleros*, por ejemplo, utiliza una red de «jurados humanos», esto es, árbitros anónimos elegidos al azar en función de la cantidad de PNKs que posean y que compiten por ser designados. En efecto, cuanto mayor sea su apuesta de PNKs, mayores posibilidades tienen de ser seleccionados aleatoriamente como árbitros para resolver una controversia concreta. Cualquier persona puede actuar como árbitro y la toma de decisiones está motivada económicamente para llegar a la solución mayoritaria de acuerdo con los resultados más previsibles[48]. *Kleros* es la plataforma que lleva funcionando más tiempo y cuenta con el respaldo financiero tanto de la Unión Europea como de otras entidades privadas y gubernamentales[49]. Hasta la fecha, su base de datos registra la resolución de 1.645 controversias[50].

---

41 *The Just Protocol*, *op. cit.*

42 *Prerequisites*, Aragon, https://documentation.aragon.org/products/prerequisites

43 *Jur is the Blockchain for Creating New Societies*, *op. cit.*; Y. Aouidef, *et al.*, *op. cit.*, p. 2.

44 *Metacourt Whitepaper*, https://medium.com/@metacourt.tech/metacourts-whitepaper-1-2-release-what-s-new-404109d04a0a

45 Y. Aouidef, *et. al.*, *op. cit.*, p. 3; *Metacourt Whitepaper*, *op. cit.*

46 *Ibid.*

47 C. Lesaege y F. Ast, *White Paper V. 1.0. 7 Clément Lesaege, Federico Ast y William George*, septiembre de 2019, https://kleros.io/whitepaper_es.pdf

48 *Ibid.*

49 L. Bergolla *et al.*, *op. cit.*, p. 72.

50 https://kleros.io (agosto de 2024).

2.1.1. *Cómo funciona*

Tras leer la exposición de los hechos que realizan las partes y los argumentos y pruebas presentadas, los árbitros de *Kleros* deciden la controversia en equidad[51]. Después, emiten sus votos utilizando PNKs, los cuales pierden si la parte por la que han optado no prevalece finalmente en el litigio[52]. Si respaldaron a la parte ganadora, por el contrario, no solo mantienen sus PNKs, sino que reciben una recompensa adicional. Según Schmitz y Rule, el BDR utiliza lo que se puede describir como *crowdsourced* o «justicia de las masas»[53], lo que lo distingue, por ejemplo, de otros mecanismos de resolución de controversias en línea.

Los votos que emite cada árbitro no son visibles ni para los demás árbitros ni para las partes. Sin embargo, una investigación ha sugerido que la comunicación extensa, frecuente y simultánea que tiene lugar en los canales de *Telegram* entre la comunidad de usuarios de *Kleros*, puede aumentar el riesgo de colusión[54]. Por lo demás, los litigantes tienen permitido apelar un número ilimitado de veces, siendo designados para cada instancia de apelación el doble de árbitros que, en la instancia anterior, más uno. Las costas también aumentan con cada instancia de apelación. Una vez que la decisión es final, se ejecuta inmediata y automáticamente en la cadena de bloques[55].

La doctrina ha apuntado que el BDR gira en torno a lo que se denomina «riesgo reputacional[56]». De acuerdo con ciertos estudios, la reputación positiva en estas plataformas guarda una correlación directa con las ganancias económicas. Se sostiene que cuanta mayor cantidad de tokens se juegue un árbitro en la resolución de un litigio, mejor alineada estará su decisión con la opinión mayoritaria. Así y, diferencia de los mecanismos tradicionales de resolución de conflictos,

---

[51] F. Guillaume, y S. Riva, *op. cit.*, p. 615.

[52] L. Bergolla *et al.*, *op. cit.*, p. 64.

[53] A. Schmitz y C. Rule, «Online dispute resolution for smart contracts», *Journal of Dispute Resolution*, vol. 2, 2019, pp. 103-126, p. 117.

[54] L. Bergolla *et al.*, *op. cit.*, p. 73.

[55] Y. Aouidef, *et. al.*, *op. cit.*, p. 3.

[56] W. A. Kaal, «Blockchain-based Corporate Governance», *Stanford Journal of Blockchain Law & Policy*, vol. 4, 2021, https://stanford-jblp.pubpub.org/pub/blockchain-corporate-governance/release/1

que endosan el riesgo reputacional a la parte perdedora durante la fase de ejecución, el BDR sitúa el riesgo reputacional *antes* de la toma de decisiones. En otras palabras, en el BDR el riesgo reputacional se transfiere de la parte perdedora a los árbitros «perdedores». «A medida que la reputación del mecanismo de BDR aumenta, también se incrementa el valor de los tokens nativos de la plataforma, generando mayores beneficios económicos para los árbitros que adquieren estos tokens»[57]. En consecuencia, se argumenta que en el BDR los árbitros reciben mayor atención que las partes en litigio.

2.2. BDR: LEGITIMIDAD Y DERECHO A UN PROCESO CON TODAS LAS GARANTÍAS

El BDR suscita inquietudes relacionadas con las garantías procesales, ya que las oportunidades de defensa son limitadas. Independientemente de la plataforma, el proceso probatorio es completamente voluntario y autoimpuesto, consistiendo únicamente en que las partes presenten cualquier evidencia que consideren necesaria para respaldar unilateralmente una reclamación[58]. Asimismo, los árbitros carecen de la posibilidad de fundamentar sus decisiones en precedentes jurisdiccionales y cuentan con escaso marco analítico del cual extraer conclusiones[59]. Ello podría conculcar el derecho a un proceso con todas las garantías recogido, entre otros, en el artículo 24.2 CE.

Promover económicamente decisiones mayoritarias desatiende, asimismo, el valor social de los votos particulares[60] y podría ser la opción más expedita, aunque no necesariamente la más justa[61]. Otra crítica reside en la presunción de que los diversos puntos de vista le-

---

[57] *Ibid.*

[58] M. Buchwald, «Smart Contract Dispute Resolution: The Inescapable Flaws of Blockchain-based Arbitration», *University of Pennsylvania Law Review*, vol. 168, núm. 5, 2020, pp. 1369-4123; J. Metzger, «Decentralized Justice in the Era of Blockchain», *International Journal of Online Dispute Resolution,* vol. 5, núm. 1-2, 2018, pp. 69-81; J. Metzger, «The Current Landscape», *op. cit.*, p. 101.

[59] J. Sklaroff, *op. cit.*, p. 301.

[60] O. Tiamiyu, *op. cit.*, p. 99; M. Kontak, *op. cit.*, p. 125.

[61] T. Van der Linden, «Trust Me: Combining Online Dispute Resolution, Law and Blockchain Technology», *Indian Journal of Law and Technology*, vol. 15, 2019, pp. 454-469.

gales y culturales de los árbitros convergen para llegar al «resultado correcto». Sin embargo, resulta imposible determinar si los árbitros comprenden realmente las expectativas de las partes o tienen en cuenta el marco normativo aplicable[62]. En efecto, las plataformas de BDR no siempre toman en consideración las complejidades legales inherentes a los procedimientos de resolución de conflictos, sino que se enfocan más en aspectos especulativos y tecnológicos[63].

Por estar basado en principios de teoría de juegos y decisiones racionales, el encaje del BDR al campo de la resolución de controversias también plantea incertidumbres. Al operar dentro de una economía especulativa de criptomonedas, surgen interrogantes significativas en relación con su potencial impacto en los procesos de resolución de conflictos, así como en la capacidad de las partes y el público general para escrutar los resultados de las decisiones[64].

No obstante, algunas de las críticas más contundentes hacia las plataformas de BDR se relacionan con la transición de la lógica judicial a la lógica de los mercados. El proceso de selección de árbitros favorece a aquellos que invierten más tokens que otros, convirtiendo la litigación en un medio de intercambio y circulación de criptomonedas[65]. Como consecuencia, la gobernanza en plataformas *blockchain* se ve inexorablemente vinculada a la especulación y acumulación de criptomonedas, «simplificando las complejidades de la resolución de controversias al transformar el consenso en una serie de resultados calculables por partes racionales interesadas en la acumulación de criptomonedas»[66]. Las conclusiones de un estudio empírico sobre *Kleros* parecen corroborar esta preocupación[67]. Asimismo, las plataformas de BDR se ven inmersas en un conflicto de intereses dado que, a mayor litigiosidad, mayor generación de ingresos. Sin embargo, debido a la especulación y volatilidad de las criptomonedas, este sistema

---

[62] J. Metzger, «The Current Landscape», *op. cit.*, pp. 100-101.

[63] N. Jevremović, *op. cit.*, p. 10.

[64] M. Dylag y H. Smith, *op. cit.*, p. 372; J. R. Sternlight y J. K. Robbennolt, «In-Person or Via Technology?: Drawing on Psychology to Choose and Design Dispute Resolution Processes», *DePaul Law Review*, vol. 71, 2022, pp. 701-776.

[65] P. Langley y A. Leyshon, «Platform Capitalism: the Intermediation and Capitalization of Digital Economic Circulation», *Finance and Society*, vol. 3, núm. 1, pp. 11-31.

[66] M. Dylag y H. Smith, *op. cit.*

[67] L. Bergolla *et al.*, *op. cit.*, p. 78.

también podría ocasionar demoras y situaciones de negación de justicia si el interés económico en participar en una controversia específica como árbitro no es lo suficientemente significativo[68].

Además, se sugiere que las plataformas de BDR pueden plantear problemas desde una perspectiva de gobernanza democrática, ya que confían la administración de justicia a una élite tecnocrática que custodia y mantiene en secreto el código subyacente, lo que repercute, lógicamente, en la transparencia[69].

2.3. Reconocimiento y ejecución *offchain* de decisiones BDR

El BDR plantea desafíos vinculados a la validez formal y material de las decisiones, así como otras cuestiones relacionadas con la identificación, capacidad y cumplimiento procedimental, que pueden tener un impacto significativo en la ejecutabilidad y reconocimiento de los laudos de acuerdo con la Convención de Nueva York de 1958 sobre el Reconocimiento y la Ejecución de Sentencias Arbitrales Extranjeras[70].

Un tribunal ha respaldado un laudo emitido en colaboración con *Kleros* que pone fin a una controversia sobre un contrato de arrendamiento celebrado en septiembre de 2020 entre dos entidades privadas con relación a una propiedad ubicada en México. El contrato contenía una cláusula de arbitraje, de conformidad con las disposiciones aplicables en dicho país. Al entrar en desacuerdo, las partes designaron a un único árbitro y acordaron las normas del proceso arbitral, con la particularidad de que conminaban explícitamente al árbitro a someter la resolución del litigio al *Protocolo Kleros*. La controversia se remitió, consecuentemente a *Kleros* y, en octubre de 2020, la plataforma alcanzó una decisión unánime, que estimaba la reclamación de la demandante por impago. Posteriormente, el 27 de noviembre de 2020, el

[68] M. Kontak, *op. cit.*, p. 124.

[69] M. Dylag y H. Smith, *op. cit.*; J. Metzger, «The Current Landscape», *op. cit.*, p. 70.

[70] Convenio sobre el Reconocimiento y la Ejecución de las Sentencias Arbitrales Extranjeras, hecho en Nueva York el 10 de junio de 1958, *BOE* núm. 164, de 11 de julio de 1977.

árbitro dictó un laudo que recogía la decisión de *Kleros*, y ordenó al demandado liquidar los pagos pendientes junto con los intereses devengados, así como el desalojo de la propiedad arrendada. El propietario presentó, consecuentemente, una petición de reconocimiento y ejecución del laudo ante los tribunales mexicanos, que finalmente fue estimada el 28 de mayo de 2021, confirmando la legitimidad del proceso arbitral[71].

El caso referido no versa sobre un inmueble virtual y el laudo tampoco se dictó directamente en *Kleros*; más bien, el BDR operó aquí como una herramienta más dentro de un procedimiento arbitral tradicional. De esta manera, la sentencia mexicana no aborda la compatibilidad del BDR con el derecho a un proceso con todas las garantías o la conformidad de algunas de sus características con la Convención de Nueva York de 1958. Las complejidades que rodean el reconocimiento y la ejecución de las decisiones dictadas en BDR surgen, sin embargo, cuando este no se utiliza como un elemento integral dentro del proceso arbitral, sino como el único mecanismo para la resolución de controversias. En tal situación, surgen diversas interrogantes desde una perspectiva legal, que resumimos brevemente[72].

Las cláusulas compromisorias incorporadas en contratos inteligentes generan dudas sobre su conformidad con los requisitos de validez formal recogidos en el artículo II.2 de la Convención de Nueva York, en particular, la exigencia de que se trate de un «acuerdo por escrito». Esta expresión va referida a una cláusula compromisoria in-

---

[71] *Decisión del Juez Cuarto de los Civil del Primer Partido Judicial del estado de Jalisco*, 28 de mayo de 2021, Asunto 205/2021, comentado por M. Virues Carrera, «Accommodating Kleros as a Decentralised Dispute Resolution Tool for Civil Justice Systems: Theoretical Model and Case of Application», Kleros platform [diponible en línea]: https://ipfs.kleros.io/ipfs/QmfNrgSVE9bb17KzEVFoGf4KKA1Ekaht7ioLjYzheZ6prE/Accommodating%20Kleros%20as%20a%20Decentralized%20Dispute%20Resolution%20Tool%20for%20Civil%20Justice%20Systems%20-%20Theoretical%20Model%20and%20Case%20of%20Application%20-%20Mauricio%20Virues%20-%20Kleros%20Fellowship%20of%20Justice.pdf

[72] E. Chang y E. Hay, «Something Borrowed, Something Blue: The Best of Both Worlds in Metaverse-Related Disputes», 15(2) *Contemporary Asia Arbitration Journal*, 2022, pp. 205-252, pp. 218-220; I. Tasende, «Blockchain y arbitraje: un nuevo enfoque en la resolución de disputas. Especial énfasis en *smart contracts* y criptodivisas», 22 *Revista de Derecho*, 2020, http://www.scielo.edu.uy/pdf/rd/n22/2393-6193-rd-22-138.pdf; M. V. Yépez Idrovo *et al.*, «Smart contracts y el arbitraje: hacia un modelo de justicia deslocalizado», 7(1) *USFQ Law Review*, 2020, pp. 1-28, https://revistas.usfq.edu.ec/index.php/lawreview/article/view/1698/2018

cluida en un contrato o un compromiso, firmados por las partes o contenidos en un canje de cartas o telegramas. Dentro del metaverso, sin embargo, las operaciones con inmuebles virtuales suelen gestionarse mediante contratos inteligentes redactados en lenguajes de programación, lo que añade una capa de complejidad al cumplimiento con los referidos requisitos formales. A diferencia de los contratos tradicionales, los *smart contracts* carecen, a menudo, de documentación formal o de un registro físico de la aceptación de términos. El consentimiento puede manifestarse simplemente mediante la ejecución de una transacción en la cadena de bloques, lo que puede ser menos claro y verificable que la firma en un contrato en papel. En este sentido, los términos de uso de la plataforma de realidad virtual respectiva o la presencia de un contrato subyacente pueden adquirir una importancia crucial para determinar la conformidad de una cláusula compromisoria con el artículo II de la Convención de Nueva York[73].

La validez sustantiva de estos convenios arbitrales también es cuestionable, en particular, en lo que se refiere al consentimiento contractual, cuya existencia es difícil de probar. Las transacciones que se gestionan a través de contratos inteligentes son impulsadas por el código y la lógica del contrato, sin intervención humana directa. Esto puede hacer que sea menos evidente cómo y cuándo las partes dieron su consentimiento inicial. El código subyacente de un *smart contract*, además, puede ser complejo y técnico. Las partes involucradas pueden no comprender completamente todas las implicaciones del código, y el consentimiento puede darse más por la interacción con la plataforma que por la comprensión completa del contrato en sí. De otra parte, en algunos casos, el consentimiento se otorga a través de una interfaz de usuario en una plataforma en línea. Sin embargo, la experiencia del usuario puede variar y, en algunos casos, no se proporciona un medio claro para que las partes revisen y comprendan completamente los términos antes de aceptar, por ejemplo, un aviso apropiado sobre la inclusión de un acuerdo de arbitraje por referencia. Asimismo, como es sabido, la interacción con avatares y DAOs en el metaverso proporciona un cierto grado de anonimato. Esto puede hacer que sea difícil asociar de manera inequívoca las identidades de las partes con

---

[73] E. CHANG y E. HAY, *op. cit.*, pp. 218-220.

sus transacciones, lo que complica la prueba del consentimiento en el contexto legal. La adecuada conformidad con las regulaciones pertinentes, como las leyes de protección al consumidor, complica aún más la evaluación de la validez material del convenio[74]. Precisamente ese cierto grado de anonimato también contribuye a la dificultad de probar la capacidad de las partes a la que se refiere el artículo V.1.*a*) de la Convención de Nueva York.

De otra parte, recordemos que en el BDR la identidad de los árbitros también permanece en el anonimato, que persiste incluso después de haberse dictado la resolución. Si la identidad de los árbitros se mantiene en anonimato, podría surgir la pregunta de si se ha cumplido adecuadamente con el requisito establecido en el artículo V.1.*d*) de la Convención de Nueva York, que exige que las partes hayan sido debidamente notificadas de la designación de los árbitros y del procedimiento arbitral. El anonimato de los árbitros podría plantear, asimismo, cuestionamientos sobre el derecho de las partes a un proceso con todas las garantías, ya que las partes tienen el derecho fundamental de conocer la identidad de quienes decidirán sobre su controversia. Sin olvidar que el anonimato de los árbitros puede generar dudas sobre la integridad y la imparcialidad del proceso, sin que las partes puedan, en ese caso, ejercer de manera efectiva el derecho a recusar a un árbitro por posibles conflictos de interés o parcialidad. Además, podrían existir requisitos legales bajo el Derecho nacional aplicable que exijan la revelación de la identidad de los árbitros para que el laudo sea considerado válido[75].

Cobra relevancia, igualmente, la alineación de los procedimientos arbitrales con los acuerdos de las partes, una faceta crítica según el artículo V.1.*d*) de la Convención de Nueva York, especialmente en arbitrajes *ex aequo et bono* como los llevados a cabo en plataformas como *Kleros* o *Jur*, ya que los arbitrajes en equidad requieren normalmente una autorización explícita de las partes[76]. Asimismo, la notificación efectiva de las partes, que es esencial en cualquier procedimiento arbitral, puede volverse complicada, no solo por la identidad anónima y encriptada de las partes, sino porque las direcciones de

[74] *Ibid.*, p. 225.
[75] *Ibid.*, p. 226.
[76] *Ibid.*, p. 236.

billeteras digitales pueden cambiar. Otro posible obstáculo legal al reconocimiento y ejecución de estas decisiones es que las decisiones arbitrales están vinculadas a contratos inteligentes que se ejecutan automáticamente. Esto plantea dudas sobre la adecuación del procedimiento a lo acordado por las partes y sobre su conformidad con las leyes aplicables.

El BDR presenta, a su vez, complejidades a la hora de establecer la sede arbitral. Determinar el *forum arbitri* no es tarea fácil tratándose de entornos descentralizados, generándose importantes interrogantes sobre la sede arbitral y el Estado donde se dictó el laudo. Esto último no solo es determinante con relación a la validez material del convenio arbitral o del laudo, sino para establecer la aplicación de la Convención de Nueva York. Recordemos que conforme al artículo I.1 de la misma, la Convención se aplica a «sentencias arbitrales dictadas en el territorio de un Estado distinto de aquel en que se pide el reconocimiento y la ejecución de dichas sentencias»[77].

Por otro lado, según el artículo IV de la Convención de Nueva York, para solicitar el reconocimiento y ejecución de un laudo, es necesario presentar la demanda acompañada «del original debidamente autenticado de la sentencia o una copia de ese original» y «el original del acuerdo a que se refiere el artículo II, o una copia». En este sentido, cabe recordar que las decisiones tomadas en plataformas como *Kleros* no están ni siquiera firmadas[78].

Además, la ausencia de audiencias en algunas plataformas de BDR puede conculcar, como se ha visto, el derecho a un proceso con todas las garantías, al privar a las partes de la oportunidad de presentar su caso de manera integral. Esta situación ha sido identificada como una de las razones para la denegación del reconocimiento y ejecución del laudo, conforme a lo dispuesto en el artículo V.1.*b*) de la Convención de Nueva York[79].

Por último, las decisiones dictadas en plataformas de BDR pueden plantear cuestiones de orden público, según lo establecido en el artículo V.2 de la Convención de Nueva York. Ámbitos como la protección de datos, los derechos de los consumidores, la fiscalidad, la

[77] *Ibid.*
[78] I. Tasende, *op. cit.*
[79] M. Kontak, *op. cit.*, p. 129.

supervisión financiera, la prevención del blanqueo de capitales, la defensa de la competencia, los juegos de azar o la legislación penal han sido históricamente terrenos donde los Estados han aplicado la excepción de orden público para denegar el reconocimiento y la ejecución de laudos arbitrales. Cabría pensar que los Estados pueden intentar ejercer influencia regulatoria en el metaverso por esta vía[80]. De la misma manera, sería plausible considerar que las decisiones dictadas en BDR pueden contravenir el orden público del foro debido a la falta de transparencia, la ausencia de motivación del laudo o la existencia de conflictos de interés económico entre los árbitros. En última instancia, el reconocimiento y la ejecución del laudo podrían también ser rechazados en la medida en que la decisión contravenga un foro de competencia exclusiva en el Estado requerido. En este sentido, como ya se ha visto, cuando se trata de controversias en materia de derechos reales sobre inmuebles o contratos de arrendamiento de inmuebles, la mayoría de ordenamientos remiten al *forum rei sitae*.

2.4. Búsqueda de activos y ejecución en el metaverso de decisiones

Como se ha apuntado anteriormente, cuando una medida ejecutiva haya de realizarse directamente en una plataforma virtual por la naturaleza de la medida en sí, o por carecer el deudor de activos más allá del metaverso, ejecutar la resolución mediante los métodos tradicionales disponibles puede convertirse en un esfuerzo poco productivo, especialmente si la identidad del deudor no es rastreable[81].

Así, podemos inferir que, en general, la localización de criptoactivos y la ejecución de resoluciones judiciales y laudos en plataformas de realidad virtual presentan importantes dificultades prácticas, especialmente en metaversos descentralizados. Ante esta situación, parece que el mecanismo más eficiente —no necesariamente más justo— para resolver y ejecutar decisiones relacionadas con controversias de

[80] E. Chang y E. Hay, *op. cit.*, p. 239.
[81] Chamber of Digital Commerce, «Smart contracts, Is the Law Ready?», 2018 [disponible en línea]: https://digitalchamber.org/smart-contracts-paper-press/, p. 62.

bienes inmuebles virtuales es a través de plataformas de BDR, utilizado estas últimas, no como una herramienta más dentro del proceso arbitral, sino como único mecanismo de resolución del litigio. Efectivamente, estas plataformas integran la toma de decisiones con su ejecución *on-chain* mediante cuentas de depósito en garantía o *escrow*, que aseguran el cumplimiento del laudo y eliminan la necesidad de iniciar un procedimiento judicial para solicitar la ejecución del fallo[82]. En *Kleros*, por ejemplo, una vez que se ha alcanzado una decisión, el contrato inteligente asociado al caso inicia la ejecución realizando una transferencia de activos digitales o fondos, de acuerdo con el veredicto. La naturaleza automatizada de los contratos inteligentes garantiza, por tanto, que la ejecución del laudo se realice sin necesidad de intervención judicial ni de terceros.

Una cuestión totalmente distinta es si los laudos de BDR generan efectos de cosa juzgada. En caso contrario, estos procedimientos no serían obstáculo para que la parte perdedora volviera a litigar el caso[83].

3. CONCLUSIONES

El aumento de conflictos vinculados con el metaverso es solo cuestión de tiempo. Sin embargo, los mecanismos tradicionales de resolución de conflictos parecen inadecuados para resolver esta clase de controversias. Las normas de Derecho internacional privado que utilizan conexiones territoriales, tales como la situación del inmueble o el domicilio de las partes, no se adaptan fácilmente a contextos virtuales y descentralizados. Además, cuando la identidad del demandado es anónima o carece de activos más allá del metaverso, hacer cumplir una resolución judicial o laudo arbitral a través de medios de ejecución convencionales puede resultar inútil. Ante este panorama, el arbitraje en la cadena de bloques aparece como una alternativa viable, aunque no necesariamente la más justa.

[82] https://docs.kleros.io/products/escrow/new-in-progress-kleros-escrow-tutorial

[83] P. Ortolani, «Chapter 21 Recognition and Enforcement of the Outcome of Blockchain-Based Dispute Resolution», en A. Bonomi *et al.* (eds.), *Blockchain and Private International Law*, Brill, Nijhoff, 2023, pp. 642-669.

En las plataformas de BDR, la toma de decisiones se desarrolla a través de paneles de árbitros anónimos, quienes están incentivados mediante recompensas financieras basadas en la teoría de juegos. Una vez alcanzada una decisión, esta se ejecuta automáticamente en línea, a través de cuentas de depósito en garantía o *escrow*. Si bien estas plataformas ofrecen una resolución rápida y efectiva de controversias, también originan serias dudas desde el punto de vista jurídico, por ejemplo, la ausencia de audiencias o la falta de neutralidad e independencia de los árbitros en los procesos de toma de decisiones. Ello puede obstaculizar, en último término, su reconocimiento y ejecución fuera de la plataforma.

Para que un mecanismo de resolución de conflictos sea efectivo ha de tener un grado suficiente de confianza, experiencia, conveniencia y eficiencia. Si cualquiera de estos elementos no está presente, el sistema no funciona de manera óptima. A lo largo de la historia, se han considerado efectivos aquellos mecanismos de resolución de conflictos que logran reducir los costes de transacción, obtener resultados satisfactorios para las partes y disminuir la probabilidad de conflictos recurrentes[84]. Al mismo tiempo, estos mecanismos han de estar guiados por estándares objetivos de justicia que garanticen que las decisiones son jurídicamente conformes o sustancialmente justas[85].

Más allá de la criptoeconomía, resulta incierto que el BDR pueda convertirse en el mecanismo preferente para la resolución de conflictos sobre inmuebles en el metaverso. Hasta ahora, los estudios empíricos existentes sugieren que las particularidades del *blockchain* pueden impedir una base de usuarios más amplia para este tipo de plataformas de resolución de conflictos[86]. De otro lado, existe un grado considerable de inestabilidad dentro del mercado cripto, motivado por una volatilidad inherente e incertidumbres regulatorias. Períodos de declives abruptos en los precios o una mayor atención regulatoria han contribuido a estas fluctuaciones, lo que puede desincentivar el despegue plataformas de resolución de conflictos que tienen en la especulación y acumulación de criptodivisas su modelo de negocio. No

[84] J. K. Martinez, «Designing Online Dispute Resolution», *Journal of Dispute Resolution*, vol. 1, 2020, pp. 135-150, pp. 141-147.

[85] R. Koulu, *op. cit.*, p. 69.

[86] L. Bergolla *et al.*, *op. cit.*, p. 98.

obstante, los avances en el desarrollo de la tecnología *blockchain*, el surgimiento de Web 3.0 y la creciente interacción en el metaverso/VR sugieren que el BDR podría consolidar su presencia en la próxima fase de evolución de los mecanismos de resolución de conflictos.

Al igual que en el mundo físico, la seguridad jurídica y la implementación de mecanismos efectivos de resolución de conflictos desempeñan un papel crucial en el metaverso, proporcionando un marco sólido para las transacciones y relaciones contractuales. En un entorno futuro, donde las operaciones en el metaverso sean actividades recurrentes, la seguridad jurídica será un pilar fundamental. La existencia de una normativa sustantiva e internacional iusprivatista clara, respaldadas por un buen sistema de resolución de conflictos, contribuirá sin duda alguna a incrementar la confianza entre las partes involucradas.

CAPÍTULO X

EL FUTURO DEL DERECHO INTERNACIONAL PRIVADO EN EL METAVERSO

Esta obra parte de la hipótesis de que el metaverso desafía las estructuras jurídicas tradicionales, lo que hace necesario un replanteamiento significativo de la regulación y resolución de conflictos. El estudio ha corroborado esta suposición, demostrando que, en efecto, la descentralización, la naturaleza transnacional y la interacción sin fronteras físicas del metaverso crean un escenario complejo que podría no ser abordado de manera eficaz con la normativa internacional iusprivatista vigente.

En ese escenario complejo creado en el metaverso destacan las Organizaciones Autónomas Descentralizadas (DAOs). Las DAOs operan en un espacio donde la gobernanza y la coordinación económica se realizan de manera autónoma y descentralizada, lo que plantea cuestiones jurídicas importantes en cuanto a su reconocimiento, gobernanza, responsabilidad y operaciones transfronterizas. Determinar la competencia judicial y la ley aplicable a estas organizaciones es especialmente complicado debido a la naturaleza seudónima y global de sus miembros.

Otro aspecto novedoso que complica la operatividad de las normas de Derecho internacional privado en el metaverso es su inherente seudonimidad y el uso de avatares. Ello pone en tela de juicio la efectividad de normas que utilizan conexiones relacionadas con la persona como pueden ser el domicilio, la residencia habitual o la nacionalidad. Además, los avatares plantean diversas problemáticas como la cuestión de su personalidad jurídica, la determinación de la responsabilidad legal por sus acciones, la protección de la propiedad intelectual relacionada con sus diseños y bienes virtuales, así como las preocupaciones sobre la privacidad y protección de datos personales. Por tanto, es esencial definir y proteger los derechos digitales de los usuarios, dado que los avatares pueden ser una extensión de su identidad digital.

De otro lado, en tanto que herramientas fundamentales para el desarrollo de transacciones en el metaverso, es necesario desarrollar un marco legal que contemple las particularidades de los contratos inteligentes y que ofrezca soluciones efectivas para resolver los conflictos que puedan surgir en este contexto. Ello incluye la revisión de foros de competencia basados en el lugar de ejecución o el domicilio del demandado y de normas de conflictos que utilizan puntos de conexión territoriales. Incluso la cláusula de escape de los vínculos más estrechos puede no ser operativa en algunos casos en los que es imposible establecer contactos *offchain.*

Nuestro estudio también ha puesto de manifiesto las dificultades para la identificación de las partes responsables por los daños acaecidos en el metaverso y las correspondientes víctimas, así como la aplicación de las normas tradicionales de responsabilidad civil y de Derecho internacional privado. Los daños más comunes son psicológicos y emocionales, pero también pueden ser de carácter económico, planteando dudas sobre la aplicabilidad de las normas de responsabilidad extracontractual. La deslocalización y la seudonimidad de los usuarios complican la identificación del domicilio o residencia habitual, dificultando la determinación de la jurisdicción competente y la legislación aplicable. Además, los foros y puntos de conexión basados en el «lugar» del acto causal o del daño presentan retos en un entorno virtual sin una conexión geográfica clara.

Lo mismo sucede con respecto a los bienes virtuales. La incierta naturaleza de estos bienes, como bienes raíces, bienes intangibles o meros contratos de licencia, complica su regulación. Al mismo tiempo, la descentralización y el anonimato inherentes al metaverso, así como la aplicación de foros de competencia y normas de conflicto basadas en vínculos territoriales no siempre son efectivas en un entorno digital descentralizado.

Con el desarrollo de nuevos entornos y plataformas virtuales se hace imprescindible, de igual manera, la adopción de nuevas leyes y la adaptación del marco normativo existente para proteger adecuadamente las creaciones y los derechos en estos espacios innovadores. Un ejemplo se manifiesta cuando avatares o entidades virtuales participan en actividades que infringen derechos de autor, marcas registradas o patentes. Estos actos pueden ocurrir en múltiples jurisdicciones y afectar a partes en diferentes territorios, lo que hace que determinar la jurisdicción adecuada para litigar estos asuntos sea un reto considerable. Además, las plataformas que facilitan estas interacciones pueden tener sedes en distintos países, complicando aún más el panorama legal.

Finalmente, la falta de un marco legal internacional coherente para el metaverso dificulta la regulación efectiva y la protección de los derechos de los usuarios. Es esencial garantizar que la justicia en el metaverso no quede exclusivamente en manos de las plataformas digitales. Los derechos de los consumidores y trabajadores deben ser igualmente protegidos, facilitándoles, además, mecanismos eficientes y justos para la resolución de los conflictos que puedan surgir. La normativa actual, como el Reglamento de Servicios Digitales (RSD) y la Directiva de Derechos de Autor en el Mercado Único Digital (DDAMUD), no proporciona suficientes directrices sobre cómo garantizar estas garantías en los procedimientos de resolución de controversias en el metaverso. Este es un aspecto crítico que requiere atención urgente para asegurar que los derechos de los ciudadanos sean respetados en este nuevo entorno digital.

1. LA INFLUENCIA DE SAVIGNY Y EL PRINCIPIO DE TERRITORIALIDAD EN EL DERECHO INTERNACIONAL PRIVADO

A la hora de afrontar normativamente los retos que proporciona el metaverso podríamos hablar de la existencia de dos corrientes principales: una excepcionalista y otra no excepcionalista. El enfoque excepcionalista considera que el metaverso introduce problemas radicalmente nuevos que requieren un marco normativo específico y novedoso para abordar sus particularidades de manera efectiva. Contrariamente, el enfoque no excepcionalista, como la estrategia que plantea la Unión Europea, sostiene que los conflictos en el metaverso pueden resolverse adaptando las normativas legales actuales a las nuevas circunstancias que plantea este entorno digital. Podríamos incluso afirmar que esta dicotomía también está presente a la hora de llevar a cabo una posible reforma normativa en el ámbito del Derecho internacional privado.

Tras una pequeña crisis en las décadas de 1960 y 1970[1], los principios y elementos propios del Derecho internacional privado clásico, tal como fue desarrollado en el siglo XIX por SAVIGNY, siguen constituyendo el paradigma doctrinal imperante en el ámbito internacional iusprivatista, al menos en Europa. En este sentido, la visión savigniana de la neutralidad del Derecho internacional privado respecto a los diferentes sistemas jurídicos y su posición relativamente libre de intervención estatal, se alzaría como el mecanismo ideal para la regular las relaciones que se originan en el metaverso. Además, muchos consideran que el sistema «clásico» savigniano es lo suficientemente flexible como para dar cuenta de los nuevos acontecimientos, por lo que no ven la necesidad de otra revolución en el ámbito del Derecho internacional privado[2].

Pues bien, casi desde el nacimiento de esta disciplina ha existido una creciente tensión entre el antiguo principio de personalidad y el más reciente de territorialidad. En la época medieval, la ley aplicable era la ley personal del individuo. El principio de territorialidad emerge, en contraste, para establecer la ley aplicable con el surgimiento del Estado territorial. Por tanto, el principio de territorialidad está estrechamente relacionado con la soberanía del Estado, ya que la soberanía

---

[1] La denominada «Conflict revolution». Vid. S. C. SYMEONIDES, «The Choice-of-law Revolution Fifty Years After Currie: an End and a Beginning», *University of Illinois Law Review*, 2015, pp. 1847-1922.

[2] Ejemplos de esta posición los encontramos, en J. KROPHOLLER, *Internationales Privatrecht*, 4.ª ed., 2001, p. 15; o B. AUDIT, «A Continental Lawyer Looks at Contemporary American Choice-of-Law Principles», *American Journal of Comparative Law*, vol. 27, 1979, pp. 589-613.

es territorial y así también lo es el alcance de la jurisdicción, en tanto que extensión de la voluntad del soberano[3].

A la luz de esta estrecha conexión entre soberanía (sobre el territorio) y territorialidad, es interesante notar que SAVIGNY, aunque se opone en gran medida a la soberanía como base del Derecho internacional privado, no solo mantiene, sino que incluso refuerza el aspecto territorial. Para él, el conflicto de leyes no es un conflicto de soberanos sobre territorios, sino un conflicto de leyes territoriales. El criterio relevante para determinar la ley aplicable es el «asiento» («Sitz»), el «hogar» («Heimath») de una relación jurídica. Esta es evidentemente una cualidad territorial, lo que hace necesario ubicar la relación jurídica en una localización física[4].

Con toda probabilidad, SAVIGNY era contrario a una localización meramente fáctica y geográfica. Más bien, la concepción savigniana del «asiento» (al igual que la de la posesión) no era meramente fáctica, sino una combinación de elementos fácticos (geográficos) e ideales/jurídicos[5]. No obstante, como consecuencia del énfasis en el «asiento», las conexiones propuestas por SAVIGNY para determinar la ley aplicable son enteramente territoriales por naturaleza. Estas son principalmente cuatro: el domicilio, la situación de un bien, el lugar donde se realiza un acto y la situación del tribunal. En consecuencia, según la concepción savigniana, el estatuto personal se determina por el domicilio (§§ 362-365), lo mismo ocurre con el Derecho de sucesiones (§§ 379-380) y las cuestiones matrimoniales (§§ 379-380). Los derechos reales se rigen por la situación de los bienes (tanto para bienes muebles como inmuebles), mientras que las obligaciones contractuales también dependen de una conexión territorial: el lugar de cumplimiento (§ 370). SAVIGNY descarta otra posible conexión territorial, el lugar de ejecución, aunque este último sigue siendo relevante para los requisitos formales de los actos jurídicos (§ 381).

---

[3] R. MICHAELS, «Globalizing Savigny? The State in Savigny's Private International Law and the Challenge of Europeanization and Globalization», *Duke Law School Legal Studies Research Paper Series*, vol. 74, 2005, pp. 119-144, https://papers.ssrn.com/sol3/papers.cfm?abstract_id=796228, p. 16.

[4] SAVIGNY, *I System des heutigen Römischen Rechts*, 1840, § 13 (pp. 38-44) (en adelante, I System); R. MICHAELS, *op. cit.*, p. 17.

[5] *Ibid.*

Para el autor alemán, las relaciones jurídicas no se fundamentan en la soberanía estatal, lo que permitiría considerar factores no territoriales para determinar la ley aplicable. Sin embargo, en última instancia, SAVIGNY utiliza factores geográficos bajo la suposición de que la ley es inherentemente territorial[6].

En la actualidad, no todas las leyes son estatales. Durante las últimas décadas, hemos sido testigos de la proliferación tanto de normas supranacionales, con la Unión Europea como el ejemplo principal, como de Derecho no nacional, incluidas las normas creadas por entidades privadas[7]. Teóricamente, las reglas de elección de ley aplicable podrían remitir a todo tipo de leyes, incluidas las no estatales, pero en su mayoría no lo hacen. Por otra parte, no todos los adjudicadores son instituciones estatales. Por ejemplo, los árbitros también deben abordar cuestiones relacionadas con la ley aplicable. Sin embargo, el Estado soberano, tanto como institución decisoria (el juez) como proveedor de normas aplicables, aún moldea el carácter de la disciplina del Derecho internacional privado[8].

Según MICHAELS[9], la influencia de SAVIGNY sigue siendo muy poderosa, lo que explica la escasez de propuestas revolucionarias en el ámbito del Derecho internacional privado. Ciertamente, muchas monografías y artículos en este campo mencionan en sus introducciones que, ya sea debido a la globalización de manera explícita, o por conceptos igualmente vagos como «un mundo cada vez más interconectado» o «el creciente número de transacciones y situaciones internacionales», el Derecho internacional privado está cobrando mayor importancia. Sin embargo, no sugieren cambios novedosos en su estructura para tener en cuenta estos fenómenos[10]. La doctrina «clásica» tampoco ha dedicado muchas páginas sobre la globalización o el impacto de las tecnologías digitales, proponiendo, en lugar de abordar

---

[6] *Ibid.*

[7] Como, por ejemplo, la denominada *lex mercatoria*, vid. *infra*.

[8] R. MICHAELS, *op. cit.*, p. 18.

[9] *Ibid.*

[10] Como excepciones a la inamovilidad del DIPr, vid. P. DE MIGUEL ASENSIO, «El Derecho internacional privado ante la globalización», *I Anuario Español de Derecho Internacional Privado*, 2001, pp. 37-87; J. CARRASCOSA GONZÁLEZ, *Globalización y Derecho internacional privado*, Murcia, 2002.

directamente estos fenómenos, la unificación normativa como solución para abordar estos cambios[11].

Así pues, casi por inercia savigniana, el Estado soberano, en su rol tanto como autoridad que toma decisiones (el juez) como fuente de legislación vigente, sigue dando forma a nuestra disciplina[12]. Pero esto ya no cobra mucho sentido en el contexto del metaverso, donde las fronteras estatales pierden relevancia, ya que las conexiones territoriales se vuelven difusas y la coerción estatal es frecuentemente sustituida por mecanismos de autoejecución. En estos entornos virtuales, la influencia del Estado y la importancia de las conexiones territoriales se ven significativamente reducidas, pudiendo dar paso a nuevas formas de regulación y resolución de conflictos.

2. INSTRUMENTOS Y MECANISMOS INNOVADORES DE RESOLUCIÓN DE CONFLICTOS

Los instrumentos reguladores de las relaciones jurídicas entre particulares, así como los mecanismos tradicionales de resolución de conflictos se enfrentan a importantes desafíos para abordar de forma efectiva las complejidades de los litigios que pueden surgir en el metaverso. Las características propias de estos entornos virtuales suponen un reto para aquellas normas de Derecho internacional privado que utilizan ubicaciones geográficas como punto de conexión. Asimismo, la naturaleza intangible y deslocalizada de estas estructuras parece estar fuera del ámbito de la regulación estatal y de la intervención de jueces y tribunales[13].

[11] O. Lando, «The Eternal Crisis», en *Festschrift für Ulrich Drobnig*, 1998, pp. 361-379; F. K. Juenger, «The Problem with Private International Law», en J. Basedow *et al.* (eds.), *Private Law in the International Arena - Liber amicorum Kurt Siehr*, 2000, pp. 289-309.

[12] R. Michaels, «Globalizing Savigny? The State in Savigny's Private International Law and the Challenge of Europeanization and Globalization», 2005, pp. 119-144, https://doi.org/10.2139/SSRN.796228

[13] A. Bonomi *et al.* (eds.), *Blockchain and Private International Law*, Brill, Nijhoff, 2023; R. Ruiz Rodriguez, «Blockchain y Derecho internacional privado», *Revista Electrónica de Estudios Internacionales*, vol. 43, 2022, pp. 1-30; A. M. López Rodríguez, «Ley aplicable a los smart contracts y *lex crytographia*», *Cuadernos de Derecho Transnacional*, vol. 13, núm. 1, 2021, pp. 441-459.

La tecnología *blockchain* posibilita transacciones e interacciones que trascienden las limitaciones de ubicaciones físicas y jurisdicciones específicas. De esta forma, los participantes en el metaverso pueden llevar a cabo transacciones complejas a nivel internacional sin la necesidad de intermediarios ni autoridades centrales. Asimismo, la ambigüedad de las ubicaciones físicas de las partes y la variabilidad de la localización de los activos virtuales complican la determinación de la competencia judicial internacional y de ley aplicable utilizando los criterios tradicionales.

Existe, por consiguiente, una creciente necesidad de marcos jurídicos tecnológicamente neutrales que puedan adaptarse a las características únicas de los entornos descentralizados. Estos marcos deben considerar factores más allá de la ubicación física y adaptarse a la naturaleza dinámica y sin fronteras de las transacciones digitales. Dado que la mayoría de las interacciones en el metaverso son transfronterizas, es evidente la necesidad imperiosa de normas de Derecho internacional privado adaptadas a estos entornos.

En el Capítulo VII se señaló que la doctrina ha propuesto nuevos puntos de conexión para enfrentar los desafíos que presentan los entornos descentralizados. Entre los nuevos factores se incluyen el lugar de domicilio o establecimiento del emisor del token, aunque la identificación de su ubicación puede ser complicada. También se considera el lugar del operador del sistema («PROPA») o la ubicación del titular de la clave maestra («PREMA»), especialmente las *blockchains* permisionadas. Alternativamente, se podría utilizar la *lex fori* para resolver cuestiones legales en estos contextos, aunque identificar el tribunal competente en entornos virtuales plantea desafíos similares, complicando el uso de la *lex fori* como factor de conexión.

Aunque innovadoras, estas propuestas confirman que la territorialidad sigue influyendo en la disciplina del Derecho internacional privado y que los mecanismos tradicionales de resolución de controversias no están adaptados a los entornos descentralizados. No sorprende, por tanto, que se hayan propuesto mecanismos de arbitraje basados en *blockchain* como una alternativa viable. En este contexto, nuestro estudio ha analizado el fenómeno de las plataformas de justicia descentralizada que operan fuera del monopolio de los tribunales estatales, posicionándose como el sistema de justicia para el metaverso, e incluso para controversias *offchain*. Algunas de estas plataformas, como *Metacourt*, *Codelegit*, *Kleros*, *Aragon Court* y *Jur*, se caracterizan por su uso del *crowdsourcing*, de la justicia descentralizada y la teoría de juegos. Aunque los métodos y sistemas específicos varían, estas plataformas generalmente utilizan tokens o criptomonedas para incentivar la participación del jurado y recompensar o sancionar comportamientos. Aunque populares en el ámbito de la criptoeconomía, la eficacia y el reconocimiento legal de estas plataformas con relación al metaverso son aún inciertas.

3. ¿HACIA UNA *LEX METAVERSI*?

El futuro de la regulación del metaverso probablemente implicará la adopción de nuevas normas y principios reconocidos internacionalmente o la creación de normativas y prácticas estándar dentro del propio metaverso que contribuyan a una mayor certeza y seguridad jurídica en las transacciones digitales. La colaboración entre legisladores, reguladores y actores del metaverso es esencial, a este respecto, para desarrollar un marco legal adecuado que promueva la confianza y la viabilidad de este ecosistema digital emergente. En este sentido, Serrano Acitores habla del Derecho del metaverso como «el conjunto de principios y normas, expresivos de una idea de justicia y de orden, que emanan de la dignidad de la persona y que regulan las relaciones entre los seres humanos entre sí y entre los seres humanos, las personas jurídicas y las inteligencias artificiales, robóticas o no, en aquellos entornos y espacios digitales que fusionen, a través de un Internet ciberfísico y de tercera generación o a través de cualquier otra tecnología o conjunto de tecnologías que lo puedan sustituir en el futuro, el mundo real y los mundos virtuales o sintéticos»[14].

Los desafíos para determinar la ley aplicable según los puntos de conexión tradicionales, junto con el uso de la teoría de juegos y los incentivos económicos por parte de las plataformas de arbitraje descentralizado, nos llevan a anticipar el surgimiento gradual de un marco regulatorio sustantivo para el metaverso. Este marco será creado

[14] Serrano Acitores, A., *Metaverso y Derecho*, *op. cit.*, p. 250.

por sus participantes y estará orientado a abordar las deficiencias de los mecanismos tradicionales de resolución de conflictos. Un fenómeno análogo y que se desarrolla en paralelo al denominado *Lex Cryptographia*, un conjunto de reglas que opera a través de contratos inteligentes autoejecutables y organizaciones autónomas descentralizadas (DAOs)[15].

El Derecho del metaverso o la *Lex Metaversi* compartirá muchas similitudes con el *Lex Cryptographia*, dada la naturaleza descentralizada de ciertas plataformas virtuales, pero necesariamente incorporará una serie de elementos distintos que respondan a las características específicas del metaverso[16]. El metaverso ofrece un entorno virtual donde los usuarios pueden interactuar y poseer activos virtuales, yendo más allá del enfoque transaccional de los sistemas de contabilidad distribuida. En el metaverso, los usuarios crean avatares para representarse a sí mismos dentro de este espacio virtual, lo que contrasta con la identidad vinculada a claves criptográficas en la *blockchain*. Además, las interacciones en el metaverso también pueden incluir la participación de agentes autónomos no humanos, lo que plantea la cuestión de determinar su capacidad para ser sujetos de derechos y obligaciones, incluyendo la asignación de responsabilidad y el reconocimiento de su estatus jurídico. Además, como nuestro estudio ha mostrado, la propiedad de bienes virtuales es una característica clave del metaverso, donde se permite a los usuarios poseer e intercambiar activos virtuales como arte digital, moneda virtual, e incluso inmuebles virtuales. Este aspecto propietario es más expansivo que la tokenización de activos y las funcionalidades de contratos inteligentes observadas en las DLTs. En conjunto, se puede afirmar que el modelo de gobernanza del metaverso refleja dinámicas sociales y financieras más complejas que los casos de uso financiero de las redes *blockchain*[17].

---

[15] A. Wright y P. De Filippi, «Decentralized Blockchain technology and the rise of *lex cryptographia*», 2015, https://ssrn.com/abstract=2580664 ; P. De Filippi y S. Hassan, «Blockchain technology as a regulatory technology: From code is law to law is code», *21 First Monday*, 2016, https://doi.org/10.5210/fm.v21i12.7113

[16] Y. Yuan e Y. Yang, «Embracing the Metaverse: Mechanism and logic of a new digital economy», *3 Metaverse*, 2022, https://doi.org/10.54517/met.v3i2.1814

[17] A. Davis *et al.*, «Avatars, People, and Virtual Worlds: Foundations for Research in Metaverses», *10 Journal of the Association for Information Systems*, 2009, p. 1, https://doi.org/10.17705/1JAIS.00183

La *Lex Metaversi* representará un cambio transformador comparable a la evolución histórica de la *Lex Mercatoria*. La *Lex Mercatoria* surgió como un conjunto de normas creadas por los operadores del tráfico para regular el comercio internacional, con el propósito de eludir las leyes eclesiásticas y feudales medievales. Posteriormente, evolucionó hacia los usos y prácticas del arbitraje internacional tras la Segunda Guerra Mundial[18]. De manera similar, los participantes dentro de los metaversos descentralizados probablemente establecerán prácticas, costumbres y principios basados en un consenso independiente de la ley estatal, destinados a remediar las deficiencias de los mecanismos convencionales de resolución de conflictos y las normas tradicionales de Derecho internacional privado basadas en la territorialidad.

Siguiendo el precedente establecido por la *Lex Mercatoria* y la *Lex Cryptographia*, la *Lex Metaversi* probablemente sea un fenómeno controvertido, con críticas que cuestionen su legitimidad debido a su origen no parlamentario o por no estar incluida en un tratado internacional. Quizá la doctrina sostenga que los algoritmos y los incentivos económicos no pueden sustituir el derecho tradicional debido a su carácter incompleto y a la falta de normatividad[19]. De manera análoga, algunos autores podrán argumentar que la *Lex Metaversi* no es capaz de prever todas las complejidades y contingencias que puedan surgir en las transacciones, ni de cumplir con las funciones sociales destinadas a preservar el orden público, la seguridad y la autonomía individual que caracterizan a los sistemas legales tradicionales[20]. Además, seguramente apunten a que la gobernanza del metaverso está influenciada por los operadores de las plataformas y los ingenieros de

[18] J. Mustill, «The new lex mercatoria: the first twenty-five years», *Arbitration International*, vol. 4, 1988, p. 86; B. Goldman, «Lex Mercatoria», *Forum Internationale*, vol. 3, 1983, p. 3; C. Schmitthoff, «International Business Law A New Law Merchant», en C. J. Cheng (ed.), *Clive M. Schmitthoff's Select Essays on International Trade Law*, Martinus Nijhoff, 1988, p. 20; A. M. López Rodríguez, *Lex Mercatoria and Harmonization of Contract Law in the EU*, DJØF Publishing, Copenhagen 2003.

[19] S. Agnikhotram y A. Kouroutakis, «Doctrinal challenges for the legality of smart contracts: *Lex Cryptographia* or a new, "smart" way to contract?», *Journal of High Technology Law*, vol. 19, 2019, pp. 300 y 319.

[20] S. Farrell *et al.*, «Lost and found in smart contract translation - considerations in transitioning», 2017, https://www.semanticscholar.org/paper/Lost-and-found-in-smart-contract-translation---in-1-Farrell-Machin/126f16d3195a0c29eaebec29925b755e85d1d9b7

software, lo que podría introducir sesgos ideológicos o fines ocultos en su diseño[21].

A pesar de las posibles críticas, la *Lex Metaversi* puede llegar a desempeñar un papel funcional similar al de las instituciones legales tradicionales. En aquellos casos donde las normas de Derecho internacional privado resultan inadecuadas y la legislación estatal no ofrece soluciones apropiadas para los entornos virtuales, la *Lex Metaversi* podría facilitar la resolución de conflictos al proporcionar reglas y decisiones vinculantes acordadas por las partes.

En el estado actual de desarrollo de la *Lex Metaversi*, la intervención del legislador estatal sigue siendo esencial para abordar situaciones imprevistas, como errores de programación, problemas de validez, cuestiones fiscales y eventos externos como insolvencias, fallecimientos o la adquisición ilegal de activos criptográficos. Asimismo, se requiere una acción legislativa para compensar a las víctimas de daños ocasionados por estas tecnologías[22]. No obstante, incluso en la actualidad, la intervención legal es limitada cuando las partes operan exclusivamente dentro de redes descentralizadas, lo que representa un desafío para la eficacia de los marcos legales tradicionales.

Ante estos desafíos, el legislador no debería dar la espalda al fenómeno de la *Lex Metaversi*. En lugar de verla como una competencia potencial frente al Derecho tradicional, el enfoque debería orientarse a identificar las áreas de convergencia y a resolver los posibles puntos de fricción a través de una adaptación estratégica y una articulación adecuada.

La aplicación directa de normas sustantivas no estatales en contextos transfronterizos no es una novedad ni necesariamente entra en conflicto con el orden público. A diferencia de los jueces y tribunales, quienes suelen resolver los casos mediante la remisión a normas de

[21] S. Hassan y P. De Filippi, «The Expansion of Algorithmic Governance: From Code is Law to Law is Code», *Field Actions Science Reports*, 2017, pp. 88 y 89, http://journals.openedition.org/factsreports/4518

[22] En este sentido, por ejemplo, el Reglamento (UE) 2024/1689 del Parlamento Europeo y del Consejo, de 13 de junio de 2024, por el que se establecen normas armonizadas en materia de inteligencia artificial y por el que se modifican los Reglamentos (CE) núm. 300/2008, (UE) núm. 167/2013, (UE) núm. 168/2013, (UE) 2018/858, (UE) 2018/1139 y (UE) 2019/2144 y las Directivas 2014/90/UE, (UE) 2016/797 y (UE) 2020/1828 (Reglamento de Inteligencia Artificial), *DO* L, 2024/1689, de 12.7.2024.

conflicto basadas en conexiones geográficas, ciertas normas de arbitraje permiten a los árbitros la flexibilidad de aplicar directamente reglas sustantivas, en un proceso conocido como *voie directe*[23]. Este enfoque permite al tribunal arbitral eludir las normas de conflicto tradicionales y aplicar las normas que consideran más apropiadas para resolver la controversia de manera efectiva, incluyendo normas no estatales[24]. En el contexto de litigios sobre bienes virtuales, estas normas podrían abarcar, por ejemplo, el reconocimiento y la protección de los derechos de propiedad sobre dichos activos, incluyendo terrenos y edificios virtuales; garantizar la claridad y ejecutabilidad en las transferencias de estas propiedades; implementar medidas de protección al consumidor; así como abordar cuestiones de propiedad intelectual relacionadas con los activos virtuales, tales como derechos de autor, marcas registradas y contratos de licencia.

Las decisiones arbitrales basadas en métodos de *voie directe* están sujetas al escrutinio estatal durante los estadios de anulación, reconocimiento y ejecución del laudo, donde se evalúan factores como la validez del convenio arbitral, la legalidad del procedimiento, la capacidad de las partes y de los árbitros, así como posibles conflictos de orden público[25]. De manera similar, el reconocimiento y la ejecución

[23] D. Jones, «Chapter 18: The Substantive Rights of Parties in Arbitration: Voie Directe and Voie Indirecte», en N. Kaplan y M. Moser (eds.), *Jurisdiction, Admissibility and Choice of Law in International Arbitration: Liber Amicorum Michael Pryles* (Kluwer Law International, Alphen aan den Rijn, 2018), p. 303.

[24] En este sentido, vid. el artículo 1.511 del Código de Procedimiento Civil francés; artículo 34 de la Ley de Arbitraje española; artículo 28 de la Ley Modelo sobre Arbitraje Comercial Internacional de la Comisión de las Naciones Unidas para el Derecho Mercantil Internacional (UNCITRAL) de 1985 (modificada en 2006); artículo 21 del Reglamento de Arbitraje de la Cámara de Comercio Internacional (ICC) de 2012; artículo 35(1) del Reglamento de Arbitraje UNCITRAL de 2010; artículo 28(1) del Reglamento de la American Arbitration Association (AAA) de 2009; artículo 59(a) del Reglamento de Arbitraje de la Organización Mundial de la Propiedad Intelectual (OMPI) de 2002; Regla 27 del Centro de Arbitraje Internacional de Singapur (SIAC) de 2013; artículo 22.3 del Reglamento de Arbitraje de la Corte de Arbitraje Internacional de Londres (LCIA) de 1998; artículo 34 del Reglamento de Arbitraje del Centro Australiano para el Arbitraje Comercial Internacional (ACICA) de 2011; artículo 22(1) del Reglamento de Arbitraje de la Cámara de Comercio de Estocolmo de 2010 o el artículo 27(2) del Reglamento de Arbitraje del Centro Internacional de Arbitraje de Viena de 2013.

[25] A. M. López Rodríguez, «New Arbitration Acts in Denmark and Spain. The Application of Transnational Rules to the Merits of the Dispute», *Journal of International Arbitration*, vol. 23, 2006, p. 125.

de laudos de arbitraje dictados en el metaverso podrían estar sujetos a escrutinio judicial, aunque la aplicación del Convenio de Nueva York de 1958 sobre el Reconocimiento y la Ejecución de Sentencias Arbitrales Extranjeras a estas decisiones no está clara[26].

El reconocimiento *offchain* de estas decisiones enfrentaría obstáculos significativos debido a la semi-anonimidad del metaverso, así como la cuestión relativa a dónde requerir el reconocimiento y la ejecución de una decisión relativa a transacciones realizadas dentro de un entorno virtual[27]. Por el contrario, en situaciones donde las interacciones se desarrollen exclusivamente dentro del metaverso, sin contacto conocido fuera de la cadena y sin medios para localizar a las partes o sus activos en el mundo físico, la ejecución de las decisiones arbitrales del metaverso se facilitaría mediante la autoejecución a través de cuentas de *escrow*[28]. Esta circunstancia resalta la importancia de garantizar la legalidad y el respeto por los derechos de los consumidores, así como por la competencia, entre otros aspectos.

Podemos inferir, por tanto, que la identificación de las normas sustantivas aplicables a los litigios que surjan en el metaverso es crítica para garantizar la ejecutabilidad y legitimidad de las decisiones arbitrales que se dicten, especialmente, en entornos descentralizados operados por partes seudónimas y transacciones realizadas más allá de las fronteras territoriales tradicionales. Debemos enfrentar estas complejidades adoptando enfoques innovadores para la resolución de conflictos que se alineen con la naturaleza descentralizada de las redes *blockchain* y los entornos virtuales. Iniciativas como el proyecto de la *Conferencia de La Haya de Derecho internacional privado sobre Tókenes*, los *Principios de ELI sobre Tecnología Blockchain, Contratos Inteligentes y Protección del Consumidor*, los *Principios de ELI sobre el Uso de Activos Digitales como Garantía*[29], o los *Principios de UNIDROIT sobre Activos*

---

[26] A. M. López Rodríguez, «Inmuebles virtuales y perspectivas innovadoras de resolución de conflictos en el metaverso», *Cuadernos de derecho transnacional*, vol. 16, 2024, p. 319.

[27] L. Azaria, «Digital Economy / Expanded Applications of DLT: Metaverses», *CODIFI Conference*, 2022.

[28] https://docs.kleros.io/products/escrow/new-in-progress-kleros-escrow-tutorial

[29] European Law Institute, *ELI Principles on Blockchain Technology, Smart Contracts, and Consumer Protection* (ELI, Vienna 2023) disponibles en: https://www.europeanlawinstitute.eu/fileadmin/user_upload/p_eli/Publications/ELI_Principles_on_Blockchain_Technology__Smart_Contracts_and_Consumer_Protection.pdf; European Law Insti-

Digitales y Derecho Privado[30] pueden inspirar la adopción de principios y normas sustantivas, proporcionando orientación y disposiciones modelo aplicables a las transacciones dentro del metaverso. Esto es especialmente relevante con relación a los inmuebles virtuales, donde la propiedad no solo depende de la autonomía de las partes, sino que también está sujeta a reglas obligatorias y requisitos de publicidad hacia terceros, e incluso está sujeta a un plan de ordenación urbana. Recordemos, en este sentido, que se ha sugerido incluso la implementación de normas de zonificación mediante códigos integrados en ciertas áreas del metaverso, que delimiten las actividades permitidas para cada propietario. Asimismo, la adopción de modelos con principios y normas sustantivas es crucial para la protección de terceros frente a posibles violaciones de derechos de propiedad intelectual, infracciones que no están sujetas a las cláusulas de elección de ley aplicable insertas en los Términos de Uso de las plataformas. Hace tres décadas, UNIDROIT adoptó los *Principios de los Contratos Comerciales Internacionales*[31], que fueron desarrollados mediante iniciativa privada y posteriormente han sido utilizados ampliamente en numerosas instancias de arbitraje internacional[32]. Estos principios han sido reconocidos como fuentes de la *Lex Mercatoria*[33]. De manera similar, la adopción de normas sustantivas y principios sobre propie-

tute, *ELI Principles on the Use of Digital Assets as Security* (ELI, Vienna 2022) disponibles en: https://www.europeanlawinstitute.eu/fileadmin/user_upload/p_eli/Publications/ELI_Principles_on_the_Use_of_Digital_Assets_as_Security.pdf

[30] UNIDROIT, *Principles on Digital Assets and Private Law* (UNIDROIT, Rome 2023) disponibles en: https://www.unidroit.org/work-in-progress/digital-assets-and-private-law/

[31] UNIDROIT, *Principles of International Commercial Contracts* (UNIDROIT, Rome 1994), con ediciones ampliadas publicadas en 2004, 2010 y, más recientemente, en 2016.

[32] https://unilex.info/instrument/principles; F. Marrella y F. Gélinas, «The UNIDROIT Principles of International Commercial Contracts in ICC arbitration: A preliminary assessment [including extracts from ICC awards referring to the UNIDROIT Principles of International Commercial Contracts and a bibliography]», *International Court of Arbitration Bulletin*, vol. 2, 1999, p. 26.

[33] A. Hartkamp, «The Use of the UNIDROIT Principles of International Commercial Contracts by National and Supranational Courts», en *UNIDROIT Principles for International Commercial Contracts: A New Lex Mercatoria?* (ICC Publication núm. 490/1, 1995) p. 253; A. M. López Rodríguez, «Las compilaciones orgánicas de principios generales del derecho de los contratos y su naturaleza jurídica», en A. L. Calvo Caravaca y J. Oviedo Albán, *Nueva lex mercatoria y contratos internacionales*, Ibáñez, Bogotá, 2006.

dad virtual e intelectual podría ganar apoyo considerable con el tiempo, posicionando estas iniciativas como una fuente relevante de la *Lex Metaversi*.

4. CONCLUSIONES

El desarrollo del metaverso, además de requerir avances en capacidad computacional[34] y necesitar recursos financieros y energéticos[35], exige un marco normativo flexible e innovador que reconozca sus particularidades, aporte seguridad jurídica y garantice la protección de los derechos de los usuarios.

Dado que el metaverso opera en un entorno virtual y descentralizado, es fundamental que el marco legal trascienda las fronteras geográficas tradicionales y evite soluciones basadas únicamente en conexiones geográficas o en la identidad de las partes, ya que estas pueden no ser adecuadas para este nuevo contexto.

En esta obra hemos planteado diversas propuestas para el desarrollo normativo futuro del metaverso, considerando que este marco debe reflejar la creciente integración entre la realidad física y la virtual. Entre estas propuestas destacan la idea de tratar los inmuebles virtuales como bienes raíces físicos o en una categoría equiparable, considerar a los avatares como entidades jurídicas o desarrollar nuevas teorías sobre la atribución de la responsabilidad civil en el metaverso. Además, hemos sugerido que para resolver litigios relacionados con el metaverso se utilice un enfoque sustantivo como el de la *voie directe*. En el arbitraje comercial internacional, este enfoque permite a los árbitros decidir directamente sobre la controversia basándose en normas sustantivas que consideren adecuadas, sin tener que ajustarse necesariamente a las normas de conflicto tradicionales. Adoptar este enfoque facilitaría la resolución de conflictos en el metaverso sin la necesidad de determinar la ley aplicable a partir de factores territo-

---

[34] S.-M. Park e Y.-G. Kim, «A Metaverse: Taxonomy, Components, Applications, and Open Challenges», *IEEE Access*, vol. 10, 2022, pp. 4209-4251.

[35] J. Jauhiainen, C. Krohn y J. Junnila, «Metaverse and Sustainability: Systematic Review of Scientific Publications until 2022 and Beyond», *Sustainability*, 2022, https://doi.org/10.3390/su15010346

riales. Creemos que estas propuestas son esenciales para garantizar un marco normativo coherente y adaptado a la naturaleza híbrida de las interacciones en el metaverso.

Es fundamental identificar las normas sustantivas aplicables a los litigios en el metaverso. Algunas iniciativas promovidas por organizaciones como ELI y UNIDROIT ofrecen modelos valiosos en este sentido. Por ejemplo, los Principios de Contratos Comerciales Internacionales de UNIDROIT han sido ampliamente seguidos en arbitrajes internacionales y reconocidos como parte de la *Lex Mercatoria*. Siguiendo este modelo como referencia, la adopción de principios en materia de propiedad virtual o responsabilidad por daños en el metaverso por parte del ELI o UNIDROIT podría ganar apoyo con el tiempo, estableciéndose como una fuente de la *Lex Metaversi*. Además de la necesaria regulación estatal para prevenir la criminalidad —incluyendo medidas específicas para combatir delitos virtuales y fraudes en el metaverso, así como establecer una fiscalidad adecuada que abarque la imposición de impuestos sobre transacciones y activos virtuales— es crucial adoptar principios y directrices sobre derechos de propiedad virtual, mecanismos de resolución de disputas y protección de consumidores y trabajadores. Estas medidas son de vital importancia para fomentar la inversión, la innovación y el crecimiento sostenible en el metaverso.

En definitiva, el legislador, las plataformas, la Academia y otros actores clave tenemos por delante la obligación de trabajar conjuntamente de cara a crear marcos normativos que respondan a las particularidades y retos del metaverso. Este esfuerzo colaborativo será crucial para promover un desarrollo responsable y equitativo de esta nueva realidad virtual —que, sin ser física, no deja de ser realidad— asegurando, al mismo tiempo, la protección de los intereses y derechos de todos los participantes.

BIBLIOGRAFÍA

ACEDO PENCO, A. (coord.), *La privacidad en el metaverso, la inteligencia artificial y el Big data*. Dykinson, 2023.

AMIRULLOH, M. F. N. *et al.*, «Know More Metaverse as The Technology of The Future», *International Journal of Research and Applied Technology*, vol. 2, núm. 1, 2022, pp. 174-177.

ARCHER, M., «Considering AI personhood», en I. AL-MOUNDI/E. LAZEGA (eds.), *Post-human Institutions and Organizations*, Routledge, London, 2019, pp. 28-47.

ARGELICH COMELLES, C., «El Derecho civil ante el Metaverso: hacia un *Metalaw* europeo y sus remedios en el Multiverso», *Derecho Digital e Innovación*, vol. 12, 2022.

ARRIBAS SÁNCHEZ, B., «Régimen jurídico del metaverso. Una aproximación europea», *Informática y Derecho: Revista Iberoamericana de Derecho Informático* (segunda época), núm. 12, 2022, pp. 151-162.

AST, F. y DEFFAINS, B., «When Online Dispute Resolution Meets Blockchain: The Birth of Decentralized Justice», *Stanford Journal of Blockchain Law & Policy*, vol. 4, 2021, https://stanford-jblp.pubpub.org/pub/birth-of-decentralized-justice/release/1

BARFIELD, W. y WILLIAMS, A., «Chapter 1: The law of virtual reality and increasingly smart virtual avatars», en W. BARFIELD y M. J. BLITZ (eds.), *Research Handbook on the Law of Virtual and Augmented Reality*, Edward Elgar, Cheltenham, 2018, pp. 2-43.

BARRIO ANDRÉS, M., «El Metaverso y su impacto en el Estado y la Soberanía», *Revista de Derecho Político*, vol. 117, 2023, pp. 197-220.

Belda, I., «Metaverso y NFT, nuevos retos tecnológicos en la imposición indirecta e internacional», *IDP: Revista de Internet, Derecho y Política*, vol. 37, 2023.

Bermejo Fernández, C. y Hui, P., «Life, the Metaverse and Everything: An Overview of Privacy, Ethics, and Governance in Metaverse», en *IEEE 42nd International Conference on Distributed Computing Systems Workshops (ICDCSW)*, 2022, pp. 272-277, https://doi.org/10.1109/ICDCSW56584.2022.00058

Bibri, S. E. y Zaheer, A., «The Metaverse as a Virtual Form of Data-Driven Smart Urbanism: On Post-Pandemic Governance through the Prism of the Logic of Surveillance Capitalism», *Smart Cities*, vol. 5, núm. 2, 2022, pp. 715-727.

Bonomi, A. *et al.* (eds.), *Blockchain and Private International Law*, Brill Nijhoff, 2023.

Buchwald, M., «Smart Contract Dispute Resolution: The Inescapable Flaws of Blockchain-based Arbitration», *University of Pennsylvania Law Review*, vol. 168, núm. 5, 2020, pp. 1369-4123.

Calvo-Caravaca, A. L. y Carrascosa González, J. (dirs.), *Sistema de Derecho internacional privado*, Tirant lo Blanch, Valencia, 2022.

Campuzano Gómez-Acebo, J. y Sieira Gil, J., «Tokenización de activos», en M. Barrio, *Criptoactivos retos y desafíos normativos*, Madrid, Wolters Kluwer, 2021, pp. 196-199.

Cancino Vargas, S., «Gobernanza en el Metaverso», en M. Petronela Popiuc (dir.), *Metaverso y sus diversas áreas de desarrollo e investigación*, 2023, pp. 157-168.

Cantley, B. y Dietrich, G., «The Metaverse: A Virtual World with Real World Legal Consequences», *Rutgers Computer and Technology Law Journal*, vol. 49, núm. 1, 2022, pp. 1-25.

Carrasco Perera, A. y Álvarez López, C., «Operadores y responsabilidad civil en el metaverso», *Publicaciones GA_P*, 2022, pp. 4-6.

Chang, E. y Hay, E., «Something Borrowed, Something Blue: The Best of Both Worlds in Metaverse-Related Disputes», Contemporary Asia Arbitration Journal, vol. 15, núm. 2, 2022, pp. 205-252.

Chen, H. *et al.*, «Web3 Metaverse: State-of-the-Art and Vision», *ACM Transactions on Multimedia Computing Communications and Applications*, vol. 20, núm. 4, 2023, pp. 1-42, https://doi.org/10.1145/3630258

Chester Cheong, B., «Avatars in the metaverse: potential legal issues and remedies», *International Cybersecurity Law Review*, vol. 3, 2022, pp. 467-494.

Chesterman, S., «Artificial intelligence and the limits of legal personality», *International and Comparative Law Quarterly*, vol. 69, 2020, pp. 819-844.

Cifrino, C. J., «Virtual Property, Virtual Rights: Why Contract Law, Not Property Law, Must Be the Governing Paradigm in the Law of Virtual Worlds», *Boston College Law Review*, vol. 55, núm. 1, 2014, pp. 235-264.

Davis, A. J., Murphy, J. D., Owens, D., Khazanchi, D. y Zigurs, I., «Avatars, People, and Virtual Worlds: Foundations for Research in Metaverses», *Information Systems and Quantitative Analysis*, vol. 10, núm. 2, 2009, pp. 91-118.

Day, T., «Avatar Rights in a Constitutionless World», *Hastings Communications and Entertainment Law Journal*, vol. 32, núm. 1, 2009, p. 137.

De Filippi, P. y Hassan, S., «Blockchain Technology as a Regulatory Technology: From Code is Law to Law is Code», *First Monday*, vol. 21, 2016, https://doi.org/10.5210/fm.v21i12.7113

De Miguel Asensio, P., *Derecho Privado de Internet*, 6.ª ed., Civitas, Madrid, 2022.

DiMatteo, L. A. y Cannarsa, M. (eds.), *Research Handbook on the Metaverse and Law*, Elgar, 2024.

Domínguez Pérez, E., «Marca en el metaverso: avances y cuestiones abiertas», *Revista La Propiedad Inmaterial*, Universidad Externado de Colombia, junio-diciembre de 2023, vol. 36, pp. 149-175.

Erdozaín, J. C. *et al.*, «Propiedad intelectual e industrial en el metaverso», en L. I. Vicente del Olmo y J. L. Amat, (coords.), *Aspectos jurídicos del metaverso*, Wolters Kluwer La Ley, Madrid, 2022, pp. 223-273.

Fairfield, J., «Virtual Property», *Boston University Law Review*, vol. 85, núm. 4, 2005, pp. 1047-1102.

— «Tokenized: The Law of Non-Fungible Tokens and Unique Digital Property», *Indiana Law Journal, Indiana Law Journal* (Bloomington), vol. 97, núm. 4, 2022, pp. 1261-1313.

Falchuk, B., Loeb, S. y Neff, R., «The social Metaverse: battle for privacy», *IEEE Technology and Society Magazine*, vol. 37, núm. 2, 2018, pp. 52-61.

Ferrero Guillén, R. y Kyrylenko, A., «Marcas y diseños en el metaverso: como adentrarse en la "nueva" realidad virtual», en A. López-Tarruella Martínez (dir.), *Protección y gestión de la propiedad intelectual en el metaverso*, pp. 167-192.

Gadekallu, T. *et al.*, «Blockchain for the Metaverse: A Review», *ArXiv*, 2022, https://doi.org/10.48550/arXiv.2203.09738

Gallardo Rodríguez, A., «Identidad digital y responsabilidad civil de las plataformas digitales: de las redes sociales al metaverso», *Actualidad Jurídica Iberoamericana*, vol. 18, febrero de 2023, pp. 1008-1033.

Garcimartín Alférez, F. J., *Derecho internacional Privado*, 4.ª ed., Aranzadi, Cizur Menor, 2017.

GOLDBERG, M. y SCHÄR, F., «Metaverse Governance: An Empirical Analysis of Voting within Decentralized Autonomous Organizations», *Journal of Business Research*, vol. 160, 2023, p. 113764.

GONG, J., «Defining and Addressing Virtual Property in International Treaties», *Boston University Journal of Science and Technology Law*, vol. 17, núm. 1, 2011, pp. 101-137.

GUILABERT VIDAL, M. R., «Adquisición de fincas virtuales en el metaverso y su problemática en el Derecho inmobiliario», *Cuadernos de Derecho Privado*, vol. 4, 2022, pp. 53-79.

GUILLAUME, F., «Aspects of private international law related to blockchain transactions», en D. KRAUS *et al.*, *Blockchains, Smart Contracts, Decentralised Autonomous Organisations and the Law*, Edward Elgar Publishing, 2019, pp. 49-82.

GUILLAUME, F. y RIVA, S., «Blockchain Dispute Resolution for Decentralized Autonomous Organizations: The Rise of Decentralized Autonomous Justice», en A. BONOMI *et al.* (eds.), *Blockchain and Private International Law*, Brill, 2023, pp. 549-641.

HAGA, Y., «Avatars, personalities in the metaverse: introductory analysis on conflict-of-laws», *Rivista di diritto internazionale privato e processuale*, vol. 2, 2023, pp. 261-289.

HARAN SUANO, E., «Explorando el laberinto fiscal de los activos digitales: el caso de los NFTs», *Crónica Tributaria*, vol. 190, núm. 1, 2024, pp. 79-101.

HORRACH ARMO, J. G., «Los *smart contracts* y la tecnología *blockchain* en el ámbito del Derecho internacional privado», en P. JIMÉNEZ y A. ESPINIELLA, *Nuevos escenarios del Derecho internacional privado de la contratación*, 1.ª ed., Tirant lo Blanch, Valencia, 2021.

HUNTER, D., *The Oxford Handbook of Virtuality*. Oxford University Press, 2014.

HUYNH-THE, T. *et al.*, «Blockchain for the Metaverse: A Review», *Future Generation Computer Systems*, vol. 143, 2023, pp. 401-419.

JAUHIAINEN, J., KROHN, C. y JUNNILA, J., «Metaverse and Sustainability: Systematic Review of Scientific Publications until 2022 and Beyond», Sustainability, vol. 15, núm. 1, 2023, pp. 1-20, https://doi.org/10.3390/su15010346

JUENGER, F. K., «The Problem with Private International Law», en J. BASEDOW *et al.* (eds.), *Private Law in the International Arena - Liber Amicorum Kurt Siehr*, 2000, pp. 289-309.

KAAL, W. y CALCATERRA, C., «Crypto Transaction Dispute Resolution», *The Business Lawyer*, 2017, vol. 73, núm. 1, pp. 109-152, p. 143.

Konyalioglu, F. I., «Consumer Behavior in the Metaverse», en F. S. Esen *et al.* (eds.), *Metaverse, Studies in Big Data*, Springer Nature, Singapore, 2023.

Lacruz Mantecón, M., «Metaverso y NFT de obras artísticas o intelectuales», *Revista de Estudios Jurídicos y Criminológicos*, vol. 8, Universidad de Cádiz, 2023, pp. 15-44.

Lando, O., «The Eternal Crisis», *Festschrift für Ulrich Drobnig*, 1998, pp. 361-379.

Laukyte, M., «AI as a Legal Person», *Proceedings of the Seventeenth International Conference on Artificial Intelligence and Law*, 2019, pp. 209-213.

López Gutiérrez, J., «Delitos en el metaverso: hacia un nuevo horizonte legislativo», *Economist & Jurist*, vol. 30, 2022, pp. 16-23.

López Rodríguez, A. M., «Inmuebles Virtuales y Perspectivas Innovadoras de Resolución de Conflictos en el Metaverso», *Cuadernos de Derecho Transnacional*, vol. 16, 2024, pp. 319-343.

— «Competencia Judicial Internacional en Controversias Relativas a Tokens No Fungibles (NFT)», *Revista Española de Derecho Internacional*, vol. 74, núm. 2, 2022, pp. 200-321.

— «Ley aplicable a los contractos de transmisión de Tokens No Fungibles», en L. M.ª Martínez Velencoso y J. Plaza Penadés (dirs.), *Retos normativos del mercado único digital europeo*, pp. 255-280, 2023.

— *Derecho comparado y digitalización*, Tecnos, Madrid, 2021.

López-Tarruella Martínez, A. (dir.), *Protección y gestión de la propiedad intelectual en el metaverso*, Madrid, Editorial Reus, 2023.

López-Tarruella Martínez, A., «Jurisdicción y ley aplicable a las cuestiones de propiedad intelectual en el metaverso», en A. López-Tarruella Martínez (dir.), *Protección y gestión de la propiedad intelectual en el metaverso*, Madrid, Editorial Reus, 2023, pp. 241-278.

Lou, Z., «The Application of Cryptocurrencies in the Metaverse», *Advances in Economics, Management and Political Sciences*, 2023, https://doi.org/10.54254/2754-1169/26/20230548

Lutzi, T., «The Scope of the Digital Services Act and Digital Markets Act: Thoughts on the Conflict of Laws», *Dalloz IP/IT*, 22 de febrero de 2023, https://ssrn.com/abstract=4367531

Maciejewski, M., «Metaverse», Policy Department - European Parliament, 2023, https://www.europarl.europa.eu/RegData/etudes/STUD/2023/751222/IPOL_STU(2023)751222.EN.pdf

Martínez Crespo, Á. y Molina Álvarez, I., «La Propiedad Intelectual en el metaverso», *Comunicaciones en propiedad industrial y derecho de la competencia*, núm. 97, 2022, pp. 90 ss.

Messinger, P. R. *et al.*, «Virtual worlds - past, present, and future: New directions in social computing», *Decision Support Systems*, vol. 47, 2009, pp. 204-228.

Michaels, R., «Globalizing Savigny? The State in Savigny's Private International Law and the Challenge of Europeanization and Globalization». *Duke Law School Legal Studies Research Paper Series*, vol. 74, 2005, pp. 119-144.

Mourtzis, D. *et al.*, «Human Centric Platforms for Personalized Value Creation in Metaverse», *Journal of Manufacturing Systems*, vol. 65, 2022, pp. 653-669.

Muñoz Ferrandis, C. y Zafrilla Díaz-Marta, V., «Interoperabilidad y metaverso: dinámicas de mercado, acceso y derecho de la competencia», en A. López-Tarruella Martínez (dir.), *Protección y gestión de la propiedad intelectual en el metaverso*, Madrid, Editorial Reus, 2023, pp. 43-72.

Muñoz, E., «Software Technology in CISG Contracts», *Uniform Law Review*, vol. 24, núm. 2, 2019, pp. 281-301.

Mystakidis, S., «Metaverse», *Encyclopedia* (Basel, Switzerland), vol. 2, núm. 1, 2022, pp. 486-497.

Nakamoto, S., «Bitcoin: A Peer-to-Peer Electronic Cash System», *Bitcoin Project*, 2009, http://bitcoin.org/bitcoin.pdf

Nekit, K., «Legal Nature and Types of Digital Assets in the Activities of Technology-Oriented Startups», *Juridical Tribune*, vol. 13, núm. 2, 2023, pp. 304-326.

Ng, D., «What is the Metaverse? Definitions, Technologies and the Community of Inquiry» *Australasian Journal of Educational Technology*, 2022, doi: https://doi.org/10.14742/ajet.7945

Novelli, C., Bongiovanni, G. y Sartor, G., «A conceptual framework for legal personality and its application to AI», *Jurisprudence*, vol. 13, núm. 2, 2022, pp. 199-200.

Ortolani, P., «The Impact of Blockchain Technologies and Smart Contracts on Dispute Resolution: Arbitration and Court Litigation at the Crossroads», *Revue de Droit Uniforme*, vol. 24, núm. 2, 2019, pp. 430-448.

Ozkaynar, K., «Consumer Behavior, Marketing Approach, Branding, Advertising, and New Opportunities in the Metaverse Areas», en F. S. Esen *et al.* (eds.), *Metaverse, Studies in Big Data*, Springer Nature, Singapore, 2023.

Park, S.-M. y Kim, Y.-G., «A Metaverse: Taxonomy, Components, Applications, and Open Challenges», *IEEE Access*, vol. 10, 2022, pp. 4209-425, https://doi.org/10.1109/ACCESS.2021.3140175

PARLAR, T., «Data Privacy and Security in the Metaverse», en F. SINAN ESEN, H. TINMAZ y M. SINGH (eds.), *Metaverse. Technologies, Opportunities and Threats*, Springer Nature, Singapure, 2023, pp. 123-134.

PATWE, S. y MANE, S., «Blockchain Enabled Architecture for Secure Authentication in the Metaverse Environment», en *IEEE 8th International Conference for Convergence in Technology (I2CT)*, 2023, pp. 1-8, https://doi.org/10.1109/I2CT57861.2023.10126452

PETROVIĆ, V., «Artificial Intelligence and Virtual Worlds - Toward Human-Level AI Agents», *IEEE Access*, vol. 6, 2018, pp. 39976-39988, https://doi.org/10.1109/ACCESS.2018.2855970

PREDA, M. y JOVANOVA, B., «Avatar interoperability and control in virtual Worlds», *Signal Process. Image Commun*, vol. 28, 2013, pp. 168-180, https://doi.org/10.1016/j.image.2012.10.012

RAMOS GIL DE LA HAZA, A., «Protección de las creaciones intelectuales en el metaverso», en A. LÓPEZ-TARRUELLA MARTÍNEZ (dir.), *Protección y gestión de la propiedad intelectual en el metaverso*, Editorial Reus, 2023, pp. 119-166.

RASKIN, M., «The Law and Legality of Smart Contracts», *Georgetown Law Technology Review*, vol. 1, 2017, pp. 305-341.

RASO DELGUE, J., «Los *smart contracts* y la tecnología *blockchain* en el ámbito del Derecho internacional privado», en P. JIMÉNEZ y A. ESPINIELLA, *Nuevos escenarios del Derecho internacional privado de la contratación*, 1.ª ed., Tirant lo Blanch, Valencia, 2021.

RITTERBUSCH, G. D. y TEICHMANN, M., «Defining the Metaverse: A Systematic Literature Review», *IEEE Access*, vol. 11, 2023, pp. 12368-12377. doi: https://doi.org/10.1109/ACCESS.2023.3241809

RODRIGUES, U. R., «Law and the Blockchain», *Iowa Law Rev*, vol. 104, pp. 679-729, 2019.

RODRÍGUEZ BENOT, A. *et al.*, *Manual de Derecho internacional privado*, 6.ª ed. Tecnos, 2019.

ROSENBERG, L. B., «Regulating the Metaverse, a Blueprint for the Future», en L. T. DE PAOLIS *et al.* (eds.), *XR Salento 2022*, Springer Nature, Switzerland, 2022, pp. 263-272.

RUIZ RODRÍGUEZ, R., «Blockchain y Derecho Internacional Privado», *Revista Electrónica de Estudios Internacionales*, vol. 43, 2022, pp. 1-30.

SAIZ GARCÍA, C., «Las obras creadas por sistemas de inteligencia artificial y su protección por el derecho de autor», *InDret* 1/2019, https://raco.cat/index.php/InDret/article/view/354489/446475

SAKER, M. y FRITH, J., «Contiguous identities. The virtual self in the supposed Metaverse», *First Monday*, vol. 27, 2022, https://doi.org/10.5210/fm.v27i3.12471

Singh, P. y Rajput, D. K., «Metaverse: Surging Need for Competent Laws with Increasing Metaverse Crimes», *International Journal of Law Management and Humanities*, vol. 5, 2022, pp. 712-724.

Smaili, N. y De Rancourt-Raymond, A., «Metaverse: welcome to the new fraud marketplace», *Journal of Financial Crime*, vol. 31, núm. 1, 2022, pp. 188-200.

Sonali P. y Mane, S., «Blockchain Enabled Architecture for Secure Authentication in the Metaverse Environment», *IEEE 8th International Conference for Convergence in Technology (I2CT)*, 2023, pp. 1-8.

Stephenson, N., *Snow Crash*, Nueva York: Bantam Books, 1992.

Suler, J., «The Online Disinhibition Effect», *CyberPsychology & Behavior*, vol. 7, núm. 3, 2004, pp. 321-326.

Swan, M., *Blockchain, Blueprint for a New Economy*, O'Reilly Media, 2015.

Tan, V. H. *et al.*, «Blockchain for Decentralized Know Your Customer (KYC) and Customer Due Diligence (CDD) Pipelines in the Metaverse», *IEEE International Conference on Metaverse Computing, Networking and Applications (MetaCom)*, 2023, pp. 433-440.

Tasende, I., «*Blockchain* y arbitraje: un nuevo enfoque en la resolución de disputas. Especial énfasis en *smart contracts* y criptodivisas», *Revista de Derecho: Publicación de la Facultad de Derecho de la Universidad Católica de Uruguay*, vol. 22, 2020, pp. 138-159.

Tümer, B., «Avatar Law in the Metaverse», *Softech Technology Report 2023*, https://softtech.com.tr/2023-softtech-teknoloji-raporu/

Turcotte, G., «The tort of virtual negligence: a proposition to regulate virtual worlds», *Université de Sherbrooke*, Québec, 2023, https://savoirs.usherbrooke.ca/bitstream/handle/11143/21445/turcotte_guillaume_LLM_2023.pdf?sequence=5&isAllowed=y

Turner, J., *Robot Rules*, Palgrave Macmillan, 2019.

Valente, L. A., «Derechos personalísimos y el espacio inmersivo del Metaverso. La ofensa ante un nuevo escenario virtual», *Revista Anales de la Facultad de Ciencias Jurídicas y Sociales*, vol. 53, Universidad Nacional de la Plata, 2023, https://doi.org.1024215/25916386e139

Wang, W. y Dong, S., «Identifying Digital Identities in a Metaverse environment», *The Journal of Chinese Sociology*, 2022, http://ex.cssn.cn/zx/bwyc/202207/t20220721_5418801.shtml

Wolfendale, J., «My avatar, my self: Virtual harm and attachment», *Ethics and Information Technology*, vol. 9, 2007, pp. 111-119, https://doi.org/10.1007/s10676-006-9125-z

Wu, H. y Zhang, W., «Digital Identity, Privacy Security and their Legal Safeguards in the Metaverse», *Security and Safety*, vol. 2, 2023, 2023011, https://doi.org/10.1051/sands/2023011

Yarlequé Marcelo, G. y Burgos Juárez, D., «Decentralized Autonomous Organizations: ¿Un nuevo aporte de la Legaltech en el sector mercantil?». *Revista IUS Et Veritas*, vol. 64, julio de 2022, pp. 78-91.

Yuan, Y. e Yang, Y., «Embracing the Metaverse: Mechanism and Logic of a New Digital Economy», *Metaverse*, vol. 3, 2022, https://doi.org/10.54517/met.v3i2.1814

ÍNDICE DE CONCEPTOS

Abuso sexual, 173
Acoso, 109, 161, 173-174
Activos digitales, 45, 48, 52, 57, 66, 97, 108-110, 129, 158, 200, 255, 279, 286, 313, 330
Agentes de IA, 56, 106, 113-115, 118-120, 136, 166, 174
Anonimato, 29, 68, 86, 91, 143, 171, 173, 208-209, 251, 257, 281, 309-310, 318
Arbitraje en *blockchain* (BDR), 30, 84, 300-315
Avatar, 49-50, 55, 85-127, 143, 162, 170-171, 178, 180-183, 186, 189, 191, 194, 204, 243, 245, 254, 270, 272

Bienes inmuebles virtuales, 132, 199-200, 204, 209, 229-258, 309, 313, 326, 331, 332
Bitcoin, 28, 59-60, 126, 148, 157, 206, 227-228
Blockchain, 28, 40-41, 44-45, 57-78, 83-84, 102-103, 140-149, 170-171, 201-210, 214-216, 222-224, 228, 231-237, 251-252, 296-299, 323, 326, 330

Cadenas de bloques, vid. *blockchain*
Cesión de derechos, 271
Ciberseguridad, 48, 69, 199
Competencia desleal, 26, 162, 195-196
Competencia judicial internacional, 27, 29, 54, 75-78, 82-86, 121, 141-145, 149, 154-158, 161, 163-168, 170, 187-188, 195, 199, 208-229, 235, 241-251, 259, 278-286, 293, 317, 324
Consumidores, 26, 43, 48, 51, 107, 117, 130, 140, 144, 150-160, 171, 196, 207, 216-217, 233, 257, 260, 262, 264-265, 281, 284, 294, 311, 319, 330, 333
Contratos inteligentes, vid. *smart contracts*
Cooperación internacional, 292
Cosa juzgada, 313
Criptoactivos, 45, 48, 52, 57, 66, 97, 108-110, 129, 158, 200, 255, 279, 286, 313, 330
Criptodivisas, vid. *criptomonedas,* 67, 149, 157, 227-228, 300, 314
Criptomonedas, 36-44, 67-68, 156-157, 162, 169, 176, 201, 227-228, 297, 306, 325
Crowdsourcing, 300, 325

Daños, 174-179, 183-184.
Daños materiales 185
Daños morales, 175
Daño virtual, 177
DAOs (Organizaciones Autónomas Descentralizadas), 29, 45, 58, 69-84
Datos personales, 51, 64, 68, 87, 92, 94-96, 98-103, 113, 132, 153, 173, 175, 185, 318
Decentraland, 34, 44, 71, 73, 132, 144, 158, 201, 230, 232, 235, 256, 279, 281, 290, 298
Derecho internacional privado, 27-32, 54, 75-77, 79-83, 120-126, 141-151, 154-161, 164-170, 187-196, 209-229, 241-257, 278-289, 292-297, 317-325, 327-331
Derechos de autor, 66, 104-105, 107, 127, 205-208, 212, 218-219, 267-277, 278-279, 288, 299, 319, 329
Derechos de la personalidad, 190, 195, 218
Derechos humanos, 94, 110, 127
Derechos morales, 272, 276
Derechos patrimoniales, 218-220
Desarrolladores, 19, 35, 64, 101, 107-108, 127, 132, 183, 241, 250, 267, 280
Descentralización, 28-29, 46, 57-84, 96, 101, 103, 130, 174, 209, 222, 251, 257, 317-318
Deslocalización, 187, 197, 214, 227, 262, 318

Economía procesal, 292
Eficacia extraterritorial, 27, 149, 229, 291-297
Encriptación, 64, 131, 297
Enriquecimiento injusto, 176, 193
Escrow, 313-314
Ethereum, 62, 71, 73
Exequatur, 292-295, 300
Expropiación, 233

Fiscalidad, 67, 311, 333
Foro de competencia, vid. *competencia judicial internacional*
Forum rei sitae, 248, 312

Gestión de negocios ajenos, 176
Gobernanza, 19, 43, 46, 51, 56, 58, 69-84, 90, 153, 243, 303, 306-307, 317, 326-327

Hecho causal, 189-190, 195, 219

Identidad Digital, 52, 62, 68, 87, 92-96, 109, 267, 318
Identidad Digital Europea, 52, 94
Identidad Virtual, 87
Infracción de Marca, 206-207, 264
Infracciones de propiedad intelectual, 185, 278, 284-290
Innovación, 18, 24, 28, 53, 97, 277, 333
Inteligencia Artificial (IA), 25-26, 32, 41-42, 46, 50, 53, 72, 85-87, 90-91, 100-101, 113-114, 115-119, 137, 152-153, 178, 181-187, 267, 275-277, 279
IoT (Internet de las Cosas), 35, 41, 137

Jur, 300, 302
Jurisdicción, 27, 78-81, 100, 130, 154-157, 161-163, 170-171, 192, 197, 208, 217, 220-222, 242, 247, 255-256, 262, 266, 278-279, 293-295, 318-321
Justicia descentralizada, 84, 251, 299, 300, 324-325

Kleros, 84, 302-304, 306-311, 325
KYC *(Know Your Customer),* 66

Lex rei sitae, 244, 253
Ley aplicable, 79-83, 145-149, 158-160, 168-170, 193-196, 223-228, 252-257, 286-289, 319-323, 331-332
Ley de Mercados Digitales (DMA), 53, 153, 185, 208, 279
Ley de Servicios Digitales (DSA), 53, 87, 107, 143, 150, 153, 158, 160, 185, 189, 233, 263, 279, 281, 298, 319
Licencias, 199, 226, 236, 240-241, 251
Lugar del hecho dañoso, 189, 194, 279, 282

Marca, 105, 175, 206-207, 260-266, 284-285
Marketing digital, 151
Mediación, 289, 298, 302
Metacourt, 84, 300, 302, 303, 325
Metaverso, vid. *en particular*, 33-56
Minting (acuñado), 201
MMORPGs (Juegos Multijugador Masivos en Línea), 21-22
MUDs *(Multi-User Dungeons)*, 19-21
Multiverso, 34
Mundos virtuales, 17-32

NFTs (Tokens No Fungibles), 42, 66-67, 186, 199-229, 239-241, 249, 255, 261-264, 270-272
Nodos, 58, 60-64, 99, 132, 176, 213, 242, 247, 250, 257, 303

OpenSea, 201, 236, 279
Operador final, 185
Operador inicial, 185

Patente, 263, 278, 319
Personalidad jurídica, 72-74, 76, 87, 106-119, 120, 123, 127, 137, 182-184, 186, 277, 286, 318
Personas jurídicas, 76, 80-81, 112-115, 122, 124-126, 325
Plataformas virtuales, 27, 29, 54, 107, 120, 123-124, 156, 158-160, 163, 173, 232-233, 235, 243, 252-253, 259, 265, 268-272, 279, 291, 298-299, 319, 326
Privacidad de datos, 18, 24-28, 68, 87, 90-95, 96-103, 122, 151, 234, 252, 318
Productos digitales, 263
Propiedad intelectual, 104-105, 107, 127, 132, 175, 181, 185, 205, 208, 211-212, 218, 236-241, 259-290
Propiedad virtual, 186, 199-258, 333
Protección de datos, 28, 48, 51, 64, 68, 87, 92, 96-103, 132, 181, 185, 208, 234, 252, 311, 318
Publicidad engañosa, 26, 152-154

Rarible, 201
Realidad Aumentada (AR), 18, 28, 34-35, 37, 39-41, 96, 204
Realidad Extendida (XR), 35, 96, 98-99
Realidad Virtual (VR), 17-20, 23, 27-28, 33-37, 40-47, 96-97, 162, 175, 177, 194, 204, 297, 309, 312, 333
Reconocimiento y ejecución de resoluciones judiciales, 291-315
Registro de Avatares, 113-114, 124, 127
Reglamento de Bruselas I-bis, 54, 76-78, 81-83, 121, 141-145, 151-158, 164-168, 187-193, 209-213, 216-217, 218-222, 241-251, 278-286, 293-295
Reglamento de Gobernanza de Datos, 51
Reglamento de Inteligencia Artificial, 53, 118, 328
Reglamento de Mercados Digitales, 53, 279
Reglamento General de Protección de Datos (RGPD), 51, 64, 68, 99, 132

Reglamento MiCA, 52
Reglamento Roma I, 54, 79-81, 83, 145-150, 168-170, 223-227, 253-257, 284-288,
Reglamento Roma II, 54, 193-196, 287-288
Reglamento sobre Servicios Digitales (RSD), 53, 88, 143, 189, 279, 281, 319
Resolución de controversias, 30, 69, 110, 112, 143, 145, 157-158, 200, 289-290, 298-315, 323-325, 328-333
Responsabilidad civil, vid. *responsabilidad extracontractual*
Responsabilidad extracontractual, 32, 49, 82, 173-197, 280, 282, 318

Sandbox, 34, 44, 71, 144, 230, 232, 236-237, 274, 281
Satoshi Nakamoto, 59-60, 126
Savigny, 319-323
Seguridad jurídica, 19, 24, 28, 54, 75, 114, 127, 148, 171, 229-230, 258, 287, 289, 292, 298, 315, 325, 332
Seguro, 113, 186
Smart Contracts, 62-65, 129, 130-150, 209-216, 223, 230-234, 243, 296, 309
Soberanía territorial, 292
SuperRare, 201

Tecnologías emergentes, 39-42, 96
Teoría de juegos, 300, 302, 306, 314, 325
Trabajadores, 48, 51, 160-170, 196, 319, 333,
Transformación, 19, 151
Trolling, 173

Usuarios, 17-31, 33-55, 58-60, 67-69, 85-102, 103-105, 106-127, 129, 136, 140-144, 151-156, 158, 174, 176, 180-186, 188-197, 199-207, 215-217, 223-224, 231-237, 245, 262-263, 267-275, 278-290, 298, 318, 326, 332

Veeple (personas virtuales), 25, 152-153

Wallet (billetera), 175, 201, 222
Web 3.0, 33-35, 39-40, 261, 315

Zoning, 239